语文科
教学逻辑探索

成 龙 ◎ 著

华东师范大学出版社
·上海·

图书在版编目(CIP)数据

语文科教学逻辑探索/成龙著.—上海：华东师范大学出版社,2021
ISBN 978-7-5760-2351-0

Ⅰ.①语… Ⅱ.①成… Ⅲ.①中学语文课-教学研究 Ⅳ.①G633.302

中国版本图书馆 CIP 数据核字(2021)第 255748 号

语文科教学逻辑探索

著　者　成　龙
责任编辑　王　焰(策划组稿)
　　　　　王国红(项目统筹)
特约审读　陈锦文
责任校对　丁　莹　时东明
装帧设计　卢晓红

出版发行　华东师范大学出版社
社　　址　上海市中山北路3663号 邮编 200062
网　　址　www.ecnupress.com.cn
电　　话　021-60821666　行政传真 021-62572105
客服电话　021-62865537　门市(邮购)电话 021-62869887
地　　址　上海市中山北路3663号华东师范大学校内先锋路口
网　　店　http://hdsdcbs.tmall.com

印刷者　上海景条印刷有限公司
开　本　787×1092　16开
印　张　27.75
字　数　436千字
版　次　2022年1月第1版
印　次　2022年1月第1次
书　号　ISBN 978-7-5760-2351-0
定　价　82.00元

出版人　王　焰

(如发现本版图书有印订质量问题,请寄回本社客服中心调换或电话021-62865537联系)

目 录

绪　论　研究教学逻辑　优化语文教学　　　　　　　　　　1

第一章　语文科教学逻辑的理论探索　　　　　　　　　7

第一节　语文科教学逻辑六问　　　　　　　　　　　　9
第二节　语文科教学逻辑阐释　　　　　　　　　　　　16
第三节　语文科教学逻辑的理解与运用　　　　　　　　21
第四节　语文科教学逻辑的价值意蕴与实现路径　　　　28

第二章　语文教师专业素养：语文科教学逻辑的实践基础　　35

第一节　从"自发"走向"自觉"：读章熊先生两篇文章的思考　　37
第二节　我们应该做怎样的语文教师：基于阅读教学内容确定的
　　　　视角　　　　　　　　　　　　　　　　　　　47
第三节　语文教师精神成长的价值逻辑　　　　　　　　52

第三章　语文阅读课教学逻辑探索　　59

第一节　阅读教学设计的逻辑　　61
第二节　文本解读的逻辑　　87
第三节　教师的读与教的转化逻辑：以试教《寒风吹彻》为例　　118
第四节　基于文体的阅读课教学逻辑探索　　124

第四章　语文写作课教学逻辑探索　　335

第一节　写作课的教学逻辑　　337
第二节　写作课知识教学的三个问题　　353
第三节　探讨写作教学"怎么教"的逻辑　　366
第四节　高中基础年级作文命题逻辑的探索　　373
第五节　写作教学的有效突破口：以金志浩老师《驳论文写作指导》教学为例　　380

第五章　语文复习课教学逻辑探索　　389

第一节　语文复习课的教学理念　　391
第二节　语文复习课的教学逻辑　　399
第三节　语文复习课的教学思维方式　　409

| 第四节 | 高三语文复习教学系统化研究与建设 | 418 |
| 第五节 | 从观课评教的视角看语文复习课:以褚树荣老师的语文复习课《笔落惊风雨》为例 | 428 |

后记　　436

绪　论　　研究教学逻辑　优化语文教学

一

《普通高中语文课程标准(2017年版2020年修订)》提及"逻辑"一词的共有24处,"规律"一词的共有28处;《普通高中语文课程标准(实验)》提及"逻辑"一词的仅有5处,"规律"一词则仅有3处;《全日制义务教育语文课程标准(2011年版)》与《全日制义务教育语文课程标准(实验稿)》均未提及"逻辑"一词,"规律"一词则分别仅有5处与3处。《普通高中语文课程标准(2017年版2020年修订)》对"逻辑"与"规律"的重视呈现出了"井喷式"的状态,对此,我们须予以足够的关注。

关于"逻辑",《普通高中语文课程标准(2017年版2020年修订)》除一处为课程标准逻辑更清晰、两处为逻辑知识外,其余21处则从逻辑思维、思维的逻辑性、表达及论述的逻辑性等方面,聚焦于学生语文核心素养的培育。关于"规律",《普通高中语文课程标准(2017年版2020年修订)》从语文教育教学的规律、学生身心发展的规律、学生学习语文的规律、语言运用的规律等方面,聚焦于语文教与学的内在规律的把握与运用。

之所以从"逻辑"与"规律"两个方面作如上梳理,主要基于以下两个方面的考量。

一是学生语文核心素养中的逻辑思维培育如何可能？是借助专门的逻辑知识学习还是落实在一堂堂语文课的学习中？前者并非主要渠道,这一点可以从语法与修辞知识的学习中得到旁证,《普通高中语文课程标准(2017年版2020年修订)》也在学习任务群6"思辨性阅读与表达"中明确提出"结合学生阅读和表达中遇到的实际问题,适时适度地引导学生学习必要的逻辑知识;相关知识的教学要简明、实用,能有效地帮助学生解决概念、判断、推理等方面遇到的问题;避免进行不必要的、机械的训练"的要求。后者才是培育学生逻辑思维品质的主阵地。关键的问题是,怎样的语文课堂教学才有助于实现这一目标?

二是在落实语文课程标准要求的语境中,"逻辑"的内涵是怎样的? 价值如何发挥? 显然,在落实语文课程标准的语境中谈逻辑,并非谈哲学语境中的逻辑学,我们借助以下几个方面的依据来梳理"逻辑"的内涵及价值发挥。《辞海》认为,在现代汉语中,逻辑一词是多义的:(1)思维的规律性;(2)关于思维形式及其规律的科学,即逻辑学;(3)客观的规律性,如"事物的逻辑""中国革命的逻辑";(4)观点、主张,一般用于贬义,如"霸权主义的逻辑"。BBC《逻辑的乐趣》认为:逻辑不是知识,逻辑不生产知识,它所做的是提供我们一套严谨的规则,用来组织和运用知识。德国著名逻辑学家、哲学家阿·迈纳在《方法论导论》一书中说:"如果我们不考虑认识论的介绍或解释(超验逻辑、实质逻辑),心理学的观点(思维学说),本体论的、形而上学的、意识形态的说法(辩证法),那么就可以把逻辑解释为正确推理的学说、正确推理的基础或正确推理的应用。"从非哲学语境来看,逻辑强调的是规律、运用知识的规则、正确地推理等方面的内涵,逻辑的价值在于保证合乎规律、正确运用知识进行正确的推理。

二

如果我们把视野扩大些,基于课程标准的相关要求,而又不局限于课程标准,去思考日常教学的一些现象,是否有新的收获呢?

比如,同课异构。

同课为什么可以异构? 怎样异构才是合理的? 如何实现这种合理?"异"的背后是否有某种"同"(此时的"同"自然不是"同课"之中的"同")? 若没有这种"同","异"是否有走向"异化"的危险?"异"与"同"二者的辩证逻辑关系究竟是怎样的? 这一系列的问题的本质又是什么?

关于语文学科的同课异构,一个比较典型的例子是江苏师范大学魏本亚老师组织的"十位名师教《老王》"活动,该次活动成果已汇编成《十位名师教〈老王〉》一书。在新课改不断推进的当下,同课异构并不鲜见,但由十位名师教同一篇课文,却实属难得。《老王》一文常读常新,常教常新。

那么,为什么同样的一篇课文,可以有如此之多的教法?为什么不同的教法却完全可能获得同样突出的教学效果?是"名师"这个称号吗?"名师"的背后是否潜藏着某种带有规律性的东西,使得不同的教法能够获得突出的教学效果?

也许书中名师的执教反思部分可以给我们答案。如,余映潮老师说:"我的课堂阅读教学的理念是:语文教师的素养决定课堂教学质量的优劣;要关注每位学生花费大量时间的独立实践;课堂积累丰富是教学中非常重要的着眼点;如果没有精读训练也就没有了能力的训练;让所有的学生动笔是高效教学的基本特征。"这既是余老师的阅读教学理念,其实也是语文阅读教学的规律。再如,程翔老师说:"在此之前,我从没有教过《老王》,也没有深入研读过《老王》。我想借此机会验证一个假想:一个老教师对课文有精深的研究并不是教学成功的关键因素,对阅读教学规律的把握才是关键因素;甚至说,教陌生的课文比教熟悉的课文更能够体现阅读教学的规律。我这个假想的前提是'老教师'。年轻教师的社会阅历不足,如果没有对课文精细的研读,想要教好《老王》,恐怕很难。"当我们对文本解读的深刻性孜孜以求时,我们切不可忘了阅读教学内在规律性的存在,依着阅读教学规律开展阅读教学,才是阅读教学的正途。

当我们在说"向名师学习"的时候,我们究竟在说什么?为什么可以学习?学习什么?如何学习?课例尤其是名师的课例,其最核心的价值应该是什么?换言之,我们应该抱着一种怎样的价值追求去面对课例尤其是名师的课例?

我想,这样来回答,应该是合于逻辑的:课例尤其是名师的课例,其核心价值应该是课例所蕴含的教学规律性,而基于教学规律探寻的课例研究,应该是我们抱持的正确态度与努力的方向。著名语文教育家章熊先生说,"从解剖课例入手,进而归纳其基本准则","是非常有意义的,它可以促进语文教师的成熟"。向名师学习,若只停留在教学目标、教学内容、教学实施的搬用的层面上,这样的学习是低效的,甚至是无效的。真正的学习,应该是从具体的课堂教学或者真实的课堂实录中探寻出名师的教学思想,更深一层的做法是从中探寻出语文教与学的规律,这样的课例研究才具有教学论的价值。《十位名师教〈老王〉》一书的主编魏本亚教授说:"能否客观地呈现当下课堂教学的现状,给课程设计专家、一线教师提供一些事实,让大家冷静地思考语文教育的现状与未来?"问句的表述,并不影响我们从中获得启示。

比如观课评教。

一堂语文课,无论上得好与坏,上课老师都可以说得出一些理论依据,问题是,虽有具体的理论依据,但有的课的确上得不好。虽然说一堂课的好与坏牵涉到诸多因素,但上课老师对教学规律的理解、对语文学科特征的把握等专业功底以及对这堂课的内容的理解才是真正的决定因素。在具体的评课中,虽然见仁见智,但仁与智须在教学视域内,才谈得上正确、有价值。

三

在使用统编教材的过程中,教师培训是必须的。大部分执教统编教材的语文老师可能会有这样的疑惑:统编语文教材怎么教?

要具体回答这个问题,当然需要许多的理论知识。不过,如果我们采取追问的方式,是否可以有这样的问题链:这个问题是否潜藏着另一个问题?如果是,另一个问题是什么?是否是这样的问题——统编语文教材与非统编语文教材教法不一样?再追问下去:不一样的究竟有哪些?一样的又是哪些?一样或者不一样背后的是什么?是否有某种超越统编教材与非统编教材的规律存在?

如果从"规律"这个概念的内涵出发,我们应该可以得出这样的观点:无论是统编教材还是非统编教材,无论是新课标还是老课标,都处于语文学科教学规律的统领之下。当然,新课标与新教材,自然有其新的成分、特征与要求,这是我们必须认真学习并落实的。但语文学科教学规律并非随着课标与教材的变化而变化。掌握规律,才是应对新变化的关键之所在。

四

上述对"逻辑"与"规律"的内涵分析,意在揭示出新课标要求的实质及落实的路径。对同课异构及观课评教的分析以及对统编教材使用的追问，意在明确教学规律的价值。

要培养学生的语文核心素养，落实语文课程标准提出的培育学生逻辑思维品质的任务，须遵循语文教与学的内在规律，立足语文课堂教学的内在逻辑性。语文课堂教学的内在逻辑性，不仅有助于培育学生的逻辑思维品质，还能确保语文教学的科学性与有效性。

基于此，我们提出教学逻辑这个概念，主张从教学逻辑的角度，深入思考语文科的教学逻辑与培育学生语文核心素养中逻辑思维品质、遵循语文教与学的规律进而提升语文教学的有效性的内在关联。实际的情形是，我们常说语文教学要讲究逻辑性，但究竟何为语文科的教学逻辑，语文科教学逻辑的研究对象与方法是什么，我们仍不够清楚。

为了把握教学逻辑以及语文科教学逻辑这两个核心概念的内涵及其构成要素，本书第一章，展开理论层面的探索，回答了语文科教学逻辑的内涵、理解及运用、价值意蕴及实现路径等问题，为具体的教学实践奠定理论基础。这些内容是近六年的思考成果。

这里，需要特别说明的一点是，本书既有理论探索的内容，也有实践总结的内容。笔者自2014年9月开始，借助"教学逻辑"这个概念展开了对语文教学新的思考与实践，并对以往的语文教学的理论思考及实践加以总结。因此，本书其他部分的内容，既有针对语文科教学逻辑的具体的研究成果，也有从教以来，在语文学科理论指引下所获得的理论与实践的成果。这些成果，有不少已公开发表在语文教学专业杂志上，换言之，它们成为语文科教学逻辑的一种"证据"。

为更为全面地探索语文科教学逻辑，本书第二章从语文教师专业素养角度，探讨语文教师的理论自觉的价值；从阅读教学内容确定的角度，指出语文教师专业素养的内涵；从精神成长角度，揭示出语文教师专业成长的不竭动力之所在。第三章探索语文阅读课的教学逻辑，从阅读教学设计、文本解读、教师的读与教的转化等方面，奠定实践的理论基础；基于文体探索阅读课的教学逻辑。第四章集中探索语文写作课教学逻辑，第一节为写作课教学逻辑的专门研究；接着从写作课知识教学、写作教学"怎么教"、基础年级作文命题等三个角度展开分析；最后以金志浩老师《驳论文写作指导》教学为例,将教学逻辑的理论运用到具体的教学实践中。第五章探索语文复习课教学逻辑,首先明确语文复习课的教学理念,打下理论基础;第二节为语文复习课教学逻辑的专门研究;第三节从教学思维方式的角度探讨语文复习课教学的逻辑性;接着对高三语文复习教学进行系统化的研究;最后以褚树荣老师的语文复习课《笔落惊风雨》为例,从观课评教的视角看语文复习课。

纵观全书,从显性的内容先后顺序上看,是从理论到实践;从隐性的内在推进上看,则突出理论指引下的实践,突出教学逻辑这根主线。

五

如何提高语文教学的有效性,如何促进语文教师专业素养提升,一直是广大语文教师不断思考与实践的重要问题。语文教学存在随意性较大、实效性不够理想的现状,究其原因,主要在于教学的科学性、逻辑性不足。当前广大一线语文教师对语文学科理论、教学逻辑的相关知识重视程度不够、认识不足,影响到语文教学效率与语文教师专业素养的提升。我们主张重视对语文科教学逻辑的研究,意在找到一条新的路子,从逻辑这个具有哲学色彩的角度,研究语文教学,优化语文教学。

本书取名为"语文科教学逻辑探索","语文科教学逻辑"是内容、对象,"探索"是过程,是实质。既为探索,错误在所难免,请读者朋友们批评指正。也期待有更多同人,在教学规律的指引下,研究教学逻辑,优化语文教学。

第一章

语文科教学逻辑的理论探索

第一节　　语文科教学逻辑六问

有论者提出:"教学的有效性在于逻辑性。"追求语文教学有效性的突破口在于语文教学的逻辑性,然而,当我们在谈论语文教学要讲究逻辑性的时候,我们究竟在谈论什么?什么是语文教学的逻辑性?什么是语文的教学逻辑?如何实现语文教学的逻辑性?诚然,教学逻辑并非新名词,但具体到语文科的教学逻辑,却心知而未能详言。准确回答上述一系列问题,关乎语文教学有效性目标的实现。本节选择语文科教学逻辑的六个基本问题,简要阐释,为进一步深入研究语文科教学逻辑打好相应的基础。这里,须说明一点,关于语文科教学逻辑的内涵、构成要素及其内在逻辑关系等本体性的问题,将在本章第二、三节中作更为详细而深入的阐述,本节的第一问中,仅作纲要式回答。

一、何为语文科教学逻辑

概念是逻辑的起点,理解概念至少包括概念的定义、内涵与外延,我们从这三个方面回答何为语文科教学逻辑的问题。

准确定义概念,是思维的出发点。在此,综合已有教学逻辑的研究成果来定义语文科教学逻辑。

从名词性的角度来看,语文科教学逻辑是指语文教师在确定教学目标、内容方法、环节及分析学生学情时遵循的规则;从动词性的角度来看,语文科教学逻辑是指语文教师依据教学的基本规律、语文课程与学科特点、学生认知基本规律与学习语文的特定规律,安排教学内容、分析学生学情、展开教学活动,以达成教学目标的思维过程。这种规则由教学的基本规律、语文课程与学科特点、学生认知基本规律与学习语文的特定规律等要素组成，这种思维过程是对规则具体运用的过程。从定义的两个角度来看，语文科教学逻辑本质上是语文教与学合理性与科学性的理论依据，或者运用理论依据确保语文教与学不断走向合理性与科学性。

语文科教学逻辑的构成要素主要包括学科逻辑、学的逻辑与教的逻辑。三个核心要素，既有各自内在的逻辑要求，如语文核心素养各自的特征及相互关系，就是语文教学必须遵循的学科逻辑要求；也有三者之间的逻辑关系，学科逻辑与学的逻辑决定了教的逻辑，教的逻辑是学科逻辑与学的逻辑的课堂体现。

语文科教学逻辑的外延主要包括语文教学的逻辑性、语文教学的逻辑起点与逻辑终点三个方面。语文教学的逻辑性是指语文课堂教学遵循共性的教学规律与个性的语文教与学的规律而呈现出来的特点，是语文科教学逻辑在课堂教学中的实际呈现，是语文教与学遵循各自的合理性与二者之间的合理性所达到的程度。从逻辑上来说，教学终点要比教学起点更为重要，终点是前进的目的地，必须是明确的、具体的，在某一个特定的时间内必须是唯一的；起点是出发地，可以是多样的。语文教学的逻辑终点是语文课程标准里课程目标所规定的诸多目标，包括立德树人、语文学科核心素养等目标；逻辑起点则是开展语文教学的出发点，包括学生已经具备的语文知识与能力、相应的思维能力、对教学内容可能的理解水平与相应的理解结果等。

二、为什么要研究语文科教学逻辑

这个问题指向语文科教学逻辑的价值分析。研究对象的价值及对价值的充分认识，是开展研究的重要前提。

从教师视角来看，有助于提升语文教学的有效性与语文教师的专业素养。研究语文科教学逻辑聚焦于语文学科教学逻辑体系构成要素、各要素之间互相联系与互相制约的内在机制等的研究，在实践上，有助于优化语文教学内容、教学方法及其内在的逻辑关联，促进语文教学效率的提升；在学科学术引领上，有助于形成一种科学研究的学术氛围，培育一种注重科学理性的精神追求；在语文教师专业素养提升上，提供了一个全新的视角，或者说找到了提升语文教师专业素养的最关键之处。

从学生的视角来看,有助于培育学生的逻辑思维品质。《普通高中语文课程标准(2017年版 2020年修订)》提及"逻辑"一词的共有 24 处,除一处为课程标准逻辑更清晰、两处为逻辑知识外,其余 21 处则从逻辑思维、思维的逻辑性、表达及论述的逻辑性等方面,聚焦于学生语文核心素养的培育。语文学科核心素养之一的"思维发展与提升"要求发展学生的直觉思维、形象思维、逻辑思维、辩证思维与创造思维。学生逻辑思维的培育,显然无法简单借由逻辑知识的学习而实现,这一点可以从语法与修辞知识的学习中得到印证。比较有效的办法是将逻辑知识的学习融入到具体的阅读与写作教学中,将学生逻辑思维的培育融入到一堂堂富有教学逻辑性的语文课堂中去,学生在富有逻辑性的语文课堂中,更真实具体地体验到逻辑思维的特点与作用。

三、语文科教学逻辑与教学规律特别是语文教与学规律有什么关联

规则是由人制定的主观存在,与生俱来地带有可能存在的不合理性。如何确保规则是合理的?规律是不以人的意志转移的客观存在,只有遵循规律的规则才可能是合理的。教学规律是客观存在的,教学规律既有共性意义上的存在,也有个性意义上的语文学科教与学规律的存在。语文科教学逻辑从本质上看是一种规则,或者说是运用规则以走向语文教学的合理性、科学性;语文科教学逻辑作为一种规则,要避免可能存在的不合理性,就必须首先遵循共性的教学规律与个性的语文教与学的规律。在遵循的基础上,运用这些规律来解决具体的教学问题,如确定教学内容、教学方法与教学目标,分析学生学情,安排教学环节,处理课堂生成,合理开展评价等。换言之,教学逻辑不等于教学规律,共性的教学规律与个性的语文教与学的规律是语文科教学逻辑的理论依据。

四、如何处理好语文科教学逻辑的理论研究与教学实践的关系

真实的教学理论研究从来都不曾离开过教学实践,二者是共生的、相辅相成

的关系。语文科教学逻辑的理论研究首先要研究教育教学理论,但这种研究的目标是指导具体的语文教学实践,提升语文教学效率;语文教学实践的优化离不开语文教学理论研究,而语文科教学逻辑的理论研究,从带有哲学意味的逻辑的高度,对语文的教与学进行深入的分析,抓住了语文教与学的关键环节,其对语文教学实践的"反哺"效应是显著的。我们不主张那种远离教学实践的教学理论研究,也不主张那种拒绝教学理论研究的教学实践。远离语文教学实践的语文科教学逻辑理论研究是"空中楼阁",拒绝语文科教学逻辑理论的语文教学实践极易陷入盲目或低效的重复劳动。

  对于广大一线语文教师来说,理论研究并非强项,面对学术理论性较强的语文科教学逻辑理论研究,难免会有畏难心理,不过这不能成为我们远离教学理论学习与研究的理由。思考直至研究语文科教学逻辑的问题,一方面有助于我们厘清语文教与学的诸多问题,找到更明确、更具体且更有效的确定教学内容、方法、目标及分析学生学情的理论依据与具体的方式方法,从而提升语文教学效率;另一方面,也有助于增强语文教师的职业尊严,促进语文教师专业素养的快速提升。如果从学习名师教学艺术的角度来看,那种缺少理论支撑的研究与学习,效果往往不理想,究其原因,在于无法揭示出名师教学中蕴藏的教学原理与共性意义上的教学方法,而这二者恰恰是语文科教学逻辑的核心内容。只有借助语文科教学逻辑的理论研究,从而有效地揭示出名师教学中的共性的教学原理与教学方法,方能实现学习的目标。

五、如何细化语文科教学逻辑的研究

  语文科教学逻辑研究体系庞杂,内容繁多,既有理论层面的梳理与创造,又有教学实践层面的运用与优化,细化研究,方可优化研究。

  首先是理论层面的梳理与创造。语文科教学逻辑并非新生事物,但仍具有其独特性,仍须在梳理已有教学逻辑理论研究的基础上创造出语文科特有的教学逻辑理论体系。语文科教学逻辑的理论研究,聚焦于语文学科教学逻辑体系之学科逻辑、学的逻辑、教的逻辑三个核心要素的具体内涵,以及三者之间互相联系、互相制约的内在机制等的研究，包括理论与实践两个层面，强调理论与实践的高度融合，突出在理论指引下的教学实践、在教学实践中检验理论与从教学实践中提炼理论并形成新的理论成果三者的有机结合。

其次是教学实践层面的运用与优化。根据语文学科的特点，建立起阅读教学、写作教学、复习课教学三种主要课型的教学逻辑体系，并细化研究内容，如阅读教学具体细化为散文教学逻辑、小说教学逻辑、戏剧教学逻辑、诗歌教学逻辑、文言文教学逻辑、说明文教学逻辑等；写作教学具体细化为记叙文写作教学逻辑、议论文写作教学逻辑、说明文写作教学逻辑等；复习课教学具体细化为一轮与二轮复习的教学逻辑、答题技巧与答题能力培养的教学逻辑、考场写作的教学逻辑等。

细化语文科教学逻辑研究的目的，在于找到研究的抓手以优化研究效果，并非割裂上述两个主要的研究层面。这里仍有两个问题须明确。一是两个层面之间的关系，理论层面的研究是教学实践层面的运用与优化的基础，而教学实践层面则是理论层面葆有生机与创造力的源泉。二是两个层面内部各要素之间，即三个核心要素之间、阅读与写作之间、复习课教学与阅读写作之间仍具有互相关联的逻辑关系。简言之，细化并非分化、割裂化，仍须将整体观贯穿于整个语文科教学逻辑理论研究与实践运用之中。

六、语文科教学逻辑何以可能

语文科教学逻辑既有理论层面的研究，更有实践层面的运用，实际上，只要有语文教学活动，就有语文科教学逻辑的存在，区别在于教师是否意识到而已。优秀的语文教师善于从理论层面去思考并解决语文教与学的诸多问题，借助语文科教学逻辑这个概念，有助于将理论思考与运用清晰化、体系化。当然，这里仍须强调，语文科教学逻辑是一种规则，带有先天性的不合理、不科学的可能性，本节提出"语文科教学逻辑何以可能"的问题，一则将原本理论色彩较浓的教学逻辑问题教学实践化，二则努力促使语文科教学逻辑走在科学、正确的道路上。

首先，语文教师要发扬理性精神，正确认识语文学科与教学的本质特征与要求。理性,是指基于判断、推理的思考、分析时所具有的一种能力,理性的基本特性是剥离与超越情绪,思考从逻辑开始,不迷信权威,不断追求真相,敢于直面真理。理性精神首先体现在,充分认识到语文教学既然是一种教学活动,必然具有其学科教学内在的规律性,我们应该做的是揭示出这种规律性,并严格遵循。我们谈语文教学中的理性精神,并非否定诸如想象、联想、感悟、体验等非理性形式的语文教与学的方法,而是正确认识这些方法的本质特征以正确运用它们。语文科教学逻辑研究的正是如何正确运用思辨、论述、推理等理性形式与想象、联想、感悟、体验等非理性形式的语文教与学的方法,换言之,语文科教学逻辑是高于上述两类方法更上位的概念,带有"元认知"的特点。

其次,语文教师要善于运用哲学思维思考语文教与学的问题。哲学思维具有抽象性、批判性、反思性等特点,是对事物的根本追根究底式的思考与追问。语文课程与学科教与学的本质特征及内在规律性等问题,都需要我们从根本上去思考、追问、落实。思想性与批判性是哲学的生命之所在,而这也正是语文学科极为重要的培养目标。"哲学中非常关键的活动就是批判,批判并不必然意味着——就像在日常生活中那样——对某人某事持反对意见;批判意味着对某条陈述进行认真地查验,看看对它的论证是否确是好的论证。"哲学意义上的批判,将避免我们误入歧途。善于运用哲学思维思考语文的问题,就是要经常从"为什么"的角度,对教学目标、教学内容、教学方法、学生学情等问题,去思考、追问,"为什么"的追问,是对问题本质的哲学思考,这是对语文科教学逻辑强调学理依据的本质特征的具体落实。

第三,语文教师要加强理论学习,将理论学习与教学实践有机结合起来。学习教学规律的基本理论知识。林宪生认为,教学规律是一种体系化的存在,由根本规律、基本规律、一般规律、具体规律、局部规律构成。教学规律的具体内容仍须进一步明确,掌握并运用共性的教学规律知识,是教学有效性的基本保障。学习教学逻辑的基础理论,打好理论的底子。学习语文学科理论知识,对语文学科本质、语文阅读及阅读教学、写作及写作教学、语文评价等进行深入研讨,以教学逻辑、学生认知心理规律、语文学科本质、语文阅读教学与写作教学、语文评价等方面的专业理论知识为支撑。将理论学习与教学实践紧密结合,突出"在学中做"

与"在做中学"相结合,通过分课型教学设计、同课异构、观课评教、学术论文撰写等形式,探索语文课堂教学的内在逻辑,并将之扩展到更多的课堂教学实践中。

第四,语文教师要注重对教学实践的理论反思。反思不仅仅是一种形式,更重要的是从理论的角度与高度进行总结,只有在理论指引下的反思,才能真正明确问题的实质、根源,从而找到有效的对策。运用共性的教学规律与个性的教与学的规律、语文课程与学科理论知识、学生认知学习心理规律等理论知识,对语文教学实践进行理论反思,是实践并优化语文科教学逻辑的基本条件。

参考文献

[1] 中华人民共和国教育部.普通高中语文课程标准(2017年版 2020年修订)[M].北京:人民教育出版社,2020.

[2] https://www.douban.com/note/671381009/.BBC.逻辑的乐趣.

[3] 阿·迈纳.方法论导论[M].北京:生活·读书·新知三联书店,1991.

[4] 朱德全、张家琼.论教学逻辑[J].教育研究,2007(11).

[5] 董静、于海波.教学逻辑的价值追求与二维结构的运演[J].中国教育学刊,2015(8).

[6] 历晶、郑长龙.课堂教学逻辑的构建[J].东北师大学报,2013(6).

[7] 李政涛.从教学方法到教学方法论:兼论现代教学转型过程中的方法论转换[J].教育理论与实践,2008(31).

[8] 李德顺、崔唯航.哲学思维的三大特性[J].学习与探索,2009(5).

[9] 韦志成.语文教学艺术论[M].南宁:广西教育出版社,1996.

[10] 林宪生.现代教学论教学规律体系建构[J].西北师大学报:社会科学版,1999,(36)(5).

[11] 罗伯特·所罗门、凯思林·希金斯.大问题:简明哲学导论(第9版)[M].南宁:广西师范大学出版社,2014.

第二节　语文科教学逻辑阐释

一、语文科教学逻辑的定义与要素

基于教学包括教师、学生、教学内容、教学方法四个基本要素的考量,我们这样来确定教学逻辑的定义:教学逻辑是指教师根据对共性的教学规律与个性的学科规律的理解,在确定教学内容与方法、分析学生学情的过程中遵循的规则。这里须明确,教学逻辑不是作为一门学科分支的逻辑教学,而是研究教学的内在逻辑要求和规律,换言之,教学逻辑是确保教学科学性与有效性的保障。语文科教学逻辑是教学逻辑的一个分支,其概念与内涵自然遵循教学逻辑的共性要求,当然,也会有语文科自身的个性特点。

语文科教学逻辑的概念,可以从两个角度来把握。

从名词性的角度来看,语文科教学逻辑是指语文教师运用共性的教学规律与语文学科教学规律确定教学内容、安排教学环节、分析学生学情、选择教学方法、处理课堂教学活动以达成教学目标的规则。名词性的语文科教学逻辑,强调的是语文教师运用共性的教学规律与语文学科教学规律时须遵循的规则,这种规则指引并规定着语文教师确定课堂教学内容、把握学生学情、采用教学方法、处理课堂教学活动。这种规则首先来自语文教师对共性的教学规律与语文学科教学规律的认识与把握,更来自于语文教师在教学实践中形成的对语文教学特征的认识与提炼。

从动词性的角度来看,语文科教学逻辑是指语文教师根据教学的基本规律、语文课程与学科特点、学生认知基本规律与学习语文的特定规律,安排教学内容、分析学生学情、展开教学活动,以达成教学目标的思维过程。动词性的语文科教学逻辑,强调的是语文教师对语文课堂教学内容、教学方法、学生学情的主体建构过程，是语文教师取舍教学内容与教学方法、分析并判断学生学情的动态过程，是语文教师将共性的教学规律与语文学科教学规律运用到具体的教学设计与教学推进中，在这一过程中，语文教师须遵循运用共性的教学规律与语文学科教学规律的规则。

概括起来看，从概念角度认识语文科的教学逻辑，须明确：首先，语文科的教学逻辑是一种运用教学规律解决语文教学从内容到方法、从教到学等实际问题的规则，教学逻辑不是具体的语文教学内容与教学方法；其次，语文科的教学逻辑是一种隐藏在课堂所发生的一切现象背后的语文教师如何确定以及如何处理的依据。

语文科教学逻辑的构成要素主要包括学科逻辑、学的逻辑与教的逻辑三个核心要素。这样的划分，一则简洁，二则符合教学四个基本构成要素的要求。

语文科教学逻辑的学科逻辑包括语文课程的课程性质与基本特征、语文学科的学科本质与基本特征、语文学科知识、语文学科能力、语文核心素养的特征及培养方法、语文教师与学生的学科认知内容及方式、语文教学目标的叙写与达成、语文教学方法的取舍、语文教学内容的确定等要素，解决的是语文教什么与学什么的问题。这里的教什么与学什么不仅仅指教与学的对象与内容，更指所教与学的对象与内容的本质特征，而后者是学科逻辑的主要组成部分。

语文科教学逻辑之学的逻辑指学生学习语文的方式及内在顺序，包括学生认知的基本特征，学生对语文学科本体与本质、学科知识、学科能力、学科素养等的认知、接受及形成的内在规律性要求，学生语文核心素养的培养与提升的内在规律性要求，解决的是学生如何学习语文、如何提升语文能力的问题。

语文科教学逻辑之教的逻辑指语文教师如何教语文的依据、方法，包括语文教师对教学的共性规律、语文教学的个性规律的认识与运用、如何确定教学内容与教学方法、如何把握学生学情、如何安排教学环节、如何进行教学评价等的规则，解决的是如何教的问题。

语文科教学逻辑的三个核心要素之间的内在逻辑关系是：学科逻辑与学的逻辑决定了教的逻辑，教的逻辑是学科逻辑与学的逻辑的课堂实际呈现。这种逻辑关系成立的依据是：怎么教取决于所教对象与内容的本质特征以及怎么学的内在规律；课堂教学实际呈现的一切现象背后都或多或少、或隐或明地体现了教师之所以教这些而不教那些、之所以这么教而不那么教的依据，这些依据大都可以具体分解到语文学科逻辑与学的逻辑的范畴中。此外，决定语文科教的逻辑的因素还有教学的共性要求。

概言之，语文科的教学逻辑本质上是语文教学走向合理性、科学性与有效性须遵循的规则，是比具体的语文教学内容、教学方法、教学环节、教学评价更上位的概念。

二、语文科教学逻辑的研究对象与路径

显然，我们谈语文科的教学逻辑，并非从哲学角度谈逻辑，而是立足逻辑对于正确认识事物、正确推理因果的保障作用，形象地说，逻辑犹如大厦之基，逻辑本身不能解决任何问题，但缺失逻辑的保障，也不能有效解决任何问题。从非哲学的角度来看，逻辑不是知识，不生产知识，只是提供我们组织和运用知识以解决具体问题的合理规则。

有了这样的认知基础，我们可以逻辑地确定语文科教学逻辑的研究对象。

首先，语文科教学逻辑研究的是语文教学的"为什么"。具体的教学内容、教学方法、教学环节、教学评价等属于"是什么"的范畴，这当然是我们要解决的具体问题；比这更关键的问题是，如何更科学、更有效地解决这些问题。实践证明，善于从"为什么"的角度思考"是什么"，达到了哲学的高度，从而是更为有效的解决问题的方法。研究语文科的教学逻辑，就是从"为什么"的角度不断地追问：为什么确定这样的而非那样的教学内容？为什么选择这样的而非那样的教学方法？为什么这样而非那样安排教学环节？为什么这样而非那样评价学生的学习？为什么从这样的角度而非那样的角度反思课堂教学？上述追问从语文科的学科逻辑、学的逻辑与教的逻辑三个主要角度出发，追问的结果是找到教学内容、教学方法、教学环节、教学评价的理论依据，追问的目的在于引领我们不断逼近语文教学的本质与内在规律性。

其次，语文科教学逻辑研究的是语文教学的规则。语文科教学逻辑不是具体的语文各类知识，也不负责生产具体的语文知识，它的作用是提供一种规则，帮助

我们组织和运用共性的教学规律要求与个性的语文教学规律要求、所有语文学科课程知识与学科知识、各种学生学习的心理规律与学习语文的心理特点等知识，以确定合适的教学内容与教学方法，合理安排教学环节，科学处理课堂教学生成，正确进行课堂教学评价。

第三，语文科教学逻辑研究的是语文教与学的规律。辩证法告诉我们，任何事物都有辩证思考的空间，"规则"也不例外。规则不等于规律，规则是人制定的主观存在，规律是不以人的意志为转移的客观存在，只有符合规律的规则，才是正确的。语文科教学逻辑是一种规则，自然无法违背这一"规律"，并非所有的语文科教学逻辑都是正确的，只有符合教学的共性规律、语文学科教学的个性规律与学生学习认知的共性规律及学习语文的个性规律的语文教学规则，才会是正确的。因此，研究语文科的教学逻辑，首先必须研究教学的共性规律及语文教与学的规律。

第四，语文科教学逻辑研究的是运用共性的教学规律及个性的语文教与学的规律以解决真实而具体的语文教学问题的内在机制。教学逻辑不等于教学规律。现实的情形是，每一位语文教师都能够为自己的每一堂语文课找到这样或那样的理论依据，这种理论依据即教学逻辑，但并非每一种教学逻辑都是科学的。对语文教学"为什么"的追问并非追问的最终目的，如何回答这些"为什么"以及回答的依据才是关键；而要确定语文教学的规则的正确性，则须合乎语文教与学的规律。因此，科学的语文科教学逻辑必然是以共性的教学规律及个性的语文教与学的规律为准绳，换言之，共性的教学规律及个性的语文教与学的规律是回答诸多语文教学"为什么"的最根本的依据，是确定语文教学规则的正确性的最根本保障。当然，语文的教与学是一个动态的过程，共性的教学规律及个性的语文教与学的规律并非静止地存在于语文的教与学之中，而是随着备课、上课、课后反思等活动，动态地发挥着作用。

概言之，语文科教学逻辑的研究以追问语文教学的"为什么"为起点，以确立语文教学的规则为目标，以明确语文教与学的规律为核心，最终指向揭示出运用共性的教学规律及个性的语文教与学的规律以解决真实而具体的语文教学问题的内在机制。

研究语文科的教学逻辑,揭示运用共性的教学规律及个性的语文教与学的规律以解决真实而具体的语文教学问题内在机制,有两种基本的路径。

一是从理论到实践,运用语文科教学逻辑的基本理论、共性的教学规律及个性的语文教与学的规律的理论知识,指导具体的教学实践,并在不断的实践中完善教学逻辑的理论。要深入研究语文科的学科逻辑、学的逻辑与教的逻辑三个核心要素各自的规律性要求,以及它们之间相互联系、互相制约的内在机制。例如,语文科的学科逻辑,既有宏观层面的如语文核心素养、学习任务群等语文课程与学科理论,也有中观层面的阅读、写作、评价等理论,还有微观层面的文体教学、文体写作等理论;学的逻辑中的情境知识,如《普通高中语文课程标准(2017年版2020年修订)》就特别提出"真实、富有意义的语文实践活动情境是学生语文学科核心素养形成、发展和表现的载体。语文实践活动情境主要包括个人体验情境、社会生活情境和学科认知情境。……学科认知情境指向学生探究语文学科本体相关的问题,并在此过程中发展语文学科认知能力";教的逻辑中的各种教学方法,等等。研究这些理论,对于广大一线语文教师而言,主要目的在于指导具体的教学实践,解决实际的教学问题。

二是从优秀的语文教学案例中剖析出其蕴含着的语文科教学逻辑理据,用以理论研究或者教学指导。教学之所以优秀,在于执教者遵循了语文教与学的内在逻辑性要求,对优秀语文教学案例的研究,不能仅仅停留在赏析其教学艺术的层面,更须上升到揭示其蕴藏的教学逻辑的高度,因为,教学艺术是个性化的,而教学逻辑是共性化的,共性化的教学逻辑才更具有普遍性,更具有推广性。当然,只有具备丰厚的教学理论积淀的研究者才能真正揭示出优秀教学案例中的教学逻辑。

参考文献

[1] 中华人民共和国教育部.普通高中语文课程标准(2017年版2020年修订)[M].北京:人民教育出版社,2020.

[2] 辞海编辑委员会.辞海(第六版)[M].上海:上海辞书出版社,2009.

[3] https://www.douban.com/note/671381009/.BBC.逻辑的乐趣.

[4] 阿·迈纳.方法论导论[M].北京:生活·读书·新知三联书店,1991.

第三节　语文科教学逻辑的理解与运用

《普通高中语文课程标准(2017年版2020年修订)》提出"思维发展与提升"的核心素养,要求发展学生的逻辑思维;要求遵循教育教学规律和学生身心发展规律,开展教学,提高教学效率。笔者提出,从教学逻辑的角度,深入研究语文教与学的内在规律,增强语文教学的逻辑性,以有效落实语文课程标准提出的培育学生逻辑思维品质及遵循语文教与学的内在规律的要求。教学的有效性在于教学的逻辑性,准确地理解教学逻辑的基本内涵,掌握语文科教学逻辑的概念、内涵,并在实际的教学中运用,是本节阐述的重点。

一、对教学逻辑的基础性认识

认识共性意义上的教学逻辑,是理解语文科教学逻辑的基础。

关于教学逻辑的概念及其内涵,不同论者基于不同的研究视角,得出不同的表述,但概念及其内涵主体上是基本一致的。朱德全、张家琼认为:教学逻辑是教学系统中主客体关系的动态转换逻辑。董静、于海波认为:教学逻辑是教师基于对学科教学与学生发展关系认知基础上形成的关于教学内容与教学活动序列安排的构想;并主张,教学逻辑是教师在深化理解教学问题或具体开展教学实践活动中,对教学相关要素关系权衡时所遵循的相对稳定的依据;从根本说,教学逻辑是主体建构的过程。

关于教学逻辑的内涵,朱德全、张家琼基于主客体关系的逻辑转换,认为教学系统生成知识逻辑、教学逻辑、学习逻辑、认知逻辑。董静、于海波从"深层结构"与"表层结构"两个维度出发,认为教学逻辑中的"深层结构"包括教学目标、学科逻辑、学生认知逻辑,"表层结构"则包括教学内容逻辑与教学活动逻辑,所谓的教学逻辑是深层结构与表层结构在理解、转化、评估与深化过程中实现自身的运演。历晶、郑长龙则主张教学逻辑是学科逻辑、教的逻辑和学的逻辑所构成的三维结构,教学过程是教学逻辑内部协调统一、有序转化的过程,学科逻辑关注学科本质,学的逻辑关注学生认知主体性,教的逻辑关注学生如何认知学科的本质。

定义概念一般遵循属加种差的规则,最本质的定义则须由属加最接近的种差构成,教学过程的主要因素包括教师、学生、教学内容与教学方法四个方面,而非哲学概念语境中的逻辑本质上是组织和运用知识的规则。基于此,我们这样定义教学逻辑:教学逻辑是教师运用共性的教学规律与个性的学科规律确定教学内容与方法、分析学生学情、安排教学过程的规则。

基于求同存异及教学所需的视角,我们这样认识教学逻辑的内涵:教学逻辑主要包括学科逻辑、学的逻辑以及教的逻辑三个核心要素。这种凝聚式的内涵,遵循了教学是由教师的教和学生的学共同组成的活动、教与学均以学科内容为对象及手段的要求。

学科逻辑主要包括学科知识、学科能力、学科认知方式、教学目标等四个方面。学科知识可细分为知识是什么、知识有怎样的特点、知识之间有怎样的内在关联、有怎样的先后顺序等要点,学科能力可细分为学科能力有哪些组成部分、能力培养有怎样的先后顺序、怎样训练培养提高等要点,学科认知方式可细分为对学科本质的认知、对学科知识的认知、对学科能力的认知等要点,教学目标则包括教学目标确定依据、要素、叙写及作用发挥等要点。学的逻辑主要是指学生认知逻辑,包括学生对学科本质、学科知识、学科能力、学科素养等的认知、接受的内在规律性要求,简言之,"学科逻辑是指学生认知事物的基本过程和合理顺序"。教的逻辑解决的是如何教的问题,包括教学共性要求与学科教学的个性要求。教学逻辑的三个主要组成部分之间的内在逻辑是:学科逻辑与学的逻辑决定了教的逻辑,教的逻辑是学科逻辑与学的逻辑的外显及实现方式。

概言之,教学逻辑体现的是教师对教学规律的认识、理解、运用的过程与程度,教学逻辑不是教学规律,是教学规律在课堂教学中的体现及其程度;从学科逻辑、学的逻辑、教的逻辑三个角度把握教学逻辑的内涵,有简而化之、提纲挈领的效果。

二、对语文科教学逻辑的针对性理解

在本章第二节"语文科教学逻辑阐释"中,笔者提出,从名词性与动词性两个角度来把握语文科教学逻辑的概念。从概念角度理解语文科的教学逻辑,须明确,语文科教学逻辑不是具体的语文教学内容与教学方法,它是一种运用共性的教学规律与个性的语文教与学的规律以解决语文教学从内容到方法、从教到学等实际问题的规则,"隐藏"在语文教学从备课到课堂教学实施的一切现象的背后。

从非哲学语境下的逻辑内涵来看,研究语文科的教学逻辑,并非研究如何"生产"语文教学理论中的具体的方法等知识,更不是"生产"语文学科的具体知识,而是研究如何运用现有的教学规律知识与语文学科领域内的有关理论知识,以优化语文课堂教学效率。换言之,语文科的教学逻辑是比具体的诸如语文学科教学论知识、语文知识及语文知识教学的方法、语文核心素养及其培养方法等更上位的概念,是在认识、理解、运用教学规律的过程中,以教学规律为依据,将语文学科课程及教学视域内容所关涉的知识、方法综合起来,遵循适宜学科、适宜学生的规则,科学地确定教学内容与教学方法,以完成语文课堂教学,达成语文教学目标。

为更全面理解语文科的教学逻辑,仍有以下两个问题须明确。

一是如何辩证认识语文科的教学逻辑。辩证法昭示,任何事物都具有两面性,都有辩证认识的必要,语文科教学逻辑亦如是。辩证认识语文科教学逻辑的必要性首先来自教学逻辑自身的特性。从根本上说,逻辑是一种规则,而规则是人制定的,因此是主观的;规律是客观存在的,不以人的意志转移,人只能认识并运用规律,而无法创造、改变和消灭规律,只有符合规律的规则才是正确的。语文科的教学逻辑也是一种规则,只有合乎共性的教学规律与个性的语文教学规律,并且科学地运用这些规律的教学逻辑才会是正确的。不同的语文教师对语文科教学逻辑的理解与实践是不同的、存在差异的。

二是如何看待语文科教学逻辑与语文教学艺术的关系。教学要讲究艺术性,语文学科尤其具备教学艺术性的可能性与追求艺术性的必要性;而教学逻辑强调的是对重于理性的教学规律的认识、遵循与运用,语文科教学逻辑强调语文教师发挥理性精神，符合语文教学规律地开展语文教学，这与语文学科的特性是矛盾的吗？追求语文教学的逻辑性与追求语文教学的艺术性是矛盾的吗？教学的逻辑性是指课堂教学遵循教学规律而呈现出来的特点，是教学逻辑在课堂教学中的实际呈现，这种呈现是指教师的教与学生的学的表象背后的本质特性，即教与学各自的合理性与二者之间的合理性的程度。韦志成先生认为，教学艺术包括科学性、创造性、情感性、灵活性、魅力性等基本特征。科学性应被视为教学艺术的前提，违背科学性的教学何谈艺术性？在这一点上，语文科的教学逻辑与语文教学艺术走向了一致。此外，语文科教学逻辑强调的是语文教学的共性要求，语文教学艺术突出的是教学的个性化追求，前者是教学的基本要求，后者是教学追求的至高目标。

三、对语文科教学逻辑的实践性运用

每一位语文教师的每一个教学设计及每一次课堂教学实施，背后实际上都存在着教师自身的教学逻辑，课堂教学的优劣、正误及争议性，本质上是语文教师自身教学逻辑的清晰性程度与科学性程度。因此，理解语文科的教学逻辑，追求语文教学的逻辑性，应成为语文教师自觉提升专业素养的应然方向，将语文科教学逻辑运用到具体的语文教学实践中，是实现提升语文教师专业素养进而提升语文教学有效性的途径。

对语文科教学逻辑的实践性运用，主要包括以下几个方面。

运用的前提：具备充分的理性精神。语文教师发扬理性精神，增强学理意识，运用教育教学的诸如教学规律、教学方法论等基本理论及语文课程与学科的理论知识，指引教学实践。教学逻辑，说到底，是对教育教学共性规律与学科教学个性规律的认识、理解与运用，这里的运用突出的是与具体教学实践的有机结合。语文教师的理性精神与语文教学具有想象、体验、感悟等特性及丰富的情感性特点是并行不悖的，或者说，理性精神指引下的语文科教学逻辑，就是要正面且科学地回答诸如如何想象、体验、感悟以及如何发挥情感的育人功能等问题，而不是随意为之。

运用的基础:掌握充足的教学理论知识与语文学科专业知识。心理学表明,知识是能力形成的基础,教学理论知识与语文学科专业知识是形成语文教师教学能力的基础。语文科教学逻辑运用的基础至少包括宏观层面、中观层面与微观层面三个层面的理论知识。宏观层面的理论基础包括对教育的本质与功用的正确认识、对心理学特别是教育心理学的正确认识、课程观念特别是语文课程观念的树立等三个方面;中观层面的理论基础包括教学逻辑、教师话语、教学科学化与教学艺术性、教学目标叙写及其教学价值等四个方面;微观层面的理论基础包括对语文学科性质的基本认识、对语文教学内容与教学方法的理性认识、对语文教学设计的基本认识和对语文知识与语文能力辩证关系的基本认识等四个方面。这三个层面的基础,表现出由大到小、由共性到个性的排列方式,其内在的逻辑推理步骤是,语文教学是一种教育行为,因此应该遵循教育的一般规律;语文教学实施主体和实施对象是人,因此应该遵循心理学特别是教育心理学的一般规律;语文教学即实施语文课程,因此应该具有课程观念;语文教学是学校教学的组成部分,因此应该遵循教学的一般规律性要求;语文教学是将语文作为一门学科来实施教学,因此应该遵循语文学科性质的要求。语文学科核心素养乃至语文课程所有的教学目标与教学内容,都可以从上述三个层面的理论基础中找到相对应的依据。当然,掌握教学理论知识并非形成语文教学能力的唯一基础,语文教师自身的教育情怀、人格及至性格特点、对教学理论知识的认知接受等因素也影响到教学能力的培养与教学效果的实现。

运用的关键:增强教学方法论意识与能力,善于借助哲学思维思考语文教学的问题。每一种具体的教学方法背后都有着相应的教学理论,或明或隐,优秀的语文教师往往能够自觉地运用这种理论,或者从教学理论的高度反思并改进自己的教学。教学方法论就是从教学原理与教学理论上去思考为什么可以这样教,超越具体的教学方法。具备自觉的、明晰的教学方法论意识,有助于优化教学逻辑的品质。"方法论的这种功能决定了它会成为每一个希望在教学中有所发现、有所创造的教师所必须,并应追随时代发展而更新的深层次的重要修养。一言以概之,教学方法论以及由此形成的方法论自觉是教师素养的基本构成。"此外,语文教师要善于借助哲学思维思考语文教学的本质、内容、方法、优化等问题。哲学思维具有抽象性、批判性、反思性的特点。抽象性要求思维不停留在具体的现象而进行"形而上"式的思考，批判性最重要的方法是追问与澄清前提，反思性突出既批判外在也针对自身。具体到语文教学，语文教师在确定教学内容与方法、分析学生学情时，能够自觉地思考并运用教学规律、语文课程与学科特征、语文知识与能力特征、语文课程与课堂目标等要素，课前深入思考并明确回答诸如"我为什么确定这些内容而非那些内容""为什么采取这种教学方法而非那种方法""为什么这样安排教学环节而非那样安排"等问题；课后深入反思并明确回答诸如"我为什么这样处理课堂教学中生成的问题""课堂教学为什么是有效的或者无效的""教学改进之道可以是什么，为什么可以这样改进"等问题。

运用的落实：综合运用学科逻辑、学的逻辑与教的逻辑，找准教学理论知识与语文学科教学专业知识的落点。将语文科的教学逻辑分为学科逻辑、学的逻辑与教的逻辑三个核心要素，有助于清晰理解语文科教学逻辑的内涵与外延，但实际的情形是，一个具体的教学设计与一个具体的课堂教学，是学科逻辑、学的逻辑与教的逻辑三个要素综合运用的结果。正如前文所述，学科逻辑与学的逻辑决定了教的逻辑，课堂实际呈现出的教的逻辑，是前二者的具体表现，将三者割裂开来运用是不正确的。从教学设计环节来看，语文教师须增强运用教学逻辑的意识，自觉地寻求学理支撑，运用学科逻辑、学的逻辑与教的逻辑，确定符合教育教学基本规律要求与语文学科课程要求与教学规律特点的教学内容，根据学生学习语文的规律与学生具体的学情，选择适合的教学方法，安排科学的教学环节。从课堂教学实施过程来看，语文教师面对教学的实际推进情形，运用已有的教学理论与教学经验（高质量的教学经验本质上也是对教学理论知识与教学实践不断总结提炼的结果）作出应对，应对质量的高下，很大程度上取决于语文教师自身的专业水平。从教学反思、课例研习或者观课评教的角度来看，则是针对课堂实际呈现结果，依据教学逻辑的理论，去分析课堂教学"之所以然"的原因，并作出评价。这种分析，根据课堂教学自身的优劣，可以是教学规律的总结提炼甚至教学艺术的赏析，也可能是教学"教训"的揭示。对于一线语文教师而言，包含教学规律在内的诸多教学理论知识与语文学科教学专业知识并非静止的存在，而是在具体的运用中发挥着作用。语文教学的过程，正是语文教师在语文科教学逻辑的指引下，将上述知识落实在具体的教学内容与方法、教学环节与推进中,找到最佳的落点,以全面达成语文教育教学目标。这是语文教师专业发展的至高目标。

参考文献

[1] 中华人民共和国教育部.普通高中语文课程标准(2017年版2020年修订)[M].北京:人民教育出版社,2020.

[2] 阿·迈纳.方法论导论[M].北京:生活·读书·新知三联书店,1991.

[3] 朱德全、张家琼.论教学逻辑[J].教育研究,2007(11).

[4] 董静、于海波.教学逻辑的价值追求与二维结构的运演[J].中国教育学刊,2015(8).

[5] 历晶、郑长龙.课堂教学逻辑的构建[J].东北师大学报,2013(6):278-279.

[6] 李政涛.从教学方法到教学方法论:兼论现代教学转型过程中的方法论转换[J].教育理论与实践,2008(31).

[7] 李德顺、崔唯航.哲学思维的三大特性[J].学习与探索,2009(5).

[8] 韦志成.语文教学艺术论[M].南宁:广西教育出版社,1996.

[9] 成龙.语文科教学逻辑阐释[J].中学语文,2019(7).

第四节　语文科教学逻辑的价值意蕴与实现路径

一、语文科教学逻辑的价值意蕴

明确事物的价值意蕴,是展开行动的基本要求及强大动力。研究并追求语文科的教学逻辑,本质上是确立明确的教学规律及语文学科教与学的规律,并运用到具体的语文教学活动中,以确保语文教学的科学性、合理性、有效性。这是对语文科教学逻辑价值意蕴的概括性表达。具体而言,语文科教学逻辑的价值体现在以下几个方面。

(一) 确保语文教学的科学性与有效性

"教学的有效性在于逻辑性。"这一观点包含了这样三个方面的逻辑推演:教学的逻辑性说明教学符合规律性的要求,而规律性带来了科学性,科学性带来的则是有效性。这一观点运用到语文教学中是否适应呢?我们可以建立这样三个方面的推演:学科教学有其天然而必然的教学科学性要求,语文教学是学科教学,因此,语文教学须遵循学科教学科学性的要求。当然这强调的是学科教学科学性共性上的要求,不能抹杀语文学科教学个性上的科学性要求。强调语文教学的科学性要求,是对语文教学本质的回应,是纠正语文教学随意性的必然要求。虽然语文教学有着独特的个性化特征,但每一种个性化特征均以符合共性化特征为前提,语文教学的科学性的具体表现当然有进一步讨论的必要与空间,但否定其科学性的要求显然有悖于教学科学性的前提。语文教学的科学性与语文教学的艺术性并不矛盾,更为准确地说,语文教学科学性是语文教学艺术性的基础,而语文教学艺术性是语文教学科学性的更高层次的体现。对于广大一线语文教师而言,达到语文教学科学性的要求,是更为迫切而必要的目标,在不断追求语文教学科学性的进程中,渐臻语文教学艺术性之境。

语文科教学逻辑本质上是对教学规律的遵循,这就逻辑地带来了语文教学的科学性。具体而言,语文科教学逻辑要求的是,在教学内容的确定、教学方法的选择、教学环节的设计、课堂教学的推进等方面,遵循语文课程及学科的要求,符合学生学习规律要求。语文教学真正达到这些要求,其有效性自是水到渠成之事。

(二) 为提升语文教师专业素养带来新的思路与成效

如何更有效地提升语文教师专业素养?解答的关键是抓住语文教师专业素养的核心要素。基于职业化、专业化的要求,语文教师专业素养的核心要素指向的是语文教师对语文学科课程特质的理解及运用、对学生语文学习内在规律的把握及运用、对语文学科教学内在规律的把握及运用。这三个方面对应着语文科教学逻辑中的学科逻辑、学的逻辑与教的逻辑。从语文科教学逻辑视角提升语文教师专业素养,抓住了语文教学作为一门学科教学的本质,为语文教师专业素养提升这一问题找到了新的视角,可以有效地促进语文教师对语文课程特质、学生学习规律及语文教学规律的思考与研究,并使之清晰化、具体化、体系化。

更为关键的是,有助于培育语文教师的科学理性精神,促进语文教师自觉地追求语文教学的内在规律。从本质上来看,语文教学须遵循教学的一般性要求,其个性不能脱离教学的共性要求,从这个意义上来说,语文教学须遵循教学科学性的要求。虽然说语文学科强调人文性,与之而来的是强调教学的个性化、艺术性,但如何确保语文教学个性化不走向标新立异、"旁门左道"的境地?解决之道还须回到遵循语文教学科学性这一要求上来。

语文教师研究并追求语文科的教学逻辑,就是自觉地找出语文课程的特质及要求、找寻学生语文学习的规律、探索语文教学的规律,并将三者有机融合。这样的"自觉"精神,正是语文教师专业素养最核心的部分,也是最关键、最有价值的部分。

(三) 促进学生语文学科核心素养的综合培养

《普通高中语文课程标准(2017 年版 2020 年修订)》提出培育学生"思维发展

与提升"的语文学科核心素养,要求发展学生的直觉思维、形象思维、逻辑思维、辩证思维与创造思维。思维是指理性认识,或者指理性认识的过程,包括逻辑思维和形象思维,而通常指逻辑思维,思维的形式是概念、判断、推理等。逻辑思维是指人们在认识过程中借助概念、判断、推理反映现实的过程。逻辑推理是指由一个命题(前提)推出另一个命题(结论)的思维形式,前提真实与推理形式正确是推理结论真实的两个条件。语文科教学逻辑是逻辑的下位概念,属于逻辑思维的一种外延,也须符合概念、判断、推理等逻辑思维的要求。借助思维、推理等概念内涵的梳理,我们可以发现,要让教学内容合适、教学方法科学、教学环节合理、教学实施有效这些结论真实,就必须确保前提——对语文学科特质及要求、学生语文学习规律、教学规律的理解——是真实的;此外,前提是真实的,又符合运用的具体要求,那么,具体的课堂教学有效这个结论就是真实的。

语文教学实践证明,学生思维特别是逻辑思维的发展与提升,意欲通过单一的逻辑知识的学习是无法实现的,须落实在具体的语文课堂学习与学生课外的学习过程中。语文科教学逻辑强调的是教学内容、方法、环节均须符合语文学科、学生语文学习规律、教学规律的要求,这将带来课堂教学实施的逻辑性。从课堂学习来看,学生长期在富有逻辑性的语文课堂学习过程中,将获得对逻辑思维最为直接、直观、有效的实践与体验;从课外学习来看,课堂学习所获得的体验、方法、能力,将更易于实现迁移。课堂学习与课外迁移有机融合,学生的逻辑思维能力培育效果也就更为突出。

由此,学生语文学科核心素养的综合培养也将落到实处。学生的语文学科核心素养的四个方面是一个整体,在语言建构与运用这个基础上,在具体的言语经验发展过程中,核心素养得到培育。语文科教学逻辑要求遵循语文课程本质及特点、学生语文学习的规律来实施教学,在学科核心素养培育上,则体现为抓住语言,在阅读教学中,依据文本不同的教学价值,既有重点,也有综合;在写作教学中,建立体系,有序训练。

(四) 有助于达成"立德树人"的教育目标

在教育目标达成上,有助于落实"立德树人"的根本任务。立德树人,既有道德品质方面的要求,也有学科核心素养与学业具体能力方面的要求。如何依据语文学科特点,将立德树人要求有机融入? 有效的解决之道是,以教学逻辑为理论依据,增强语文课堂教学的科学性。在富有逻辑性的语文教学中,学生的理性精神、责任意识等品德与思维品质、审美能力、语言表达等核心素养与学业能力将得到有效落实,从而实现语文教学更全面地育人、育更全面的人的目标。

二、语文科教学逻辑价值意蕴的实现路径

探索语文科教学逻辑价值意蕴实现的有效路径,以对语文科教学逻辑本质特征的准确理解为前提。概言之,可从两个方面理解语文科教学逻辑的本质特征:一是须遵循概念、判断、推理的逻辑思维的一般形式要求,二是对共性的教学规律与个性的语文教与学规律的具体运用。依此探讨语文科教学逻辑价值意蕴实现的三种路径。

(一) 提升语文教师自身的逻辑思维能力

逻辑思维能力是人类各种能力的基础与核心,虽然有了逻辑思维能力并不一定能解决所有的问题,但没有逻辑思维能力为基础,所有问题的解决效果必然受到影响。语文教师学习逻辑知识,提升自身的逻辑思维能力,可以为逻辑知识教学奠定基础。此外,语文教师运用概念、判断、推理这些逻辑思维形式,对语文教学内容与方法、教学设计与实施等进行思考,可以更清晰、准确地把握语文教学的本质与特征。语文教学设计本质上也可视为一种推理的过程,须以正确的前提与推理形式,确保推理结果的正确,这里的推理前提就是语文教师对教学、语文教与学从内容到方法的正确理解,推理形式就是语文教学逻辑中的学科逻辑与学的逻辑决定了教的逻辑。掌握逻辑思维的形式,提升推理的质量,可以有效避免语文教学的随意性等问题,从而为优化教学效果提供扎实的保障。如何提升语文教师自身的逻辑思维能力? 途径有很多,但离不开对逻辑知识的学习与掌握,离不开有意识的逻辑思维训练,尤其是理性精神的参与。

(二) 在具体教学情境中运用教学规律与语文课程与教学理论

逻辑学本身重在研究思维的形式,具体思维的内容,仍须以具体领域的知识为基础。这也要求在运用语文科教学逻辑时,要以教学规律与语文课程与教学理论为思维的内容。前文已述,语文科教学逻辑本质上是对共性的教学规律与个性的语文教与学的规律的遵循与运用。然而,共性的教学规律与个性的语文教与学的规律究竟有哪些?现实的困境是,对教学规律,概念的表达多于具体内容的把握。客观上来说,教学规律本身的复杂性带来了理解的困难;主观上来说,语文学科人文性的特征,自然需要语文教师们的个性表达,但也一定程度上带来了语文教师们对语文教与学内在规律重视程度不够的问题。突破这一困境的现实办法,仍须回到教学规律知识与语文课程与教学理论的学习上。一方面,学习教学规律的基本知识,另一方面,在教学实践中运用教学规律,加深对教学规律的理解。语文课程与教学的理论研究成果是丰富的,学习语文课程标准是重点,如语文学科核心素养、学习任务群、学业质量水平等,此外语文课程与教学的基本理论也不容忽视,如语文课程的基本特征、语文学科的基本特征、语文学科知识、语文学科能力、语文教师与学生的学科认知内容及方式、语文教学目标的叙写与达成、语文教学方法的取舍等。

任何规律都是普遍性和特殊性的辩证统一,对规律的运用,也须结合具体情境,语文教学尤其如此。学段的共性与班级学生学情的个性、同一类型的文体与具体的文本、同一篇目在不同的学段、同一篇目丰富的教学价值、社会突发事件、教师个人的阅历,等等,都是语文教学的具体教学情境。合乎教学逻辑要求的教学,必然须充分考虑这些具体的教学情境。

(三) 主动建构语文教师自身的教学逻辑

语文教师自身的教学逻辑是指语文教师对教学规律的认识与运用、对语文教学的认识与实践等的综合体现。虽然教学规律客观存在,且具有共性,但不同的教师对教学规律的认识与运用是不一样的。从规则的特性来看,规则并非完全正确,只有合乎规律的规则,才可能是正确的。因此,对作为一种规则的语文科教学逻辑,我们就须辩证看待了。从具体的教学实践活动来看,合乎教学规律的要求,可以确保具体某一次的教学的科学性与有效性,但长期来看,语文教师要积极主动地建构自身的教学逻辑,依据自身对教学规律的认识、对语文学科特性的理解,强化教学的科学性。这在语文学科领域内,尤其重要。

三、余论

追求语文教学的有效性,是语文教师的职责所在;如何提高语文教学的有效性,是语文教师专业素养的核心问题。虽然语文教学有效性的内涵与标准仍有待进一步明确,但以立德树人为根本任务、提升学生语文学科核心素养为具体任务,是非常明确的。依据教学自有其规律性、教学须讲究科学性的前提,可以推论出语文学科教学要遵循教学规律性、须追求科学性的结论。从教学逻辑的角度,确立语文教学优化的新思路,充分发挥语文科教学逻辑的价值,以有效履行语文教师的职责。当然,这里,仍须说明的一点是,强调语文科教学逻辑的重要性及其价值发挥,并未违背语文课程的人文性特征,并非削弱语文教师个性化的教学行为及思想,因为,无论是语文教师的人文思想、语言艺术还是语文教学的情感要素、想象与感悟等非理性方法等,都将成为确定语文教学内容、方法、环节的逻辑前提,而这,正是语文科教学逻辑中学科逻辑、学的逻辑与教的逻辑三要素及其逻辑关系的应有之义。

参考文献

[1] 中华人民共和国教育部.普通高中语文课程标准(2017年版2020年修订)[M].北京:人民教育出版社,2020.

[2] 朱德全、张家琼.论教学逻辑[J].教育研究,2007(11).

[3] 董静、于海波.教学逻辑的价值追求与二维结构的运演[J].中国教育学科,2015(8).

[4] 韦志成.语文教学艺术论[M].南宁:广西教育出版社,1996.

[5] 辞海编辑委员会.辞海(第六版)[M].上海:上海辞书出版社,2009:2575,3689.

[6] 成龙.语文科教学逻辑阐释[J].中学语文,2019(7).

[7] 成龙.语文科教学逻辑的理解与运用[J].语文学习,2019(9).

[8] 成龙.语文科教学逻辑六问[J].中学语文,2019(9).

第二章

语文教师专业素养：
语文科教学逻辑的实践基础

第一节　从"自发"走向"自觉"：
　　　　读章熊先生两篇文章的思考

我国当代著名的语文教育家章熊先生发表《我的语文教学思想历程》与《我对中学语文教材的几点看法》，对自己语文教育思想的形成过程作了全面的回顾，对中学语文教材的编写提出了自己的看法。对两篇文章的仔细研读，引发了笔者深深的思考。章先生的两篇文章内容非常丰富，真知灼见处处可见，可作深入思考之处非常多。笔者感悟最深的是，语文教学应该从"自发"走向"自觉"，走在语文教学科学化的正道上（章先生特别提出，吕叔湘先生所提的"科学化"是指探究语文教学的内在规律，但世间对此有许多误解！）。"自发"的教学往往是随机、随意的，其科学性和效率得不到保证；"自觉"的教学，则是目的明确、计划周密、组织严密的，符合语文教学的内在规律性，其教学效率因之能得到保证。语文教学改革，就是要不断改变教学中的"自发"状态，逐步走向"自觉"状态。笔者拟从以下三个方面表述研读两文的所思所得。

一、理论的"制高点"与语文教师的专业素养及其发展

章先生在《我对中学语文教材的几点看法》中指出，要改变传统语文教学效率得不到保证的状况，"使教学从'自发'走向'自觉'，保证教学的有效性，就必须站在现代理论的高度，进行语文教学理念的探讨"。章先生的这几句话，不仅指明了保证语文教学有效性的正途——站在现代理论的高度，进行语文教学理念的探讨，还为语文教师专业素养的发展指明了方向——占领现代理论的"制高点"。

综观章熊先生长达半个世纪的语文教学与科研历程，每一项成果的取得，均离不开现代理论的支撑。无论是小论文写作的实施及其"精神意义"（对习以为常

的写作教学模式的怀疑)的发现,还是由这项实验所引发的"更深层次的理论思考"("着力点"与"高潮设计"的思路);无论是当代文艺讲座中"母语学习总是从习得开始,进入学得,然后复归于习得"理论的提出,还是语言训练的练习设计中的"模仿——类推——创造"与"系列化练习设计"的开发;无论是对语言、思维、思想之间关系的认识,还是对语言训练独立价值的发掘,等等,无不闪耀着现代理论的光芒。可以这样说,正是现代化理论支撑着章熊先生在语文教学科学化这一语文教学正途上拓出了一片天地,并产生了广泛而深远的影响。

章先生始终站在现代理论的"制高点"上,坚定地走语文教学科学化之路,取得了令人瞩目的成果,可以为我们探讨语文教师专业素养及其发展提供强有力的说服力。

语文教师的专业素养由多方面的要素构成,如专业理论素养、文本解读的能力、写作能力、对语言文字的敏感、教学设计与评价能力,等等。其中,专业理论素养应该是最核心的要素。这是因为,语文教学活动首先要符合教学科学性的要求,要遵循学科规律性的要求,教师在专业理论的指导下实施教学活动,才能确保教学始终走在科学化的正道上。至于艺术化的要求,这已经属于更高层次的教学追求。纵观当前语文教学中种种非语文化的倾向,究其根本原因,正是在于专业理论的缺乏。缺乏专业理论指引的教学行为,极易违背学科教学的科学性要求。笔者早在2007年就撰文强调理念对于语文教学的重要意义:"当我们对大量'教'的实践感到低效、感到疲乏而四处寻找出路时,我们应该驻足暂作停留,反思我们走过的路,站在更高的点去审视我们的教学实践,想想:我是否构建起了一套清晰的、完整的知识体系,我是否站在学生的角度去理解一个知识点,我对一堂课的处理是否符合学生接受的心理特点,我是否探寻过教与学的关系,我是否进行过教学设计、而每一个教学设计是否符合其自身的规律,等等。这是一些带有教学共性的问题,这些问题解决得怎么样,关系到一堂课、一个阶段、一个时期的教学是否有效的问题。因此,我们老师首先应树立起理念的意识,要善于思考一些带有理论指导意义的问题,如教学'宗'的问题,课堂的主次与主线的问题,教与学换位思考的问题、形式与效率的关系问题,等等。理念建构起来了,实践就有了科学的理论加以指导,这样的教学实践才能是有效的,也才能真正意义上实现'以人为本,教书育人'的目标。"

笔者认为：作为一线语文教师,站在理论的"制高点"上,不断提升自身的专业理论素养,是最迫切与最根本的任务。目前,越来越多的语文教师认识到读书的重要性,但只是笼统地强调读书,而未对语文教师读书进行进一步的分类,是不科学的。语文教师的读书,大体上可以分为专业阅读、文学阅读、人文阅读等几种类型,在这些阅读中,专业阅读是最重要的,这是确保语文教师能够科学而正确地进行语文教学的基本条件。语文教师的专业阅读包括语文专业期刊、语文理论专著、文学理论专著等。对于大多数一线语文教师来说,语文专业期刊的阅读是最基本与最可行的。专业期刊可以提供最新的、最实用的理论知识与实际操作指导,而语文理论专著则是进一步提升理论水平的必需,如王荣生先生的《语文科课程论基础》可以视为语文教师专业理论水平提升的必读书。

语文教师的专业素养发展直接影响着语文教师的教学水平,从而直接影响着语文教学效率。从完成语文教学任务的底线做起,直至不断成为语文教学的名家名师,站在理论的"制高点"上,进行语文教学理念的探讨,是不二法门。

二、关于阅读教学

面对语文素养的丰富内涵与一篇篇的课文,语文教师在进行教学设计时应该如何处理？一堂课的教学,时间的有限性、能力训练与知识传授永远是充满矛盾的,顾此往往失彼。此时,我们应该学会取舍,在有限的时间内达到教学效率的最大化。取舍,理应成为语文教学设计的基本逻辑。

正确取舍的学理基础,在于对阅读教学本质及其规律有基本的掌握。这里,结合笔者对我国当代著名语文教育家章熊先生《我的语文教学思想历程》与《我对中学语文教材的几点看法》两文的研读体会,谈谈对阅读教学的理解。

阅读教学是语文教学的重要内容,解决好了阅读教学的问题,就解决了语文教学的大半问题。目前,语文阅读教学中还存在不少的问题,首要的就是教学内容的确定问题。文本解读在阅读教学内容确定中自然占据着重要的地位,但如果我们站在理论的高度来思考阅读教学的问题,就会发现,阅读教学除了文本解读之外，还有非常关键的理论问题亟待厘清。

章熊先生在《我对中学语文教材的几点看法》中说，语文教学理念的探讨有"课程的性质"与"对语文课堂教学的探索"两个层次，"介乎这两个层次之间的是关于教学内容序列化的探讨"。这抓住了阅读教学问题的关键。对语文课程性质的探讨，具有方向性意义，而对语文课堂教学的探索，则有望归纳出课堂教学的基本准则，"可以促进语文教师的成熟"；教学内容序列化的探讨与研究，则是对语文课程性质的内在规律性要求的遵循，是提升语文课堂教学效率的关键。章先生的这些思想，可以为我们厘清阅读教学的理念问题提供指引。

首先，从课程性质的视角看，语文阅读教学的目标是什么？其基本任务是什么？"培养正确理解与运用祖国语言文字的能力"，在课程标准出台之前沿用多年的带有纲领性的这句话，在《普通高中语文课程标准（实验）》与《普通高中语文课程标准（2017年版2020年修订）》中已找不到相似的表述，在《义务教育语文课程标准（2011年版）》中则表述为"应使学生初步学会运用祖国语言文字进行交流沟通"，"理解祖国语言文字"这一极为重要的语文教学目标，在两个课程标准中都未见，这在一定程度上造成了当前阅读教学中的泛语文化倾向。倪文锦先生也指出："正确理解祖国的语言文字不仅在语文教学中不可或缺，而且是语文教学的重中之重"，"只有把正确理解和运用祖国的语言文字全面落实到语文教学的每个实践环节，学生整体的听说读写能力才能获得持续不断的发展"。关于阅读教学的基本任务，王荣生先生确定为两条：第一是帮助学生克服语文经验的落差，核心是阅读方法；第二是建立学生与"这一篇"课文的链接。链接点，对教师来说，是教学内容，对学生来说是学习任务。使学生学到、学会阅读方法，自然是非常重要的，但方法的学习不是目的，而应该是形成能力的途径；而确定正确的教学内容与明确学习任务，也只有紧紧锁定阅读能力的培养与提高这个目标，才能确保语文课堂所教所学的符合"语文"的要求。据此，可以确定，语文阅读教学的目标是培养学生"正确理解祖国语言文字的能力"，核心是阅读能力，阅读教学的每个环节，都要明确地指向学生阅读能力的培养。阅读教学的基本任务则是教师采用合适的教学方法，通过文本的学习，教给学生阅读方法，最终提高学生的阅读能力。

其次，基于心理学的理论要求与课程标准的表述，学生阅读能力由哪些要素构成？吴红耘、皮连生指出："根据科学心理学,阅读是一种综合能力","中小学生的阅读是借助自己的生活经验和与个体生活相关联且易懂有趣的课文内容,积累字词,获得词法、句法和文章谋篇布局的规则,并使之支配自己的读写行动,所以中小学生的阅读主要是一种基本技能和高级技能的习得过程"。《义务教育语文课程标准(2011年版)》关于阅读能力的相关表述有：独立阅读的能力,学会运用多种阅读方法,良好的语感,注重情感体验,发展感受和理解的能力;能阅读日常的书报杂志,能初步鉴赏文学作品;能借助工具书阅读浅易文言文;感受、理解、欣赏和评价。《普通高中语文课程标准(实验)》关于阅读能力的表述有：从整体上把握文本内容,理清思路,概括要点,理解文本所表达的思想、观点和感情;善于发现问题、提出问题,对文本能作出自己的分析判断,努力从不同的角度和层面进行阐发、评价和质疑;根据语境揣摩语句含义,运用所学的语文知识,帮助理解结构复杂、含义丰富的语句,体会精彩语句的表现力。《普通高中语文课程标准(2017年版2020年修订)》则以"学科核心素养"这个核心概念,将阅读能力的相关要素融在其中。综合起来看,学生语文阅读能力的要素至少可以概括为理解文本与提炼读写技能两个大的层面,第一个层面包括对语句、段落、篇章的理解,第二个层面包括在教师的指导下获得阅读方法与写作方面的知识与启示。对阅读能力构成要素的明确,有利于我们确定科学的阅读教学内容。

再次,指向阅读能力培养与提高的目标,语文阅读教学内容序列化建设要考虑哪些因素？章先生在《我对中学语文教材的几点看法》中指出："语文课教学内容之所以能够序列化,在于所引导的是规范化的言语运作,它所归纳和解析的是言语运作的常态,是'共性';而精品之所以成为'精品',它的魅力恰恰在于它的'个性',在于它超越了常态水平。"既然教学内容的序列化具有了可能性,那么我们就应该着力于它的建设,通过构建起序列化的教学内容来更好地保证教学的有效性。在笔者看来,要探讨并力争解决阅读教学内容序列化的问题,首先要解决一个带有原点性的问题——阅读教学内容的要素有哪些？狭义的阅读教学内容主要指文本解读,广义的阅读教学内容则还应包括教学方法的选择、教学环节的安排、课堂思维训练的落实、阅读能力的培养、写作知识的提炼等。当前阅读教学内容的确定,更多的只是停留在文本解读的狭义层面,实际上,广义层面的阅读教学内容才更符合语文教学内在规律性的要求。在明确了阅读教学内容构成要素之后,再逐一探讨序列化建设应考虑的要素。第一,学生的阅读能力的排序问题。这里既有小学、初中、高中这样大学段的时间维度,也有各个阶段内部的排序。如高中阶段,三个年级所需要培养的阅读能力就有一定的先后顺序。第二,教材编写中的排序。在目前人文话题统领单元主题的形势下,阅读能力排序的问题就更加迫切需要解决了。显然,人文话题的安排(从篇目很难看出单元话题之间的顺序,故而无法使用"排序"一词)不是阅读能力形成的排序,这就需要语文教师心中有一个阅读能力排序的规划。可以依现有教材单元安排阅读能力训练的序列。如果依照阅读能力排序对教材进行"重构",那么,教学效果极可能会更加突出,而这也正是优秀语文教师在专业素养上达到"自觉"境界的很好体现(在章熊先生看来,对教材进行"重构"的都是优秀教师)。第三,单篇课文与单元、学期规划。一篇具体的课文,用来落实培养学生阅读与写作能力的点可以有许多,如果不加以区分地什么都想教,结果往往是"欲多得而不可得"。比什么都想教最后往往什么都教不好稍为理想的一种做法是,一堂课(或一篇课文)突出一两个点,教实教透,"给学生留下深刻的印象"。比这更科学的做法是,建立起一个单元、一个学期直至一个年级阅读教学训练点的体系,有序推进,逐一落实。要做到这一点,就要求语文教师对单篇课文有准确的把握,能够科学地确定这一篇课文最具教学价值(对阅读能力培养最有价值)的点,并将一单元、一学期的"点"序列化,这时候就需要对教材进行"重构"。

综上所述,关于阅读教学,我们需要厘清的理论问题是,阅读教学的目标应该是培养学生"正确理解祖国语言文字的能力";阅读教学内容不仅仅是文本解读结果,还包括教学方法的选用、思维训练的落实等,即学生所得不能只是课文内容,更为重要的是阅读方法与写作知识的掌握与阅读能力的提高;阅读教学内容可以序列化,经过科学序列化的教学内容可以更为有效地培养学生的阅读能力,从而确保阅读教学目标的达成。

三、关于写作教学

同样的,写作教学问题也很多,解决之道也在不断的探讨中越来越繁多。然而，对当前写作教学的研究稍加梳理，我们就不难发现，写作教学问题至少在"原点"与"终点"上特别突出，而解决之道也因之问题不少。所谓"原点"问题，即教学视域中的学生写作究竟是什么？所谓"终点"问题，即写作教学目标究竟是什么？换言之，写作教学视域中，我们究竟要培养怎样的学生？由此而产生的解决之道的问题是，什么样的语文教师可以教写作、才能教好写作？

这里，需要特别强调的是，接下来的思考与探讨，都立足于语文教学视域展开。

章先生在《我的语文教学思想历程》中，就"语言训练的独立价值"提出学生言语能力发展分为三个层面：第一个层面是规范化，这是小学阶段的教育重点（至迟到初中阶段应该大致完成）；第二个层面是熟练操作，这是中学阶段（特别是高中阶段）要争取达到的目标；第三个层面朝着两个方向延伸，一个是走向适应和利用外部语境，侧重于实用，另一个是走向艺术化，达到文学的水平，进入运用语言的最高境界。章先生强调："第三个层面，我们只能把它作为一个积累因素适当延伸而不能作为教学行为的目标。"章先生提出的言语能力发展三个阶段的观点，特别是第三个层面不能作为教学行为目标的观点，对我们探讨教学视域下写作教学的诸多问题，具有极强的指导意义。

第一，教学视域中的写作究竟是什么？对这个问题的进一步探讨是，学生的写作能力究竟是什么？当前不少论者以"写作是……"的标题格式，对写作加以定义，如"写作只是一场倾诉""写作是一种生命历程"等，这样的定义，一定程度上揭示了写作与人生、生命的关联。这种以比喻的方式对写作所下的定义，最根本的问题在于，混淆了教学视域与非教学视域的根本区别。写作教学活动面对的是全体学生，所依据的是学生写作水平上的共性，特别是班级授课制的形式下，更需要基于班级整体写作水平实施写作教学。而非教学视域特别是文学创作视域中的写作则强调个性，突出写作者个性化的思考与表达。语文教学的根本任务在于"培养学生正确理解与运用祖国语言文字的能力"，其中"运用祖国语言文字的能力"的核心是写作能力。从语文教学的要求看，写作的核心能力是"正确运用"，即不出现错误，用章先生的话来说是"规范化""熟练操作"。"正确"的要求是底线，而非最高要求，离"艺术化"还有很大的距离。如果搬用文学创作视域中对于写作的定义来要求语文教学视域中的写作,则因范畴错误而不科学,因要求过高而有害。概言之,教学视域中的写作是一种对祖国语言文字的运用,以"正确"为标准,而非"艺术化";学生的写作能力则是在运用祖国语言文字时能够符合"规范化""自动化(熟练操作)"的标准,达到"连贯(语言流畅)"的要求。

第二,写作教学目标究竟是什么? 在写作教学中,我们究竟要培养怎样的学生? 在明确了教学视域中写作能力是正确运用祖国语言文字的前提下,要回答上述问题似乎很简单,但现实的情况却并不如此。当前,"写作水平高的学生不是老师教出来的"这句话,似乎已成为语文教师的共识,甚至成为语文教师不重视写作教学的一种托辞。这句话的问题在于,以特殊代替一般,以个案遮蔽全体。"写作水平高",笼统来说,可以理解为达到章先生所说的"艺术化"的层面,语言进入了艺术境界,甚至达到了运用语言的较高境界。这样的学生自然是有的,其较高的写作水平与其自身的阅读、经历、思考,特别是对语言文字强烈的兴趣与良好的天赋有着密切的关联,这其中,语文教师的作用可能不明显。但,这样的学生数量上是极少的,因而不能证明语文教师在写作教学中是无所作为的。教学以面向全体、提高绝大多数学生为核心任务。实际的情况是,绝大多数的学生在写作上还未达到教学视域中写作能力的基本标准,这就需要语文教师有所作为。另外,"写作能力能教吗"这个问题也影响到写作教学目标的确立。从文学理论视角看,教学意义上的"教"的确在写作能力达到"艺术化"层面上作用有限(莫言即是一个例证),但教学视域中的写作能力以"规范化""自动化"为标准,属于言语运用技能范畴,完全可以通过科学的言语训练加以实现。因此,写作教学目标应该定位于培养提高学生正确运用祖国语言文字上,以"正确"为目标;我们要培养能够规范、熟练运用祖国语言文字的学生,而非"艺术化"层面的文学人才。

第三,什么样的语文教师可以教写作、才能教好写作? 当前,有这样一句话影响很大:不会写作的教师教不了写作。持这种观点的既有语文特级教师,也有不少一线普通教师。然而,从理论的视角来分析,情形并非如此。能够站在语文教学理论高度上的语文教师可以教写作,并且能够教好写作,这与语文教师自身是否会写作(论文写作特别是文学创作)没有必然的关联。首先,可以从引导学生多读书、多关注思考生活方面教写作。章先生根据自身的经历体会,认为经典作品具有"存储"的功能，由此建立起一条通往学生课外听说读写的汪洋大海的通道，可以让学生思想活跃起来，有助于激发学生写作的热情。其次，从阅读教学中教写作。选入教材的典范选文，蕴涵着丰富的写作规律性知识，章先生提出的"名家名篇＋科学训练"，确立了在阅读教学中教写作的科学性与可行性。关键的是，我们要避免阅读教学中只谈文本解读的现象，能够"自觉"地从经典范文中抽取出写作规律性知识，并加以科学的训练。再次，从写作技能序列化建设及训练中教写作。章先生在《我的语文教学思想历程》中说："尽管学生写作的内容要受到社会意识以及学生个人生活环境、经验的制约，但是在技能方面却是有'序'可循的。"显然，能否找出写作技能方面的"序"与语文教师是否会文学写作没有必然的关系，反而与语文教师的专业理论知识水平有着巨大的关联。一个有着较高语文专业理论能力的语文教师，是完全可以在这方面有所作为的。这里，仅提"有所作为"的要求，是符合实情的，因为到目前为止，并没有一个得到公认的、清晰的、可操作性强的写作技能的"序"供一线语文教师使用，写作教材的编写就更不尽如人意了。在这样的背景下，对于广大一线语文教师而言，最重要的是行动起来，广泛学习现代理论知识中的教育心理学、语文学科教学、写作理论等方面的知识，在写作技能"序"的建设方面，建设到什么程度，就科学训练到什么程度，并不断进行"更深层次的理论思考"，在总结中优化教学实施，提高写作教学效率。

四、结语

深入反思总结中小学语文教学的得与失，非常有必要。评判得失，标准自然不止一条，但科学性始终是最根本的一条。所谓"科学性"，就是站在现代理论的"制高点"上，不断探寻语文教学的内在规律性，探讨语文教学理念，在理论的反思与总结中，提高语文教师的专业理论水平与实践教学水平，从而更好地完成语文教学的任务。沿着章熊先生两篇文章所指引的方向坚定地走下去，语文教学改革自有一番新天地！

参考文献

[1] 章熊.我的语文教学思想历程[J].课程·教材·教法,2011(10).

[2] 章熊.我对中学语文教材的几点看法[J].中学语文教学,2013(6).

[3] 成龙.关于语文新课改的三点反思[J].语文学刊,2007(7).

[4] 王荣生.中小学散文教学的问题及对策[J].课程·教材·教法,2011(9).

[5] 倪文锦.关于语文课程性质之我见[J].课程·教材·教法,2013(1).

[6] 吴红耘、皮连生.语文教学科学化,路在何方?——评章熊先生的《我的语文教学思想历程》[J].课程·教材·教法,2013(2).

[7] 中华人民共和国教育部.义务教育语文课程标准(2011年版)[M].北京:北京师范大学出版社,2012.

[8] 中华人民共和国教育部.普通高中语文课程标准(实验)[M].北京:人民教育出版社,2003.

[9] 中华人民共和国教育部.普通高中语文课程标准(2017年版2020年修订)[M].北京:人民教育出版社,2020.

第二节 我们应该做怎样的语文教师：基于阅读教学内容确定的视角

目前，对阅读教学内容的确定的研究成果不少，也对中学语文阅读教学带来了不少变化，但我们也应该清醒地认识到，阅读教学内容确定的研究主体仍是少数的语文教育理论专家、语文特级教师，作为语文教学具体实施者的广大一线语文教师对此投入还不够，或者这样说，广大一线普通语文教师在确定阅读教学内容时，还未真正上升到理论的层面，理性依据还不充分甚至还不明确，感性的主观看法占据了较多的成分，这甚至成了制约大面积提高语文阅读教学甚至语文教学效率的瓶颈，提高一线语文教师确定阅读教学内容的能力迫在眉睫。作为一线语文教师，我们应该认真思考并力争高质量地回答这样一个问题：我们应该做怎样的语文教师以积极应对阅读教学内容确定这个问题。

一、我们应该做能够正确认识语文教育教学本质及规律的语文教师

研究阅读教学内容确定的问题，也许只需着力于阅读教学本身，但如果回到原点思考问题，那么，能够正确认识语文教育教学本质及规律，就应该成为研究阅读教学内容的"原点"。但遗憾的是，关于"语文是什么"这样一个具有"原点性"价值的问题却至今难有一个明确的回答，更令人尴尬的是，广大一线语文教师也似乎很少去思考这个问题。当然，"语文是什么"这个问题，就像"我是谁""我从哪里来""我要到哪里去"这三个哲学最基本的命题一样，难以有一个确切的答案。这里，笔者无意从纯粹理论定义的角度去回答"语文是什么"的问题，笔者更愿意从阅读教学实践操作层面去思考语文教育教学本质及规律的问题。

某一个具体的文本，可以确定的教学内容有很多，不同的教师面对同一个文

本，可以有不同的理解，甚至同一个教师在不同的情境下也会对同一个文本有不同的理解。不管是怎样的理解，一旦进入了语文教学的范畴，就必须遵循语文教学的基本要求，作为语文教师，我们要时刻记住，在语文课堂上，就必须进行"语文的"教学。"语文的"是进行任何一种文体教学的基本前提，我们不能脱离"语文"二字而单独谈具体一种文体的教学。

阅读教学是一个长期的过程，提高学生的语文素养不可能毕其功于一役，我们要始终把握"语文的"这一基本原则，以期确定适宜的阅读教学内容。不同的文本所具有的教学价值会有所不同，从阶段性、系统性的角度看，可以在相应的文本中强调某些方面，在一个阶段中突出某种训练，但从一个较长的时间来看，就必须落实好语文教育教学的本质要求。

二、我们应该做具有较强文本解读能力的语文教师

文本解读是阅读教学的重要内容，甚至可以说，文本解读的好坏一定程度上决定了阅读教学的成败。一个负责任的语文教师，应该认真对待文本解读这个重要的问题。

我们提倡语文教师具有对文本进行自我解读的意识，依据自我的认识对文本进行独立的解读。阅读教学中，教师个人的自我解读不能缺失，语文教师的头脑首先不能被他人的解读结果占领。一个缺失个人解读能力的语文教师是不合格的语文教师，一堂缺失教师个人解读的语文阅读教学课是不能"站立"的语文课。令人痛心的是，我们经常看到那种只搬教参、只照他人解读结果的语文课。这里，并非认为教参或他人的解读结果是不合理的甚至是错误的，而是认为一种不经过语文教师大脑和智慧而出现在课堂上的解读结果，是很难产生良好的教学效果的。我们的学生是明白人，他们一眼就能看出，语文教师因缺乏个人深入的理解而致使讲解少了生动性、深刻性。

语文教师要对语言文字具有敏锐的感觉。文本的文字都是有生命力的，它们期待语文教师去使它们"复活"直至"鲜活"起来。语文教师要特别关注那些看似平常但含义丰富的文字。《林黛玉进贾府》中的"半旧"一词自然有丰富的表现力，

但开篇林黛玉看到贾府门前仆人的"列坐",也不可忽略。"列坐"之"列",正是仆人秩序井然的表现,更是贾府管理严格、治府有方的有力见证。我们也不能忽略文本标点符号的使用。语文教师如果用心去阅读文本,一定能够找到文字甚至标点符号(这种被称为"无声的语言"的"文字")背后隐藏的丰富玄机,从而为课堂教学展现个性化的解读打下扎实基础。

语文教师要不断提高文本细读的能力。文本细读无疑可以挖掘出文本的深意。文本细读就是要读出文本中不易被发现而又非常重要的内容。文本细读已经成为当前阅读教学研究中的热点,其重要性不必多言。

语文教师要能够有层次地对文本进行解读。首先要读出文本的实有之意,读出作者在文字表面所表达出来的意义;其次要读出文本的可有之意,即不违背常情常理、不违背写作背景的文本意义;第三要进行适度的文本意义重构,即结合师生所处的特定的教与学的背景,或者重新给文本设置一个适宜的解读背景进行解读。三个层次的文本解读,从基础性到个性化,由浅入深,逐层递进。

三、我们应该做能够获取并合理使用信息的语文教师

客观地说,要求广大一线语文教师对每一个文本都解读出科学、合理且富有个性的结果,是不合情理的。广大一线语文教师因为时间、精力、个人阅历及能力等方面的原因,的确无法像大学教授、文学评论家、语文教育专家、语文特级教师们那样深刻地解读文本,此时,我们应该相信"他山之石,可以攻玉"。

这里,依然强调,语文教师应该首先自己解读文本,不能让自己的头脑一开始就被他人的解读结果占领,应该在自己对文本有一定的理解之后,再参阅他人的解读结果。

就目前中学语文教师阅读现状来说,我们建议语文教师要增强广泛获取信息的意识,我们不能仅凭个人的解读或者一本教参就想把阅读教学搞好。就获取文本解读信息的方式和渠道来说,最有效的是阅读语文教学专业杂志及文学评论类的杂志(如《名作欣赏》及其中学版),这些杂志能给我们提供最新的、最具科学性与个性化的文本解读结果,有的还能教给我们解读的方法(如孙绍振先生的《文本

分析的七个层次》就是发表在语文专业杂志上的一篇极具指导意义的好文章)。我们特别希望广大一线语文教师能长期订阅一两种当前水准较高的中学语文专业杂志。经过长期的阅读积累,就能不断提高自身的文本解读能力。如果功课再做细些,可以把自己喜欢的文章及时复印下来,积成阅读本,不时翻阅,点滴积累,水滴石穿。我们还可以把各种语文专业杂志每年度的总目录复印下来,以供随时查阅所需资料。网络资料查找非常快捷,内容也非常丰富,但鱼龙混杂,我们不可轻信,要找有资质、口碑好、质量高的专业语文网站去获取有质量的资料。

在这样一个信息激增的时代,海量的信息就像一把双刃剑,我们语文教师要懂得合理使用各类信息。何谓"合理"？要符合语文教学的要求,有些文本解读结果并不适合课堂上呈现。要符合教师自身的认识水平,如果连语文教师自身都不接受甚至无法理解,课堂上必然无法讲解得好。要符合学生学情,符合学生身心发展要求,不会对学生产生不良影响。

四、我们应该做能够进行科学教学设计的语文教师

我们必须明确这样一个基本的认识——文本解读≠文本教学。

文本解读只是阅读教学的基础性工作,一个负责任的且有一定阅读能力的语文教师,是完全可以从多个角度对某一文本进行解读的,有些解读甚至能够达到个性化的高度。但不是所有的文本解读结果都适合作为教学内容。进入教学视域的文本解读,则需符合教学的要求,特别是语文教学的规律性要求。从这个层面来看,在中学语文教学的大框架下,"文本教学解读"的提法,要比"文本解读"的提法更切合教学的要求。所谓"文本的教学解读",简言之,即依据教学的规律与需要,对文本进行符合教学要求的解读。作为中学语文教学的文本解读与高校中文专业教学的文本解读,无论是解读目的、解读角度还是解读深度及解读方法,客观上都存在差异,我们需要的是能够促进中学生语文素养形成和提高的文本解读方法和结果,而不是大学教授专门理论研究式的文本解读方法和结果,当然,并不否认大学教授理论式的解读对中学语文教学的启示作用。语文教师首先要从语文教学要求的角度对文本进行教学解读,或者从语文教学规律角度选择他人已有

的文本解读结果,然后再对自己解读获得的或选择的文本解读结果进行教学设计加工,使之符合语文教学规律性的要求。

　　这里,需对阅读教学内容确定的内涵作一个辨析。阅读教学内容即一般意义上所说的"教什么",这自然是正确的,但从教学的实践需要来看,我们还应该把设计具体的教学方法及教学流程也纳入阅读教学内容的范畴,即我们在确定具体"教什么"时,也应该考虑"怎么教"的问题,"怎么教"也应是教学内容之一。因此,教学设计的问题也应进入教学内容的视野。

　　当我们经过自身的解读或选择了他人的解读结果时,接下来我们要做的便是使阅读教学设计符合科学性、有效性的要求。具体而言,科学性,就是要符合语文学科的教学规律性要求,符合阅读认知的规律性要求,符合学生认知的规律性要求;有效性,就是要通过阅读教学的设计,能够提升学生的语文素养,既有能力的提升,也有知识的收获与人文精神的丰富。我们不是简单呈现我们确定的文本解读结果,而是引领学生去发现去获取这些结果(当然,从课堂生成性的特点来看,完全可能得到意想不到的文本解读结果),在发现与获取的过程中实现语文教学的目标。

第三节　语文教师精神成长的价值逻辑

教师的成长，是教育发展的极为重要的条件，人们对教师成长的关注更多地放在了专业成长上，而对教师精神成长的关注还不够，这一定程度上影响到教师成长的速度与质量。教师精神成长自有其共性，但具体到各学科教师，其精神成长又将呈现出各自的个性。本节拟从基于本体论的界定、基于价值论的探讨与基于方法论的追问三个视角，对语文教师精神成长加以深入的思考，以期对这一具有前瞻性的问题有更为全面的认识。

一、基于本体论的界定：语文教师精神成长的本质是什么，内涵有哪些

界定语文教师精神成长的本质，有必要先厘清语文教师精神成长与专业成长二者的关系。语文教师的专业成长，主要是基于语文学科教育教学所需的知识、技能、方法等的掌握与发展，而语文教师的精神成长，则主要指语文教师精神世界的建构与发展。二者的主要构成有不同，但二者又不是割裂的，而是互为依存、互相促进的。没有专业的成长，精神成长将会落空；而没有精神的成长，专业成长也只能停留在较低层次的水平上。就目前而言，语文教师的精神成长与专业成长之间的内在密切关系还未被充分揭示出来，存在"两张皮"的现象。

基于上述认识，语文教师的精神成长在本质上是指基于语文教师专业素养的发展并伴随着专业素养提升过程的一种语文教师强化专业认同感、构建精神家园、丰富精神世界的过程。基于本体论的这一本质界定，自然会随着人们研究的深入而不断得到完善，但已基本揭示了语文教师精神成长的主要内涵。具体而言，语文教师精神成长至少应该包含以下三个方面的内涵。

第一，不断强化专业的"认""同"感。认同感是一种强大的心理动力，基于认同感的确立，才可能产生从职业向事业的提升与飞跃。语文教师对语文教育教学的认同感是一种由"认"而"同"的渐进过程。"认"，是指对语文教育教学本质及其规律的认识，这种认识，是建立语文教师精神成长的基础，是一种从无到有、由浅入深、由正确而明晰的过程。就当前的状况而言，还有语文教师不能达到这样三个层次，他们还不能建立起自身的语文教育教学认识观，这样的状态，何谈语文教师的精神成长？"同"，是指语文教师对语文学科及语文教师这一职业的亲切感、悦纳感，是一种由"自发"到"自觉"的进阶。有"认"，还需有"同"，唯有二者有机结合，才能有语文教师精神成长的根基。

第二，着力培养建设精神。批判固然重要，但建设远比批判重要，特别是在语文教育教学中。我们提出着力培养建设精神，并不否定批判的存在价值，更不是消弭语文教学中批判性内容与学生批判思维的培养，而是倡导语文教师在精神世界中高举建设的旗帜，做一个身体力行的建设者。语文教师的建设者姿态，对于培养学生的建设观念尤其重要。语文教师的建设是多方面的，大凡语文教与学的方方面面均应成为我们建设的对象，尤其需要建设批判的精神与建设的精神。对于具体的语文教师而言，勇于建设，是一种不唯他人是从、保持人格独立的精神主张，是一种拥有主见的生命姿态；懂得建设，则是一种专业上的智慧，一种成就感、价值感的体现。

第三，充分体验生命幸福感。何谓幸福？见仁见智，若从职业的视角加以探讨，那么，拥有职业的成就感是产生幸福感的重要条件，虽然成就感因人而异，但至少在自我价值体系里，认为自身所从事的职业是有价值的，而自身也能充分感受到从事这种职业所带来的成就感。然而我们谈语文教师的精神成长，不能满足于职业的幸福感，而应该上升到生命幸福感的高度，因为语文教师首先是一个人，是一个独特而独立的生命存在，拥有"人"的幸福，是首要的。其次，语文学科的特质决定着语文教师生命幸福感的迫切性。汉字是有生命的，是有灵魂的，语文，既要感受汉字的生命，探寻汉字的灵魂，更需要借助汉字的生命与灵魂促进学生的生命与灵魂。一个懂得生命幸福感并沉浸于其中的语文教师，才可能担此重任。一个生命意识淡薄、灵魂意识麻木的语文教师，怎能建立起对汉字生命与灵魂的感觉，又怎能完成语文的重任？充分体验到生命的幸福，就能培养出良知、理性、公平、正义等人类道德世界的正能量，唯有此，语文教师是幸福的，学生也才是幸福的。

二、基于价值论的探讨：语文教师精神成长具有怎样的存在价值

明白语文教师精神成长的存在价值，可以促使我们重视语文教师精神成长这一关乎语文教师自身、关乎学生、关乎民族的大事，也可以促进语文教师在精神成长的路途中享受更多的风景，收获更大的喜悦。

第一，语文教师的精神成长有助于提升语文教育教学的效果。语文是一门学科，因而也就天然地具有了学科科学性的特点及要求。伴随着专业"认""同"感提升的精神成长，可以促进语文教师更好地把握语文学科科学性的规律，从而更有效地开展语文教育教学工作。而随着语文教师生命幸福感的不断强化、精神家园的逐步建立与精神世界的不断丰富，语文教师将以一种积极的、充满幸福感的生命状态，投入到语文教育教学工作中去，这是不断提升语文教育教学效果的强大动力之源。

第二，语文教师的精神成长是实现语文教育"立人"功能的重要保障。着眼于精神成长的语文教师，心灵不会被分数遮蔽、充斥，眼里才会有"人"，才会去研究"人"的成长规律，才会去探寻"立人"、促进"人"的有效方法。只有精神家园品位高、精神世界内涵丰富、生命幸福感强烈的语文教师，才能以自身的生命与灵魂去发现"人"、发展"人"。反观当下深受应试教育之害的语文教育，怎样去发挥语文教育应有的"立人"功能？唯有本着建设的原则，以自救的勇气和智慧，才有可能让语文不失尊严，让语文教师拥有尊严。

第三，语文教师的精神成长关乎民族文化的传承。生在当下的时代，既为语文教师，就应自觉担当起传承民族文化的重任。传承民族文化，自不是语文学科的"独有"，也不是语文教师的"专利"，但语文学科具有传承民族文化的先天优势，语文教师具有传承民族文化的首要担当，这应该成为共识。语文教师精神成长的本质及内涵与民族文化的特质是契合的，语文学科作为母语学科，其教育功能与

教学内容上,与民族文化具有天然的关联。拥有高品位、高质量的精神成长的语文教师,将会在传承民族文化上大有可为。

三、基于方法论的追问:怎样实现语文教师的精神成长

方法论上的追问,其价值在于努力探寻出一种能对更多人具有启发意义的具体方法。虽说方法因人之异而可能在效果上会有所差异,但追问之意识,却也是突破笼统陈述弊端之必要。笔者以使命立命、专业立身、素养立基三句话表述语文教师精神成长的可能路径。

第一,使命立命。教师的使命是育人教书,育人是第一位的。语文教师的使命在育人教书之上,还承载着传承民族文化、培养学生世界视野的重任,语文教师以此等使命作为立命之基,才算是找到了精神成长的寄托之所与不竭动力。育人,首先在于爱人,在于对学生生命的热爱与尊重,学生既是我们培育的对象,也应成为我们精神成长的原动力;其次,在于了解人,在于把握学生生命成长与发展的特点、规律及要求,否则,就会变得盲目;育人,还在于恒心与耐心,学生的生命成长不是一蹴而就的,对于正在成长的学生来说,很多时候,犯错也是一种成长。同样的,传承民族文化,首先需要对祖国语言文字充满热爱,唯有热爱,才能感受到汉字的温度,才能贴近汉字的灵魂;其次,需要对祖国语言文字有科学正确的认识,汉字的含意、汉字表情达意的效果、汉字连缀成篇的方法,都有着丰富的奥妙,不简单地说热爱,而是深入到这些奥妙的内部,了解它们,驾驭它们;传承民族文化,还需要我们有世界视野,不持井蛙之见,放眼全人类的优秀文化,才有可能让民族文化的传承更适应新的时代,从而赋予传统文化以新的活力与魅力。使命立命,能让我们语文教师远离世俗,站在精神高地。

第二,专业立身。仰望星空,在于找寻到精神高地的方向;脚踏实地,在于提升登上精神高地所需的专业能力。当前,教师阅读得到了越来越多的重视,但于教师而言,还需对教师阅读加以追问,即专业阅读与非专业阅读,孰轻孰重?具体到语文教师,专业阅读要先于非专业阅读,语文教师首先要通过专业阅读打下专业提升的坚实基础,语文教师的立身之本在于专业水准。我们在专业阅读已具备

一定的基础时,需要把阅读的视野扩展到人文阅读等非专业阅读的领域。语文教师阅读的最佳状态是专业阅读为基础,人文阅读助力于专业阅读,二者相得益彰,共同构筑起语文教师的专业大厦。除阅读外,我们还需进行专业的思考,用语文的方法去思考、去解决语文的问题。现在,语文教师用非语文的方法、非语文教师用非语文的方法对语文的问题进行这样那样的所谓分析探讨,其结果是可想而知的。作为语文教师,还需进行专业的写作,以之促进我们的专业思考,语文教师的文人式的写作,其对语文问题解决的有效程度,还有待深入的研究。语文的尊严需语文教师用语文专业知识、能力与语文的方法去维护。维护语文的尊严,确立语文教师的立身之本,找到登上精神高地的正确路径,正道是不断提升我们的语文专业水准。

第三,素养立基。这里的素养不再限于语文的专业素养,而是立足于更具基础性的素养。为语文教师精神成长立基的素养至少应该包括以下四个方面。一是道德素养。教师的道德素养是诸多素养中最重要的素养,其重要性不言而喻。二是哲学素养特别是教育哲学素养。这是使语文教育教学工作逐步走向有效的重要保证,也是促进语文教师精神成长的重要基石。不断丰厚哲学素养特别是教育哲学素养,是我们不断反思、改进语文教育教学的必备素养。三是人文素养。人文素养的核心是尊重人的生命独立、尊严权利与存在价值。在当下的教育环境中,强调教师的人文素养,显得尤为重要。四是科学素养。在社会日新月异的今天,语文教师的科学素养正起着越来越重要的作用。

四、结语

2014年9月27日,由中国教育学会中学语文专业学术委员会主办,上海市教师学研究会及山西教育出版社承办,上海市市北中学及上海教育学会中小学图书馆专业委员会协办的"优秀语文教师的精神成长"研讨会在上海市市北中学举行。于漪老师在研讨会上说:"命运赋予了你一种责任,那就是精神的成长,你选择了教师就是选择了高尚。青年才俊要用自己的精神成长来创造我们使命的精彩,在创造使命精彩的同时,铸就生命的辉煌。我想,我们都要牢记,站在中国的土地上,你就是语文,你的质量就是中国语文的质量,你优秀,你卓越,中国语文就一定辉煌,让我们一起努力,加油!"是啊,语文教师的精神成长,关系到语文教师、学生的成长进程与生命价值,更关系到中国语文乃至中华文化的传承,不可小视,尤需投入,细加研究。这里,谨以于漪老师的话作为本章的结语,但这只是本章的结束,语文教师的精神成长研究才刚刚开始。我们期待,语文教师的精神成长拥有更为务实与灿烂的明天!

第三章

语文阅读课教学逻辑探索

第一节　阅读教学设计的逻辑

一、取舍：语文阅读教学设计的基本逻辑

(一) 教学目标的取舍：分散排列，逐层递进

语文教学的目标是提高学生的语文核心素养，而语文核心素养的组成是丰富而复杂的，提高语文核心素养只是一个总目标，总目标的达成要依靠一个个具体小目标的实现。从教学目标角度来看，语文教学目标包含教学总目标、学段目标、单元目标、篇目目标、课时目标等五个方面，这五个方面呈现由大到小的顺序。语文素养的核心内容是理解和运用祖国语言文字的能力，这项能力的提高是一个渐进的过程，贯穿在学生整个语文学习的过程中，这应该是每次语文教学设计中的必选内容。不同学段有不同的教学目标。初高中学段中，语文教学的目标表现为逐步提高的特点，教学设计中要充分考虑到这一点。语文教材以单元编排的特点，也决定了具体单元目标的不同，不管是传统的以文体为单元的编排方式，还是部分课程标准教材以主题为单元的编排方式，都有一个较为集中的单元教学目标。篇目教学是实现单元教学目标的载体，每一篇文章都有文体、主旨、情感、表现手法等教学内容，甚至可以说，每一篇文章的教学内容是无限的，每一个角度可以有无限多的教学设计方法。而落实到具体的一堂堂的语文课上，教学目标则要依据不同的学段、不同的文本特点、不同的学情进行取舍，选择在这个学段最应该达成的、最符合文本特点、学生最需要的内容作为教学目标。我们提倡的"一课一得"即是这个道理。具体的一堂语文课是无法承载太多的教学目标的。

这里就要谈到另一个问题，即语文教学目标的系统性和层递性。既然一堂具体的语文课无法承载所有的教学目标，那就应该将已有系统性的语文教学目标分

散开来，在不同的学段重点实现相应的具体的教学目标，根据不同的单元内容，确定要完成的教学目标、每一堂语文课要实现的具体的教学目标。从一个时段来看，所实现的教学目标要有系统性和序列化。科学合理的教学目标取舍，是对语文教学目标系统性规律的一种遵循。

在进行语文教学设计时，要实现对教学目标的取舍，就要求语文教师对教育教学目标心中有数，既明白总目标是什么，也要清楚一个个具体的目标，更要懂得如何实现一个个细小的目标与总目标，从而在设计具体的一堂堂语文课时，做到科学取舍，合理安排，使语文课堂重点突出，步步推进，逐层筑起语文教学目标的高楼大厦。

(二) 教学内容的取舍：遵循规律，凸显语文本色

"教什么"与"怎么教"是语文教师教学设计重点要解决的问题，教学内容的取舍即是解决"教什么"的问题。

语文学科的特点决定了教学内容是实现教学目标的手段而不是教学目标本身。虽然语文知识教学中，掌握语文知识就是教学目标本身，但语文教学实践证明，只是就知识教知识，教学效果往往不太理想，教学目标反而不易实现。将语文知识融入其他教学内容中，借其他教学内容的教学以掌握知识，恰恰是在遵循语文教学的规律。语文能力的培养与提高，也具有相同的特点，就能力而教能力，反而不易形成语文能力，只有在完成具体的一堂堂语文课的教学内容中，才能逐渐形成学生的语文能力。因此，确定教学内容是教学设计的核心内容之一，确定怎样的教学内容即实现对教学内容的取舍自然是教学设计的关键所在。

明确取舍的标准，自然是实现对教学内容的取舍的关键。

第一，符合语文学科的特点。语文就是语文，语文学科始终有自身的特点和规律，我们所反对的语文教师"种了别人的田，荒了自己的地"，就是因为违背了"语文课必须是语文课"的最基本也是最重要的要求。李海林先生在2005年就撰文《语文教育的自我放逐》，批评语文教学中存在的"泛语文""反文本""无中心拓展""无效讨论""教师不作为""去知识化""多媒体化"等问题，究其原因，根本在于教学内容的取舍上违背了"符合语文学科特点"的基本要求，将不属于语文的教学

内容拿来作为教学的重点。语文学科的特点就体现在"语"与"文"两个字上，语言、文学、人文是三个主要内容，语文教学的重点即是提高学生的语言文字理解与运用能力以及文学、人文素养，我们在进行教学设计时，要时刻铭记，我们教的是语文，要完成语文教学任务，实现语文教学目标。这本是语文教师最该记住的，却往往被忽略。对于符合语文学科特点的教学内容，我们就应该突出它，强化它，对于那些不符合语文学科特点的内容，我们完全可以大胆舍弃。

　　第二，契合所确定的当堂课的教学目标。在课堂教学目标明确且科学的前提下，教学内容就要全力为实现教学目标服务。以小说单元教学为例，环境描写是小说教学中的重要内容，在《药》一文的教学中，可以安排一定的课时进行环境描写的专题分析，如果确定了这一教学目标，那么就应该选定好《药》一文中所有的环境描写内容，进行深入的分析，并选择好拓展的内容，以加深对环境描写作用的认识。如果是一个课时就可完成教学任务的课文，则更需要紧扣既定的教学目标，集中力量，重点突破，否则，面面俱到，平均使力，反而效果不好。这种情况在文本篇幅短小的教读课文或一个课时但文本篇幅较长的自读课文中更为突出。如《卫风·氓》一文的教学中，女主人公人物形象分析应该是重点，一课时的教学设计中，要花上比较多的时间去分析人物性格特征，教学内容就应该确定为：引导学生从文本中找出体现人物性格的词句，进行赏读分析，并总结出文言文课文中人物形象分析的方法，以提升能力，而对于其他的诸如文言实词、虚词知识（《诗经》等早期文言作品并不能作为典范的文言教学文本）、翻译训练等都可以作为次要内容甚至舍弃不用。如自读课文《一名物理学家的教育历程》，虽然课文涉及高维空间理论等相关的科学知识，但"教育历程"是文本的重点内容，教学目标应围绕"教育历程"所表现的思想内涵来设计，课堂教学内容就应该是引导学生体会科学精神，而理清文章思路、划分段落层次、介绍相关科学知识等内容就可以舍弃。

　　第三，凸显文体特征。文体应该是文本的一个重要教学内容，依文体特征要求可以确定丰富的教学内容。文体特征提供了文本语言特色、结构安排、选材要求、表现手法等教学内容，教学设计中要针对不同的文体取舍好教学内容，安排好教学重点。小说文体教学要突出人物、环境、情节三要素，诗歌文体教学要突出意象分析、语言品味，散文文体教学要突出情感把握、主旨表现，戏剧文体教学则要强调冲突分析与人物刻画。其他实用类文体如新闻、报告、传记、科普文章等，也应该在教学内容上突出各自文体的特征。如《短新闻两篇》（人教版课标教材必修1）一文，安排了两篇短小精悍、语言简洁、概括性强的新闻稿件，两篇都涉及重大历史事件，因此教学内容选取上要考虑播放有关的视频资料，搜集一些有关中国香港的历史和纳粹暴行的背景材料，以起到创设情境、辅助阅读的作用。文本教学中，《别了，"不列颠尼亚"》一篇要抓住文章的时间要素，以突出新闻报道的真实性；《奥斯维辛没有什么新闻》一篇则应抓住文章中表现现场感的词句，突出文章以参观者内心感受为主要内容的特点。

第四，精选科学适度的文本教学解读结果。文本解读结果科学适度的要求重点体现在适合学情上。具体来说，要适合学生的心理特征和接受能力，要适合学生所处的学段及学生语言发展规律。初中学生和高中学生在语言水平、思维能力与情感理解能力等方面是不一样的，高中各学段学生的语文能力也是有差异的，根据这些不同和差异，取舍好文本教学解读结果。

就阅读教学而言，文本的内涵是丰富的，对文本的解读，是千变万化的，不同人生阅历、不同人生观的语文教师，会对同一文本解读出完全不同的甚至截然相反的结论。一首《静夜思》，既可以放在小学语文课本中，也可以放在高中甚至大学语文课本中，孙绍振先生就读出了《静夜思》中许多人无法解读到的内容。文本的教学价值既体现在对文本内涵的解读上，也体现在通过对文本的教学以提高学生的语文能力上。语文教师要挖掘出文本丰富的教学价值，确定好具体的教学内容。

阅读教学内容的取舍基本原则是"提升效率，读写结合"。

文本的多义性与解读的多向性，决定了阅读教学内容取舍的必要性；而教学时间的有限性，决定了教学内容取舍的紧迫性。阅读教学内容取舍的科学性与否很大程度上决定了阅读教学效率的高下。阅读教学内容取舍，至少应该处理好以下三个问题。

第一，取舍的基本原则：取"语文的"舍"非语文的"。

语文课上应该教"语文的"内容，可是近年来这一基本的常识却不断被违背。概括起来说，"语文的"教学内容应该是"语言的""思维的"，紧紧抓住文本语言、文本内容进行思维训练,才是符合语文学科特点及其内在规律性要求的教学内容。

《寒风吹彻》是一篇解读上有一定难度的优秀散文,课堂上教什么样的内容才是科学的呢？如果因为其解读难度大就由教师直接呈现解读结果,这样的教学安排与杂志上发表赏析论文毫无二致。阅读教学需要通过教学内容帮助学生掌握阅读方法,提高阅读能力。笔者这样设计《寒风吹彻》的教学内容：

1. 明确散文阅读的一般方法：事→情→理(思考、感悟)

2. 阅读,整体感知文本。用5—8分钟时间,学生自主阅读

3. 交流阅读感受。学生自由表达,力争把阅读的最初感受说出来

4. 概括文章主要内容。用一句话概括文章写了一件什么事,可以借用文中的词句

5. 梳理文章内容,并用准确的词句表述。紧扣文本语言,进行文本细读,挖掘词句深意。在概括中训练用词的准确性和理解的深刻性。要求依循"事→情→理(思考、感悟)"的思路进行梳理概括

6. 理解标题深刻含义。深入挖掘"寒风"的象征含义及"彻"的表情达意效果

这样的教学内容,紧紧扣住文本内容,遵循学生阅读认知与接受的心理规律,其中"明确散文阅读的一般方法"属于语文知识范畴的内容,这是学生形成阅读能力的重要条件；第4—6项内容充分体现了"语文的"内在特点。

第二,以有效达成具体的课堂教学目标为依据确定具体的教学内容。

教学目标的具体化,需要具体的教学内容去落实。大而无当或泛泛而谈的教学内容,无法有效达成教学目标,因而无益于学生阅读能力的真正提高。一篇课文可用来教学的并且符合"语文的"这一原则要求的内容有无限的可能性,在一堂具体的语文课上,能教学的自然极其有限,因此,依当堂课的教学目标来确定具体教什么就是最根本的依据了。确定具体的、可操作的教学目标是前提,深入研究具体的教学内容与教学目标的契合度是关键。所谓"教学内容与教学目标的契合度"是指在所确定的教学内容的展开过程中,教学目标能够有效达成的程度。

这里,以《雷雨》教学设计中教学内容的确定来谈谈这个问题。

周朴园与鲁侍萍时隔三十多年后再次相遇的一幕戏,蕴含着丰富的人性真假

的信息,为了深入挖掘其中的信息,确定了这样两个教学目标:一是学生能够对周朴园与鲁侍萍之间情感真假作出有理有据的判断、分析,增强文本意识与文本细读的能力;二是学生能够对文本所蕴含的人性主题有新的感悟与认识。具体的教学流程是:

1. 明确专题、板块、课堂目标

2. 探讨问题一

(1) 设问:你认为周朴园对鲁侍萍的怀念之情是真还是假?依据是什么?

(2) 明确:怀念之情有时真有时假:未认出侍萍时是真的,认为侍萍是来敲诈时是假的。

3. 探讨问题二

(1) 设问:你认为周朴园为什么会在真与假之间摇摆变换?其原因是什么?

(2) 明确:威胁——真假与否的关键因素。

4. 探讨问题三

(1) 设问:你认为作者写这样变换着的真与假,目的是什么?

(2) 问题分解之一:梅侍萍被谁赶出周家?周朴园为什么真假变换如此之快?

(3) 本文人性的第一层含意:人生中充满太多的无奈。

(4) 问题分解之二:周朴园为什么那么怀念梅侍萍?鲁侍萍重见周朴园时流露的感情是真还是假?

(5) 本文人性的第二层含意:人性的某种规律——美好的回忆与现实的无奈,激烈的冲突,使人呈现出截然相反的两面。

在这一教学设计中,教学目标紧扣文本内涵的最大特点,三个教学主问题的探讨,则紧紧围绕教学目标,层层深入,环环相扣,在教学的逐步展开中,有效达成既定的教学目标,教学内容与具体的教学目标"契合度"高,因而教学也是有效的。

我们提出将"教学内容与教学目标的契合度"作为教学内容取舍的关键依据,明确了阅读教学内容确定的具体的、可操作的标准。

第三，挖掘文本中蕴含的写作知识，真正打通阅读与写作的关联。

当前写作教学效率不尽如人意，原因自然是多方面的，其中知识教学不科学、针对性不强、不易于学生接受等是非常重要的原因。实际上，阅读教学文本中蕴含着丰富的写作知识，这些知识来自经典文本，科学性有保证，针对具体文体的特征，来自阅读文本而易于学生接受。当前阅读教学常常是止步于阅读而未探入到写作层面，这既是对阅读教学文本资源的巨大浪费，也制约着写作教学效率的进一步提升。挖掘经典阅读教学文本中的写作知识，需要我们具有丰厚的文章学、写作学知识，将文本中的写作知识提炼出来，概括为具体的、指导性的教学内容，以易于学生接受并转化为具体的写作能力。

语文特级教师金志浩老师在《驳论文写作指导》中，引导学生深入分析鲁迅的《中国人失掉自信力了吗》一文，总结出驳论文写作的三个步骤与方法：抓"突破口"批驳，一针见血；正面立论，针锋相对；引据论证，深入批驳。金老师课堂教学的效率来源于他对课文的深入分析与教学内容的科学推进。

我们确定阅读教学内容取舍的三个角度，其中前两个角度是阅读教学设计取舍的常用角度，第三个角度，则是在写作教学时需要着重考虑的。当然，这并不是说，不进行写作教学就不需要关注文本蕴含的写作知识，因为阅读课堂教学中顺势总结出的点滴写作知识，长期积累强化，也有助于学生写作方法的掌握与写作能力的提升。

(三) 教学方法的取舍：本无优劣，适宜即是最好

解决好了"教什么"即教学内容的取舍问题，"怎么教"即教学方法的取舍问题则容易多了。

"教学有法，教无定法"，语文教学尤其如此。教学方法的发明，本不是为了解决教学中的所有问题，只是为了更好地实现教学目标而已。语文教学设计中，对教学方法的选择要遵循的原则是：适宜文本，适宜教师，适宜学生。

不同的文本需要不同的教学方法。文本的文体特征、语言特色、情感基调等因素决定了教学方法的特殊性。有教师在教学《泪珠与珍珠》一文时，采用比赛说出含有"泪"字诗句的方法导入，一时间，教室内人声鼎沸，气氛热烈。本来竞赛方

法易于营造活跃的氛围、激发学生的学习热情,但过于热闹的气氛与文本深沉的情感内涵是不相适宜的。再如朗读教学法是语文教学的一种行之有效的方法,但如果用来教学《南州六月荔枝丹》《神奇的激光》等科技类文本,则是不适宜的。教学方法要适宜文本,就是适宜文本独特的情感内涵、语言特色。

语文教师的语文专业素养是不同的,有的老师长于朗诵,而有的老师则普通话不标准甚至"五音不全";有的老师生性开朗幽默,而有的老师则天生严肃,缺乏幽默感;有的老师口才好,能煽情,而有的老师则用语平淡,朴实无华,等等,不一而足。语文教师要正确认识自身的语文专业素质,善于扬长避短,善于化短为长,选取适宜自身特点的教学方法,也许朗诵不行,但语句可以流畅有深度;也许粉笔字不太漂亮,但对课文的分析可以独到而深刻。当然,身为语文教师,还是要力争全面发展自身的语文专业素质,使语文课堂更加生动、更加深刻、更能激发学生学习语文的热情。毕竟能像任公先生那样以虽"很够标准"但"距离国语甚远"的广东话来朗诵诗文的语文教师还是少数的。

学生之间的差异也是客观存在的。一个语文教师任教两个班级,但完全相同的两个班是不存在的,因此在这个班适宜的教学方法,到了另一个班就未必适宜。即使是任教一个班,也要对本班学生的语言水平、思维能力、心理特点等有充分的了解,在选择教学方法时,做到适宜学生,从而达到理想的课堂教学效果。以讨论法为例,一般来说,胆子大、思维活跃、言说欲强的学生就比较喜欢,而性格内向、不擅表达的同学往往会有抵触情绪,如果每堂课、每个教学内容都动辄讨论,长久下去,那势必会造成"强者愈强、弱者愈弱"的不良后果。

科学的教学设计是达成教学目标的首要环节,确定以"取舍"作为语文教学设计的基本逻辑,就是强调以科学为标准,正确取舍,突出重点,集中力量,从而实现语文教学效率的最大化。

二、新意与规范: 语文阅读教学设计的关键逻辑

教学要有创新意识,一成不变的课堂教学自然令人生厌;新课程理念也强调语文教学要注重培养学生的创新精神,于是,我们便经常看到许多非常"新鲜"的

课堂教学景象。但是，任何事物都有一个"度"的问题，我们在追求语文教学新意的同时，切不可忘了还有一个语文教学规范的问题。我们在进行语文教学设计的时候，要在新意与规范中找到一个适宜的平衡点。这里，从语文教学设计的几个主要方面谈谈语文教学设计的新意与规范问题。

（一）教学切入点设计：促进文本学习与时间效率最大化

在设计教学切入点时，一味求新，必然会导致课堂教学时间的浪费与教学节奏的错位。比如设计《锦瑟》一文的教学切入点时，有的教师从"地势坤，君子以厚德载物"引出清华大学，从清华大学引出梁启超，从梁启超不喜欢李商隐的诗中设问"为什么梁启超会不喜欢李商隐的诗"，从而引出作者李商隐。这样的设计，表面上看，激发了学生的兴趣，但由于设计得太"绕"，既花去了时间，再加上前后关联不大，对于促进学生对诗歌本身的阅读兴趣也无多大的作用。再如《小狗包弟》一文的切入点选择，如果一上课就设问："狗与其他动物有什么不同之处""你养过狗吗""你喜欢什么样的狗""为什么喜欢"，那么，学生的课堂兴趣有可能被调动起来了，课堂气氛有可能会因为这些问题的回答而显得异常活跃，但这种活跃的氛围与课文本身充满痛苦的反思批判精神的情感基调是不相适宜的。这样的切入点设计新倒是新了，但与语文课堂导入要与文本相和谐的基本规范却是相悖的。一般来说，切入点的选择，可以是课文标题或作者，也可以是时代背景或文本情感等，不管选择哪个点切入，都应该遵循语文教与学的一般规律性要求，这样才有助于学生对文本的学习与时间效率的最大化。

（二）教学主问题设计：统领文本，贯串教学

在教学主问题的设计方面，则要充分考虑到主问题对全文内容的统领作用与对教学过程的贯串作用。设计教学主问题可以视为文本教学的重中之重，既要让主问题激发学生思考，又不能让主问题偏离文本教学内容的重点。比如《念奴娇·赤壁怀古》一文主问题的设计，就可以抓住一个"笑"字（因为"笑"是词人表情达意的重点），我们可以围绕"笑"设计诸如"在哪里笑""何时笑""笑谁""谁笑""为什么笑""什么样的笑"等问题，这些问题关涉对词的基本内容理解、词作情感基调

把握、词人人生观的感悟等重要教学内容,既让人耳目一新,又贯串全词的教学,可谓"牵一发而动全身"。余映潮老师根据《中学文科参考资料》刊载的李士侠老师的《没有春天的祥林嫂》一文,为《祝福》设计了这样一个主问题:作者笔下的祥林嫂,是一个没有春天的女人,请同学们认真研读课文,证明这种看法。在具体的课堂教学中,同学们正是循着"祥林嫂——没有春天的女人"这样一条生动且富有吸引力的阅读线索,怀着极大的兴趣,认真咀嚼课文,理解词句,梳理脉络,最终在老师的指导下,找到了祥林嫂悲惨命运的发展过程。余老师最后总结道,正是"没有春天的女人"这样一个主问题,串起了人物、情节、内容、形式、语言等课文内容的"珠",也串起了整个阅读教学过程。(参阅《中学语文教学参考》2006 年第 7—8 期,《语文阅读教学艺术 50 讲(四)》)余映潮老师设计这一主问题的成功之处在于从文本细微之处找出了牵动课堂教学内容、牵动学生思考探究的"抓手"。从上述两例中,我们可以看出,设计教学主问题,一方面,要力求有新鲜感,想人之所未想;另一方面,又不能脱离文本内容而作天马行空式的联想。

(三)教学流程设计:遵循认知规律,逐层推进

教学流程的设计是教学设计中的重要内容,教学流程决定了课堂教学的走向,教学流程的科学与否很大程度上决定了课堂教学效率的高低。以往的文本教学流程一般为作者介绍、背景了解、扫清字词障碍、划分段落大意、归纳中心主旨、明确表现手法,这样的流程设计已被人们所诟病,究其原因,正是缺乏新意,百课而一个面目。于是人们开始寻求突破,在教学流程的创新上作了许多努力,但矫枉不能过正。比如,作者及背景介绍究竟要不要,如果需要,安排在什么地方合适?如教学《赤壁赋》,苏轼的有关经历特别是文章的创作背景就应该介绍,适宜的安排应该是在研究作者由悲转喜的原因时进行说明,教师可以引导学生结合文本内容与苏轼被贬黄州之后心路历程的变化把握作者旷达的人生观。在诗词教学中,诵读是非常重要的,但诵读应该怎样安排才能真正发挥其作用呢?许多老师只是在文本教学之初安排齐读,中间只是安排齐读各部分内容,在课堂结束时再齐读背诵。这样简单的几个阶段的诵读,充其量只是一种点缀。而在《永遇乐·京口北固亭怀古》的诵读中,我们可以这样设计:第一次齐读,读准字音,读清

句读;第二次齐读,读出语调抑扬顿挫、感情起伏变化;上片深入品味并单独诵读蕴含苍凉感的"千古"一词与蕴含着渴望建功立业感慨的"气吞万里如虎"一句;下片多遍诵读,体味"赢"一词所蕴含的嘲讽宋文帝草率北伐与劝谏当朝统治者谨慎用兵的复杂感情,"望"一词所蕴含的对中原故土深切的怀念、眷顾与期待之情,"凭谁问"一句叹廉颇壮心不已之志、悲自我壮志难酬之痛;最后齐读全词。这样的诵读设计,就区分了诵读的层次性,发挥了诵读在关键词句理解上的作用。

(四) 文本解读设计:以文本为本,以文本为源

阅读教学是语文教学的重点,文本解读又是阅读教学的重点,因此,语文教学设计中就要特别注意文本解读的问题。语文教师应该读出自己的见解,不唯教参是从,不人云亦云,这已成为共识。但富有新意的文本解读又常常陷入无源之水、无本之木的尴尬境地。那么,在语文教学设计环节,该怎样处理好文本解读的新意与规范问题呢?对文本的任何解读都应该以文本为本,以文本为源,不能完全抛开文本做"空中楼阁"式的解读。在具体的课堂教学中,语文教师肯定并激励学生"富有创意地建构文本意义"只是基本要求,更应该具有充分的辨别能力,将学生真正意义上的个性化阅读与那种无中生有式的阅读区分开来。教师要多加鼓励以激发学生阅读兴趣,要甄别优劣正误,以使阅读走在"正道"上,要分析以让学生"知其然并知其所以然"。曾皙是《子路、曾皙、冉有、公西华侍坐》一文中的重要角色,说其重要,是因为在四人之中,只有他的回答才得到了孔子的正面赞成,并且让孔子"喟然而叹"地赞成。《教师教学用书》中认为"曾皙从容洒脱而又谦恭",成了一个需加以肯定甚至赞赏的人。但有老师认为,曾皙其实是一个善于揣摩老师心理、善于玩弄技巧(手段)的人,并从课文中找出四处疑点。疑点之一,面对老师的提问,为什么避而不答?疑点之二,对待老师的问话,为什么引而不发?疑点之三,三子齐出,曾皙为什么位列其后?疑点之四,询问老师,为什么那么关注对同窗的评价?这样的个性化文本解读,就是紧扣文本而自然得出,既有新意又合乎语文规范的。

（五）教学资源引入：全力为语言学习服务

随着多媒体技术的普及，影像资料等教学资源被大量引入语文课堂。应该说，这确实改变了以往单媒体课堂的面貌，丰富了课堂内容，给语文课堂带来了不少的新意，但我们不能只看到"丰富""新奇"的表面现象，而应该深入下去，探寻其真正的作用发挥。比如诗词教学中，经常引入朗读资料，特别是名家的朗读资料，这本来可以给学生一种朗读的示范，但我们应该把好选择关，挑选出真正具有示范作用的名家朗读资料，而不能唯名家是从（现在网络中能搜索得来的名家朗读也是鱼龙混杂）。同时我们还应该指导学生正确对待名家朗读，可以学习，但不能停留在简单的模仿层面，对于名家朗读中处理不当的地方要大胆指出。另外电影、电视剧等影像资料也经常被引入课堂，鲜活生动的影像资料确实给学生带来强烈的视听冲击。这里有两个方面的问题要思考。一是如何发挥影像资料的作用。有老师教学李商隐的《马嵬》一诗，播放了中央电视台《子午书简》栏目中有关"马嵬事变"的片段，共花了近二十分钟的时间，学生在观看电视片段时，注意力非常集中。播放结束后，老师接着安排了齐读、逐句分析、背诵等环节，并未引导学生从电视片段的观看中得出相关的启示。这样的教学设计与安排，新意是有了，但效率却十分低下，浪费时间不说，还冲淡了对诗歌本身的学习。另一个问题是影像资料与文本学习谁主谁次的问题。有老师教学《林黛玉进贾府》一文，为分析王熙凤这一人物形象，设计了这样几个环节：播放电视剧《红楼梦》中王熙凤的片段，包括黛玉进贾府时的镜头、王熙凤处理家中事务等内容、王熙凤死后被家丁拖至雪地森林抛尸场景；交流影片观后感；讨论：如果你来拍摄，你会怎样安排黛玉进贾府时王熙凤的表演。这样的教学设计及教师实施，是一种本末倒置的错位做法，完全背离了语文教学应以语言品味为重点的规范要求。我们引入教学资源，是为语言学习这一中心任务服务的，要确立以文本学习为中心的原则，既把握好引入的"度"，也要让引入起到实实在在的作用。

总之，我们进行语文教学设计，要力求做到以语文学科性质及其规律为准则，以创造有新意的课堂为基本目标，在新意与规范之中，让学生得到"语文味"与"新鲜感"的双重收获。

三、基于"人"的发现的阅读教学深化：以《在马克思墓前的讲话》为例

《在马克思墓前的讲话》是高中语文教材的传统篇目，因马克思的独特身份，传统的教学内容便基本集中在梳理马克思所作出的对无产阶级革命事业的巨大贡献、体会马克思作为无产阶级革命家与思想家的巨大人格魅力、学习悼词这一文体特点及写作方式等内容上。这固然没有错，完全符合依文体特征确定教学内容这一学理原则，但是，经过深入研读文本及审慎思考，笔者认为，仅仅从无产阶级革命家、思想家这样的身份视角出发去学习这篇课文还远远不够。笔者确立基于"人"的发现的教学视角，打开了《在马克思墓前的讲话》这一经典文本的另一扇教学价值之门，深化了阅读教学的效果。那么，什么是阅读教学中基于"人"的发现？在阅读教学中，"发现人"具有怎样的教学价值？如何深化课堂阅读教学？笔者拟以《在马克思墓前的讲话》的教学为例，对上述问题作深入的探讨。

（一）概念阐释

什么是阅读教学中基于"人"的发现？

阅读教学中所采用的文本，大都包含有丰富的人文因素，所谓"文学即人学"，发现文学中的"人"，发现阅读教学文本中的"人"，是对文本特质的尊重，是对阅读教学规律的遵循。因而，基于"人"的发现，是指不局限于、不止步于作品中人的特定的身份、地位、阶级等客观因素，而是将作品人物还原到"人"的层面，回归到人性的基点，深入挖掘人物身上所蕴藏着的"人"的特性，这种特性可能是人性之善，也可能是人性之恶。发现人，探讨人，以尊重文本，尊重文本作者。

《在马克思墓前的讲话》是一篇典范的悼词，文章思路清晰，结构严谨，语句准确得体，以之训练学生的阅读能力是恰当的。文章内容上感染力强，以之培养学生对马克思作为无产阶级革命家、思想家的赞美之情是必要的。但仅停留于此，一则失之肤浅，因为这些内容是文中直接体现出来的，思维训练的难度不大、深度不够；二则有贴标签之嫌，因为这样的认识与历史学科、政治学科中的相关知识差异不大。恩格斯在悼词中还隐含着另一种对马克思的赞美之情，透过文中关键词

句,读出这种情感,则是阅读教学走向深化的需要,也是拉近学生与文本距离的一种有效方法。因此,所谓基于"人"的发现的教学视角,具体到《在马克思墓前的讲话》这一文本,就是不仅从无产阶级革命家、思想家这样的本有视角出发,更从"人"的视角,将马克思还原为一个世界公民,一个独立存在的生命个体,去挖掘马克思身上所蕴含的人的光辉与价值,以帮助学生获得"人"的层面上的启示和力量。

(二)价值分析

在阅读教学中,发现"人"具有怎样的教学价值?

非教学视域中的阅读,其阅读指向是多向的;一旦进入教学视域,则需要考虑到教学的需要、学生对象的存在与语文教育教学的目标等因素。在阅读教学中,发现人、探讨人,具有深化阅读效果的教学价值。具体表现在以下三个方面。

首先,基于文本中"人"的发现,能拉近学生与文本的情感距离,深化学生对文本的情感体验。选文经典性的一个基本要求是时代间隔性,经受时间的考验方可成为经典,受此影响,不少经典作品与学生都可能存在着时代上的差异与隔膜。怎样缩短因时代的不同而造成的接受上的距离,怎样尽可能地消除或减少心理上可能存在的隔膜,这是制约阅读教学效率提升的重要因素。从人的视角去走近文本、感受文本,是一种较为有效的路径。

其次,基于文本中"人"的发现,能深化学生思维品质。语文教学特别是高中语文教学,需要在深度上有所作为,这是培养学生理性思维能力的必需。不满足于文本已有的文字表面上所呈现的"确有"的意义,而是深入文字的背后,深入人的世界,这是教学内容上的深化,因而也将促进学生思维品质向深度上挺进。

再次,基于文本中"人"的发现,能深化语文教育效果。发现文本中的"人"的内涵,能唤醒学生精神世界中"人"的意识,丰富学生"人"的情感世界,促进学生"人"的精神成长。在阅读教学中,以文本中的"人"促进现实生活中学生"人"的觉醒和成长,这是实现语文教育"立人"功能的一种具体方法。

(三)方法探讨

基于"人"的发现开展阅读教学,并非不顾文体的客观存在,而是不满足于文体所规定的教学内容，朝着文本可能存在的另一个深处挺进。因此，基于"人"的发现的阅读教学，应该从文体出发，层层推进，水到渠成地获得"人"的层面的价值和启示。

1. 依据文体特点，读出文本实有内容

文本的文体特征，天然地决定了教学内容的基本方面。我们首先应该依据文体特点，读出文本实有内容。这一步在于基本把握文本内容，也是深入理解文本的基础。

《在马克思墓前的讲话》是一篇悼词，悼词的内容一般为概述逝者生平业绩，表达对逝者的哀悼、赞美之情。我们首先依循悼词内容的这些特点去把握课文的基本内容。文章按照悼词的一般写作思路，依次交代了伟人的逝世、评说马克思在理论和实践两个方面的伟大贡献、颂扬马克思品质的崇高等三个主要内容。理论层面的贡献是发现了人类历史发展的一般规律及"资本主义生产方式和它所产生的资产阶级社会的特殊的运动规律"即剩余价值；实践层面的贡献则是"斗争"——"以这种或那种方式参加推翻资本主义社会及其所建立的国家制度的事业，参加现代无产阶级的解放事业"。

2. 在文本解读中发现"人"，为课堂教学深化打好基础

要读出文本中的"人"，首先要求我们心中有"人"。语文教师尤其需要时刻心中有"人"，这里的"人"，包括人性世界中具有丰富内涵的人，也包括学生，特别是学生。心中有学生的生命存在与精神成长这样的"人"的需要，我们才有可能在文本解读、教学内容确定时朝着"人"的方向去努力。其次，我们要目中有"文"。阅读教学中发现的"人"，必须是客观存在于文本之中，而不是脱离文本，强贴标签。唯有基于文本的"人"的发现，才会是真实可靠的，才能产生应有的教学影响力。

具体到《在马克思墓前的讲话》一文，我们需要深入研读文中的关键词句，准确把握马克思身上所体现的"人"的价值和光辉。这是实现基于"人"的发现的阅读教学深化的关键。据笔者对所掌握的包括各种版本的教学参考书、语文专业杂志的相关资料的分析发现，论者基本上止步于恩格斯所呈现的基于身份立场内容的把握，而未探入到应有的"人"的深度，因此，对文中不少能够表明马克思身上所体现的"人"的价值和光辉的句子视而不见。经过审慎思考，笔者确立了以下的关

键句子,在深入研读的过程中,发现了马克思身上所蕴含的"人"的丰富内涵。

(1)第4段:由于剩余价值的发现,这里就豁然开朗了,而先前无论资产阶级经济学家或者社会主义批评家所做的一切都只是在黑暗中摸索。

明确:这句话强调了马克思发现剩余价值的巨大价值。这种价值让资产阶级经济学家或社会主义批评家的一切研究都找到了方向,因而是超越阶级与政党的。一个无产阶级思想家却作出了对资产阶级经济学家具有重大意义的贡献,这种贡献就具有了跨越阶级的意义。

(2)仔细研读第6段中的关键词句。

第6段:他作为科学家就是这样。但是这在他身上远不是主要的。在马克思看来,科学是一种在历史上起推动作用的、革命的力量。任何一门理论科学中的每一个新发现——它的实际应用也许还根本无法预见——都使马克思感到衷心喜悦,而当他看到那种对工业、对一般历史发展立即产生革命性影响的发现的时候,他的喜悦就非同寻常了。例如,他曾经密切注视电学方面各种发现的进展情况,不久以前,他还密切注视马赛尔·德普勒的发现。

人们对这一段在全文中的作用的认识还远远不够,仅视为过渡段,是一种解读上的轻率与认识上的肤浅。五个句号,五个句子,句句值得深入研读。

明确1:开头两句的两个代词"这样""这"是非常重要的。"这样"指代马克思对自身所研究的"任何一个领域"都不是"肤浅地研究","这"指代作为科学家的马克思不肤浅地研究自身所研究的任何一个领域。二者的细微差别在于,从表意上看,前者强调马克思对待研究绝不肤浅的态度,后者突出其科学家的身份;从作用上看,前者承接上文即第5段马克思"不肤浅研究"的态度,后者开启下文,即强调马克思作为科学家除了研究"不肤浅"的态度之外,还有更为主要的东西。恩格斯认为,研究"不肤浅"这种态度在马克思身上"远不是主要的",那么,什么才是"主要的"呢?从下文我们可以发现,真正主要的是马克思抱持着一种对理论科学的新发现的情感态度。

明确2:"感到衷心喜悦""喜悦就非同寻常了"这两句话具有"非同寻常"的意义和作用。因为一个科学家"不肤浅地研究"只是底线,是取得研究成果的基本条件,具备这种条件的科学家有不少。但马克思的高贵之处在于,对"任何一门理论科学中的每一个新发现""感到喜悦",对"立即会对工业、对一般历史发展产生革命影响的发现""喜悦就非同寻常",这表明马克思具有超越阶级、为人类社会的进步而喜悦的胸怀。这是就意义而言。在表达作用上,将对马克思作为科学家所具有的"不肤浅地研究"态度的一般意义上的肯定,上升到对马克思胸怀全人类的高贵品质的高度赞美上。

明确3：最后一句,例举马克思"密切注视马塞尔·德普勒的发现",以举例论证的方式,有力地证明了前文所说的马克思胸怀全人类进步的高贵品质。

（3）第8段：他对这一切毫不在意,把它们当作蛛丝一样轻轻抹去,只是在万分必要时才给予答复。他可能有过许多敌人,但未必有一个私敌。

这两句话,得到了人们的关注,但人们关注的重点还只是停留在赞扬马克思所具有的革命家的宽广胸怀上,解读视角还只是满足于马克思作为无产阶级革命家、思想家的身份,这当然没有错。但纵观人类社会历史长河,有多少伟大的科学家、思想家、文学家、艺术家,不也正如马克思这般光明磊落？因此,站在人性立场,发现马克思身上所体现的伟大人物所共同具有的人性的光辉,才能更准确、更全面地理解马克思的伟大。

明确：这两句话,以生动形象的语言,高度凝练地概括了马克思身上所具有的光明磊落的胸怀,这种胸怀与人类历史中许许多多伟大人物具有共同的特质,这正是马克思在人类社会发展中具有生生不息的人格魅力的一个重要原因。

3. 遵循课堂教学规律,逐步呈现文本解读中发现的"人",以深化阅读教学

从文本解读中发现"人"到课堂教学中呈现"人",需要遵循阅读教学的一般规律。需要在课堂教学过程中,遵循学生的认知接受心理规律,从易到难,从浅到深,从文本的表层到深层,从认识的浅层次到深层次,易于学生接受,在培养学生阅读能力的同时,也让"人"的内涵真正内化为学生的生命与精神要素。

上述第一步"依据文体特点,读出文本实有内容",从教师教的视角,叫作依文体确定教学内容；从学生学的视角,则应该视作阅读方法的具体掌握。因此,课堂教学中,我们应该明确教给学生从标题确定文体进而确定学习内容的阅读方法。这应该作为此文教学的基础性一步。我们首先依循悼词内容的这些特点去把握

课文的基本内容。根据文体特点，确定学习内容，是阅读的基本方法。第二步"在文本解读中发现'人'，为课堂教学深化打好基础"，这是从文本解读的视角来说的，迁移到课堂教学视角，则依循文本内容的先后顺序，引导学生逐步领略文本中"人"的内涵。

具体到《在马克思墓前的讲话》一文，课堂教学的关键一环是，如何从文本实有内容（即依据文体特点确定的教学内容）自然过渡到"人"的内涵的挖掘。我们设计了这样两个问题：恩格斯对马克思功绩的概括是基于怎样的视角？作为新世纪的读者，我们能否拥有其他的解读视角？

这是教学的关键一环，是教学向深处挺进的重要过渡。设问要具体、明确，引导要自然，要顺势而为。第一问，指向文本"实有"，理解的难度也不会太大，因为文本多处使用了表明马克思身份的词语，加上高中学生已初步具备马克思主义的一些基本历史知识，得出明确的答案不难。难点在于第二问的理解、必要的辅助资料及对资料的分析。所谓"其他的解读视角"，即不局限于马克思固有的无产阶级革命家、思想家身份，不从阶级、政党的角度，而是将马克思还原为一个"人"，一个世界公民，从这一视角去深入理解恩格斯所作的陈述，以更全面地感受马克思身上所蕴含的人格魅力及人的价值。

明确：第一问，恩格斯对于马克思功绩所作的概括是基于身份的视角，恩格斯称马克思为"当代最伟大的思想家""首先是一个革命家"。这也是我们把握这篇课文内容的"首先"的立场，这既是对文本的尊重，更是对历史基本事实的尊重。

我们完成了基于身份的文本内容把握，那么，我们是否还有其他的解读视角呢？

请阅读下面的一则新闻报道，并思考，这则报道对于刚才提出的这个问题具有怎样的启示。

英国评选全球最伟大的哲学家　马克思独占鳌头

http://news.163.com　2005 年 07 月 20 日

来源：解放日报集团网站

据《新闻晚报》7 月 15 日报道，英国广播公司第四电台举办全球最伟大哲学家选举，经过一个月的评选，共产主义奠基人马克思在最后入选的全由男性组成的二十强中独占鳌头,以 27.93% 的得票率把第二名的苏格兰哲学家大卫·休谟远远地甩开。

马克思的共产主义曾在数个国家引起革命浪潮,直到现在,他的思想仍然得到很多人拥护,甚至以大比数的得票率甩开其他哲学家。有学者认为,马克思以哲学的方式讲解资本这个概念,令人对这个世界有个更透彻的了解。

这则新闻报道告诉我们,马克思的身份不仅仅是无产阶级革命家、思想家,还是最伟大的哲学家,若从哲学家的视角看马克思,应该会有不同于恩格斯在文中所表达的内容。当然,课文明显没有哲学家这样的内容,我们也就不能确立哲学家的解读视角。不管是无产阶级革命家、思想家,还是哲学家,马克思首先是一个人,一个伟大的人,那么,我们能否从"人"的视角加以解读?所谓"人"的视角,即不从阶级、政党的角度,而是将马克思还原为一个"人",一个世界公民,再回到课文,看看你能读出一个怎样的马克思。

在教学总结的环节中,我们设计了这样的问题:基于无产阶级革命家、思想家这一身份的视角,与基于人的价值和光辉的视角,我们可以分别读出一个怎样的马克思?

这是教学环节中总结的一环,内容上要细加推敲。两种视角,缺一不可。第一种视角,确保教学不脱离具体的创作语境,也是对历史事实的尊重;第二种视角,需要强调,因为这是盘活文本、促使教学向深处挺进的体现,是优化阅读教学效果的保证。在之前的教学过程中,相应的分析深入而细致,得出问题的解答,自是水到渠成。

明确:作为无产阶级革命家、思想家的马克思,全身心投入到无产阶级革命与解放事业中,大公无私,卓有成效。

作为一个伟大的人的马克思,展现出了人性的伟大光辉与价值:勇于探索,不畏艰难;不断追求,永不满足;关心人类社会,为人类社会的每一点进步而喜悦;光明磊落,胸怀宽广;为社会科学的发展与人类社会的进步作出了巨大的贡献。

四、用语文的方法教学哲思类文本：以苏教版《人是能思想的苇草》为例

（一）问题的提出

我们把选入语文教材中充满哲学、哲理思想的文章称为哲思类文本，如帕斯卡尔的《人是能思想的苇草》、周国平的《直面苦难》等课文。教学这类文本，就目前而言还是一个难题，究其原因，大致有文意难以把握、教学内容及教学方法定位不明确、教师自身哲学根底浅等原因。其实，只要我们抓住语文的特点及要求，以语文的方法展开教学，那么，哲思类文本的教学问题也就迎刃而解了。这里以苏教版《人是能思想的苇草》为例，阐述以语文的方法教学哲思类文本的具体要求。

（二）教学主要过程

苏教版《人是能思想的苇草》节选自帕斯卡尔《思想录》的第六编"哲学家"，共十个段落。虽为节选文字，但十段文字比较集中地表现了作者对思想价值的体认，因此，仍可视为一篇完整的课文，我们可以按照文章教学思路展开教学。

1. 挖掘标题的"潜力"：确定三个关键词

教材编者拟定"人是能思想的苇草"作为该篇课文的标题，应该说，这个标题可作为由十个段落构成的一篇节选文章的标题。因此，我们可以从标题入手，找到学习全文的抓手。

明确：标题的三个关键词分别是"能""思想""苇草"。"苇草"是喻体，形容本体人的特征；"思想"是最核心的概念，用以表明人之为人的标准；"能"突出了人的主体性。三个词可以统领全文的主要内容。

2. 探讨"苇草"一词在文中的作用

设问1："苇草"具有很多的特点，作者为什么选择"脆弱"这一特点？

明确："苇草"作为喻体，其脆弱的特点，凸显了人的渺小，在大自然面前不堪一击。但"脆弱"显然不是作者的本意，因为文章接下来强调了人因思想而高贵。因此，作者以脆弱的苇草作喻，就可以衬托出思想的力量：思想使渺小、脆弱的人变得高贵而有尊严。

设问 2：作者以苇草比喻人，是否还有深意？

明确：苇草因为能思想而高贵，但苇草的本质特点并不会因为它能思想而改变，其脆弱的特点无法根除。作者选择苇草为喻体，是在告诉人们，即使能思想，也依然改变不了苇草般的特点，其思想仍属于"苇草的思想"。作者也许是借此告诫人类，切不可因能思想而忘了自身"脆弱"的弱点。

3. 探讨"思想"一词在文中的作用

课文第 1 段"思想形成人的伟大"强调了思想的作用，对这一句话的解读，可以从以下三个方面入手。

设问 1：作者所说的"思想"具有怎样的特点？

"思想"作为全文的一个核心概念，把握其特点是教学的一个重点，其教学价值体现在训练梳理、概括文意的语文能力。

明确：课文第 5、6、7 三段集中谈思想的特点，根据文意，我们可以概括出思想的如下特点：①思想是伟大与卑贱的统一体；②思想的本性体现了人的本质属性，即人区别于动物、体现人之伟大的理性；③思想的缺点即人性中的动物性本能，人性中卑劣的动物性情感。

设问 2：你怎样认识作者所说的人的"伟大"？

人的伟大具体体现在哪里？配套的教学参考书是这样回答的："人虽然在宇宙中只是一根脆弱渺小的'苇草'，但是，人拥有思想。正是思想赋予了人主宰世界的能力，使人超越物质超越自然，在宇宙中有了绝对的优势。这就是人'伟大'之所在。"仔细研读，我们发现，这个回答至少存在两个方面的问题，一是太空，二是不从文本中来。依循"紧扣文本概括"的教学原则，我们得到不一样的认识。

明确：人的伟大表现为"高贵"，"高贵"又是因为"自知"，"自知"体现在这样几个方面：①自知生命终会结束；②自知自身的缺点（因为宇宙对于人类具有优势）；③认识自己的可悲；④认识可悲的原因。"自知"的价值分别体现在：①自知生命终会结束，所以我们不必惧怕死亡，这是人类思想史中的一大进步，史铁生就认为"死亡是一个必然会来临的节日"；②自知自身的缺点，所以我们不能妄自尊大，认识自身的缺点显然比认识自身的优点更难因而更显高贵；③认识到自己的可悲，所以我们可以更全面地认识自我，而不至于陷入自负的泥潭；④认识到可悲的原因,所以我们可以更好地避免可悲。

设问3:如何理解第10段的"它是一位伟大君主的可悲,是一个失了位的国王的可悲"的含意?

这句话的难点在于"伟大君主"与"失了位的国王"的"可悲"究竟是怎样的意思。按照字面意思,用语言或文字去解释,难度是很大的,且不易于真正理解。此时,可以通过生活中的事例,向学生展示对比鲜明的照片,用具体的形象予以阐释,引导学生收获属于自己的感悟。比如,刘翔在2004年雅典奥运会及2012年伦敦奥运会不同的经历,就是一个准确形象的例子。向学生展示刘翔的两张照片:一张为2004年雅典奥运会夺冠之后身披国旗绕场奔跑的形象;一张为2012年伦敦奥运会110米栏预赛中因摔倒在地未能完成比赛,在离场之前亲吻110米栏比赛栏杆的瞬间,相信学生通过这两张对比的照片,能感悟到"伟大君主"与"失了位的国王"的"可悲"。

4. 探讨"能"一词在文中的含意及作用

"能"是一个能愿动词,教学中一般会忽略对这个词的深入挖掘。从含意及作用两个方面入手,可以更好地理解文章主旨。

设问1:"能"可以替换为"有"吗?二者有怎样的区别?

明确:不能替换。"有"只是表明一种静态的存在,而"能"则表明人的主观能动性。"能",表明人具有思想的能力,人可以思想,但也有可能具有思想的能力却不去思想,用"能"字暗含思想或不思想的两种情形。而两种截然相反的情形,是可以区别人的不同境界的。"有"则不具备这种含意。

设问2:哪句话呼应了标题中的"能"字?怎样理解这句话的意思?

明确:基于上述"能"表达的两种情形,我们可以确定课文第3段"我们要努力好好地思想;这就是道德的原则"这句话呼应了标题中的"能"字。其中"努力""好好地"两个状语贴合了"能"字的含意。"努力"是要求人们做到不松懈、不知足、尽全力;"好好地"是要求人们耐心地、正确地思想。两种情形的前提条件是具备思想的能力即"能"。作者将"努力""好好地"思想上升到"道德的原则"的高度,强调的就不仅仅是思想有无或能不能思想的底线,更是在告诫人们:人若不努力思想,就不是一个有道德的人,即丧失了人之为人的起码条件。

设问3：文章第4段"但不幸就在于想表现为天使的人却表现为禽兽"这句话是什么意思？

"天使""禽兽"，就属于上述道德的层面，作者用"天使"与"禽兽"作喻，究竟要表达怎样的意思？

夏坚、蒋银坤先生是这样阐释这句话的意思的：

> 人"想表现为天使"，表明人的思想趋同于"真、善、美"的道德追求；但人毕竟也是一种动物（自然物），人性中天生具有"禽兽"本能，如贪婪、自私……不仅会表现为人的行为，甚至会以"思想"的面貌出现，（比如，"人不为己，天诛地灭"，也是一种"思想"）但这类思想所折射的，却是人性自身的缺陷，趋同于动物性本能，不能将人与动物区别开来，更谈不上"伟大"，因而是一种伪思想。人的理性之光，真、善、美的心灵追求，使人趋同道德（自我），但人内心深处的潜藏邪念（本我），会有意无意地漠视道德，掩盖理性思想，人总是处于理性思想与动物本能的心灵冲突中。

这种阐释强调的是人的理性思想与人的动物本能之间的矛盾冲突，表明的是人的共性。这种阐释是帕斯卡尔的本意吗？

为了探寻作者本意，我们可以通过这样几种方法去深入探究。

方法一：在对比中探究。

比较"但不幸就在于人想表现为天使却表现为禽兽"与课文原句的区别。

明确：改句宾语部分的主语是"人"，而课文原句宾语部分的主语为"想表现为天使的人"，显然，前者的陈述对象是一般意义上的人，属于泛指，即全人类；而后者的陈述对象是"想"（显然是有意为之）表现出"天使"般的美、善的人，属于特指，即人类中的一部分人。

方法二：在语境中探究。

这句话的语境是"人既不是天使，也不是禽兽"，这个语境对原句意思有怎样的影响呢？

明确：既然人不是天使，也不是禽兽，那么，为什么"想表现为天使的人"会"表现为禽兽"呢？是什么导致不是禽兽的人却表现为禽兽呢？原因即在于他是"想表现为天使的人"。那么，二者内在的关联喻示着什么呢？

方法三：在生活中印证。

生活中是否存在原本"想表现为天使的人"但结果却"表现为禽兽"的现象呢？

明确：生活中这样的例子还是有很多的。

据 2011 年 11 月 25 日《新京报》报道，被逼考全国第一，韩国高中生弑母藏尸八个月。警方称，遇害母亲今年 51 岁，平时对孩子要求非常高，常常要求孩子"必须成为全国第一"，一定要"考上汉城国立大学法学院"。当孩子的成绩达不到要求时，母亲经常对孩子使用暴力，甚至不允许孩子睡觉或吃饭。悲剧的产生，正是母亲以爱的名义造成了伤害。

2012 年 9 月，日本购买钓鱼岛的闹剧，激发了中国人民强烈的爱国热情，一时间，中国人民以不同的方式表达了对日方的不满。这其中，却有极少数人打着爱国的旗号，行打砸之实，严重伤害了善良的国人。我们呼吁理性爱国，因为爱国与害国仅一步之遥。

方法四：在原文著作中求证。

我们可以结合《思想录》著作的相关内容加以求证。

明确：《思想录》对这句话的注释是这样的：

> 这句话作者系得自蒙田的启发。《蒙田文集》第 13 章："人们总是要超出自己之外，要躲避做一个人；这是愚蠢，他们并没有把自己变成为天使，反而把自己变成了禽兽；他们并没有提高自己，反而降低了自己。"

蒙田之语的意思很明确，如果人作为人却"躲避做一个人"，刻意想成为天使，那么，结果恰恰适得其反：变成了禽兽，降低了自己。这里，我们要追问的是，如果人甘于作为一个人，既不想变成天使，也不刻意想提高自己，那么，人是否会"变成了禽兽"，"降低了自己"呢？依蒙田原意推断，答案应该是否定的。

据此，我们可以小结这句话的真正意思了。

在教学过程中，经过上述四种方法的铺垫，有几个同学的回答已非常接近作者原意而令人满意：①想表现为天使只是人的主观感觉，正是因为他心中有一种想受到他人认可的心理，可这心理一旦严重，那么就变为虚荣，而天使的外表之下，就是禽兽了。人会因为自己的虚荣心而做出很多事。②为了想表现为天使而不择手段变为禽兽。③人的心灵追求与现实表现往往是相反的，甚至有些人善于利用善良的借口来做邪恶的事。

在笔者看来,作者是在告诉甚至告诫人们,我们无需刻意表现为"天使"(人性中"真、善、美"的一面),因为"人既不是天使",我们只需符合道德的原则,顺其自然,不刻意追求诸如名与利、权与势等,更不能追求"禽兽"(人性中"假、恶、丑"的一面)。

5. 概括文章的深刻内涵

至此,我们需要深入思考:思想家帕斯卡尔究竟想告诉我们什么?

明确:依据文本及上述教学内容的逐层落实,我们至少可以概括出文章深刻内涵的这些内容:①诚然,思想能形成人的伟大;但人的伟大不是与生俱来的;人要想真正伟大,仍需努力好好地思想。②我们思想要符合道德的原则。③我们虽能思想,但仍属于苇草的思想。④我们是伟大与可悲的统一体,伟大时不忘我们的可悲;可悲时,坚守我们的伟大。

(三) 教学总结

1. 何谓语文的方法

就阅读教学而言,所谓语文的方法,简言之,即是语言的方法、语境的方法、语篇的方法。语言的方法,要求我们紧紧抓住语言这一根本,深入挖掘语言的含意,深入品味语言的韵味。语境的方法,要求我们结合语境理解具体的语言的含意。语篇的方法,要求我们依循篇章结构,把握全篇,理解全篇。

2. 为什么说教材中的哲思类文本要用语文的方法来教

文本因其所处的位置而可以有不同的阅读方法,作为非教学视域的文本,其阅读可以是灵活的、自由的,由读者的阅读经验、喜好决定具体的阅读方法。而进入语文教学视域的文本,其阅读方法则必须符合语文教与学的规律性要求。这是因为,选入教材的文本,成了语文教学的材料,担负着语文教与学的任务,即通过对文本的学习,提升学生的语文阅读能力与相应的写作能力。具体到哲思类文本,当进入语文教学视域中,文本作者的哲学思想、理论体系就不再是教学的主要内容;文本所蕴含的哲理思想,也只能通过语文的方法加以获取与理解。以语文的方法教学哲思类文本,是对语文教学规律性要求的遵循,解决了哲思类文本教什么与怎么教的问题。

3. 如何以语文的方法教学哲思类文本

以语文的方法教哲思类文本，主要就是抓住语言、结合语境、明确语篇，除此之外，还包括运用语文相关的知识加以理解。我们结合上述《人是能思想的苇草》的教学具体说明。

"挖掘标题的'潜力'"这个教学环节，落实的是语篇的要求。文章标题具有概括文意、统领全文的作用，从标题关键概念入手，提纲挈领，能较快捷地切入到对文本的深入学习中。接下来分别以三个关键词串起文本的学习，则分别符合语言、语境即相关语文知识的要求。探讨"苇草"的作用及以"苇草"作喻的含意，运用了修辞知识中比喻的知识。概括人的伟大特点，抓住了语言这个核心，依文本语言作出判断，并对教参所提供的观点作出了基于文本语言的商榷。对难句"它是一位伟大君主的可悲，是一个失了位的国王的可悲"含意的理解，通过呈现刘翔两个时期的图片，在感悟中获得启示，体现了语文学习中体悟的特点。对"能"字的深入挖掘，则较好地体现了语言这个核心的作用，无论是对"能"与"有"的比较，还是对"努力好好地思想"含意的理解，均如此。特别是对难句"但不幸就在于想表现为天使的人却表现为禽兽"的深入理解，则更集中地体现了语文的方法。四种深入探究的方法均属于语文的方法，分别体现了语言、语境、语文与生活的关联的特点。

总之，面对哲思类文本，语文教师要紧紧抓住"语文"这一核心，运用语文的方法，使课堂教学走在语文的道路上。

参考文献

[1] 刘岩.诗人哲学家的点睛之笔——评帕斯卡尔的《人是一根能思想的苇草》[J].中学语文教学,2005(9).

[2] 夏坚、蒋银坤.关于"苇草"的对话——《人是一根能思想的苇草》教学设想[J].中学语文教学,2007(11).

[3] 帕斯卡尔.思想录[M].北京：商务印书馆,1985.

第二节　文本解读的逻辑

一、教学视域中文本解读的四个问题

(一) 怎样的文本解读才是教学所需：语文教学论的视角

优秀的文本其解读的空间是很大的，读者的解读能力越强，解读结果就有可能越为丰富而深刻，而选入语文教材的文本，绝大部分都可称为优秀的文本，这就给语文教学带来了这样的困难：丰富的解读可能性与课堂实际教学的矛盾，这集中体现在课堂教学时间的有限性与教学对象的差异性。怎样的文本解读才是教学所需？

解答这个问题，需将问题放置在语文教学这个语境中。我们应该从语文教学论的视角加以分析，即文本解读应该符合语文教学的需要，凡是语文教学需要的，我们就应该紧紧抓住不放，非语文教学需要的，我们就应该"忍痛割爱"。

基于语文教学论视角的文本解读结果取舍，至少应该考虑语文阅读教学目标与学生学情两个维度。语文阅读教学目标是开展阅读教学活动的指导，具体的阅读课堂教学要紧紧围绕阅读教学目标展开，"正确理解与运用祖国语言文字的能力"应该是语文阅读教学的基本目标，文本解读结果的选择，应该以促进学生理解文本从而提高理解祖国语言文字的能力为基本要求。学生学情主要是指学生的认知特点与接受水平，不同学段的学生，在认知语言、理解文本方面的差异性是很大的，总体上来说，学生更易于接受那些语言表达质朴、明确、贴近生活的文本解读。文本解读因其阅读对象的不同，自然有语言表达方式、解读内容新颖等方面的不同，如《名作欣赏》一类的刊物在这些方面就有相应的要求。当文本解读进入语文教学视域时，就要充分考虑阅读教学目标与学生学情两个特定的维度。

语文教学中的传统经典篇目自然是常读常新，文本解读的新意与深度应该是立足语文教学所需的两个基本要求。文本解读新意方面，当前存在解读刻意求新、语言表达晦涩、简单套用外国文艺理论术语等倾向，这应该引起我们的注意。比如《项脊轩志》主旨的解读，吴小如先生认为："《项脊轩志》真正的主旨所在，却是作为一个没落地主家庭的子弟，对家道中落的身世发出了惋惜和哀鸣，同时也在沉痛地凭吊个人遭际的不幸。作者以一间破旧的书房为线索，写出了母亲、祖母和妻子三代人对自己的爱怜、期望和依恋，从而流露出一个失意的读书士人生不逢时的抑郁和悲哀。"这样的解读是准确的，深刻的，从观点到语言，都易于学生理解并接受。

文本解读的深度是教学深化、提升教学效率的重要保证。在文本解读的深度方面，当前存在的主要问题是流于文本表面，长期浅层化的文本解读教学，将造成学生阅读能力的低下与窄化，更为严重的后果是思维品质的弱化。基于文本的、有深度的文本解读，能够帮助学生朝着文本深处进发，促进学生思维品质培养的优化。怎样实现文本解读的深度，方法自然有许多，不同的文本因文体、创作背景、写作目的等因素，在解读深度上会有不同的特点，我们所强调的是，基于语文教学之需，我们首先要有深度解读文本的意识，不满足于浅读所带来的轻松与热闹的表象，通过深度解读文本以促进教学内容的深化，从而优化语文阅读教学。

（二）文本解读结果从何而来：语文教师专业素养的视角

在科技高度发展的当下，语文教师获取某个文本的解读文章是一件再容易不过的事了，但是，未经教师自己阅读文本而照搬他人解读结果的课堂教学，其效果会大打折扣，轻则伤害到教师在学生中的威信，重则影响到学生阅读能力的逐步提升。基于此，将文本解读能力作为语文教师专业素养的基本素养，语文教师能否准确、深入地解读文本，应该成为衡量一个语文教师合格与否的基本要求。

套用苏格拉底所说的"认识你自己"，我们应该树立起"自己认识文本"的意识，教师自己阅读文本，其教学价值在于，教师的阅读体验可以有效帮助学生提高阅读能力。教师首先获得对"这一篇"文本的深切的解读体验，在阅读过程、阅读方法、阅读重点、阅读难点等方面有真实的认识，这就为课堂教学中指导学生进行文本阅读奠定了扎实的基础;在课堂中,教师才能遵循文本阅读的内在规律,有序地、顺利地推进教学过程,带领学生走进文本,理解文本;在一篇篇文本的学习中,逐步提高学生的阅读能力。

当然,对于广大语文教师来说,准确而深入地解读文本是一件不太容易做到的事,比较现实的做法是教师自己先认真研读文本,每读一遍,力争读出自己新的体会和认识;接下来再参阅他人的解读文章,尤其是一些影响力比较大的语文专业杂志上发表的解读文章;然后将二者加以比较,孰优孰劣,有一个基本的判断,在比较中选取适宜的解读结果。为了有效提高自身的文本解读能力,我们可以建立起文本解读的"资料库",以篇目为纲,搜集整理有新意、有深度且适宜课堂教学的文本解读文章,经常阅读,常常思考,直至能提出自己的新的见解。当然,语文教师文本解读能力的提升归根结底还在于多读书,读各种书,个中价值,自不必多言。

(三) 教师个人"喜好"在文本解读中应该扮演怎样的角色:语文阅读学的视角

严格来说,文本解读是一项专业性很强的活动,有其严格的学术标准,解读方法的科学性才能保证解读结果的科学性。但是,当下语文教学中的文本解读随意性较大,流于"我认为"的经验性,缺乏科学的解读方法依据,无法将文本解读上升到方法论的高度,"见仁见智"若失去科学解读方法的保证将沦为梦呓般的"自说自话"。在这个问题中,语文教师个人的"喜好"是一个比较突出的因素。语文教师个人"喜好"包括对某一种文体的偏爱、对世事人伦的独特思维方式与个性认识等,这些"喜好"自然会带入文本解读直至课堂教学中。遇到喜爱的文体,就头头是道,反之则蜻蜓点水;碰到喜爱的人物,就大加褒奖,反之则无情批判。这看似个性的背后是文本解读方法科学性的缺失。

为避免出现文本解读中教师个人"喜好"占主导、随意性大、科学性不足的现象,让文本解读回归理性,有两种行之有效的思路:一是积极引入符合学术标准的文本解读方法,二是紧紧抓住语文教学这个根本宗旨。

在文本解读中,语文教师个人的阅读积累以及在积累中形成的阅读体验及能力是重要基础,文本解读方法则是关键。方法是对规律的总结,在一定意义上,方法比知识更为重要。文本解读方法在语文阅读教学视域中首要的价值体现在确保教师文本解读的科学性、有效性,使教师的文本解读走在正确的道路上;其次,教师将解读中所采用的科学的文本解读方法教给学生,将有效促进学生对"这一篇"文本的理解;第三,长期的基于科学解读方法的阅读教学,将帮助学生掌握具体的文本解读方法,从而有效促进学生阅读能力的提升,即"类化"。心理学将"概括当前问题与原有知识的共同本质特征,将所要解决的问题纳入到原有的同类知识结构中去,对问题加以解决"的心理过程称作类化。类化的心理机制启示我们,在"这一篇"文本的学习中,若能形成解读的"同类知识结构",将能有效地解读"这一类"文本,具体表现为阅读能力的实际提高。当前文本解读方法的研究成果还是很多的,我们应该加强这方面知识的学习,切实掌握适合语文阅读教学的文本解读方法,提升阅读教学的效率。

教学视域中的文本解读是阅读教学的一项重要内容,文本解读应该纳入语文教学这个范畴中,即阅读教学的教是为了学生的学。换言之,学生在阅读方面的学决定了教师教什么、怎么教。教学是面向全体学生的,是促进学生学习的,不同的学生学情、各种类型的文本我们都要理性面对,语文阅读教学不是单纯展示教师教的能力,尤其不是仅仅为了展现教师个性化的阅读爱好与个人偏好。教师个性化的解读爱好是一把双刃剑,若未剥离与超越情绪,则极有可能滑入非理性的泥淖。理性的文本解读,是基于文本创作语境、文本本身与科学的文本解读方法的有机结合的结果。

(四)文本解读结果如何呈现:语文教学方法的视角

教师的文本解读结果是阅读教学内容的主要组成部分,基于教学所需的文本解读结果将成为阅读教学内容,但是,阅读教学内容的确定并不是阅读教学的全部,怎样呈现文本解读结果是教学视域中文本解读的关键问题,因为阅读教学的目标不是简单地教给学生文本解读结果,而是借助一篇篇的文本教学,教给学生阅读方法从而提高学生的阅读理解能力甚至写作能力。这就要求我们从语文教学方法的视角去探讨文本解读结果逐步呈现的问题,具体来说,有以下几个方面的问题要着重考虑。

第一，要遵循学生认知接受心理规律，符合学生当前认知能力。学生对文本的理解接受一般经由感性接触到理性认知，在问题的设计上由易到难，由浅入深，一步步到达文本解读结果的核心。根据维果茨基"最近发展区"理论，阅读教学要选择略高于学生现有认知水平的文本解读结果，通过课堂教学促进学生不断达到更高层次的理解能力。

第二，要符合逻辑。首先是文本解读的逻辑，科学的文本解读本身是强调解读的逻辑性的，每一个解读结果都会有相应的依据。要依据文本语言、紧扣文章结构、遵循文章意脉。非教学视域中的文本解读可以是随意的、片段式的，但进入课堂教学视域，则要讲究解读的逻辑性。其次是课堂教学的逻辑，教学环节的安排要突出逻辑性，起承转合，能够环环相扣，步步推进。科学的课堂教学流程，就像一篇论述严密的文本解读文章，每一分钟、每一个环节都会有新发现。稍有不同的是，文本解读文章基本是先呈现观点，再作阐释，属于演绎思维方式；而课堂教学则在课堂最后出现文本解读的最终结果，属于归纳思维方式。

第三，要突出解读方法。学生阅读能力的提高，离不开阅读量的累积，科学的阅读方法对更快地提高阅读能力无疑有着巨大的推动作用，尤其在当前语文阅读时间被挤压的形势下，帮助学生掌握科学的文本解读方法，就显得尤为迫切而必要了。文本解读方法本身学术性比较强，概念较多，在实际的课堂教学中，可以淡化学术名称，以实际的解读内容凸显解读方法的操作步骤与指导价值。

第四，要正确处理教师的讲与学生的参与。语文课堂教学的一般要求是学生为学习主体，学生在教师的指导下积极进行解读活动，获得文本解读结果，从中掌握解读方法。但具体问题要具体分析，对于文本解读中理解难度较大、老师不讲学生就无法理解而又确实需要掌握的内容，语文老师就要理直气壮地讲，讲得头头是道，讲到学生理解为止，否则，放任学生自主、合作、探究，一则流于形式，二则无法达成语文教学应有的目标。以《边城（节选）》一文的教学为例。由于教材只是节选了极少的内容，那么《边城》的主旨怎样处理？教是必要的，但"展现美好人性"显然只是主旨的表层，更为深层的内涵还需开掘。课堂教学若只教教材中的节选内容，则无法"窥斑知豹"，即使学生课后阅读《边城》全文，观看《边城》电影，对于《边城》更为深刻的主旨依然无法知晓。较为科学的方法是，教学节选内容的解读可以是师生共同完成，对于"揭示民族心理痼疾"这样的较为深刻的主旨解读，则需老师讲深讲透。

参考文献

[1] 吴小如.古文精读举隅[M].天津：天津古籍出版社，2002.

[2] 林分份.隐伏的悲痛——《边城》内蕴新探[J].名作欣赏，2000(4).

二、于矛盾处发掘文本的教学价值

阅读教学中，文本的教学价值可以体现在确定正确的教学内容，引导学生深入解读文本内涵，促进学生思维向纵深发展，提升学生阅读能力等方面。教学设计的一个重要任务是发掘文本的教学价值。孙绍振先生认为，文本分析的对象是文本的矛盾，受此启发，笔者认为，在阅读教学中，文本矛盾之处是发掘文本教学价值的一个重要抓手，从矛盾处入手，渐臻阅读教学佳境。

（一）单篇文本与单元主题的矛盾：确定文体，进而确定正确的教学内容

当前，以主题设计单元的教材越来越多，若干不同文体的文本，由于主题相近而置于一个单元之内。根据王荣生先生的研究，文本体式是确定教学内容的一个重要依据。教学中，面对不同文体的单元，我们要拨开单元主题的迷雾，准确判断文体，进而确定正确的教学内容。

苏教版高中语文必修五第一专题主题为"科学之光"，第二板块"奇异的自然"中选用了周晓枫的《斑纹》与贾祖璋的《南州六月荔枝丹》，后者为传统且经典的说明文，《斑纹》一文放在这样一个说明文文体构成的"科学之光"专题中合适吗？配套的《教学参考书》认为："《斑纹》并不是严格意义上的说明文，可以将它看成科学小品文，也有人将它归为散文。但是，文章主要的表达方式是说明，说明的对象也是以动物为中心的自然与社会生活现象。"这样界定是很值得商榷的。教学中，笔者布置了这样一道预习题：《斑纹》一文的文体是说明文吗？统计结果表明，绝大部分同学认为本文不是说明文，应该归入散文一类。课堂教学中，笔者将"科学小

品文"的文体特征展示出来：用文学笔法来写,融科学性、知识性、趣味性、娱乐性为一体,使读者在文学欣赏中获得知识。经过讨论,我们获得这样的一个共识：《斑纹》虽然介绍了一些大自然斑纹的知识,但这不是文章的写作目的,文章只是借自然界的斑纹来表达作者的所思所感。据此,我们将《斑纹》确定为散文,根据散文文体的要求,确定了这样的教学内容：抓住文中的关键语句,理解作者借事（物）所抒之情与所说之理,并能加以阐述、发挥。课后作业为：与教材编者展开对话,给苏教版高中语文教材编写者写一封信,探讨《斑纹》一文编排在"科学之光"专题是否合适。

显然,如果将《斑纹》确定为科学小品文,在文章中搜寻关于自然界斑纹的知识,这不仅影响到文本的教学价值,更会影响到学生对散文与科学小品文两种文体的正确认识。推而广之,在使用以主题组织单元的教材时,切不可只顾教材编者所呈现的单元模式,而应该拿出我们的判断力,准确定位文体,进而确定正确的教学内容。

(二) 文本内部的矛盾：发现矛盾,引领学生准确而深入解读文本

经典文本大都不是一望即可知的,看似好懂的文本,却可能蕴含丰富而深刻的内涵,文字所呈现出来的意义,有可能只是冰山之一角。备课时,我们要擦亮眼睛,找出文本内部的矛盾,读出文本应有的深度；课堂教学中,引领学生发现文本内部的矛盾,准确而深入地解读文本,并依此不断教会学生阅读。

文本内部矛盾有表层与深层之分。表层的矛盾是指文本语言所呈现出来的、直观可见的矛盾之处,深层的矛盾是指隐藏在语言背后的矛盾之处,这更需要我们对语言有敏感性,对语言所营造的语意世界有更深入的质疑、探究能力。

《项脊轩志》中"悲"的含意即可视为文本表层矛盾的一个典型例子。项脊轩之"悲"一般理解为家道中落、亲人逝去之悲,这样的理解是浅层的。文中有一个非常明确的矛盾之处：言及慈母用"泣",而言及大母却用"长号不自禁"。这显然有违人之常情常理。"号"比"泣"感情更浓、悲情更悲,况且还是"长号",还是"不自禁"。感情的浓淡对比,仅用"慈母逝世时,归有光年仅八岁记忆不深"来解释是无力的。合理的理解应该是,大母所持象笏及所言"他日汝当用之"之语,触到了

归有光作为一个亟亟于求取功名的读书人内心的最痛处，才会下意识地说出"长号不自禁"这样的与前文明显矛盾的话语。教学中，我们应该引导学生发现这样的矛盾之处，带领学生深入到表层矛盾的背后，去挖掘作者情感的真正内涵及文章主旨的真正所在。

《蒹葭》则可视为文本深层矛盾的一个典型例子。对《蒹葭》，一般理解为追求者执着追求、苦苦寻觅而不可得的慨叹，这是因为解读时只是站在追求者的角度，其实我们完全可以站在被追求者——伊人的角度，去探寻文本更深一层的含意，去开创解读的更新一面的世界。追求者的行为、感受是外显的，而伊人的行为、态度是内隐的，外与内的这对矛盾，蕴藏着巨大的秘密。伊人的行为、态度是从追求者的视线体现出来的，"在水一方""在水之湄""在水之涘"，地点是不断变化的，但有一点却是不变的，那就是，伊人始终未离开追求者的视线范围。课堂教学中，我们可以这样设问：伊人为何总在追求者的视野之内？通过对这个牵一发而动全身的问题的探讨，我们可以得到这样的认识：伊人对追求者并不反感，甚至可能是两情相悦，否则，伊人早就远离了追求者的视线范围。如果伊人可以视为人生梦想象征的话，那么，《蒹葭》一诗，可能是在告诉我们，人生固然需要不断追求、永不止步，但也必须追求一种有可能实现的目标，对那种明显不可能实现的目标的所谓执着则很可能是一种固执甚至错误。

类似的例子是《青玉案·元夕》。被王国维先生视为人生境界第三重的"众里寻他千百度，蓦然回首，那人却在灯火阑珊处"，一般也是站在追寻者的角度加以理解的。同样，我们完全可以站在"那人"的角度来理解。同伴已去，那人却为何停留在"灯火阑珊处"？是掉队了？是迷路了？抑或其他？也许她就是在等着追寻者去发现呢！"那人"与"伊人"何其相似乃尔！只有站在"伊人""那人"的角度，才有可能更准确地理解文本的含意。王国维先生所言人生三境界，其实有一层更隐秘的含意不易为人所知，那就是，追寻的目标是可以实现的，选择怎样的人生目标作为毕生追寻的梦想，又何尝不是一种人生大智慧呢！

文本内部矛盾是文本解读的重要依据，孙绍振先生所说的"文本分析的对象是文本的矛盾"，指引着文本解读的正确方向，一旦进入教学视域，文本内部矛盾也就自然地成了一个重要的教学展开的凭借。紧紧抓住文本的内部矛盾，准确而深入地解读"这一篇"文本，其实也是在教给学生阅读的方法，借以提升学生的阅读能力，从而更好地发挥文本的教学价值。

（三）版本之间的矛盾：于对比中深入探究，培养学生开放性思维能力

文言文本特别是古诗词文本在流传过程中出现不同的版本是常有之事，不同的版本之间所形成的矛盾，可以成为教学中一个巨大的资源。文言文本中的不同标点、古诗词文本中的不同词、句，都值得我们加以重视。在课堂教学中，可以呈现出不同的版本，于对比中深入探究。不同版本的探讨，需遵循开放性的要求，有的未必存在孰优孰劣、谁对谁错的两极判断，探讨的过程远比探讨的结论重要，在深入探讨的过程中，可以不断培养并提升学生开放性思维能力。近年来，高考试题不断加大对考生开放性思维能力的考查，特别是古诗鉴赏试题趋势比较明显，这也提醒我们，在日常教学中不可忽略了这方面的教学与训练。

《鸿门宴》是传统文言篇目，一般教材都会选用。在统编版高中语文教材必修下册中，其中沛公至鸿门向项王谢罪，所说的一句话"今者有小人之言，令将军与臣有郤"，两个版本的教材在句末都使用了句号，而在人教社大纲版教材中使用的却是省略号。句号与省略号，哪一个更符合文本语境，值得深入品味。教学中，我们可以抛出这个问题，组织学生加以探究。要准确理解这个问题，必须要结合标点符号中省略号与句号的知识。句号用于陈述句或语气和缓的祈使句末尾，表示一个句子说完了，有一个相对较长的停顿时间；省略号表示文中省略的部分，可以表示话语的中断。经过探讨，我们可以认识到，使用句号，表明沛公谢罪的话已经说完整，并在一定时间的停顿之后，项王才说"此沛公左司马曹无伤言之"；而使用省略号，则表明沛公谢罪的话还未完全说完，项王就迫不及待地打断了沛公的话，把原本属于机密的话和盘托出。使用句号，平淡无奇，了无趣味；而使用省略号，却把项王缺乏城府、在鸿门宴会上自视高沛公一等而显得无知的特点刻画得淋漓尽致。抓住一处标点符号的不同，深入下去，或许可以达到文本的更深处，而学生的阅读意识就可能在这样的课堂学习中得到增强，阅读能力也可能因之而得到提高。

古诗词不同版本的例子很多，在此不再举例赘述。

(四) 文本之间的矛盾：同一主题，不同主张，在互文对读中拓展视野，提升阅读质量

我们经常看到同一主题但主张不同的文本，如果一篇篇地教学，虽然可以每篇都教得精彩，但文本之间的内在关联被忽略，一定程度上也削弱了文本的教学价值。为了更好地发挥教材文本之间的教学价值，我们可以引入"互文性"的理念，建立起互文对读的教学方式，以拓展视野，提升阅读质量。互文性，又称"文本间性"或"文本互涉"，这个术语是由上世纪60年代法国文艺理论批评家朱丽娅·克里斯蒂娃提出的："任何作品的文本都是像许多行文的镶嵌品那样构成的，任何文本都是其他文本的吸收和转化。"我们可以这样理解互文性理念：任何一个文本都可以从其他文本中找到影子或者存在的理由，文本之间存在这样或那样的内在关联，文本之间可以形成一个巨大的关联网络，理解一个文本，往往需要调用其他相关文本，换言之，将相关文本联系起来，可以互相印证、补充、解释甚至反证。在阅读教学中，我们要善于发现文本之间存在的互文性，从而更好地展开教学。

苏教版高中语文教材必修一第三专题"月是故乡明"中的第二板块"乡关何处"选用了曹文轩的《前方》和刘亮程的《今生今世的证据》两篇文章。客观上来说，两篇文章理解起来难度都很大，特别是在高一学生眼里，很难读懂。逐篇教学都觉得困难，如果结合起来教，是否会更加困难？仔细研读两篇文章，我们可以发现，《前方》一文强调的是人类本性中喜欢向外、不断出发的特性，而《今生今世的证据》则强调向内、力图回家的特性，从这一点来说，两篇文章是矛盾的，可以建立起互文对读的关系。教学中，先组织学生整体感知两篇文章的基本内容，圈画出文中表明观点的议论性的句子，梳理文章的思路脉络；之后，从出发与回家两个视角对文本的深刻内涵加以理解。以互文对读的方式教学，有助于高一学生理解这两篇难度较大的文章，也帮助学生对人类精神层面的两个特性有更全面而深刻的认识。

当然，互文性理念指导下的互文对读教学方式，不仅适合于主张互为矛盾的文本教学，相同或相近主张的文本也可以建立互文对读的关系，在对读中加深对文本的理解。

(五) 文本解读结果的矛盾：增强教学的学术含量，提升学生思维品质

优秀的作品给读者提供了多种解读的可能,有些解读结果截然相反;优秀的文本解读,则给教学提供了丰富的资源。作为语文教师,我们应该尽可能提高自身的文本解读能力,以自身高质量的文本解读结果引领学生朝着文本深度方向挺进。如果我们无法做到这一点,那么,我们也可以精心选择优秀的他人的文本解读结果作为一种教学资源,尤其是那些学术性强、论述严密、言之成理却又互相对立、充满矛盾的优秀的解读结果,恰当地引入到课堂教学中,可以极大地拓展文本的教学价值,增强教学的学术含量,丰富课堂容量,在阅读、研讨、思辨等过程中,提升学生的思维品质。

《江南的冬景》是郁达夫 1935 年南迁杭州之后写下的名篇,郁达夫笔下的江南的冬景究竟有怎样的特点？郁达夫又要表达一种怎样的情味？有论者认为,郁达夫"不仅仅是为了表达他对自然景物的热爱之情,而是在描写景物的背后,显示了他对现实生活的一种逃避和暂时的妥协,其中不无自我麻醉、苦闷无奈之情"。(《语文教学通讯·A 刊》2013 年第 9 期,《景美的背后是心痛——〈江南的冬景〉抒情实质摭谈》,作者王美娟)王老师执此之念的依据是,"语境"与"作者写作时的处境"。然而,《江南的冬景》一文真实的情感真是如此吗？教学中,我们可以将王美娟老师的观点及主要依据呈现出来,然后带领学生依着文本语言,走进文本,而不是囿于写作背景作牵说,那么,我们就可以明确地感受到,郁达夫正是通过《江南的冬景》一文,传递出身处江南时的悠闲心境。

同样的,同一文本的完全不同的解读结果的例子也很多,无需再举例赘述。

阅读教学的目的不是简单地获取解读结果,而是在获得解读结果的过程中,学习并掌握阅读的方法,进而提升阅读能力。因此,确立将矛盾的文本解读结果作为教学资源,关键的环节是课堂教学的合理安排。不是简单地呈现不同的解读结果,而是在学生深入理解文本之后,引领学生深入探讨不同的解读结果,发现其正误、优劣。当然,如果在探讨过程中,学生能够提出他们自己的、基于文本的新的解读结果,这就达到了阅读教学的更高境界。

三、文本解读例举

(一) 意脉、主旨及两个世界中的归有光:《项脊轩志》的文章学解读

《项脊轩志》作为文言传统经典篇目,历来得到论家的高度评价,其文学价值得到了诸多肯定。不过,历来论家多从文学特征角度加以评说,对其主旨却鲜有论及。作为教材文言篇目,一个值得注意的现象是:几乎所有版本的教材均删除其"论赞"部分;在教学安排上,鲜有教师将"论赞"部分能否删除作为一个教学的问题提出并加以教学处理。综合起来看,《项脊轩志》所言之"志"究竟为何? 教材删其论赞部分是否合适? 教师能否将前述两个问题加以教学的处理? 而上述三个问题是否有内在的关联? 换言之,能否找到一个"牵一发而动全身"的问题,将这三个问题串联起来加以有效解决? 笔者将"论赞部分删还是不删"这一问题作为切入口,从文章学角度加以解读,获得了对《项脊轩志》的新认识,也从《项脊轩志》一文中分明看到了两个世界中的归有光。

1. 文章学解读的可靠性与必要性

文章学并非新生事物,中国古代文章学非常发达,在文本的细读方面,给我们提供了可资借鉴的丰富案例。在现代解读语境下,文本解读最可靠的究竟是什么? 是作者一贯的行文主张与风格,还是文本创作语境的制约? 抑或文本本身? 前二者对文本解读自然有着重要的意义,但归根结底,文本解读最可靠的依据还是文本本身,"文本中心论"相较于"作者中心论"与"读者中心论",能帮助我们获得更真实的文本含意,文本细读的对象依然还是文本本身。

我们提出的文章学解读,说到底,其实还是指依据文章本身对文本加以解读,这既是可靠的,也是必要的。文章学解读的切入点自然有许多,可以是文章的体裁、风格、语言,这里,特别提出从文章意脉角度,深入文本的内部。意脉是指文章意旨的思路与脉络,从意脉角度切入解读文本,是非常有效的一种解读方法,也是解读逻辑性的具体要求。当前诸多的文本解读虽未离开文本,但对文章意脉还未给予应有的重视,这影响到解读的可靠性与科学性。

基于文章意脉的文本解读,还是要紧紧抓住语言,依靠语言,当然,文本语言

并非独立的言语存在,它们因为作者表情达意的需要而融入到了文章的体裁、结构中。可以这样说,体裁、结构与语言是文章的外显,意脉则是文章的内在机理,抓住意脉,可谓抓住了文章解读"牵一发而动全身"的问题。

2. 围绕"论赞部分删还是不删"这一问题的意脉剖析

文章意脉体现了文本创作中作者传情达意的内在意旨、情感逻辑,优秀的作品,其意脉是隐而未现却客观存在的。具体到《项脊轩志》一文,论赞部分可谓关涉全文意脉的关节点。论赞是史传文末的总评文字。《项脊轩志》属于散文文体,为什么会有原本属于史传文字的"论赞"内容?这与归有光喜爱《史记》、深得其文法精髓有关。归有光以"项脊生曰"的形式,对《项脊轩志》一文加以总评,其用意究竟为何?既有论赞总评,为何时隔15年之久,归有光又以两段文字加以补记?补记内容与前文已经完整的一篇文章能否形成一个新的整体?文章创作高手归有光显然不会冒画蛇添足之忌而任意添加,那么,合乎逻辑的追问应该是:补记内容与原有文章究竟有着怎样的内在关联?归有光以一篇时间上有分隔、内容上有补记的《项脊轩志》要向世人传达怎样的情感?上述所有的疑问,均指向《项脊轩志》一文内在的意脉究竟是什么?

至此,基于论赞部分在文中所起到的重要作用,围绕"论赞部分删还是不删"这一问题,便可对《项脊轩志》一文的意脉加以深入的剖析,从而找到《项脊轩志》的真正主旨。

为了使分析的思路更为清晰而有效,我们可以将"论赞部分删还是不删"这个主问题分解成以下五个环环相扣的问题:"论赞"部分写了什么?→前文部分写了什么?→前文与"论赞"部分有什么内在的关联?→补记部分写了什么?→补记部分与"论赞"部分有什么内在的关联?

首先,对《项脊轩志》论赞部分内容加以分析,论赞内容如下:

> 项脊生曰:"蜀清守丹穴,利甲天下,其后秦皇帝筑女怀清台。刘玄德与曹操争天下,诸葛孔明起陇中。方二人之昧昧于一隅也,世何足以知之?余区区处败屋之中,方扬眉瞬目,谓有奇景,人知之者,其谓与坎井之蛙何异!"

在这段文字中,归有光以蜀女清与诸葛孔明两人自况,在自我解嘲中表达不甘处于"败屋之中"的愿望以及博得功名的强烈信念。这样的文字其情感基调是昂扬的,写这段文字时归有光 18 岁,尚未行冠礼,其昂扬的基调与时值青春年华的心理特点是一致的,当然,这样的解读也只是浅层的,深一层的解读在后文中。

其次,对前文部分加以分析。在对《项脊轩志》论赞前文内容的解读中,人们自然会抓住"然余居于此,多可喜,亦多可悲"在文章意脉中所起到的承上启下的作用,也据此对"喜"与"悲"的情感加以了分析,但分析大多停留在情感的浅层,认为喜在老屋修葺一新、环境幽美,悲在家道中落、人亡物在,这样的解读自然没有错,但毕竟未达到文本的应有深处。两种情感深一层的内涵究竟是什么?二者之间究竟有着怎样的内在关联?要解答这两个问题,我们还需回到文章本身,基于文章学的视角加以剖析。相较而言,悲的情感更为明显,我们可以从悲的深沉内涵入手,对上述两个问题加以突破。

文章表明悲的情感内容,明显的有由篱到墙的演变所传递的家道中落之悲,对母亲的怀念之"泣",对祖母怀念的"号"。这里,对准确理解悲的情感深沉内涵真正起作用的是"泣"与"号"二字所暗示的情感的巨大反差。清代段玉裁《说文解字注》说:"无声出涕者曰泣","号,痛声也",两者情感强烈程度反差是很大的。思及慈母仅为"无声出涕",而思及祖母却"痛声",归有光并不满足于"号"一个词的表现力,而是以"令人长号不自禁"来表达,从"号"扩展到"令人长号不自禁",加了六个字,字字泣血:令——"使"之意,足见"瞻顾遗迹"一事的巨大杀伤力;人——非"余"(思及慈母用的"余泣,妪亦泣"),暗示人人如此;长——极言时间之长;不自禁——极言痛声程度之重。是什么让归有光对慈母之情弱于对祖母之情?较深一层的解读为祖母所言"吾家读书久不效,儿之成,则可待乎!"及所持之象笏的激励触到了读书人归有光的内心最深处,然而,正如前文所言,写作此文时归有光才 18 岁,暂未踏入成人行列,也还未涉足科考,不可能会产生功名无望、生不逢时之悲。那么,究竟是什么让归有光"长号不自禁"?

此时,我们需回到文章标题"项脊轩志"。标题往往起到统领全文的作用,"志"表明散文文体,"项脊轩"是归有光书斋之名,书斋是中国古代知识分子的精神家园,在中国文化中起到非常重要的作用。以书斋之名命名的文章,自然要更多地着墨于知识分子的精神世界。此外,归有光并非薄情之人,他在《先妣事略》

一文中将怀念慈母之情表达得淋漓尽致:"孺人死十二年,有光补学官弟子,十六年而有妇,孺子所聘者也。期而抱女,抚爱之,益念孺人。中夜与其妇泣,追惟一二,仿佛如昨,余则茫然矣。世乃有无母之人,天乎痛哉!"基于此,我们终于可以找到在《项脊轩志》中归有光会对祖母所言所行产生如此强烈的情感反应的深层次原因了,那就是在以"项脊轩"为写作对象的文章中,就需要在表达知识分子功名追求上倾注情感。然而,18岁的归有光在初次写作《项脊轩志》为什么如此之悲的问题还未得到圆满的解释。此时,我们是否可以作一个大胆的推测——"瞻顾遗迹,如在昨日,令人长号不自禁"极有可能是归有光后来修改的结果!唯有循此思路分析,方可得到较为令人信服的解释,当然,这种推测已难以从论据上得到考证。

从情感转换的内在逻辑上分析,喜与悲应该有着互为有无的关联:得之则喜,失之则悲。既然悲的深层次内涵是"辜负祖母、功名难企",那么,喜的深层次内涵则应该是"追求功名心无杂念、精神世界自由自在",这一点可以从文章第一段的相关内容中得到印证。"项脊轩"本就是归有光取自远祖归道隆曾居住的太仓的项脊泾,以此表达对先祖的纪念之情;"百年老屋"有着历史的传承;"又杂植兰桂竹木于庭","兰桂竹木"均是高雅高贵之物;"借书满架,偃仰啸歌;冥然兀坐,万籁有声",在书的世界中获得自由;"而庭阶寂寂,小鸟时来啄食,人至不去。三五之夜,明月半墙,桂影斑驳,风移影动,珊珊可爱",人与自然和谐相处。这正与书斋是"文化传承的汇集点""个性创造的发酵池""人与自然和谐的典范"的三大特点相契合。

既然"喜"与"悲"的深层次内涵均指向功名追求与精神世界,那么,接下来的"殆有神护者"一段文字就找到了其存在的合理原因与价值了。神护的是轩,也是人即归有光,更是归有光在轩中读书博取功名的希望!承接前文的"悲",紧接着叙述"轩凡四遭火,得不焚,殆有神护者"的主观推测,其内在的情感意脉是:虽然功名难以博得,但依然"有神护"。

再次,分析前文内容与论赞部分的内在关联。蕴藏在"喜"与"悲"深处的情感内涵已经被发现,并且"有神护",那么,循着自然的意脉流通,归有光就应该以一段表达不甘处于"败屋之中"、对博得功名有强烈的信念的文字加以收束全文,论赞部分就起到了这种卒章显志的作用。

至此,归有光在18岁时写就的《项脊轩志》因为有了论赞部分的存在而获得了文章结构与意脉的完整性,也传递出了尚处青春年华的归有光对未来的强烈信念。保留论赞部分,不仅仅是尊重作者的需要,更是保证作品完整性的需要。

现在,我们来分析补记部分与前文的内在意脉关联。

人们对《项脊轩志》补记部分的赏析大多停留在语言风格与艺术表现力上,诸如语言质朴而情感真挚动人,特别是对最后一段"庭有枇杷树,吾妻死之年所手植也,今已亭亭如盖矣"赞赏有加,对于归有光为什么要补记以及补记与前文的关联却鲜有提及。归有光通过补记对亡妻表达深深的悼念之情,自然是人之常情,但从文章学的视角分析,则不是简单的情感内容概括、借以悼念亡妻那么简单。18岁时写就的《项脊轩志》表达了对博取功名的强烈信念,18年之后已近中年的归有光出于怎样的需要去补记两段对亡妻怀念的文字?是情感之需还是另有所求?笔者认为,这两段文字宣告了一种对于人世间情感的回归,这对于前文来说既是一种补记,更是一种补救——对功名的过于热衷与信心的匡正,毕竟一个成熟的知识分子不应该在文章中那么直白地表达对功名的热切向往!

行文至此,我们应该可以从意脉分析的角度对《项脊轩志》论赞部分及全文有一个全面的把握。从"追求功名心无杂念、精神世界自由自在"之喜过渡到"辜负祖母、功名难企"之悲,从悲中却分明感受到"殆有神护",因有"神护",相信能博得功名便顺理成章,以论赞收尾,文章意脉贯通,结构完整,已经成为一篇美文。而随着年岁增长与见识渐丰,情感的回归与补救,便是势之所趋。因为有了论赞部分,我们才看到了18岁时对功名热切向往的归有光,这很真实;因为有了补记部分,我们才看到了时近中年对情感的重视以及对文章情志加以完善的归有光,这很有必要。真实与必要,造就了一篇全新的《项脊轩志》,使之获得了新的生命。

论赞部分,删还是不删,还会是一个问题吗?!

3. 对《项脊轩志》主旨的新认识

依循着读文必谈主旨的习惯,我们也对完整的《项脊轩志》的主旨加以分析。

吴小如先生对《项脊轩志》主旨的认识很独到:"近年以来,对《项脊轩志》进行赏析并作出评价的文章逐渐多起来了,但这些评论似乎都还未能搔到痒处。以本篇的写作主旨或主题思想而论,有人说是写亲子和夫妇之情的,也有人说是作者从文章里表达了他对昔日家庭生活的怀念。我们承认这些都是《项脊轩志》所具有的内容,而真正的主旨所在,却是作为一个没落地主家庭的子弟,对家道中落的身世发出了惋惜和哀鸣,同时也在沉痛地凭吊个人遭际的不幸。作者以一间破旧的书房为线索,写出了母亲、祖母和妻子三代人对自己的爱怜、期望和依恋,从而流露出一个失意的读书士人生不逢时的抑郁和悲哀。"笔者也曾经赞同过这样的理解。但经过对文章意脉的分析,笔者对《项脊轩志》的主旨有了新的认识。

基于前文对于《项脊轩志》意脉的充分梳理与剖析,笔者认为,《项脊轩志》表达的主旨是,一个正值青春年华的读书人对家道中落有所伤感,但对于功名却充满强烈的信念;通过补记内容表达了一个时近中年的知识分子对于人世间情感的重视与回归。

4. 两个世界中的归有光

"志"在中国古代文学范畴中是一种文体的标志,也可以理解为一种心意、志向,詹丹先生认为《项脊轩志》最初所写部分即表达了一种"'志'的取向",补记内容则表达了一种"情"的内涵,并认为补记部分具有"相对的独立性"。在笔者看来,从意脉视角的分析中,我们可以看到一个符合新的完整标准的《项脊轩志》,无论是补记还是补救,都指向了归有光新的文章追求——以文显志,一种借文所传递出的远离世俗功名、回归世间情感的更大的志。于是,通过新的《项脊轩志》,我们看到了一个远离功名、重视情感的归有光。然而,现实中的归有光却完全是另一种情形:少年好学,但仕途坎坷,前后历八次会试不第。60岁中进士,初任浙江长兴县令,66岁卒于任上。

这分明是两个世界中的归有光:散文世界所代表的精神世界中的归有光,他重返世间情感,回归人伦,远离功名;现实世界中的归有光,无法逃脱"学而优则仕"的古训,在汲取功名的道路上,孜孜以求,不辞劳苦。两个世界中的归有光都是真实的。然而,纵观中国古代知识分子群谱,又有多少人能挣脱功名的牢笼,真正获得精神世界与现实世界的双重自由与高贵呢?!

参考文献

[1] 余祖坤.史记·淮阴侯列传的文章学解读[J].古典文学知识,2011(1).

[2] 凝石.书斋——中国文人的精神家园[J].新华文摘,2007(2).

[3] 吴小如.古文精读举隅[M].天津：天津古籍出版社,2002.

[4] 成龙.基于文本解读逻辑性的文言教学内容深化——以《项脊轩志》为例[J].中学语文,2016(3).

[5] 詹丹.语文教学与文本解读[M].上海：上海教育出版社,2015.

（二）在对比中品咂：《祝福》的两处细读

经典文本一个最大的特征即是常读常新，怎样读是一个方法的问题，在对比中品咂应该是一个不错的方法。对比的角度可以是不同的文本，也可以是文本内容之间的对比，在一般的课堂教学中，文本内容之间的对比往往更具实际的操作价值，关键是找到有教学价值的对比内容。

再次教《祝福》。备课时，摒弃之前读到的关于《祝福》的一切文字，以一种初读的心态，逐字逐句地读，突然发现，《祝福》中有不少蕴含对比关系的内容，在一番对比中品咂，竟然有不少的收获。姑且选取两处，做一番品咂。

1. 两次讲述阿毛的故事的对比

阿毛的故事是一个绕不过去的重点，以往的解读往往只是关注听众的反应，而忽略了对祥林嫂讲述阿毛的故事时话语的关注。为了使分析更清晰，我们将祥林嫂两次讲述阿毛的故事的原文摘录出来。

第一次讲述：

"我真傻，真的，"祥林嫂抬起她没有神采的眼睛来，接着说。"我单知道下雪的时候野兽在山墺里没有食吃，会到村里来；我不知道春天也会有。我一清早起来就开了门，拿小篮盛了一篮豆，叫我们的阿毛坐在门槛上剥豆去。他是很听话的，我的话句句听；他出去了。我就在屋后劈柴，淘米，米下了锅，要蒸豆。我叫阿毛，没有应，出去一看，只见豆撒得一地，没有我们的阿毛了。他是不到别家去玩的；各处去一问，果然没有。我急了，央人出去寻。直到下半天，寻来寻去寻到山墺里，看见刺柴上挂着一只他的小鞋。大家都说，糟了，怕是遭了狼了。再进去；他果然躺在草窠里,肚里的五脏已经都给吃空了,手上还紧紧的捏着那只小篮呢。……"她接着但是呜咽,说不出成句的话来。

第二次讲述：

"我真傻,真的,"她说。"我单知道雪天是野兽在深山里没有食吃,会到村里来；我不知道春天也会有。我一大早起来就开了门,拿小篮盛了一篮豆,叫我们的阿毛坐在门槛上剥豆去。他是很听话的孩子,我的话句句听；他就出去了。我就在屋后劈柴,淘米,米下了锅,打算蒸豆。我叫,'阿毛!'没有应。出去一看,只见豆撒得满地,没有我们的阿毛了。各处去一问,都没有。我急了,央人去寻去。直到下半天,几个人寻到山坳里,看见刺柴上挂着一只他的小鞋。大家都说,完了,怕是遭了狼了。再进去；果然,他躺在草窠里,肚里的五脏已经都给吃空了,可怜他手里还紧紧的捏着那只小篮呢。……"她于是淌下眼泪来,声音也呜咽了。

祥林嫂第一次讲述阿毛的故事时,听众主要是四婶、四叔与卫老婆子,第二次则是镇上的男人们与女人们。两次讲述,第二次应该是解读的重点,认真比对祥林嫂两次讲述阿毛的故事时的话语,我们可以找出以下几处非常有价值的不同：①"他是很听话的孩子",②"我叫,'阿毛!'",③"没有应。",④"完了",⑤"可怜他"。

先说第一处不同。第一次讲述只说"他是很听话的",没有加上"孩子"一词,这说明随着时日的延长,阿毛的死在祥林嫂的内心留下了越来越深的伤痛,到第二次讲述时,自然就说出"孩子"一词,我们可以想见,祥林嫂说出"他是很听话的孩子"时,内心正承受着巨大伤痛的折磨。第二次讲述是祥林嫂主动"和大家讲她自己日夜不忘的故事","日夜不忘"正是日夜受着折磨,而主动讲,则意味着伤痛的折磨已迫使祥林嫂希望通过讲述故事来宣泄内心的伤痛,试想,当一个人要通过讲述自己的不幸来宣泄伤痛时,她已陷入了多么悲凉的人生境地。

再说第二处不同。第二次讲述时,"我叫"后面有逗号,"阿毛"后面有感叹号,并且用了引号。为什么第一次讲述时没有这些标点符号？这正是作者的匠心所在。第一次是祥林嫂第二次到四叔家求取佣工时的陈述,刚到鲁镇,又希望老东家能够收留,此情此境,祥林嫂只能是基本的陈述,语速是平缓的,内心是相对平静的,因此,才会完整的、较为平淡地说"我叫阿毛"。到第二次讲述时,情形则发生了巨大的变化。自身的不幸,对于常人来说,自然会选择不讲;但对于祥林嫂来说,讲是必然的选择。面对鲁镇的听众们,讲述阿毛的故事时,祥林嫂的内心是痛苦的,情绪是激烈的,语言也就随之在发生着变化。"我叫"后面的逗号,表明祥林嫂略有停顿;双引号则表明祥林嫂是在真正的"叫"——呼喊,一种发自内心的对爱子的呼喊;感叹号,正是祥林嫂对爱子呼而不得的、痛失爱子的无限悲痛之情的真实流露!怎样体会祥林嫂的呼喊及呼喊所流露出的悲痛之情?我们可以通过诵读,通过表演式的诵读来体会,课堂上,笔者以哭腔式的诵读,放慢语速,逐字读出:"我——叫,——'阿——毛'……"话音落下,学生无不为之动容。闭上眼,祥林嫂的声声哀嚎,在我的耳畔不绝回响!

再说第三处不同。第一次讲述时,"没有应"后面是逗号,而第二次讲述时则改成了句号,句号表示的是停顿时间较长,句义独立。祥林嫂为什么要停顿更长的时间?正是因为祥林嫂真正在"叫",悲伤之情正随着呼喊自然流出,因此,在说完"没有应"之后,痛苦的内心还没完全平静,需要通过停顿来调整心情,从而接着讲述下面的内容。如果还如第一次那样使用逗号,则完全不符合特定的情境。

再说第四处不同。第一次讲述用的是"糟了"一词,第二次用的是"完了"一词。显然,"完了"一词要比"糟了"一词更直接地表明阿毛已遭厄运,祥林嫂第二次讲述时,为什么会用这样一个包含更悲痛感情的词语呢?合理的解释应该是,祥林嫂已痛彻心扉,下意识地把自身的不幸直接表达出来。

最后说第五处不同。第一次讲述时没有"可怜他"三个字,因为当时祥林嫂需要四婶同意收留,讲述时情绪不能太激烈。第二次讲述时,心情已非常悲痛,在讲到"肚里的五脏已经都给吃空了"时,不由自主地直接表明了对爱子的厄运的无限伤痛。

细读这五处不同,我们不由得深深折服于鲁迅对语言文字包括标点符号的出神入化的使用。但,我们更应该懂得,语言文字包括标点符号是为主旨服务的。论常情常理,听着别人主动讲述不幸,应该表达同情,而鲁镇的男人们与女人们的表现却完全地背离了常情常理,这正见出作者的深刻用意。祥林嫂的悲情讲述与鲁镇男人们与女人们的冷漠无情之间的对比,有力地突显了文章主旨。

2. "念书人家"与"山村里"的对比

有句话叫"知识改变命运",说的是知识的巨大作用。然而知识对人究竟起着怎样的作用,却又是一个值得思考的问题。具体到祥林嫂这里,知识似乎还真在起着不小的作用。

祥林嫂被迫改嫁贺老六,拜堂成亲时闹得特别厉害,这其中的原因是什么呢?卫老婆子在四婶家说到此事时,用语特别丰富,其中有一句话不能忽视:"可是祥林嫂真出格,听说那时实在闹得利害,大家还都说大约因为在念书人家做过事,所以与众不同呢。"这里有几处需特别加以注意。

一是祥林嫂闹得实在厉害,这得到了贺家墺的公认。贺家墺里也会有再嫁的女人,但如祥林嫂那般闹的女人,肯定是很少的,因为"闹是谁也总要闹一闹的"。卫老婆子说的"总要闹一闹",其实是很有意思的,"总要"说明不闹是不行的,可能会被人看扁的,"闹一闹"说明闹的时间不会很长、程度不会很剧烈,因此,祥林嫂的闹的确很让贺家墺的男人女人们开了眼界,因此就特别的引人注意。

二是祥林嫂闹得如此厉害的原因也得到了"大家"的认同。此处的"大家"显然是指贺家墺的人们,根据以往贺家墺的再嫁女人们的反应,贺家墺里的男人女人们一时还无法找到合适的解释和真正的原因,因此,只能是推断,因此大家还都只能说"大约因为"。

三是在"大家"看来,祥林嫂之所以闹得如此厉害是"大约因为在念书人家做过事"。虽说是"大约因为",但在贺家墺人的推断水平允许范围内,"大约"即可视为"一定"。显然,贺家墺人对于"念书"一事是知道的,只是无人念书或念书人少而已,在贺家墺,没有"念书"的女人,甚至没有"在念书人家做过事"的女人,因此,当祥林嫂这个"在念书人家做过事"的"回头人出嫁"到贺家墺时,她那"与众不同"的闹,便给了贺家墺人全新的印象。在贺家墺人的眼里,是否"念书"或者是否"在念书人家做过事"是衡量一个再嫁女人闹得"利害"与否的一个重要标尺。虽然文章没有明确写出贺家墺人对祥林嫂闹得如此厉害的评价,也没有写贺家墺的女人们面对这位"在念书人家做过事"的"回头人"如此厉害地闹时内心有着怎样的复杂感受,但推断贺家墺人认可甚至赞赏祥林嫂的闹,应该是没有错的。据此,可以得出这样的结论,在贺家墺人的认知世界里,"念书"所得的知识或者因"在念书人家做过事"而得到知识的熏陶,所能给女人的作用即是让她们在再嫁时应该比那些没有"在念书人家做过事"的女人闹得更加厉害,唯有这样,才符合"在念书人家做过事"的经历。换言之,"念书"这件原本很崇高、对人很有积极作用的事,在贺家墺那里,所起的作用竟然只能是让女人们更懂得妇道的重要意义,从而在再嫁时不惜以死相拼。

悲乎,"念书"一事竟沦落到如此境地!

而四叔家这个"念书人家"究竟念的是什么书,这样的人家究竟给了祥林嫂这个"回头人"怎样的熏陶呢?从文章中我们可以很轻易地得到答案。四叔这封建卫道士满脑子都是封建迷信思想,他的家庭氛围所能给祥林嫂的熏陶只会是对妇道的坚守。一个让女人不惜以死相拼的"念书人家",成了贺家墺人对祥林嫂闹得"利害"的最好解释。

此时,我们应该探讨贺家墺这个"山村"究竟是一个具有怎样象征含义的地方。

当柳妈告诉祥林嫂"回头人"死后在阴司里会被阎罗大王锯开来分给两个男人时,祥林嫂"脸上就显出恐怖的神色来",因为"这是在山村里所未曾知道的"。贺家墺这个山村里的男人女人并不知道"回头人"会被"两个死鬼的男人"争夺,更不知道捐门槛这样的事,这样看来,贺家墺这个山村是一个受封建迷信思想毒害较少的、淳朴的地方,这原本应该让人感到欣慰,但事实并非如此简单。结合前文对"在念书人家做过事"的分析,我们可以发现,贺家墺人对"念书"或者说知识的观念是错误的,而"回头人"死后会被阎王锯开及捐门槛这样的"知识"在鲁镇这样的有"念书人家"的地方,几乎人人皆知,柳妈只是告诉祥林嫂的具体一个人而已,但这种"人人皆知"的知识却让祥林嫂感到恐怖,并在恐怖中离开人世。

鲁镇因有四叔这样的"念书人家"存在而受到封建迷信思想的毒害,这本在意料之中,而贺家墺这个较少受到封建迷信思想毒害的"山村"却也深受封建迷信思想的"另一种毒害"。看来,在封建时代的旧中国,"念书"也罢,不"念书"也罢,都无法摆脱封建迷信思想的"幽灵"。鲁迅描绘的鲁镇与"山村"贺家墺之间的对比,已不是严格意义上的异同对比了,而是一种表面上的异、实质上的同之间的对比了。

(三) 对《鉴赏家》主旨的三个追问

"全县第一个大画家是季匋民,第一个鉴赏家是叶三。"汪曾祺的小说《鉴赏家》以单独成段的这句话开头,用下定义的句子直接而直白地告诉读者,小说的两位主人公的身份及其关系。照此理解,我们很自然地会认为,叶三是一位对绘画艺术"真懂"(文中季匋民"认为叶三真懂")的鉴赏家,配套的《教学参考书》认为,叶三"用本真的眼睛和心灵欣赏画,用最简单直接的语言评画,这样的鉴赏家才是真正的鉴赏家——用眼睛、心灵品味美",并确定小说的主旨是"对美的鉴赏"。然而,仔细研读之后,笔者对教参的判断却心生疑窦,于是有了以下的追问。

追问之一:叶三真的懂画吗?换言之,叶三是真正意义上的绘画艺术鉴赏家吗?

要准确判断叶三是否真正懂画,是否真正意义上的绘画艺术鉴赏家,自然要结合文中叶三三次对季匋民绘画的"鉴赏"(我们暂且用"鉴赏"一词来陈述叶三对季匋民画作的评价吧),看看作者是怎样来叙写叶三的"鉴赏",而我们又该作如何的解读。

季匋民画完画后自己负手远看时,有时会问叶三画得"好不好""好在哪里","叶三大都能一句话说出好在何处"。为了表明叶三"能一句话说出好在何处"的"鉴赏"能力,作者写了三次具体的"鉴赏"活动。第一次,从紫藤的乱花里看出风来;第二次,懂得一只小老鼠的顽皮;第三次,知道"红花莲子白花藕",并以此判定"四太爷,你这画不对"。三次具体的"鉴赏"活动应该足以证明叶三的鉴赏究竟是怎样的鉴赏。第一、二次"鉴赏"时的对话很值得玩味。文章没有写出季匋民对叶三所问的话,但我们可以从叶三的回答中推断出季匋民问话的具体内容。第一次,叶三回答的是"紫藤里有风",那么季匋民所问之话应该是"你从紫藤里看到了什么"之类的话,因为季匋民以"对极了"来表达对叶三"鉴赏"结论的肯定。第二次,叶三回答的是"这是一只小老鼠",那么季匋民所问之话应该是"你认为这是一只怎样的老鼠"之类的话,同样的,季匋民以"对"来肯定叶三的"鉴赏"。疑问就在此处产生。一个大画家对身边的"鉴赏家"不从绘画艺术的角度提出问题,却只问些"非专业"的问题,可见大画家对自己的绘画水准是非常有信心的,更深一层的理解应该是,季匋民知道叶三无法从真正的绘画艺术角度加以真正的鉴赏。第三次,则需认真加以审视。叶三依"红花莲子白花藕"的生活常识,断定四太爷画得不对,季匋民因之而重画,并题诗一首:"红花莲子白花藕,果贩叶三是我师。惭愧画家少见识,为君破例著胭脂。"叶三之"师"只能是生活常识方面而非艺术之"师","破例"二字暗示季匋民之前作画也曾经犯过类似的"错",却从未因有违生活常识而作出修改,更别说重新画一幅。季匋民所说的"见识",在此处只是指"红花莲子白花藕"之类的生活常识而绝非绘画艺术领域的知识。一幅绘画作品在色彩方面是否有违生活常识,并不影响其艺术价值,尤其是中国画注重写意的特点,若一味强调与自然相一致,反而容易失去艺术的趣味,这本身就是一个常识,季匋民自然知道,而作者汪曾祺也绝无不懂之理。抽象派绘画作为20世纪最流行、最具特色的艺术风格,其最根本的一点即是尝试打破绘画必须模仿自然的传统观念。因此,叶三以生活常识为依据的"鉴赏"并非真正意义上的绘画艺术鉴赏。综合起来看,叶三三次的"鉴赏",均非艺术的眼光,而是常识的眼光,因其看得仔细而作出符合生活常识的评价。

至此,我们已经能够基本确定,叶三对大画家季匋民作品的评价(此时若再用"鉴赏"则有违常识了),并非绘画艺术上的鉴赏,我们也能对追问之一作出回答:叶三并非真正意义上的绘画艺术鉴赏家!当然,要最终判定这一点,最有说服力的依然是文本内容。

在叙写叶三的三次评价活动时,作者两次写到"季匋民最佩服李复堂",并写明佩服的原因:"他(季匋民)认为'扬州八怪'里复堂功力最深,大幅、小品都好,有笔有墨,也奔放,也严谨,也深厚,也秀润。"如果这样的表述有笼统之嫌,那么,第二次则以更大的篇幅、更为专业的话语,于对比之中显出艺术的真意:"他(季匋民)佩服李复堂,但是画风和复堂不似。李画多凝重,季匋民的飘逸;李画多用中锋,季匋民微用侧笔——他写字写的是章草。李复堂有时水墨淋漓,粗头乱服,意在笔先;季匋民没有那样的恣悍,他的画是大写意,但总是笔意俱到,收拾得很干净,而且笔致疏朗,善于利用空白。他的墨荷参用了张大千,但更为舒展。他画的荷叶不勾筋,荷梗不点刺,且喜作长幅,荷梗甚长,一笔到底。"这才是艺术的鉴赏!此时,应该追问的是,作者在叶三三次的评价之中插入这么一段极为专业的话,意欲何为?合理的解读应该是,叶三只懂得从生活常识的角度,以极为细致观察的眼光对大画家季匋民的作品加以评价,这种评价并非艺术鉴赏家的评价。

当然,我们断定叶三并非真正意义上的绘画艺术鉴赏家,并不完全否认叶三对绘画艺术所具有的一定的鉴别能力(并非鉴赏能力),因为叶三在三垛贩果子时,能从一户人家柜橱的玻璃里辨认出四幅李复堂的真迹,用四张"苏州片"换来交由季匋民,"使季匋民大吃一惊:这四开册页是真的!"叶三能辨认出这些画属于李复堂的作品,只是因为"在四太爷这里看过不少李复堂的画",但未必能断定是否真迹,况且这里只是"辨认",而非"鉴赏"。

追问之二:并非真正意义上的绘画艺术鉴赏家的叶三与真正的大画家季匋民之间究竟有着怎样的关联?换言之,叶、季之间表层的鉴赏与被鉴赏关系背后究竟有着怎样的深意?

我们可以用三个词语来概括叶三与季匋民的关系:尊重、敬重、知音。

尊重——季匋民尊重叶三。叶三虽然只是一个果贩子,身份地位自然与大画家相去甚远,但季匋民依然很尊重叶三:从不当众作画,却对叶三例外,不须通报,允许叶三在旁边看着;尤其因为一句"红花莲子白花藕"而尊称叶三为师,并因之重画,其实,"师"之谓所表达的尊重的象征意义远大于求教的现实意义。究其原因,一则"叶三搜罗到最好的水果,总是首先给季匋民送去",这正好满足了季匋民就水果喝花雕酒画画的"脾气"。二则叶三在旁边看画时"入神""专心致志,连大气都不出","从心里喜欢画",却"从不瞎评论",这恰好也满足了大画家季匋民潜心作画不愿受人干扰的心理需求。

敬重——叶三敬重季匋民。叶三对季匋民的敬重无处不在:将最好的果子首先送给季匋民,"提着或捧着他的鲜果走进去";在季匋民死后,虽不卖果子,但在四季八节,"还四处寻觅鲜果,到季匋民坟上供一供";坚决不卖季匋民所赠送画作,要求儿子将季匋民的画和自己装在棺材里,"埋了"。究其原因,一则获得了季匋民允许,可以在旁边看其作画,满足了叶三爱画的心理;二则,更深一层来说,是叶三以一个果贩子的身份却得到了大画家如此之高的礼遇,岂不敬重?!

知音——叶三与季匋民是知音。但这种知音与俞伯牙、钟子期之间的知音是不完全一样的。俞伯牙与钟子期的知音情感是建立在俞伯牙善鼓琴而钟子期善听琴的专业水准的基础之上的情感沟通,而如前文所述,叶三并不算是一个合格的绘画艺术鉴赏家,他与季匋民的知音是建立在彼此尊重、敬重的情感基础上的沟通。于季匋民而言,"他对叶三另眼相看"的原因在于叶三的真诚、质朴、出于肺腑的赞美与"从不瞎评论"。季匋民在作画时"很愿意有这样一个人在旁边看着","这样一个人"必须具有叶三那样既对绘画略有辨认能力又不瞎评论的特点,"有"字说明季匋民内心里存在这样一种心理、精神需要,叶三被允许在旁边观赏,根本原因不在于叶三真正懂绘画与否,而在于他能够满足季匋民这种心理、精神需要!更为深刻的原因在于,季匋民周围的人要么"假充内行",要么"谄媚",均是一些假名士,或高谈阔论,或卖弄高雅博学,这一切都让季匋民"最讨厌"。相形之下,"从不瞎评论"的叶三就显得难能可贵而可视作知音了。于叶三而言,像季匋民这样的大画家,竟然允许卖果子的叶三看其作画,并送那么多精品给自己,自己喜欢画的兴趣爱好得到了满足,更为重要的是自身的人格得到了尊重(文章虽然未写县里人如何看待叶三,但推断出叶三必然得到县里百姓甚至文人画客的敬佩甚至羡慕,应该是合乎情理的,因为这在其他人那里是百求千求而不可得的)。叶三应该怎样感激季匋民所给予的尊重呢?送最好的果子,不卖任何一张画,寻觅鲜果到季匋民坟上供一供,而最庄重的方式,莫过于将季匋民的画与自己一起埋了,让自己与所敬重的并且给予了自己尊重的大画家的画永远在一起,这正是叶三以自己的方式来表达对季匋民给予尊重的回报——知恩图报,知音相守。这正传递出一种人情、人性之美好。

至此,我们可以进一步明确,果贩子叶三与大画家季匋民之间是一种敬重、尊重的关系,是一种建立在人格、品性上的精神需要获得满足的知音,这种知音关系在艺术上的成分是比较少的。

追问之三:作者明知叶三并非真正意义上的绘画艺术鉴赏家,却仍以"鉴赏家"为题,所意何为?换言之,小说的主旨究竟为何?

我们从教材练习题入手探讨这个问题。练习题这样设问:"小说用较大的篇幅叙述叶三卖果子的故事,这些内容与'鉴赏家'有什么关系?"配套的《教学参考书》是这样回答这个问题的:"这些内容似乎和'鉴赏家'没有直接关系,但叶三作为'鉴赏家'对画独具的敏感,恰恰是源于卖果子时对生活中的美的敏感。叶三的见识和鉴赏力,正是在这样的生活中逐渐获得和养成的。热爱生活,时刻注意发现和欣赏新鲜活泼的生意。我们从叶三身上读到的,是对美的纯粹深沉、不涉功利的爱。这,才是一个真正的鉴赏家之本质所在。"这样的阐述似乎在告诉人们,绘画艺术鉴赏家的见识和鉴赏力培养的途径可以是"对生活中的美的敏感","热爱生活,时刻注意发现和欣赏新鲜活泼的生意"。

首先,稍具常识的人应该懂得,这样的办法是培养不了绘画艺术鉴赏力的,其中道理不言自明。大作家汪曾祺写这些的确与绘画艺术鉴赏力无内在关系的内容,显然是另有所用,所用为何?定是有益于主旨表达。

其次,大画家季匋民为什么"最讨厌听人谈画"?这有点违背常情常理。其实,作者已经明白地告诉了我们个中缘由。季匋民周围并非没有"内行",有的只是"内行"却"谄媚",外行却"假充内行",虽为名士却卖弄高雅博学,这让季匋民"听了实在难受",这也是季匋民为什么会视一个果贩子为知音的最合理解释。从某种意义上来说,一个大画家欲求真懂艺术并能给予"出于肺腑"的赞美的真正知音而不得,在精神世界里,季匋民是孤独的,但季匋民并不违背自身精神标准而降格以求,却又是孤高的。

第三,作者以叶三埋画作结,除了前文所述意在表明叶三的知恩图报与知音相守,也许还具有一种隐喻的性质。随着大画家季匋民的逝世,叶三的精神世界也随之关闭;将画与叶三埋在一起,喻示着一段现代知音故事随之终结,一种知音情怀随之永沉黄土。按现实世界标准来衡量,叶三将季匋民的画作公之于众,似乎更能发挥其艺术价值,而这应该是一个大画家的价值体现之一,但若这般处理,那么这篇小说也就落入世俗之境,而无精神、情怀世界的隐喻价值。

第四,作者视果贩叶三为全县第一个鉴赏家,是赞美,也是无奈。是对叶三所代表的真诚、善良、知恩图报、知音相守等美好之人情、人性的赞美;同时也暗含着一种无奈,一种知音难觅、雅士难寻的无奈,一种现代社会中难容不慕荣利、闲适高雅、不落流俗之古风雅韵的无奈。

第五,小说的主人公叶三、季匋民何者为重?分别承载着作者怎样的情怀?小说虽以"鉴赏家"为题,但主要人物却不是叶三而是季匋民,因为这个世界上没有鉴赏家却依然可以有大画家,而没有大画家就不可能有鉴赏家,季匋民的存在是叶三存在的精神理由。叶三这个人物形象承载着作者赞美美好人情、人性的情感,季匋民则承载着作者怀念古之文人雅士流韵的情怀。

　　行文至此,我们对前文论述稍加梳理,即可拨开迷雾,看到小说主旨的真面目。叶三虽获"鉴赏家"之美誉,但他对绘画艺术的"鉴赏"更多的是仔细的观察,因而叶三的"鉴赏"更多的是对人情、人性美好的鉴赏与坚守。作者在切入叙写大画家季匋民之前花了大量笔墨写叶三卖果子及两个儿子开布店的故事,正是为了强化小说赞美人情、人性之美好的主旨。叶三与季匋民的知音关系更多的是建立在尊重、敬重基础之上的人格、品性上的精神需要得到满足的知音情感。叶三的存在于季匋民而言,是一种欣慰,更是一种孤独感的弥补与慰藉。叶三将季匋民所赠之画均埋入黄土,喻示着一种美好情感的终结。总之,我们可以将小说《鉴赏家》的主旨作如下概述:小说通过叶三卖果子及对大画家季匋民绘画的评价及作品的处理,表达了对作者对故乡风俗人情、人性美好的赞美;小说通过季匋民与叶三之间由尊重、敬重而渐为知音的叙写,表达作者对古之雅士文人流韵的深切怀念以及流韵难继、古风难存的深沉慨叹。汪曾祺这个被称为"抒情的人道主义者,中国最后一个纯粹的文人,中国最后一个士大夫"的作家、文人,以一个外表美丽、内核感伤的故事,将这些复杂的情怀巧妙而委婉地传递给了我们。

(四) 读准《江南的冬景》中的"悠"境"闲"味

　　《江南的冬景》是郁达夫1935年南迁杭州之后写下的名篇,画家刘海粟说:"青年画家不精读郁达夫的游记,画不了浙皖的山水;不看钱塘、富阳、新安,也读不通达夫的妙文。"那么,郁达夫笔下的江南的冬景究竟有怎样的特点呢?郁达夫要表达一种怎样的情味呢?

　　初读课文,我们似乎很容易找到表明江南冬景的特点及情味的词句,如,第2段中的"可爱",第3段中的"明朗的情调",第5段中的"生气",第6段中的"恩惠""享受""清福",第7段中的"悠闲境界",第8段中的"美丽",第9段中的"恣意享受""快活""闲步逍遥"等,从中我们也许能够轻易地概括出江南冬景的特点为境界悠闲、作者的情味为快活闲适。如果解读停留至此,也只是浮在表面,究竟作者是如何表达出这种"悠"境"闲"味的呢?我们又该如何读才算读准了呢?唯有探入语言的深处,才有可能读准。

文章要写江南的冬景,却从北国的冬天写起,这自然透露出对比的意思。但对比点究竟是什么?配套的《教学参考书》说:"北国与江南的冬天的比较,突出了江南冬天的晴暖温和,渲染北国冬天所没有的屋外曝背谈天的乐趣。"从教参的分析来看,作者似乎强调的是江南的冬景与北国的冬天的不同点,真是这样吗?第2段最后一句话"这一种江南的冬景,岂不也可爱的很么?"中的"也"字表明,作者并非突出南北冬天的异,而是着力写出南北的同。如果非要找出南北之异,那也只是室内室外对冬景感受地点之异,北国冬天自然在外,江南则可以"营屋外的生涯了";对冬景感受的实质并没有本质的差别。这一点可以从第1段中一个非常关键的内容中得到印证,那就是"因为这中间,有的是萝卜、雅儿梨等水果的闲食"中的"闲"字。什么是"闲食"?闲食应该与正食相对,确保正食无忧的人家,才有可能考虑闲食之乐,当然,作者此处并不着眼于物质上的多寡,而是着意于对冬天乐趣的享受上,"闲食"之"闲"不强调物质上的宽裕,而突出食用之时"悠闲""闲适"的快乐心情,而这种心情与下文所写的江南的冬景给人的悠闲、闲适心情又怎么会有区别呢?那么作者所说的"可爱"究竟体现在哪个方面呢?"这一种江南的冬景"指的是前面所写的"老翁小孩就又可以上门前的隙地里去坐着曝背谈天"的情景,其中的"隙地"很值得注意。"隙地"并非"闲地"(闲置未种植之地),而是指夹在种植了冬作物之间的空地,试想,虽是冬天,但太阳高照,农作物在"冬至过后"已长出青青绿叶,在绿叶之间,有老人小孩或"曝背谈天"或追打嬉闹,不正是"可爱"的充满生机与希望的景象么?!

文章第4段说闽粤的冬天并非江南的冬景,之后便进入全面描绘江南冬景的内容。第5—9段,每段着力突出江南冬景的一个特征。

第5段通过对芦花、红叶、乌桕树、草色等江南典型的冬景之物,点明江南的冬天富有"生气"的特点,虽处冬天,却能强烈感受到春天的希望气息。

要理解第6段,其实应该从第7段中找到关键信息。第7段着力写"微雨寒村里的冬霖景象",一句"又是一种说不出的悠闲境界",透露出丰富的信息。首先,这里第一次直接点明江南的冬景中有悠闲的境界。其次,"又"字表明第6段中所写的江南寒郊散步就是一种悠闲的境界。第6段中的"特异的恩惠"把江南的冬日上升到是大自然给人们的一种恩惠的高度,为了强调这种恩惠,作者用了两个对比，一个是在北方的冰天雪地里，是"决不会有享受这一种清福的机会的"（此时的"清福"已有"悠闲"的意味了），另一个是德国作家喜欢用"散步"一词作为他们创作的题目来突出江南冬天散步的乐趣。第三，这样一种悠闲的境界"说不出"。济慈说："听得见的音乐真美，但那听不见的更美。"因此，说得出的悠闲境界真美，但那说不出的更美。江南冬日，寒郊散步，那种悠闲境界确是无法言说的，唯有亲身实践，方可体会到。寒郊散步之悠闲境界说不出，但作者却试图着力说出微雨寒村里冬霖景象中的悠闲。请看作者为我们描绘的那一幅幅景象吧：杂树林下，那三五人家聚在一起，应该是在谈论着秋收的喜悦吧；那淡得几不成墨的冬日农村图上，再洒上些且细且白的微雨，的确够悠闲；那乌篷小船上的酒客，虽天已垂暮，却仍在享受着"喧哗"的乐趣，面对这般的冬景，胸襟便变得洒脱起来，"得失俱亡、死生不问"了。江南的冬景何止景美迷人，更是让人看淡得失死生，这样的冬景岂不可爱！

　　江南不比北方那般多雪，但毕竟有，因此对江南雪景的描绘那是必不可少的，关键是作者怎么描绘，而我们又该怎样去体味。郁达夫不愧是散文大家，在为我们具体描绘微雨寒村里的冬霖景象后，立即改换手法，通过引用诗句来调动读者的想象，把江南冬雪的景象交由读者去想象、去品味。当然，有雪关键还得要有人，因此，作为读者的我们，就要通过仔细品味作者引用的诗句，从雪与人的角度去想象与品味了。"晚来天欲雪，能饮一杯无？"可不仅仅是江南日暮雪景，更有人的活动在里面。天就要下雪了，远道而来的朋友，那就留下来喝上几杯；待到天降大雪，那就一醉方休吧。"寒沙梅影路，微雪酒香村"，如果我们不受原诗的束缚，单从两句诗来想象，是否可以提出以下的设问？路要通向哪里？通向有酒之香的村庄。何人在路上？为了寻找美酒或喝酒的知己之人。何时在路上？有月影之晚上，月色很美，但那酒似乎更美、那喝酒的知己似乎更值得期待。这样的设问，虽然与原诗有些差距，但若按照原诗来解，与江南冬景的美丽可就有些距离了。"柴门闻犬吠，风雪夜归人"，更深人静，犬吠之声响起，说明已到可宿之地，这对在风雪之中的夜归人来说，岂不心中倍感温暖？"前村深雪里，昨夜一枝开"，村童只喜欢"弄雪"，村童去"报告"之人才是真正关注梅花之人。"前村"可见距离不近，"深雪"可见雪之大，"昨夜"可知直到昨天日暮时分仍在关注未开之梅枝，"一枝"

表明梅之早与心之切。有如此情趣之人,岂不悠闲？八句诗,句句与雪有关,唯有心中有雪之诗人,才能写出此等佳句;唯有心中有江南美丽雪景之达夫,才能作如此贴切之联想。

　　有雪之江南,自然"美丽得多",无雪之江南又如何呢？第9段写得实在,却也写得充满情味。两处对比,增添了独特意味：旱冬,对于麦的收成会好些,可是容易让人受到损伤;旱得久了,疾病易得,但却可以让想恣意享受江南冬景的人感到更"快活一点"。那么,究竟要不要旱冬呢？要还是不要,那只有看你是一个有着怎样趣味的人了。

　　全文第5—9段写出了江南冬景的五个特点,冬景特色鲜明,处处景中有人,充满景的情调与人的意趣。写景至此,已经把江南冬景的特征写得非常充分了,但作者还意犹未尽。最后一段,近乎直白的直抒胸臆,杂文是"无聊"的,"不再想写下去了",去湖边"散散步"才是对江南冬景恣意享受的最大"实践"。此处的"散散步"其实很值得玩味。为什么不用"散步"而改用"散散步"这个叠词呢？前文第3段说"秋天正是读读书、写写字的人的最惠季节",也用了"读读书""写写字"这样的叠词。我们可以从叠词的妙处来品味"读读书""写写字"特别是"散散步"中所体现的独特韵味。叠词的使用有多种表达效果,一般来说,动宾式的动词词组,如果第一个动词叠用,就可以表达出轻松、愉悦、自在、悠闲的意味,如"唱唱歌"就要比"唱歌"来得更轻快些。在寒郊散步在作者看来本就已经是一种具有"说不出的悠闲境界"的美事了,更何况在"窗外的天气晴朗得像晚秋一样"、晴空高爽、日光洋溢的冬日暖阳的"引诱"下,在湖边散步呢？此时再简单说"散步",不足以表达作者畅快闲适的心情,只有叠词的"散散步"才足以十分传神地传递出作者无比悠闲畅快的心情。这与无锡俚语中的"吃吃"有异曲同工之妙。无锡方言中有这样一种句式"买点××来吃吃",所买之物定是"闲食",而非正餐,会说"我买点糕点来吃吃",而绝不会说"我买几两米饭吃吃",米饭是用来充饥的,只有"闲食"才是用来品尝的。叠词的"吃吃"表达了无锡人在对"闲食"的品味中的悠闲心情。

　　江南的冬景是美丽、可爱的,《江南的冬景》的"悠闲的境界"是显而易见的,但只有深入品味那些看似平常却蕴含深意的词句,我们才算得上是真正读准了其中的"悠"境"闲"味。

第三节　教师的读与教的转化逻辑：
以试教《寒风吹彻》为例

在阅读教学的整个过程中，教师对文本的解读与课堂实际的教学展开是两个密切相关联的部分，教师的读是教的基础，教是读的结果的呈现，教师读得怎样，一定程度上决定着教得如何。但是，教师的读并不等同于教，读的结果并不全是教的内容，实际教的内容自然也不全部是教之前读的内容。如何将读到的内容转化为课堂教的内容，是教师经常面对的问题，这其中的转化机制是很值得研究的。本节以试教《寒风吹彻》一课为例，具体谈谈这个问题。

一、试教过程简要回顾

试教是教学活动的一种比较特殊的情形，或者说是教学活动的一种特例，与日常教学活动有所差异。虽是特例，但我们依然可以从试教活动中一定程度上看出试教者的教学理念与实际的教学能力，换言之，我们应该能够以试教活动为例去探讨语文教学的某些问题。笔者曾经试教苏教版高中语文选修教材《现代散文选读》中刘亮程的散文《寒风吹彻》，上第一课时。与本文有紧密关联的有以下几个方面。

一是备课时间短。头天晚上八点左右得知试教篇目，第二天下午一点半上课，除去晚上休息时间，真正用来研读文本并设计教学的时间只有不到五个小时。

二是学生情况特殊。由于正值暑期，没有完整一个班的学生，学校便组织当时正在进行数学、物理、化学奥赛辅导的高三学生临时凑成一个班，这些学生来自不同的班级。

三是教学时间只有一个课时（40分钟）。选聘教师试教基本只给一个课时。

四是课堂教学情形特殊。由于是临时安排上课,学生是临时凑成一个班,上课之前学生并未接触文本,上课前学生才第一次看到复印的课文。又因临时组班,学生上课前也没有明确而具体的学习目标,学习状态并不理想。

以上这些都成为影响试教课堂教学的展开与推进的因素。因此,上课伊始,笔者也以轻松幽默的语言试图营造愉悦的上课氛围,并在学生阅读文本之前,介绍了阅读散文的一般路径。也正是基于上述考虑,在课堂教学的过程中,笔者在每一次设问后,都要用更长一些的时间去等待学生们的回答,这无形中就影响了对文本内容的探讨。

二、教师的读应该遵循的两个原则

阅读教学的实施首先应该建基于教师的文本解读,只有教师真正深入解读了文本,才谈得上真正意义上的教学。这一点,正是那种只搬教参教语文的做法广受诟病的原因所在。

笔者在试教之前,并不知晓试教文本是什么,从确定教学试教篇目到正式开始上课,除去休息时间,真正用来进行文本解读的时间不超过两个小时,更特别的情况是,《寒风吹彻》一文试教之前从未接触过,而笔者只有一本苏教版的高中语文选修《现代散文选读》的教材,除此之外没有任何可资借鉴的材料(宾馆内也无电脑),笔者进行的是一次真正意义上的"素读"。正是在这样一遍遍的素读中,笔者读出了文本语言文字背后所潜藏的"情"与"理(思考、感悟)"。一个主要事件与三个分支事件的明确,为深入而准确地把握各事件所包含的乃至全文的"情"与"理(思考、感悟)"打下了扎实的基础。

具体来说,教师的读应该遵循的原则有以下两个方面。

首先,准确是基本要求,深刻与新意是追求方向。优秀的文本其含意与主旨往往是多向度的,但总会有一个基本的含意与主旨,准确把握文本的这个基本含意与主旨,是教师解读文本的基本要求,即准确解读文本。在此基础上,若能够读得深刻一些,有新意一些,那自然更好。实际的日常教学情形是,语文教师能够达到准确解读文本就很不错了,作为有更高教学追求的语文教师,在文本解读方面应该朝着深刻与新意两个目标不断努力。

其次,个人解读、借助资料、化为己有是三个基本阶段。笔者试教时的独立解读只是一个特例,平时语文教师们教学过程中一般都拥有更多的教学资料,但教师独立(至少是先独立阅读再参考其他资料)而深入地解读文本是解读文本的重要基础。个人解读与借助资料是相辅相成的两个方面,化为己有是目标,是确保课堂教学顺利展开的重要保证。

三、教师的读向教转化的内在机制

教师阅读教学备课的一个重要内容是完成由读到教的转化过程,教师的读与教虽然紧密相关联,但二者并不能划等号。我们首先需要明确的转化原则是基于语文教学的需要,确定"语文的"内容,具体来说,教师由读向教转化的内在机制包括以下几个方面的内容。

第一,根据"语文的"这个基本要求,确定教学内容。这里,首先要对教学内容的构成要素有一个新的认识。教学内容具有狭义与广义之分,狭义的阅读教学内容主要指文本解读,而广义的阅读教学内容则还应包括教学方法的选择、教学环节的安排、课堂思维训练的落实、阅读能力的培养、写作知识的提炼等。从教学的实际情形来看,广义层面的阅读教学内容才更符合语文教学内在规律性的要求。本文所谈教学内容即立足于广义层面。从内涵上看,教师读到的内容,仅是广义层面教学内容的一个组成部分;从教学实施来看,采用科学的语文教学方法,将教师的读转化为教,才能发挥教师的读的教学价值。语文教学,基本的要求是教什么与怎么教都必须符合"语文的"这个要求。所谓"语文的",在阅读教学视域中,简言之,即是文本的、语言的,紧扣文本,抓住语言,扎实进行思维训练,教师的读向教的转化才能真正落到实处。

第二,根据教学所需取舍文本解读结果。教学所需是关键。解读文本的所有结果并非全部适合用来教学,这里有两个因素要充分考虑。一是学生理解能力是否与解读结果相匹配。语文教师的文本解读能力自然优于绝大部分学生,语文教师能够解读到的结果,尤其是那些比较深刻的解读结果,即使课堂教学中教师采取了相应的教学手段,也未必能被绝大部分学生理解。在这种情况下,就需要语文教师对学生学情有比较充分的了解,能够判断出文本解读结果与学生现有的理解能力相匹配的程度。对于那些经过课堂教学活动学生仍然无法理解的文本解读结果,忍痛割爱,也是符合教学要求的。二是文本解读结果的获得是否有助于提高学生的阅读理解能力。阅读教学的根本目的不是获得文本解读结果,尤其不能由语文教师简单地告知学生教师解读的结果。阅读教学的根本目的应该是学生的阅读理解能力在教学展开的过程中,伴随着文本解读活动逐步得到提高。

《寒风吹彻》一文,阅读难度较大,即使是语文教师解读也不是一件容易的事,遑论高中学生?在具体的教学过程中,语文教师若能够自行准确解读文本的基本含意及主旨,那自然好,否则,就需要借助相关学术资料,阅读他人的合理而深刻且有新意的文本解读结果,将自身的理解与他人的解读结合起来,再依据学生学情做好取舍。

第三,根据文体特征进行教学设计。文体是文本解读的重要依据,语文教师按照文体特征解读文本,获得符合文体特征的解读结果。文体也是课堂教学设计的重要依据。阅读教学要实现提高学生阅读理解能力的根本目标,就必须依据文本特征确定教学内容,依据文体特征逐步展开解读过程,让学生在具体的课堂学习过程中,学习到不同类型文本的解读方法,在不断的解读实践中,提高阅读理解能力。《寒风吹彻》属于散文,散文的文体特征一般是由事到情到理,阅读方法自然要遵循散文的这个特征。散文阅读的一般路径是事→情→理(思考、感悟)。这种"一般"的路径,有助于找到理解散文的切入点,同时这也应该是散文阅读的带有规律性、实际操作性的方法,特别是阅读难度较大的散文,往往越简洁的方法越有效。广而言之,其他文体也自然有相应的解读路径,教师解读的路径就是学生掌握阅读方法、形成阅读能力的路径。在教学设计中遵循这种解读路径,既是将教师的读转化为教的组成部分,也是达成阅读教学目标的条件。

第四,根据教学逻辑安排教学流程。课堂教学流程安排要讲究逻辑,教学环节的安排要有内在的关联,要有层次感,要步步为营,要有序推进。教学流程符合教学逻辑,是确保教学内容得以顺利推进的重要条件,是学生课堂得法、提高能力的保证。笔者试教《寒风吹彻》的教学流程(第一课时)为:

1. 明确散文阅读的一般方法：事→情→理（思考、感悟）

2. 阅读，整体感知文本。用五分钟时间，学生自主阅读

3. 交流阅读感受。学生自由表达，力争把阅读的最初感受说出来

4. 概括文章主要内容。用一句话概括文章写了一件什么事，可以借用文中的词句

5. 梳理文章内容，并用准确的词句表述。紧扣文本语言，进行文本细读，挖掘词句深意。在概括中训练用词的准确性和理解的深刻性。要求依循"事→情→理（思考、感悟）"的思路进行梳理概括

6. 理解标题深刻含义。深入挖掘"寒风"的象征含义及"彻"的表情达意效果

这样的流程安排，其内在的逻辑体现在：明确散文阅读的一般方法，"授之以渔"，散文阅读一般思路即是语文知识教学的体现，散文阅读作为主流阅读，掌握阅读方法是必须的，这也有助于学生找到阅读《寒风吹彻》的方法，更快地把握文章的基本内容；学生自主阅读，整体感知文本，为教学的展开打好基础；交流阅读感受，教师从中探测学生学情，为适时调整教学流程打好基础；用一句话概括文章主要内容，为探讨文章主旨奠定基础；文本细读，是真正读懂文本的重头戏；最后一个环节，回到全文，明确主旨。各个环节环环相扣，逐步推进。

符合教学逻辑的教学流程，不是简单呈现教师读的结果，而是符合文本文体特征，符合学生的认知接受心理规律，符合阅读教学的要求，这样的课堂教学才是有效的。

第五，根据课堂实际发生的情形掌控教学节奏与调整教学内容。教学内容的取舍及教学流程的安排，是课堂教学的基础，有时实际的课堂教学内容和课前确定的教学内容与安排的教学流程基本一致。这里我们特别需要探讨的是，课堂实际发生的情形与课前备课设想的不一样怎么办，这就需要教师及时作出调整。

笔者试教《寒风吹彻》，课前安排的教学流程在具体的课堂教学中发生了较大的变化。首先，整体感知文本用去13分钟，比预计的多出8分钟，一则文章本身理解难度较大，二则学生没有预习。其次，交流阅读感受环节，学生发言并不主动，仅有的几个同学的发言表明，同学们对这篇散文的初步感知还不太具体，对课文

内容的把握还不太明确清晰,这成了进一步深入探讨文本内涵的一个不小的障碍。第三,在概括分支事件的过程中进行了语句表述严密性、准确性的训练。如第一分支事件中"独自一人"四字不可少,"腿被冻伤"由"冻伤了腿"改动而来;第二分支事件中"被冻死"的被动句句式选择及其探讨;第三分支事件中姑妈与母亲二人之事合为一件的理由分析。在分析第二分支事件时,我们还一同探讨了"每个人都在自己的生命中,孤独地过冬。我们帮不了谁"两句话的深刻含意,并呈现了学生个性化阅读的成果(有学生并不同意作者的观点)。在探讨各分支事件的"理(思考、感悟)"时,我们紧扣文本,力争从文本中找到依据。这一教学环节花去了近25分钟的时间,分析完第三分支事件的"情"和"理(思考、感悟)"时,教室后面墙壁上的挂钟提示我课已上了48分钟,虽然没有下课铃声,但我还是决定终止教学。在简单小结之后,我宣布下课。第四,探究标题深刻含意这一环节实际上并未安排。由于上述原因,学生阅读文本、梳理分支事件都超出了预定的时间,文本标题中的"寒风"的象征含义及"彻"的表情达意效果都未在课堂上呈现。

受制于试教的特殊要求,笔者不得已作出这样的调整,学生阅读时间还远远不够;从呈现时机来看,有些教学内容特别是"理(思考、感悟)"内容的得出有时显得不是那么水到渠成。如果没有试教因素的影响甚至限制,有更多的教学内容可以得以呈现并且能在最合适的时机上较为自然地呈现出来。

在日常的教学过程中,学生可以进行预习,在课前对文本内容有初步的了解,课时安排也可以机动许多。但实际的情形是,不少语文教师无视课堂实际发生的变化,只是按照课前安排好的教学环节一路走下去,这样的安排,只是追求教学环节的完整性,而教学内容的充分展开与落实则得不到保障。因此,我们提出根据课堂实际发生的情形掌控教学节奏与调整教学内容,其本质是保证教师读的内容能够有效地转化为教的内容,从而更好地达成阅读教学的目标。

第四节　基于文体的阅读课教学逻辑探索

一、散文教学逻辑探索

（一）散文教学内容确定的理据分析

1. "语文的"应该是基本要求

教散文首先是在教语文，"语文的"是进行任何一种文体教学的基本前提，我们不能脱离"语文"二字而单独谈具体哪一种文体的教学。"语文的"要求我们在确定散文教学内容时，要紧紧扣住语文教育教学的本质及规律性要求，要在语言文字上下功夫，要从人文层面确定相应的教学内容。

如苏教版高中语文选修教材《现代散文选读》中刘亮程的散文《寒风吹彻》一文，作为一篇文质兼美、情理（思考、感悟）兼具的散文名篇，包含有语文层面的诸多可供挖掘的教学内容。如诸多有哲理性的句子，既可以从内容上进行人文层面的感悟，也应该要从语言形式层面进行言语训练。

如果把《寒风吹彻》放大到课程层面，即从高中语文选修课程视角审视其教学内容，我们依然要紧紧抓住"语文的"这一基本要求。高中语文选修课与必修课自然各有特点及相应的教学要求，但它们首先是"语文的"选修课与必修课。我们应该把高中语文选修课置于"语文"这个大背景中去考量，高中语文选修课在本质上是属于"语文"的，即"修"的是语文的内容，而不是其他，在这一点上，选修课与必修课本质上是一致的。选修课堂教学要遵循语文教学的一般规律。选修课程视野中的散文教学也要遵循文本教学的共性要求，如与文本展开对话，对文本进行教学解读，引导学生形成对文本的个性化解读，鉴赏文本的语言，评价文本的优劣及作者的情感态度。

2. 教师的文本解读要紧扣散文的文体特征

散文文体自有其特有的有别于其他文体的特征。语文教师在确定教学内容之前都需要对散文文本进行解读，包括对文本基本内容、文本情感或哲理、作者个性化的语言表达方式及特点等的理解和评价，这些内容都可能成为课堂教学内容。语文教师可以从一篇散文中读出许许多多的内容，因教师个人的阅历、思想观念、情感态度、阅读水平等的差异，同一散文文本，在不同语文教师眼里会有不同的解读结果，有的甚至会出现较大的差异。这一点在学生对文本的解读结果上体现的更为明显，学生对文本的个性化解读容易出现偏差甚至错误，如《背影》中父亲违反交通规则等例子。

我们特别强调语文教师对文本的解读要紧扣散文文体特征，即是希望语文教师们从散文的角度读散文，而不是从生活常识、说明方法、议论说理、矛盾冲突等角度解读散文。散文的角度即是要抓住散文重在缘事抒情、缘情述理（人生哲理、人生感悟）的特点，要依据"缘"字的特点，紧紧抓住散文中的"事"（主要事件、分支事件），对"事"进行梳理、概括，以打好挖掘"情""理（思考、感悟）"的基础；然后，从"事"中自然地、不违背作者写作意图地挖掘出"事"中深含着的"情""理（思考、感悟）"。

3. 依学生学习散文文本的最近发展区取舍相应内容

苏联心理学家维果茨基的"最近发展区理论"认为，学生的发展有两种水平：一种是学生的现有水平，指独立活动时所能达到的解决问题的水平；另一种是学生可能的发展水平，也就是通过教学所获得的潜力。两种水平之间的差异就是最近发展区。现代教育理论认为，教学应着眼于学生的最近发展区，为学生提供带有相应难度的内容，以此调动学生的积极性，发挥其潜能，超越其现有的最近发展区而达到其困难发展区的水平，然后在此基础上进行下一个发展区的发展。教育教学实践证明，最近发展区理论在学生能力培养与提高上是科学的、有效的。

具体到散文教学，学生也拥有一个学习散文文本的最近发展区，这个最近发展区是取舍相应教学内容的重要依据。根据维果茨基的最近发展区理论，我们可以这样理解学生学习散文文本的最近发展区：所谓学生学习散文文本的最近发展区，是指学生在学习具体某一篇散文文本之前所拥有的对散文一般特点及大众化的情感与人生哲理等的了解与掌握，与经过课堂教学之后所达到的对"这一篇"散文文本的新认知及通过学习"这一篇"散文文本所获得的更多更新的认知与体验之间的差异。这种差异的存在，是学生学习新的散文文本的动力，也应成为取舍散文教学内容的重要依据。

再以《寒风吹彻》为例。虽然学生在上课之前有这样那样的特殊情况，但一旦老师明确了学习对象之后，学生也就进入了教与学的过程之中。学生之前学习过刘亮程的散文《今生今世的证据》，对刘亮程的散文从写作特点、学习难度上有了一定的感受和认识；同时，作为完成了高中两年学习任务的高中生，在以前的阅读及生活经历中也积累了一定的人生感悟或人生哲理。这些都可视为学生学习《寒风吹彻》一文的"现有水平"。但《寒风吹彻》又是独立的一篇散文，与学生之前的学习、生活有着差异，学生在自主阅读文本之后自然会产生这样那样的疑惑，这些疑惑正是激励学生积极参与课堂教学、不断深入研读文本的动力所在。

依循散文文体特征，教师在分析学生学习散文文本的最近发展区时，要着力于"情"与"理（思考、感悟）"两方面的内容。"情"重点在于作者所表达的独特情感体验；"理（思考、感悟）"重点在于作者所表达的独特的人生感悟或人生哲理，有的散文在"理（思考、感悟）"方面偏向于个人的独特人生感悟，有的则是在向读者传达一种于读者有所助益的人生哲理。语文教师要着力找到即将学习"这一篇"散文的学生在"情""理（思考、感悟）"方面有哪些基础性的积累，这种积累必须与文本的"情""理（思考、感悟）"有着密切的联系或某种相似性。教师找到了这种积累，就为激发学生学习"这一篇"散文的积极性打下了坚实的基础，这也就使学生学情分析落到了实处。根据"这一篇"散文的"情"与"理（思考、感悟）"的独特性，教师再确定经过教与学的活动后，学生应该获得怎样的收获与提升。学生的基础性积累与收获提升二者之间应该有着密切的关联，教师在确定散文教学内容时，要根据这种关联，进行相应的取舍，有助于学生的收获与提升的教学内容应该确定下来，并且区分清楚何为教学重点，何为教学难点。这里突出"取舍"二字，主要基于这样的考量：散文文本可供作为教学内容的有许多，但只有适宜于学生学习"这一篇"散文的最近发展区的内容才应该被确定下来。

4. 要有利于发挥"这一篇"散文文本的核心价值

散文文本的教学价值有共性与个性两个方面。从共性上来说，凡是有利于提高学生语文素养的内容都可视为有价值的教学内容,这一点应该是用来实施语文教学的所有资料都应该具备的。从个性上来说,散文文体应重点在"情"与"理(思考、感悟)"上。具体到"这一篇"散文文本,其核心价值主要体现在以下三个方面。

一是帮助学生掌握散文阅读的方法。学生接触最多的文体样式应该是散文,甚至可以说,只要学生愿意阅读、喜欢阅读,散文阅读这件事将伴随其一生。因此,散文教学的一件重要的事便是帮助学生掌握阅读散文的方法,要在不同类型的散文教学中,让学生能够在课堂上学习到不同的阅读散文的方法,以便在课外直至一生中能够自行阅读不同类型的散文。而学生阅读生涯中的不同类型的散文,正是由课堂上一篇篇的"这一篇"散文组成的。教师依据一篇篇的"这一篇"散文,教给学生阅读方法,应该算是充分发挥了"这一篇"散文的核心价值之一。

二是提高学生阅读散文的能力。进入课堂教学情境中的散文阅读活动,应该着力于提高学生的散文阅读能力。阅读能力的培养与提高,是有规律性和科学性的。读得懂"这一篇"散文,将有助于学生读得懂另一篇散文。语文教师确定散文教学内容时要认真思考怎样提高学生散文阅读能力的问题。这里,笔者认为,散文教学内容的内涵,不仅是内容本身,还应包括达成教学目标的具体的教学方法,如笔者在教学《寒风吹彻》时,引导学生将"冻伤了腿"改成"腿被冻伤","被"字句的使用突出了作者独自一人走进沙漠拉柴火时孤独无助的感受。这个环节的教学,正是着眼于引导学生准确理解文本内容、把握作者情感进而提高学生阅读散文的能力。

三是丰富学生"情"与"理(思考、感悟)"的收获与提升。这应该是散文文体与其他文体的主要区别。阅读散文,把握文本所叙之"事"只是手段,缘"事"寻"情"探"理(思考、感悟)",读出文本语言文字背后所潜藏的"情"与"理(思考、感悟)",才是目的,才是根本。学生在课堂散文学习活动中,可以不断丰富自身的"情""理(思考、感悟)"的体验和积累,从而为将来的学习、生活奠定基础。这也正是散文作为文学样式与"人"的发展联系最为密切的所在,散文教学尤其要做到眼中有人。

5. 要有利于达成"这一篇"散文所在单元的教学目标

《寒风吹彻》所在的单元标题为"是什么让我们感动",在课堂导入环节,就可以进行一次语句仿写训练,引导学生仿写"生活中不是缺少美,而是缺少发现美的眼睛",其中有的就可仿写为"生活中不是缺少感动,而是缺少感受感动的心灵"。"感动"二字应该是该单元的核心内容,既可以理解为本单元所选散文中的哪些内容让我们感动,也可以理解为学习本单元散文作者从生活中获取感动的方法,前者更多着眼于文本内容的学习,后者则涉及写作的内容。因此,作为完整的《寒风吹彻》教学,笔者认为,布置一道关于从平常生活中收获感动的写作练习,是科学的,将有助于巩固《寒风吹彻》一文的学习效果。

当然,不同版本的语文教材,单元编排的特点不一样,有的立足于能力点,有的着眼于主题内容,不管是哪种编排思想,语文教师都应充分考虑教材编写者的编排意图,并通过教学内容的实施将这一意图落到实处。如果语文教师愿意重组教材篇目加以教学,那么也应该考虑重组篇目要有一定的单元体系,不能率意而为,仅考虑某一篇章的教学而缺乏整体感。

6. 结语

探讨"散文教学内容的确定",不仅是散文单一文体的问题,我们还应该将这一问题置于"语文的"这一大背景中、大前提下。同样的,要真正提高散文教学内容确定的科学性、准确性、实效性,不仅需要少数研究者的努力,更需要广大一线语文教师就此问题展开研究和论述。我们希望广大一线语文教师真正不断提高自身语文专业素养,在面对一篇篇"这一篇"散文时能够应对自如,科学地确定教学内容,有效地开展语文教学,高效地达成语文教育目标。

(二) 散文教学的逻辑思维培养:以《故都的秋》主旨探讨为例

散文应该教什么?王荣生先生提出,具体到一篇特定的散文教学,教师不妨从以下几个方面确定教学内容:其一,作者个性化的言语表达、语句章法;其二,作者的所见所闻及其个人化的言说对象;其三,作者的所思所想,他独特的情感认知。这自然是正确的,符合散文重在抒情的文体特点,当前绝大部分的语文课堂也基本上遵循这样的思路进行着散文的教学。但,有一个问题必须思考,在散文占据阅读教学的主要部分的语境下,长期的、过于强调情感方面的教学内容,是否会造成学生批判性思维、逻辑思维、科学理性精神等方面的弱化?散文教学是否还有其他的使命应该担当？

散文教学除在情感、语言、表达等方面内容的赏析之外，完全可以并且应该适时进行诸如批判性思维、逻辑思维、科学理性精神等方面的训练与培养。《普通高中语文课程标准（实验）》在"课程目标"中提出了"养成独立思考、质疑探究的习惯，增强思维的严密性、深刻性和批判性""学习探究性阅读和创造性阅读，发展想象能力、思辨能力和批判能力""能考虑不同的目的要求，以负责的态度陈述自己的看法，表达真情实感，培植科学理性精神""在表达实践中发展形象思维和逻辑思维，发展创造性思维"等要求，在"实施建议"中提出了"阅读论述类文本，教师应引导学生着重思考思想的深刻性、观点的科学性、逻辑的严密性、语言的准确性，把握观点与材料之间的联系"的建议。据此，我们能否得出文学作品的教学无需进行思辨能力和批判能力、逻辑思维、科学理性精神的训练与培植的结论呢？显然不能。另：新课标提出的语文核心素养之"思维发展与提升"如何落实？

文学作品的赏析自然应该在形象、情感、内涵等方面多着力，但上述几种思维品质的培植，与文学作品的赏析并不矛盾，也是散文教学的应有之义。而文学作品的内涵所天然具有的多义性与模糊性，恰恰给文学作品的教学提供了广阔的思维训练空间，尤其在主旨的解读方面大有可为，我们所应该做的只是，结合具体的文学作品，从教师的文本解读到课堂教学的实际呈现，以符合逻辑要求的方式，去达成培植学生的思辨能力和批判能力、逻辑思维、科学理性精神的教学目的。周建设教授认为："文学也讲逻辑，主要不是讲逻辑知识学问，而是讲文学表达的内容要符合事物认知规律"，"学习语文需要逻辑训练，更多的是反映内容规律的训练，构造符合规律的文学意象的训练"。关于语文课的逻辑思维训练问题，周建设教授主张，"逻辑是属于思维训练的问题，如果在语文课中重视逻辑思维习惯的养成，就能够在学习语文的同时提升逻辑思维能力"，"在语文教学中重要的不在于掌握多少逻辑知识，而在于训练学生的逻辑思维能力。逻辑思维能力，最重要的是观察、思考和表现事物规律的能力"。在语文课堂教学中进行科学的、适宜的逻辑思维训练，是语文教学的应有之义与应负之责。

面对《故都的秋》这样典型的散文，将其教学内容确定为情感、语言、表达等方面的赏析，自然是符合散文教学确定的基本要求的，这也是当下教学此文最为常见的内容。关于《故都的秋》的主旨,有论者认为:"如题作'北平的秋',意味就不同,与作者所表达的伤时忧国的深沉情感不相吻合。本文写作时,是在1931年'九一八'事变和1932年'一·二八'战争相继发生之后;用'故都'一词,更能折射作者的悲凉思绪,表达对国家的深深的隐忧,表达他'位卑不敢忘忧国'的知识分子的爱国情怀。"这也是当前的主流观点。但,笔者在深入研读的过程中,结合此文的创作背景资料,却读出了不一样的主旨;在课堂教学中,依循着解读的内在逻辑性,与学生一起获得了对《故都的秋》主旨的新认识,学生则在课堂学习的过程中,逻辑思维得到了一次充分的体验与训练。这里,以《故都的秋》主旨探讨为例,谈谈散文教学中逻辑思维能力培养的问题。

从概念上来说,逻辑思维是指借助概念、判断、推理反映现实的思维方式,以抽象性为特征,撇开具体形象,揭示事物的本质属性。培养逻辑思维能力,需要落实到具体的问题解决中去。在散文教学中,围绕作品主旨的解读,是培养逻辑思维能力的一种有效方法,此种情境下的逻辑思维能力,则是指基于事实与事实间内在关联的分析、判断、推理的能力。在散文教学中通过解读作品主旨培养逻辑思维能力,需注意以下两个方面的问题。

第一,教师解读要符合逻辑。

虽说文学作品的解读往往带有强烈的主观性与个人色彩,但主观并不意味着随意,个性化也非凌空蹈虚,知人论世与紧扣文本始终是文本解读不可逾越的准则。

知人论世,就是要结合作品的创作语境,特别是对于有特定写作目的的作品,尤其要探寻其独特的创作语境。《故都的秋》,虽然创作于1934年8月,创作地点也在北平,但其创作目的是否就如当下主流解读所认为的"表达对国家的深深的隐忧,表达他'位卑不敢忘忧国'的知识分子的爱国情怀"呢?依据文本创作语境与文本解读的内在关联,若从《故都的秋》的创作语境入手,也许能找到准确解读《故都的秋》主旨的钥匙。关于当时创作语境的说明,郁达夫先生的长子郁飞先生所撰《关于我父亲的〈故都的秋〉》一文无疑是最有力的证据(具体内容在下文课堂教学环节中呈现,为节约篇幅,此处略去),根据郁飞先生的文章,我们建立起了"创作原因:约稿→约稿者:《人间世》→《人间世》办刊主张→《人间世》办刊者的文学主张"的逻辑思考路径,依循这样的逻辑思路,我们找到了相应的证据,并形成了具有严密逻辑推演的主旨解读证据链。具体的解读逻辑推演过程,在下文课堂教学内容展开环节中详细展开,此处略去。

　　知人论世是文本解读的重要方法论依据,文本则是解读的现实依据。平心而论,《故都的秋》通篇未有半点文字透露"对国家的深深的隐忧"与"'位卑不敢忘忧国'的知识分子的爱国情怀",若非得找出解读依据,大概只能是篇尾所署"1934年8月,在北平"这么几个字,但仅从这种常见的写作现象就下此结论,毕竟还是缺乏内在的逻辑。詹丹先生在谈到对老舍《想北平》一文的重读时,以反思的姿态,认为中学语文界"习惯"地将写于1936年那种特殊时代背景中的《想北平》理解为"含有对北平安危的担忧","恐怕有穿凿附会之嫌,也是习惯于用狭义的政治学来图解文章的思维定式在作怪"。詹丹先生说:"类似这样的狭义的政治学解读,不但不能抬高这篇散文的价值,还可能诱导一种不严谨的解读思路。"以类比的逻辑思路来分析,詹丹先生的主张对我们准确把握《故都的秋》的主旨,是有启发价值的。

　　第二,课堂教学内容展开要讲究逻辑。

　　语文教学视域中的文本解读最终要落实到课堂,教师文本解读的逻辑性在阅读课堂教学中则需要通过教学内容的展开来落实,教学内容展开的逻辑性主要体现在呈现证据、启发思路与逻辑推演三个方面,这三个方面是互有关联、密不可分的有机整体。证据是逻辑推演的前提,逻辑推演是实现证据价值的保证,启发思路是达成教学目的的保证。

1. 呈现证据

　　文本解读的证据包括创作语境的证据与文本的证据,教师解读只是完成了证据的选择,课堂上符合解读逻辑的呈现,才是实现解读逻辑性与培养逻辑思维的保证。呈现证据的先后顺序以证据之间内在的逻辑关系为依据,呈现的时机选择则需要跟课堂学生实际学习的理解程度来相机处理。

　　具体到《故都的秋》一文,其创作语境的证据主要包括:

　　　　1934年7月杭州酷热,父亲和母亲便带了才六七岁的我上青岛去住了一个月,随后又去当时的故都北平。在他后来发表的《故都日记》里,8月16日的最后一段是:"接《人间世》社快信,王余杞来信,都系为催稿的事情,王并且还约定于明日来坐索。"17日的头一句又是:"晨起,为王余杞写了两千个字,题名:'故都的秋'。"可见还是编者的函索坐索逼出来的急就章。急就之章能写得这样隽永而有情致,就不能不靠平日的功夫,即细致的观察和深入的体会了。

——《关于我父亲的〈故都的秋〉》(郁飞)

《人间世》杂志的刊物定位:

《人间世》是以林语堂为主要组织者创办的同人刊物,林语堂就是《人间世》的灵魂人物,期刊的风格、刊登的稿件必须由他做最后的确定。林语堂在《发刊词》中说,"《人间世》之创刊,专门登载小品文而设",内容"包括一切,宇宙之大,苍蝇之微,皆可取材,故名之为《人间世》"。提倡"以自我为中心,以闲适为格调"。选择怎样的风格,刊登怎样的稿件,编辑个人有决定性的影响。

远离现实政治,无视社会矛盾,空谈文学、人性,正是这类期刊的普遍问题。

——《"杂志年"的思考——从〈人间世〉看30年代上海期刊编辑特点》(吴晓琛)

林语堂的文学主张:

1932年9月,林语堂创刊《论语》,形成了"轰的一声,天下无不幽默和小品……"的局面,以鲁迅为代表的左翼作家不断撰文批驳林语堂及其"论语派"的文学主张。面对左翼作家的批评,林语堂仍然"我行我素",坚持"幽默——性灵——闲适"的文艺观,并撰文答辩。

30年代初期和中期,林语堂先后主编《论语》《人间世》《宇宙风》等杂志,提倡"幽默""闲适"的小品文,形成了"幽默"与"闲适"的文学思潮。《论语》和《人间世》分别代表了这两种文学思潮。

——《林语堂研究概述》(吉士云)

上述三项资料是准确解读《故都的秋》主旨不可缺的证据,它们之间也需按照上述顺序先后呈现,它们之间的内在逻辑性将在下文"逻辑推演"部分加以阐述,此不赘述。

至于文本证据,《故都的秋》通篇读下来,完全是郁达夫先生在表达基于个人体验的对北平故都之秋的独特情感。当下教学此文的基本内容基本上都在情感上做文章,高下之别只是体现在教学方法优劣、教师个人解读深浅等方面。《故都的秋》的文本依据,自然无需赘述。

2. 启发思路

这是教学的重点。语文阅读教学的最重要目标是培养并提高学生的阅读能力,而能力的培养提高离不开方法的指引,学生逻辑思维能力的培养尤其需要理清逻辑分析的思路,并从中学习到展开逻辑分析的一般方法。逻辑思维分析的一般原则是基于证据,基本思路是"质疑:于无疑处生疑→论证:基于证据及证据间的逻辑链→释疑:获得新的认识"。

首先,在"质疑:于无疑处生疑"环节中,教师呈现可能存在解读不准确甚至错误的解读结果,激发学生的质疑意识。在具体的课堂教学中,教师需做好必要的铺垫,并给足学生思考的时间,比较理想的状态是学生经过自己的思考后"生疑";实际的可能性是学生无法提出疑问,此时则需教师直接提出疑问,明确接下来的教学内容,组织学生进行思考。

其次,在"论证:基于证据及证据间的逻辑链"环节中,课堂呈现证据,只是第一步,证据自己不会说话,需要教师一步步揭示出证据内在的逻辑关系,使证据间的逻辑链得以呈现并确保论证的合理性。教师的揭示则需根据学生学习能力及课堂学习状态加以具体区分,面对语文学习能力强的学生,教师只需点拨到位即可;而学习能力相对较弱的学生,教师的揭示则需加强。另,从发展的视角看,一般来说,逻辑思维训练的初始阶段,教师的揭示需充分一些,到训练稳定化、常态化阶段,教师的揭示则可以简练些。

再次,在"释疑:获得新的认识"环节中,教师的总结不能仅仅停留在对"这一篇"文本的新认识上,而是要善于提炼,总结出"这一类"文本解读中带有规律性的方法,尤其是在逻辑展开思路方面多加以总结,以发挥教材"例子"的作用,并帮助学生举一反三,学会运用。

3. 逻辑推演

逻辑推演是学生逻辑思维能力培养提高的关键。阅读教学中逻辑推演的证据要基于文本解读所需,不生拉硬拽;要突出启发性,引导学生发现证据的逻辑链;教学语言要符合语文学科的特性,不搬用逻辑学术语,而是紧密结合文本创作语境与文本内容,逐步推演,直达目标。

《故都的秋》主旨解读的逻辑推演思路是:

> 文本本身并没有具体的内容表现甚至暗示作者"对国家的深深的隐忧"与"'位卑不敢忘忧国'的知识分子的爱国情怀",那么,本文主旨的准确理解究竟应该是什么?

> 根据创作语境对文本主旨的影响甚至决定的解读原则,我们应该找出《故都的秋》创作语境的有关资料,资料越真实、与文本关联度越紧密则越有利于准确理解文本主旨。

> 郁飞先生作为郁达夫先生的长子,其所作的关于《故都的秋》的创作背景的说明就应该是最有论证力量的证据。

> 郁飞先生说,《故都的秋》一文实为应《人间世》约稿而写的"急就章"。这里有两个关键点:急就章与约稿。"急就章"只能说明郁达夫"平日的功夫,即细致的观察和深入的体会"以及极强的文学创作水平,并不能说明《故都的秋》一文的主旨。而"编者的函索坐索"所决定的约稿性质,则很多程度上决定了《故都的秋》在内容选择及主旨表达上的"不自由"。依逻辑推论,所谓约稿者,首先必须符合所约者的要求,应者依约者所需而撰文。因此,探寻约稿者的文学思想及刊物的办刊主张便成了破解《故都的秋》主旨之谜的关键。约者《人间世》杂志所需便成了理解《故都的秋》一文写作目的的重要依据,诚然,《人间世》彼时所需具体为何已无从知

晓，但《人间世》刊物的主张与发文的要求，现在还是可以考证的。照此可行的逻辑推论，《人间世》刊物的办刊者是谁及其文学主张就完全可以用来印证《故都的秋》之创作目的。

依据可资查证的资料，《人间世》杂志"专门登载小品文而设"，内容"包括一切，宇宙之大，苍蝇之微，皆可取材"，提倡"以自我为中心，以闲适为格调"。远离现实政治，无视社会矛盾，空谈文学、人性，正是这类期刊的普遍问题。

办刊主张如此明确且坚定，那么，郁达夫欣然为之撰写的《故都的秋》其主旨及内容选择能不符合其要求吗？

杂志主办者对杂志主张的决定性影响是显然的，《人间世》是以林语堂为主要组织者创办的同人刊物，林语堂就是《人间世》的灵魂人物，期刊的风格、刊登的稿件必须由他做最后的确定。此时，研究林语堂一贯的文学主张，便成了最具逻辑说服力的一环。

完成了上述六个环节的逻辑推演，我们基本可以确定，《故都的秋》一文不可能有"对国家的深深的隐忧"与"'位卑不敢忘忧国'的知识分子的爱国情怀"这样不符合《人间世》办刊者文学主张及杂志一贯的发文特点的主旨，《故都的秋》只是表达了一个文人的秋的情结，这样的主旨解读是符合创作语境逻辑与文本自身逻辑的解读，也完全符合林语堂当时的文学主张与《人间世》一贯的风格。

最后，我们需要再次说明的是，散文教学以情感作为教学内容确定及展开的重要依据并没有错，但具体的教学过程中，对作者情感的学习不能仅仅停留在感悟、体验一类的方法上；诉诸理性的方法，也有助于学习作者的情感。诸如批判性思维、逻辑思维、科学理性精神等方面的训练与培养，不仅仅是学生当下应考之需,更是学生长远发展的人生之需,岂可等闲视之?

参考文献

［1］王荣生.散文教学内容确定的基本路径［J］.中学语文教学,2011(1).

［2］李节.语文课与逻辑思维能力培养——周建设教授访谈［J］.语文学习,2016(6).

［3］高级中学教学参考资料·语文·二年级第二学期(试用本)［M］.上海:华东师范大学出版社,2008.

［4］詹丹.语文教学与文本解读［M］.上海:上海教育出版社,2015.

［5］郁飞.关于我父亲的《故都的秋》.高级中学教学参考资料·语文·二年级第二学期(试用本)［M］.上海:华东师范大学出版社,2008.

［6］吴晓琛."杂志年"的思考——从《人间世》看30年代上海期刊编辑特点［J］.科技咨询导报,2006(14).

［7］吉士云.林语堂研究概述［D］.http://www.literature.org.cn/article.aspx?id= 23982,中国文学网(中国社会科学院文学研究所主办).

(三)《荷塘月色》讲课稿(2020年上海市空中课堂讲课)*

第一课时

同学们,大家好!

说到中国现代散文作家,朱自清是一个必须提及的名字。朱自清的散文名篇《背影》《春》,是初中语文教材的必选篇目,今天我们要学习的《荷塘月色》则是高中教材的必选篇目。

我们来了解朱自清的一些基本的情况。

---

* 说明:新冠疫情发生以来,全国上下万众一心、众志成城,中华儿女努力奋战在新冠肺炎疫情防控的各条战线。上海市教育委员会组织一大批优秀教师,积极投身中小学在线教学视频课录制工作,开辟上海市空中课堂,发挥了积极的作用。本书所列讲课稿,即为笔者参加空中课堂的讲课内容。受在线教学自身特点所限,讲课仅有教师讲授而无师生、学生互动,但从中仍可管窥语文科教学逻辑。

朱自清，原名自华，字佩弦，号秋实。祖籍浙江绍兴，1898 年出生于江苏东海。1903 年随家定居扬州，所以自称"我是扬州人"。

1923 年发表长诗《毁灭》，震动了当时诗坛。1925 年任清华大学的教授，创作转向散文，同时开始研究古典文学。1928 年出版散文集《背影》，成了著名的散文作家。

PPT1

朱自清

朱自清（1898—1948），原名自华，字佩弦，号秋实。祖籍浙江绍兴，1898 年出生于江苏东海。1903 年随家定居扬州，所以自称"我是扬州人"。

1923 年发表长诗《毁灭》，震动了当时诗坛。1925 年任清华大学教授，创作转向散文，同时开始研究古典文学。1928 年出版散文集《背影》，成了著名的散文作家。

同学们，大家学习散文，有哪些方法？会从哪些角度切入理解一篇散文？

高三年级的语文学习，我们要从阅读常见的切入点、阅读重点、写作方法、赏析重点及方法等方面，通过课堂学习，对相应类别的课文学习方法做一些小结。善于总结，是一种有效的学习方法。

我们确定学习这篇散文的切入点：理清文章思路，确定文章线索，体会作者情感，赏析情感表达的特点及表达效果。

游踪是本文的线索。现在，请同学们将本文的游踪写下来。

本文的游踪是：带上门去荷塘→观月下荷塘，塘上月色与荷塘之树→回到家门。

同学们，经过多年的语文课堂学习、课外自主阅读，我们获得了这样一种认识：叙写游踪往往是为了表达情感。游踪是外在的、明显的，情感则是内在的、隐藏的;叙写游踪并非主要目的,表达情感才是真正的意图。为方便理解,我们可以将游踪确定为课文的明线,情感确定为暗线,明线与暗线是交织在一起的,我们要通过对明线的把握,深入理解暗线的具体内涵。

PPT2

理思路　明线索

1. 明线——游踪
2. 暗线——情感

把握游踪这条明线的基本内容是进一步理解文章的基础,从散文学习的重点来看,作者是如何叙写游踪的,这才是重点。这里的"如何"二字,既有内容的理解,更有表现手法的赏析与表达效果的理解,这就是语文课堂学习的特点与重点,这与非语文课堂学习情境下的散文阅读是不一样的。这一点,同学们要特别注意。

叙写游踪,自然离不开写景,写景自然以抒情为目的,王国维先生的"一切景语皆情语"的名言,启发我们,景与情是交融在一起的。根据这样的思路,我们从情景交融的角度切入,将本节课的主要问题确定为:本文情景交融的表现手法有怎样的表达效果?

PPT3

主要问题

本文情景交融的表现手法有怎样的表达效果?

同学们,提练出了主要问题,如何解决主要问题呢?从思维方式上来说,我们一般可以这样来解决主要问题:将大的问题分解为小的问题,注意问题之间的内在逻辑关联。这里要注意：小的问题数量上不必确定多少个，关键是小的问题之间要构成环环相扣、步步推进的逻辑关系，通过小问题的解决，最终指向大的问题的解决。

请同学们思考："本文情景交融的表现手法有怎样的表达效果"这个问题，可以分解为哪些小的问题？

我们可以分解为这样四个小的问题：1. 把握情感；2. 赏析景物描写；3. 分析情与景的关系；4. 概括情景交融的表达效果。

PPT4

解决主要问题的方法：将大的问题分解为小的问题，注意问题之间的内在逻辑关联。

1. 把握情感
2. 赏析景物描写
3. 分析情与景的关系
4. 概括情景交融的表达效果

我们首先来把握课文的情感。

通读课文后，我们应该能够基本确定：课文开篇第一句"这几天心里颇不宁静"是直抒胸臆的句子，课文所描绘的景物总体上是美丽的，这样美丽的景色，带给作者的至少不再是"不宁静"的感受，甚至是喜悦的感受。这是我们整体感知课文所获得的初步理解。

《荷塘月色》一文自问世以来，得到了广泛的认可与研究。一般都认为，"这几天心里颇不宁静"是课文的"文眼"。

PPT5

整体感知课文，把握课文的情感特点。

1. 文眼句：这几天心里颇不宁静

2. 两种基本情感：淡淡的喜悦，淡淡的忧愁

那么，什么是"文眼"呢？"文眼"，是我国散文创作的经验总结。古人说："揭全文之指，或在篇首，或在篇中，或在篇末。"散文有"眼"，意境才会有虚实，题旨才会有隐现。

西晋著名文学家陆机在他的文艺理论作品《文赋》中说："立片言而居要，乃一篇之警策。"课文第一句"这几天心里颇不宁静"，就可称之为"片言"，位置上居于篇首；内容上，引出全文。正因为"心里颇不宁静"，才会想起荷塘，进而有了夜游荷塘的举动，由此点出标题中"荷塘"与"月色"。作者开篇就以直抒胸臆的语句"心里颇不宁静"，犹如一锤定音，为全文奠定了情感的基调。

当然，这里，我们要提醒同学们注意，并非所有文章的开篇抒情的句子都可以确定为文眼句，并认为是奠定了情感基调。

"基调"本意是指音乐作品中主要的调。借用到文学作品，情感基调就是指作品全文主要的情感。判断文学作品开篇抒情的句子是否文眼句，是否奠定情感基调的方法是：看句子的情感与全文的情感是否一致，如果一致，则可视为奠定情感基调，否则不能。当然，是否文眼句，则须从内容上判断能否发挥"片言"而"居要"、统领全文的作用。

从情感上来看，本文在描写美丽的景色之中，流露出淡淡的喜悦之情，而从全文看，仍有淡淡的忧愁。"淡淡的喜悦"与"淡淡的忧愁"是本文的两种基本情感。

现在，我们来赏析课文的景物描写，看看课文是如何描写景物的？

PPT6

赏析景物描写

1. 赏析角度的选择

2. 赏析结果的表达

赏析景物描写，是散文学习中的重点内容，同学们多注意积累赏析角度选择、赏析结果表达的方法。

本文景物描写的总体特征是，巧妙地将对荷塘的描写与对月色的描写结合在一起，荷塘是月色下的荷塘，月色是荷塘上的月色，荷塘旁边的树，也是月色之下的一番景象。透过文字，我们可以想象到荷塘与月色所构成的朦胧、幽雅、静谧的美丽景象。

课文景物描写集中在第4、5、6三段，而第4、5两段又最能体现作者写景之能事。

我们首先赏析课文第4段的景物描写。请同学们默读第4段，想象文字所描绘的景象。

PPT7

赏析第4段的景物描写

作者采用多种表现手法，描绘了月光下的荷塘景象。我们可以从以下角度赏析这一段的景物描写。

首先是叠词的使用。使用叠词，可以更生动地描摹事物特征。作者用"曲曲折折"来描写荷塘的整体观感，用"田田"描写满眼的荷叶，"田田"形容荷叶相连的样子，古乐府《江南曲》中有"莲叶何田田"的诗句，作者使用"田田"，也使得文章更具有文化底蕴。如果把这两处的叠词换成非叠词，如把"曲曲折折"写成"曲折"，把"田田"写成"互相连接"，那么语言顿时失去文采，只是客观地描绘事物的状态；重叠词的使用不仅描绘出了事物的状态，而且使语气舒缓，能产生音韵和谐的美感。为突出叶子高出水面的姿态，作者用形容高耸的样子的"亭亭"一词，一种临风起舞的窈窕淑女的美姿出现了，那展开旋动的裙和硕大舒展的荷叶融合为一体,荷叶的动态美便跃然纸上,形神兼备。

　　叠词的使用,不仅可以突显景物的外在特征,还可以融入作者独特的情感。夜晚的荷塘自然是安静的,荷叶底下的流水是无声的,如果从写实的角度来看,我们应该这样来表达:叶子底下是静静的流水。但作者却使用了"脉脉"这个叠词。"脉脉"形容"默默地用眼神或行动表达情意的样子",重点是表达情意。作者用"脉脉"形容叶子底下的流水,就不仅刻画了流水没有声音的环境,更突出流水好像饱含深情。"脉脉"一词,从外在来看,是环境安静,从内在来看,则是作者以移情这一表现手法,将自身欣赏到月下荷塘美丽景色的喜悦情感,转移到流水。

　　第二,是动词及副词的使用。作者描写荷花,用"零星地点缀""袅娜地开着""羞涩地打着朵儿"三个短语。如果只是客观地叙述,则可分别写成"开""已经盛开""含苞欲放"。它们之间的区别是这样的:"点缀"有装饰的意义在内,好像是有意为之,"开"则是客观的描述;"袅娜""羞涩"本来都是描摹女子的姿态、神情的,这里用来写荷花,描绘出了荷花的神韵,倾注着作者的主观感情,同时可以激发读者的想象,而"已经盛开""含苞欲放"只是客观的陈述,感情色彩不强烈。

　　第三,是修辞手法的运用。我们先赏析比喻手法的表达效果。连用三个比喻描写荷花之美,描绘出了淡月辉映下荷花晶莹剔透的闪光,绿叶衬托下荷花忽明忽暗的闪光,以及荷花纤尘不染的美丽本质。三个比喻,写出了荷花的神韵,倾注了作者的主观情感,也拓展了想象空间。

　　作者还使用了通感的修辞手法。所谓通感,是利用多种感觉之间相互连通的心理现象,以一种感觉来描述表现另一种感觉的修辞手法。钱锺书先生说:"在日常经验里,视觉、听觉、触觉、味觉往往可以打通或交通,眼、耳、鼻、舌、身各个官能的领域可以不分界限。颜色似乎会有温度,声音似乎会有形象,冷暖似乎会有重量,气味似乎会有锋芒。"作者用

"仿佛远处高楼上渺茫的歌声似的"一句,来描写荷花散发出的香味,这就化嗅觉为听觉,因为是"远处高楼",所以歌声是"渺茫"的,这正与荷花之香气是"清香"而非"浓香",是"缕缕"而非"阵阵"高度契合。

第四,是动静结合的使用。朱自清在《欧游杂记》一文中说:"若能将静态的变为动的,那当然更乐意。"欣赏荷叶、荷花,这是静态的;随着微风吹送,清香迎面而来,"叶子与花也有一丝的颤动,像闪电般,霎时传过荷塘的那边去了",这是动态。接着,写流水,再次回到静态。这一段的描写,由静而动、动静结合,形象地描绘出荷塘富有生气的风姿。

第4段虽然写的是月光下的荷塘景象,却未见一个"月",但放眼望去,触目所及,整个荷塘笼罩在淡淡的月光之下,月光融化在了具体的描写之中。

同学们,我们选择了四个角度,赏析第4段的景物描写,这也是赏析散文景物描写常见的角度,大家课后做好整理,作为知识积累好。

现在,我们参照第4段的赏析方法,来赏析第5段的景物描写。请同学们思考这一段的赏析角度与要点。

PPT8

赏析第5段的景物描写

第5段描绘的是荷塘上的月光。这一段的描写,层次清晰且丰富,写了月光,也写了月影。作者再次使用叠词、比喻、通感等表现手法,形象地描写景物。

月光本来是照在叶子与花上的,"照"这个字若是如实地写,太直白,有点呆板,不能与"流水"相照应,不是描绘,淡而无味。一个"泻"字,月辉照耀一泻无余之景,顿时化静态为动态,写出了月光的流动感。再加上修饰语"静静地",准确地写出了月光既像流水一般地倾泻,但又是绝无声响地幽静幽美,这就创造了一个安谧的氛围,意境相当优美。

作者用"浮"这个动词来描绘青雾的情景,"浮"字写出了雾的轻飘状态,突出了恬静朦胧,一个水气迷蒙、月色轻笼的境界呼之欲出。

作者从视觉上描写月光之下叶子和花的色彩,进而想象成"梦",并且"笼着轻纱",虚拟之中也见真实,贴切地表现朦胧月色下荷叶与荷花飘忽的美丽姿态。

月光与月影,本是视觉,也是静态的,作者以"旋律"一词形容,成了活泼的、不断跳跃着的音符,这便带来了动态之感,这是化静为动的表现手法,既写活了景物,也激发了读者的想象。作者再次使用通感的手法,化视觉为听觉,名曲是高雅的、悠扬的,逗引读者产生丰富的联想,犹如置身于优美的音乐场景之中,这正与此时荷塘周围的氛围高度契合。

描写完月光下的荷叶、荷花、荷香,与荷塘之上的月光与月影之后,作者将视线转向了荷塘四周。

PPT9

赏析第 6 段的景物描写

写月光之下杨柳,以"一团烟雾"为比喻,突出柳叶之浓密,月光之下,更显出杨柳美好的姿态。作者把目光投向远方,隐隐约约的远山,在月光中,也可见一些轮廓。这时,树上的蝉声与水里的蛙声,在幽静的夜晚,显得格外热闹。

整体把握了课文的情感,赏析了典型的景物描写,我们来分析情与景的关系。

PPT10

分析情与景的关系

概括起来说,本文的情与景是一种交融关系。本单元第四课《文学意境的特征》一文,将文学意境情境交融特征分为三种不同的类型,第一种"景中藏情"式,所谓"景中藏情",是指作家通过逼真的画面来表达,虽不言情,但情藏景中,往往显得情深意浓。作者认为《荷塘月色》一文属就于这一类。

本文所描写的景物,幽雅、静谧,充满美感,这样特点在景物,作者藏于其中的情感是"淡淡的喜悦"。

同学们,善于总结是非常有效的学习方法,现在,我们来总结赏析散文情景交融的方法。

首先,找到赏析的切入点。一般来说,有以下几个方面:一是词语运用如叠词、动词、副词等;二是描写角度,如动态与静态、远望与近观、仰望与俯视、色彩、正面与侧面等;三是修辞手法,如比喻、比拟、通感、用典等;四是句式,如整句与散句等。

其次,概括情景交融的表达效果。根据不同的赏析角度,使用各自角度的表达术语,结合具体的语句内容,准确地揭示出景物特征与情感内容,以及二者之间的相互交融的关系。

PPT11

总结赏析散文情景交融的方法:

1. 赏析切入点

(1) 赏析词语

(2) 赏析描写角度

(3) 赏析修辞手法:比喻、比拟、通感等

2. 概括情景交融的表达效果

同学们,一堂课的结论,是对主要问题的总结性的回答。这堂课的主要问题是:本文情景交融的表现手法有怎样的表达效果?

现在,请同学们思考,通过本堂课的学习,我们可以获得怎样的结论?

请同学们写下来。

我们这样来表达本堂课的结论：

作者因"心里颇不宁静"而外出赏景，月下荷塘与塘上月色，美丽景色带来"淡淡的喜悦"，喜悦虽然是淡淡的，却也足以慰藉作者丰富的情感。景中含情，情景交融，极为生动地表达了作者丰富而且复杂的情感。

PPT12

结论

作者因"心里颇不宁静"而外出赏景，月下荷塘与塘上月色，美丽景色带来"淡淡的喜悦"，喜悦虽然是淡淡的，却也足以慰藉作者丰富的情感。景中含情，情景交融，极为生动地表达了作者丰富而且复杂的情感。

文章外在的游踪线索清晰流畅，内在的情感线索转接自然。作者调动汉字，采用多种修辞手法，勾画出美丽的荷塘月色景物图。比喻、比拟、通感、叠词等手法的运用，增添了文章的表现力。情景交融的写作特点，使得《荷塘月色》一文成为散文中的经典。

PPT13

小结

文章外在的游踪线索清晰流畅，内在的情感线索转接自然。作者调动汉字，采用多种修辞手法，勾画出美丽的荷塘月色景物图。比喻、比拟、通感、叠词等手法的运用，增添了文章的表现力。情景交融的写作特点，使得《荷塘月色》一文成为散文中的经典。

今天的作业是：

你认为"采莲的是少年的女子……可惜我们现在早已无福消受了。"

一节是否可以删去？请结合全文，谈谈你的理由。

PPT14

作业

你认为"采莲的是少年的女子……可惜我们现在早已无福消受了。"一节是否可以删去？请结合全文，谈谈你的理由。

今天的课就讲到这里，同学们再见！

第二课时

同学们，大家好！

我们接着学习《荷塘月色》。上节课，我们从情景交融的角度，以"本文情景交融的表现手法有怎样的表达效果"为主要问题，赏析了课文的景物描写，并总结了赏析散文景物描写的常用方法。

文学作品表达情感的方式，有直抒胸臆、间接抒情两种主要类型，间接抒情包括借景抒情、借物抒情等。从文章材料组织的角度来看，优秀的文学作品往往借助多种材料的组合，形成有机的整体，以更充分地表达情感。

本文在材料组合方面，也很有特点。本节课，我们就以"文章将多种材料组合在一起，对表达情感有怎样的作用"为主要问题，一方面进一步赏析本文的写作特点，一方面也通过本节课的学习，思考如何回答材料组合对表达情感作用这样的问题。

PPT1

主要问题

文章将多种材料组合在一起，对表达情感有怎样的作用？

本文主要借助景物描写表达情感，既有眼前之景，也有联想之景；此外，文章还通过内心独白、直抒胸臆来表达情感。我们将本文内容概括为"内心独白""眼前之景""联想之景"三个主要方面的材料，看看作者是如何借助这些材料表达情感的。

本文的内心独白主要在第 3 段。请同学们默读第 3 段，并思考：这一段表达了作者怎样的情感？

PPT2

内心独白

路上只我一个人，背着手踱着。这一片天地好像是我的；我也像超出了平常的自己，到了另一世界里。我爱热闹，也爱冷静；爱群居，也爱独处。像今晚上，一个人在这苍茫的月下，什么都可以想，什么都可以不想，便觉是个自由的人。白天里一定要做的事，一定要说的话，现在都可不理。这是独处的妙处，我且受用这无边的荷香月色好了。

情感表达，有显性与隐性的区别，也有浅层次与深层次的不同。我们的阅读，自然是要读出作者所表达的隐性的、深层次的情感。那么，如何才能读出这样的情感呢？

我们知道，文学是语言的艺术，抓住语言这个关键，从语句的细微处入手，才能由表及里，寻幽探微。

这一点，我国古代文论有着精彩的论述。

PPT3

夫缀文者情动而辞发，观文者披文以入情，沿波讨源，虽幽必显。世远莫见其面，觇文辄见其心。

——《文心雕龙·知音》

作者先有了情思再发为文辞，读者先看了文辞再了解情思，沿着波流向上追溯源头，即使隐微的也一定会使它显露。年代相隔遥远，虽然没有谁看见作者的面貌，看了文章却往往看到作者的心情。

——《文心雕龙今译》（周振甫著　中华书局）

中国南朝文学理论家刘勰在《文心雕龙·知音》中说："夫缀文者情动而辞发，观文者披文以入情，沿波讨源，虽幽必显。世远莫见其面，觇文辄见其心。"古典诗词、文论专家周振甫先生是这样解释的：作者先有了情思再发为文辞，读者先看了文辞再了解情思，沿着波流向上追溯源头，即使隐微的也一定会使它显露。年代相隔遥远，虽然没有谁看见作者的面貌，看了文章却往往看到作者的心情。

这告诉我们，从语言入手，不断追寻，直至看到作者心情。

那么，如何"披文以入情"，以读出作者深层次的情感呢？

PPT4

内心独白

如何"披文以入情"？

从方法上来说，抓住语境是帮助理解的有效方法，对于段落语境来说，一个是段落的上下文，一个是段落本身的语句。

语境包括外部语境即前后段落，内部语境即段落本身。

我们首先分析第3段的上下文。

第2段结尾的句子"今晚却很好，虽然月光也还是淡淡的"，突出作者对此次外出赏月的期待。第4段至第6段所描写的景物是美丽的，上节课我们重点赏析了这几个段落的景物描写，感受到了作者在景物描写之中流露出的淡淡的喜悦之情。

从这样的外部语境来看,第3段所表达的心情应该是比较开心的,至少不会是忧愁的。

这个认识,从第3段的许多语句中可以看出。比如,此时的荷塘这一片天地"是我的""超出了平常的自己,到了另一世界里""是个自由的人""现在都可不理""这是独处的妙处""受用这无边的荷香月色",这些语句,的确传达出作者来到荷塘、置身美丽的月光之下时的喜悦心情。这符合人之常情。

如果我们仅停留在这些语句上,那就可能没有真正深入到作者的情感深处。仔细阅读之后,我们应该可以发现还有更为微妙的语句,在传递出更为深层的情感。

现在,请同学们再次细细阅读第3段,暂时忽略刚刚我们列出的那些语句。想想,作者还有哪些情感处于隐藏的状态。

从现代汉语表达来看,谓语是对主语加以陈述,说明主语怎样或者是什么的句子成分。为准确理解语句的含意,我们要把握谓语的内容,还需关注状语。

状语是句子中动词、形容词前边表示状态、程度、时间、处所等的修饰成分。状语有时可以放在主语前边。

根据这个现代汉语语法的知识,我们来关注第3段中重要的谓语前边的状语,深入理解状语所表达的含意及对谓语起到的修饰作用。

请同学们找出重要的状语。

我们重点理解这几个状语:好像、像、且。

作者背着手踱步在这片美丽的景色中,这片天地是作者的吗?"这一片天地好像是我的",为什么要加"好像"这个词语?删去这个词,表达的含意是一样的吗?"好像"一词,表达是"似乎"的意思,从词语本义来看,表达的是一种推测,从文章情感表达来看,一方面表达了不确定的意思,在作者看来,"这一片天地"并不能完全肯定是他的;甚至,我们更可以说,表达的是一种期待的含意,作者来到荷塘,期待拥有这一片天地。

我们再来看"像"这个词。作者因为"心里颇不宁静",一个人来到荷塘,从空间上来说,自然是从一个世界"到了另一个世界里",从外在上来看,也是"超出了平常的自己",作者却用了"像"这个词来修饰"超出",这里的"像"就是"好像"的意思。根据前边的分析,我们可以这样来理解:作者期待摆脱"平常的自己"所处的世界,到另一个世界,但作者并没有到达,也无法到达另一个世界,至多只是此时、此刻短暂的摆脱。

同学们,大家是否感受到了关注句子中的状语所带来的理解上的不同?

现在,我们来看"且"这个词。"且",可以表述"并且""而且",也可以表达"暂且""姑且"的意思。大家想想看,在第3段中,作者用"且"来修饰"受用这无边的荷香月色好了",是表达怎样的意思呢?

根据对"好像""像"的分析,我们应该可以得出这样的理解:"且",是"暂且""姑且"的意思。"姑且"表示"暂时地"的意思,从时间角度来看,是目前先这样;从情感角度来看,则传递出了"目前只能这样"的一种无奈的选择,当然,也还可以是"目前尚且能够如此"的片刻的喜悦。这样看来,作者对无边的荷香月色的享用,既有"目前能够如此"的喜悦,也有"只能在目前才能如此"的无奈之情。

此外,还有两处内容我们不能忽略。

一处是"像今晚上,一个人在这苍茫的月下,什么都可以想,什么都可以不想,便觉是个自由的人"这个句子,最后一个意思"自由的人"是在前面四个前提条件下才会出现的结果:"今晚上""一个人""苍茫的月下""什么都可以不想"。即使用了这四个方面的条件,作者却还是用"觉"这个词。"觉"是"觉得"的意思,表达的是"认为",语气上不太肯定。

第二处是"白天里一定要做的事,一定要说的话,现在都可不理"。我们要看到"现在都可不理"的自由,更应该看到前面两个"一定要",作者为什么不说"白天里一定不能做的事""一定不能说的话",现在都可做、可以说?这是两种类型的自由,把两种自由结合起来,才更为完整。作者只说一种,是否在传递出对白天"一定要"的反抗?反抗不得,便成了一种无奈,一种只有在荷塘月色之下才可能拥有的短暂的自由。

同学们,我们通过抓句子动词谓语、句子状语的方法,发现了细微语句所传达出的更为深层次的情感,这就是一种"披文以入情"的具体体现。

从全文结构上来看,第3段处于一个非常重要的位置,既表达出进入荷塘月色时的内心感受,也引出下文的景物描写。我们要看到景物描写中流露出的喜悦之情,我们更应该感受到内心独白中隐藏的无奈、忧愁之情。

眼前之景是作者组织的另一组重要的材料,甚至可以说,眼前之景是本文最大的亮点,读者们所津津乐道的更多的是本文写景上的艺术魅力。

眼前之景的内容主要包括第2段的"荷塘小路"与第4、5、6三段的主要景物。上节课我们已经对4、5、6三段作了具体的赏析,这里,我们主要分析第2段的写景。

PPT5

眼前之景

荷塘小路

月下荷塘

塘上月色

月下之树

从表达艺术来看，第 2 段自然没有第 4、5、6 三段的魅力大。但仍有一些细节要多加注意。

PPT6

第 2 段景物描写

沿着荷塘，是一条曲折的小煤屑路。这是一条幽僻的路；白天也少人走，夜晚更加寂寞。荷塘四面，长着许多树，蓊蓊郁郁的。路的一旁，是些杨柳，和一些不知道名字的树。没有月光的晚上，这路上阴森森的，有些怕人。今晚却很好，虽然月光也还是淡淡的。

"这是一条幽僻的路"，白天是寂寞的，"夜晚更加寂寞"，甚至"有些怕人"，这里有两个细节要注意，一个是这条路作者"日日走过"，作者为什么选择这样的一条路呢？第二个，作者此时并不在意这条路的幽僻与寂寞，即使"月光也还是淡淡的"。综合起来看，作者是否对这条路情有独钟？这个问题，就留待有兴趣的同学，课后再去研究吧。

经过上节课的学习，我们知道，第 4、5、6 三段所描绘的美丽的景色之中，流露出作者"淡淡的喜悦"，对此，我们应该有了深切的感受。

这里，我们提醒同学们，要特别注意散文景物描写中的直抒胸臆的句子，这是散文学习的又一个重点。

在第 6 段中，就有一个直抒胸臆的句子：

PPT7

第 6 段直抒胸臆的句子

但热闹是他们的，我什么也没有。

"但热闹是他们的，我什么也没有。"多么直白的情感表达啊！

同学们,作者用这样一个直白的句子,除了传达出"什么也没有"的情感之外,是否还有另外的写作意图?为什么经过一番赏景之后,作者还如此慨叹"什么也没有"?

要理解这个问题,我们还是回到语境中去。这里的语境,就是接下来的联想之景。

联想之景是本文组织的又一组非常重要的材料。文章第 7 段与第 9 段都是联想之景。

我们首先看第 7 段的联想之景。

这一段写的是江南旧俗——采莲。作者不仅向读者详细地介绍了采莲的人物、活动的情形,还直接引用了梁元帝的《采莲赋》。我们可以用"江南采莲图"来给这个联想之景命名。

PPT8

联想之景

江南采莲图

我们先看看这幅采莲图的内容及特点。江南旧俗中采莲人是少年的女子,梁元帝的《采莲赋》所描绘的采莲活动,则是"妖童媛女,荡舟心许"。作者直接说:"那是一个热闹的季节,也是一个风流的季节。"

作者借江南采莲图的联想,要表达什么情感呢?

这里,我们要回到"联想"这一心理活动的本质特点上,联想是指由于某人或某事物而想起其他相关的人或事物;由于某概念而引起其他相关的概念。两种事物或者概念,必须有相关的某种联系,才能形成自然、合理的联想。

我们依据联想的这一特点来体会作者联想到采莲图的写作意图。

月光下的荷塘,静中有动,树上的蝉声与水里的蛙声,是热闹的,但作者内心却不是热闹，是寂寞的，是无法摆脱白天烦恼的忧愁。

外在上来看，作者由"热闹"的蝉声与蛙声，联想到热闹的江南采莲旧俗。内在上来看，正是因为作者内心里始终有江南，始终向往着、惦念着热闹的江南，所以才会在"热闹"的蝉声与蛙声的刺激之下，"忽然想起采莲的事情来了"。

热闹的江南采莲图，与眼前寂寞、有着淡淡的忧愁的作者内心，就形成了巨大的反差。作者外表上应该是平静的，但内心却是激烈的，有联想的心理活动，有联想而随之产生的落寞。

因此，第8段，作者再次用了一个直抒胸臆的句子：这真是有趣的事，可惜我们现在早已无福消受了。

PPT9

第8段直抒胸臆的句子

这真是有趣的事，可惜我们现在早已无福消受了。

"无福消受"带来了忧愁，作者似乎意犹未尽，"于是又记起《西洲曲》里的句子"。请同学们注意：《西洲曲》这首南朝乐府中的诗歌，表达的是一个青年女子思念情人的痛苦，与梁元帝《采莲赋》所表达的情感是截然不同的。

PPT10

于是又记起《西洲曲》里的句子：

采莲南塘秋，莲花过人头；低头弄莲子，莲子青如水。

作者所使用的"于是"是一个表承接关系的连词。这就把课文自第6段结尾生发出来的淡淡的忧愁，经由江南采莲图的反衬，顺势到了《西洲曲》里的痛苦。

采莲的联想，进而引出对今晚的莲花的简洁描写。采莲这一江南的旧俗，最终逗引出的是作者对江南的惦念。第一节课，我们已经介绍了，作者祖籍浙江绍兴，1898 年出生于江苏东海，1903 年随家定居扬州；此时作者身在北平，惦念江南，也就是一种思乡之情了。

PPT11

这令我到底惦着江南了。

至此，作者将内心独白、眼前之景与联想之景三种主要的材料组合在一起，组合的依据是游踪这一条明线，暗线则是内在的情感。

PPT12

1. 明线——游踪
2. 暗线——情感

本文的游踪是：带上门去荷塘→观月下荷塘、塘上月色与荷塘之树→回到家门。

现在，请同学们梳理本文的情感脉络。

全文情感脉络发展是：心里颇不宁静→淡淡的月光下，"像超出了平常的自己"，"便觉是个自由的人"→在自然美景中，有淡淡的喜悦→发出"我什么也没有"的慨叹→惦念江南，欲超脱而不可得。

PPT13

全文情感脉络梳理

"心里颇不宁静"→淡淡的月光下，"像超出了平常的自己"，"便觉是个自由的人"→在自然美景中，有淡淡的喜悦→发出"我什么也没有"的慨叹→惦念江南，欲超脱而不可得。

关于本文的主题思想与写作意图，历来有多种不同的观点，有的结合写作的具体时代背景，认为本文表现了对黑暗现实的不满与对美好生活的向往；有的认为作者局限于个人的小天地，表达的是闲时心情；还有的认为本文表达了对精神自由的追求。凡此种种，不胜枚举。

同学们，关于本文的主题思想与写作意图，相信，在你们阅读本文并查阅更多的相关资料后，也能获得属于你们自己的理解。

本文以游踪为明线组织材料，以情感为暗线组织材料，多种材料有机组合，使情感表达更为清晰，更为丰富，更为动人。

PPT14

材料的组合对表达情感的作用：
1. 以游踪为明线组织材料
2. 以情感为暗线组织材料
3. 多种材料有机组合，使情感表达更为清晰，更为丰富，更为动人

同学们，一堂课的结论，是对主要问题的总结性的回答。这堂课的主要问题是：文章将多种材料组合在一起，对表达情感有怎样的作用？

现在，请同学们思考，通过本堂课的学习，我们可以获得怎样的结论？请同学们写下来。

我们这样来表达本堂课的结论：

文章从"心里颇不宁静"开始，随着游踪与文脉的推进，情感随之发生变化，"淡淡的喜悦"与"淡淡的忧愁"交织在一起。作者突破眼前空间的限制，思接千载，情牵故里，将多种材料有机地组合在一起，表情达意。在情感的表达过程中，传递出丰富的情感，使得文章具有广阔的审美意义。

PPT15

结论

　　文章从"心里颇不宁静"开始,随着游踪与文脉的推进,情感随之发生变化,"淡淡的喜悦"与"淡淡的忧愁"交织在一起。作者突破眼前空间的限制,思接千载,情牵故里,将多种材料有机地组合在一起,表情达意。在情感的表达过程中,传递出丰富的情感,使得文章具有广阔的审美意义。

　　从写作上看,散文的表情达意,在借景抒情之外,叙述中的片言只语,也往往透露丰富的信息。从阅读上看,抓住景的特征,深入解读语句的言外之意,往往有新的收获。

PPT16

小结

　　从写作上看,散文的表情达意,在借景抒情之外,叙述中的片言只语,也往往透露丰富的信息。从阅读上看,抓住景的特征,深入解读语句的言外之意,往往有新的收获。

　　今天的作业是:

　　《荷塘月色》是一篇经典的散文,无论是语言运用、表现手法、谋篇布局还是情感表达,都值得深入品味。请以本文为例,结合本课的学习,写一段文字,谈谈你对散文阅读与鉴赏要点的认识,并总结出具体的方法,300字左右。

> **PPT17**
>
> 作业
>
> 　　《荷塘月色》是一篇经典的散文，无论是语言运用、表现手法、谋篇布局还是情感表达，都值得深入品味。请以本文为例，结合本课的学习，写一段文字，谈谈你对散文阅读与鉴赏要点的认识，并总结出具体的方法，300字左右。
>
> 　　今天的课就讲到这里，同学们再见！

二、文言文教学逻辑探索

（一）文言细读与教学展开：以《前赤壁赋》为例

　　文言文本也需细读，文言文教学，需要将细读结果科学、有序地加以呈现。由于文言文本的独特性，在细读中，我们要结合文本的文化背景，挖掘出语言文字背后的深意。在文言文教学的展开中，我们要遵循语文课堂教学的一般规律，根据文本内在的思路，灵活安排教学环节，使文言文课堂教学逐步深入，既不断探入到文本的深处，也促进学生思维品质不断提升。这里以《前赤壁赋》为例，呈现该文细读的结果，以探讨文言细读的基本方法；集中呈现细读的主要课堂教学过程展开，以探索文言细读及其教学展开的学理意义。

　　文言文教学中也应在文本细读上作出应有的努力，在细读教学展开中，强化教学效果。具体到课堂教学中，怎样在教学展开中呈现文言细读的结果，并发挥其应有的教学价值呢？

　　《前赤壁赋》一文教学的重点是深入理解作者情感的变化以及作者表达的"理"，情感的变化过程把握不难，"理"的内涵及其理解才是难点。为更好地展现细读在文言文教学中的作用，这里集中呈现细读的主要教学过程展开。

1. 仔细阅读第3、4两段，思考：苏子是怎样一一反驳客的观点的

主客对答是本文的主要表现手法，主客对答的内容集中在第3、4两段。表现手法概念的得出及名称的理解并不难，甚至可以直接告知学生"主客对答"的名词术语；关键点及难点是苏子与客对答的内容梳理及深刻含意把握。对答的内容实际上包含着一一对应的关系，这种对应关系，实际上是苏子对客所抱持观点的一一反驳。只有梳理出这种一一反驳的关系，才为深入理解苏轼所表达的"理"奠定了基础。

第一，客以曹孟德为例，认为"一世之雄，而今安在"，一种时光无情、世事无常的悲凉之感跃然纸上。苏子则以"逝者如斯而未尝往也；盈虚者如彼，而卒莫消长也"针锋相对。一种时光永恒、永不逝去的存在感，完全消解了客的悲凉之意。

第二，客"哀吾生之须臾"，一种人生短暂的无奈之感流露无遗。苏子则以"自其不变者而观之，则物与我皆无尽也"反驳之。个体生命是短暂的，但若以不变的视角来看，则万物同我们人类一样是永恒的，没有尽头。一种不惧生命短暂而乐观面对之的豪迈之情，完全荡涤了客的无奈之情。

第三，客认为"不可乎骤得"，便"托遗响于悲风"，一种不强求所得的看似明智，因一"悲风"而化为乌有，苏子则主张"物各有主，苟非吾之所有，虽一毫而莫取"，莫取一毫，多么洒脱。

2. 细读"且夫天地之间，物各有主，苟非吾之所有，虽一毫而莫取"，深入挖掘这段文字的深刻含意

梳理上述反驳的第三层，我们似乎已经得到了苏轼旷达这样一个结论，现有的常见教学也基本止步于这样标签式的结论。然而，细读上述这段文字，我们完全可以到达语言背后的另一个深处，也能逐渐探入苏轼精神世界的深处。

这段文字有这样三层意思。一则"莫取"，二则"一毫"，三则"非吾之所有"，三个意思结合起来理解，才算是真正把握住了这句话的核心意思。

"非吾之所有"，则莫取一毫，这是苏子针对客"不可乎骤得"的观点提出的。客的观点中有两层意思：一则不可多得；二则既然不可多得，那就"托遗响于悲风"吧。苏子的主张，首先强调"莫取"，即不得，这就反驳了客"多得"的念头；其次强调即使"一毫"也"莫取"，语意更进了一步；第三，"非吾之所有"，则"一毫"而"莫

取"，这就将语意明确到"莫取"的原因，而不是像客那样简单地说不可多得。"莫取一毫"的原因是"非吾之所有"，这也是决定"取"还是"莫取"的标准。"非""莫"表明，苏子是以否定的意思来表达主张的，但从逻辑上来说，否定式的话语不是真正把握话语意义的方式，我们应该以肯定式的表述，去探寻苏子真正的主张。

"苟"字在文中起到非常重要的作用。"苟"，"如果"的意思，"如果"的另一面是肯定，"苟非吾之所有"，意思是，"如果不是我所拥有的"，理解到这一层还不够。既然存在"吾非物主"的情况，那么就一定存在"吾是物主"的情况。对于"吾非物主"之物，"虽一毫而莫取"，那么，对于"吾是物主"之物，应该抱持怎样的态度呢？"取"还是"莫取"？这一层意思，苏子并未明说，而我们应该作怎样的解读才算真正把握了苏子对"吾主之物"的"取"还是"莫取"的态度呢？

3. 细读"惟江上之清风，与山间之明月，耳得之而为声，目遇之而成色；取之无禁，用之不竭。是造物者之无尽藏也，而吾与子之所共适"，思考：这段文字有几层含意？在文中起到怎样的作用

大略地看，这段文字的表层意思不难理解，其在文中起到怎样的作用，则鲜有人提及。前文已述，苏子针对客的三个观点一一加以反驳，按理说，无需再多言，而苏子却恰恰以这样写景、抒情、说理三者融为一体的一段文字来结束主客对话，其深意必须在细读中加以把握，其作用则必须在细读中加以明确。

这段文字至少有以下三层含意。第一，需"得之""遇之"，这是"为声""成色"的条件。不去"得"，不去"遇"，清风还是清风，不能"为声"，明月还是明月，不能"成色"。既已"为声""成色"，则表明我们已经以主动的姿态去"得"去"遇"。"得之""遇之"，方可成为"吾之所有"，方可成为"吾之声""吾之色"。第二，这清风、明月是"取之无禁，用之不竭"的，是"造物者之无尽藏"。这里又包含有两层意思，一是"无禁"，是自由的，不受拘束的；二是"不竭"的，用之无后顾之虞。第三，吾与子可以"共适"那"无尽之藏"。再多再好的"宝藏"，若不能为我所"适"（享用），那于我也无意、无益。上述三层含意，环环相扣，层层递进，只有结合起来理解，才能全面而正确地把握住其深层含意。

这段文字以肯定的语气，强调了要主动地去"得"去"遇"那"造物者之无尽藏"，是对前文以"非吾之所有""莫取一毫"这样否定句式所表达主张的正面强调，

是苏子的真正主张。

4. 仔细阅读第4段，围绕"得"这一概念，深入思考苏轼的"旷达"胸怀的真正内涵

"得"是本文的一个关键概念，客"托遗响于悲风"是因为"不可乎骤得"，苏子"非吾之所有""一毫""莫取"也是一种得，而"为声""成色"需"得之""遇之"。可以这样说，"得"是中国古代知识分子现实世界中的一个价值标准，也是他们精神世界的一个隐喻之物，从对待"得"的态度，可以看出中国古代知识分子的人生智慧与生命姿态。这里的细读，源于文本，又着眼于更广阔的文化空间。

关于"得"的含义，至少有以下五个层次。

第一层，欲得。这是中国古代知识分子共同的特点，所谓"学而优则仕"，客"知不可乎骤得"，前提是"欲得"，只是"不可得"而已。这是第一层，是基本的一层，可以用一个"志"字来概括。

第二层，欲得而不可得。这是中国古代知识分子的悲剧层次，常见的"壮志未酬""怀才不遇"说的即是此种含意。苏轼被贬黄州，正是"欲得而不可得"的处境。这一层次，可用一个"滞"字来概括。

第三层，能区分开"非吾之所有"与"吾之所有"的差别。这是屡屡碰壁之后反思的结果，痛定思痛，极度的悲痛产生了智慧。《前赤壁赋》正是苏轼黄州之痛反思觉醒的成果。可用一个"智"字来概括。

第四层，莫取一毫"非吾之所有"，而得"吾之所有"。所谓旷达，并非什么都不得，得"吾之所有"并不可耻，关键是能说服自己，舍"非吾之所有"，得"吾之所有"。可用一个"制"（控制）来概括。

第五层，明悟"吾之所有"的更广阔的意义。造物者为我们准备了无尽的清风、明月，只要我们去"得之""遇之"，我们就可以"共适"而"无禁""不竭"！这是一种生命的姿态，一种生命的境界！用一个"致"（极致）概括最宜！

5. "倚歌而和之"在文中具有怎样的结构意义

从文本的表面来看，苏子询问客为何吹奏如此悲伤的曲子，而客借苏子之问大谈了一通感受，苏子便针对客的一番话，表达了自己的主张。这样的理解思路，是浅层的，只是循着3、4两段的字面思路，却忽略了"倚歌而和之"这句话的重要

作用。

"和",若是指歌曲吟唱与乐器吹奏之间的关系时,其意思是"和谐地跟着唱或伴奏"。"和谐"的要求自然是音律、基调、情感特点应该一致,而不是相反或相悖。在文中,客为什么要吹奏"呜呜然""怨、慕、泣、诉"的曲子,并非客自身的选择,而是歌者所唱曲目的内容决定的。歌者是谁? 文中并没有明说,但根据文意,歌者应该是苏子,即苏轼本人。此次游玩,文中只交代了苏子与客两人。看来,客吹奏洞箫曲调,根源在于苏子所唱歌曲之曲调。根子找到了,自然就明白了苏轼写作的良苦用心,也证明着"主客对答"的真正存在,甚至可能喻示着游玩一事的虚构性。苏子在景美乐甚之时,唱悲伤之歌,追寻其原因,"美人"的象征含意便是关键。当然,这已经是人所共知的了。虽然如此,教学中,揭示"倚歌而和之"这一句在结构上的意义,还是必要的,因为这是勾连文意的一个重要连接。

6. 从全文看,苏轼抒发了怎样的情感? 表达了怎样的生命态度

这是立足全文,对文章情感主旨的总结性概括,这是确保教学具有整体性的一个环节。文言细读,若缺了这样一个环节,则会滑入支离破碎、肢解文本的深渊。这里的概括,不能贴标签,应该明确具体内涵。

苏轼通过叙述夜游赤壁一事(此时,夜游之事是否真实存在并不重要),以"主客对答"的手法,抒发了不因生命短暂、名利不可多得而伤感的旷达情怀,传递出一种明辨各物之主、勇于获取所主之物的人生智慧,表达了一种面向未来、胸怀天地、热爱宇宙万物的乐观积极的生命态度。

(二) 基于文本解读逻辑性的文言文教学内容深化:以《项脊轩志》为例

当前文言文本解读中存在着流于浅层、缺乏内在逻辑性的现象,这导致文言文教学内容单一化、浅层化,既不利于文言学习,也不利于学生思维能力的培养。文言文本解读也需要讲究逻辑性,需要往文本深处挖掘。解决好文言文本解读逻辑性的问题,有助于解决文言文教学中"文"不够深刻、"言"太琐碎、"文"与"言"相割裂的问题,以达到深化文言文教学内容、优化学生思维能力培养的目标。

《项脊轩志》是明代文学家归有光的代表作品,其文学性、艺术性是很高的,怎样解读才算是真正把握住了文本的深刻含意?《项脊轩志》作为高中语文教材的

必选篇目,确立怎样的解读内容才能尊重"这一个"文本的价值?安排怎样的教学内容才算是发挥了其独特的教学价值?就目前的《项脊轩志》教学情形来看,解读随意性、教学内容浅层化的问题比较突出。我们提出基于逻辑性的文本解读,既深入理解《项脊轩志》一文的深刻内涵,又充分发挥此文在学生逻辑思维能力培养方面所具有的教学价值。这里以《项脊轩志》一文为例,深入探讨基于文本解读逻辑性的文言文教学内容深化这个问题。

1. 文言文本解读逻辑性的含意

当前文言文教学中文本解读未得到应有的重视。文言文教学当然要学习文言知识,但课堂教学中若忽略对文本的深入解读,或者解读不讲究逻辑性,太过随意,这实质上是对文言经典文本文学性、思想性、艺术性的巨大浪费,也造成文言文教学低效的后果。为此,我们提出文言文本解读要讲究逻辑性,就是要强化文言文本解读的重要性,增强文言文本解读的意识,避免文言文本解读中的浅层化与随意性的问题。文言文本解读的逻辑性,是指文言文本解读要紧扣文本,从文本语言、文本内在结构、文本意脉等方面往文本深处挖掘,这几个方面要形成一个富有内在逻辑性的整体。首先,文本语言是解读的基础,作者创作时选择这样的语言而放弃其他语言,自然有其理由。其次,文本内在结构是解读的重要依据,文言文本创作也要符合文学创作的基本要求,作者安排这样的文章结构,显然有助于其思想情感的表达,这一点往往被我们忽略。再次,文本意脉为解读提供了充分的证据,意脉的流动是作者思想情感发展变化的体现,我们解读自然要循着文本意脉之流去探寻作者的思绪情感发展。

《项脊轩志》文本解读的逻辑性主要体现在文中情感的真正内涵、删除文字的教学处理、结尾一段的赏析三个方面。《项脊轩志》的喜与悲的内涵究竟是什么?喜仅仅是因为项脊轩景色幽美吗?悲仅仅是因为亲人离世、家道中落吗?删除文字是否应该保留?结尾一段表达的妙处究竟怎样理解?这些问题的回答是解读《项脊轩志》的关键,也是教学《项脊轩志》的重点,符合逻辑的文本解读,在课堂教学中科学呈现,是解决这些问题的必然选择。

2. 文言文本解读逻辑性的教学价值

我们需要给文言文本解读逻辑性问题的探讨设立一个前提——文言文教学

视域，因为文言文本的解读，不是语文教师的专利，任何一个读者都可以对文言文本特别是文言经典文本作出自己个性化的解读。基于文言文教学视域的文本解读逻辑性问题，有其独特性与具体性，换言之，文言文教学乃至语文教学的教学目标及内在规律性要求是探讨文言文本解读逻辑性教学价值的理论依据。具体来说，文言文本解读逻辑性的教学价值体现在以下三个方面。

第一，增强文言文课堂教学"文"的含量，丰富文言文课堂教学容量。

文言文教学中的"文"与"言"是相辅相成、互相促进的关系，"言"的学习是文言文教学的一个重点，但若只是停留在"言"的层面或者过于突出"言"而忽视"文"的教学，一则造成课堂教学的枯燥，二则浪费了文言经典文本巨大的教学价值，三则减少了培养学生思考、分析、表达等语文素养的机会，长期如此，容易造成文言学习的低效甚至无效。我们提出文言文本解读逻辑性的主张，一则增强文言文本解读的意识，增强文言文课堂教学"文"的含量，有效避免课堂只学"言"或者"言"唱主角的现象，有利于激发学生学习文言文的热情；二则扩展文言文课堂教学的容量，在传授"言"的知识的同时，进行"文"的学习，在"文"与"言"相得益彰中提高文言文课堂教学效率。

第二，深化课堂教学内容，强化文言文课堂教学深度。

我们应该避免这样一种教学观念：文言文教学"言"是重点，"文"只是点缀。比只进行"言"的教学稍好些的是对文章内容有所分析，对文章主旨有所涉及，但这还远远不够。文言文课堂教学也应该有相应的教学难度从而确保其应有的深度，缺乏难度的教学，其教学深度无法得到保证。文言文教学在深度与难度两个方面存在的问题要比现代文阅读教学大许多，有效的解决办法之一是增强文言文本解读的分量，提升解读的质量。注重内在逻辑性的文言文本解读，不流于文字表面，不断章取义，解读结果有相应的深度，具体解读内容环环相扣。这对于语文教师来说，显然增加了备课量与难度，但备课轻松不应该是我们所追求的。在"言"的客观原因已造成理解上的难度之外，又增加了"文"的理解难度，这既是对语文教师教学的考验，也是对学生文言文学习的挑战。课堂学习轻松与课堂教学难度低是两个不同的问题，若刻意降低教学难度以造成课堂学习轻松的假象，这是教师教学的失职。通过增强文言文本解读的逻辑性，以达到深化课堂教学内容、强化文言文课堂教学深度的目标,是语文教学目标的必然要求。

第三,优化学生思维训练,提升学生逻辑思维能力。

思维训练是语文教学的基本任务,其中逻辑思维能力是训练的重点。人们可能会认为,现代文阅读才是思维训练的主战场,文言文教学的主要任务还是"言"的学习。文言经典文本所承载的传统文化基因显然不是"言"的学习所能全部传递的。此外,随着传统文化在基础教育阶段地位日益凸显,我们若还是一味地强调"言"的学习而把思维训练的任务主要放在现代文阅读教学中,学生将失去更多的思维训练的机会,学生语文素养的提升也将受到更大的负面影响。笔者主张,文言文教学也需要进行思维训练,特别是逻辑思维训练,这在当下日益重视传统文化的大背景下显得尤其重要。当然,思维训练可以体现在许多方面,即使在"言"的内容学习如词类活用现象的规律归纳等方面也可以进行,但更为有效的思维训练还须在"文"的学习中加以落实。文言文本解读逻辑性强调解读结果的内在因果联系,突出思考的深刻性与思维的严密性。我们追求的不是文言文本解读结果的标新立异,而是解读过程的逻辑性与解读结果内容的逻辑性,换言之,逻辑性既是解读过程的要求,也是解读结果的体现方式之一。在具体的文言文课堂教学中,通过教学内容的逐步展开,文本解读结果的逻辑性就转化为学生理解文本的活动,在理解活动中贯穿着逻辑思维训练活动。

3. 文言文本解读逻辑性促进文言文教学内容深化需注意的几个方面

文言文本解读逻辑性促进文言文教学内容深化需注意以下几个方面。

第一,教学流程安排要符合学生认知接受规律,符合教学逻辑。语文教师的文言文本解读符合逻辑性的要求,这是课堂教学的重要基础,但教师解读的结果并非完全等同课堂教学内容,尤其是课堂教学流程的安排要充分考虑到学生认知接受的规律与教学的内在逻辑,先教什么后教什么,安排的基本依据是有利于学生一步步理解文本,获得文本解读结果。教师带领学生在深入理解文本、获得文本解读结果的过程中,在思维方面得到符合逻辑要求的训练,充分体验到思维逻辑性的魅力,从而提升学生的逻辑思维能力。

本节探讨的重点是文言文本解读的逻辑性的教学价值及教学安排,文言文教学中"言"的内容也是重要的,但这不是这里探讨的内容。接下来的阐述将围绕着文言文本解读的逻辑性在课堂教学中的实际呈现而展开。

第二，理解文本情感及主旨要基于语言，要符合逻辑。文本语言是理解文本情感及主旨的基础，教师的文言文本解读要立足语言、抓住语言，文言文课堂教学中，则需要引导学生去发现关键的词句，去品味关键词句的含意，进而深入理解文本的情感与主旨。这里有两个方面要特别注意。一是语言之间的内在逻辑关系。文言文语言往往不是独立存在的，相关的语言有着内在紧密的联系，在教学中，我们可以直接告知学生哪些语言要特别关注，更为有效的方法是引导学生去发现关键的词句，并能举一反三。二是文本内容之间的内在逻辑关系。文言经典文本里的各部分内容不是割裂的，而是有着内在的关联，教学中要培养学生着眼全篇、互相联系的解读意识与能力。

《项脊轩志》动人之处在于情感的抒发，教学中人们也往往在情感方面着力较多，但在情感的具体内涵及主旨的深度理解方面不尽如人意。这里主要关涉悲的真正内涵、悲与喜内在的关联、喜的真正内涵及文章主旨四个方面，课堂教学中，可以通过四个设问，逐步深入文本情感内涵的深处，准确把握情感，深入理解文章主旨。

设问1：文章"悲"的基本内涵是什么？深层次的内涵又是什么？你的依据有哪些？

文章一句"然余居于此，多可喜，亦多可悲"承上启下。文章用了三分之二强的篇幅写悲，悲是文章的主要情感，其基本内涵容易把握，但其深层次内涵却往往被忽略。教学的重点是找到文章中表明深层次内涵的关键词句加以研读，研读的关键是挖掘出关键词句内涵及在表达情感上的作用，在逻辑上支撑文章情感与主旨的理解。关键词句的发现及研读，即是逻辑思维训练的具体落实。

明确：文章"悲"的基本内涵是家道中落、亲人离世，文章通过叙述诸父异爨、怀念亡母、感念祖母、怀念亡妻四件事表达了这两种悲。

文章"悲"的深层次内涵是封建知识分子立志博取功名却无望之悲。依据是文中有一个非常明确的矛盾之处：言及慈母用"泣"，而言及大母却用"长号不自禁"。这显然有违人之常情常理。"号"比"泣"感情更浓、悲情更悲，况且还是"长号"，还是"不自禁"。若只用"慈母逝世时，归有光年仅八岁记忆不深"来解释这种矛盾显然是无力的。感情的浓淡对比的背后,合乎逻辑的理解应该是,大母持象笏之行为及所言"他日汝当用之"之语,触到了归有光作为一个孜孜于求取功名的读书人内心的最痛处,才会下意识地说出"长号不自禁"这样的与前文明显矛盾的话语。矛盾是外显的,隐藏在其背后的内在逻辑才是我们解读的重点及依据。

设问2:文章悲与喜两种情感具有内在关联吗?若有,怎样解读它们的关联才是合乎逻辑的?

目前人们在分析《项脊轩志》中悲与喜的情感时存在割裂二者的现象,大部分的教学处理是依据文章内容先后顺序,先分析喜的内涵,再分析悲的内涵。这种做法带来的问题是造成喜的理解浅层化。我们主张先将悲的基本内涵与深层次内涵分析透彻,再谈悲与喜的内在关联,从而为挖掘喜的真正内涵做好铺垫。

明确:悲与喜是两种相反的情感,依据矛盾转化律的逻辑思路,《项脊轩志》中悲与喜存在着内在的紧密关联,要理解喜的真正内涵,恰恰可以从悲的深层次内涵的相反一面入手。

设问3:既然悲的深层次内涵是归有光立志博取功名却无望之悲,那么,喜的真正内涵是什么?

我们还是立足文本语言去挖掘喜的真正内涵。文章第1段描写了项脊轩的构造及变化、归有光在项脊轩的活动及项脊轩的环境,环境之美自然可以带来喜的情感,但对于一个读书人来说,仅因环境之美就心生欢喜之情,毕竟有过于肤浅之嫌。合乎逻辑的解读应该是抓住归有光在项脊轩的读书活动这一关键点,结合后文所写之悲的深层次内涵,才能深入一个古代读书人的内心世界,并准确把握其欢喜的真正内涵。

明确:归有光喜之情的表层含意是项脊轩环境幽美。我们应该抓住归有光在项脊轩的活动这个关键内容去挖掘喜的真正内涵。对项脊轩的改造活动是次要的,有价值的是读书活动。文章句子是"又杂植兰桂竹木于庭,旧时栏楯,亦遂增胜。借书满架,偃仰啸歌,冥然兀坐"。其中的"杂植兰桂竹木"很重要。所植"兰桂竹木"均是高雅高贵之物,此其一;种植之时是"杂","杂"的含意应该理解为随意、不受任何约束。我们可以结合《红楼梦》中林黛玉进贾府时所见贾府景象来分析,林黛玉未进贾府便见"门前列坐着十来个华冠丽服之人"。"列"与"杂"完全相反,但在各自语境中都是合适的。"列"代表着有序,表明贾府管理之严;"杂"意味着自在随意,表达的是自适自由之美。此时的归有光几近"两耳不闻窗外事,一心只读圣贤书"之境。在叙述项脊轩美景之后,作者马上以一句"然余居于此,多可喜,亦多可悲"转入叙写悲的内容。既然作者之悲是立志博取功名却无望之悲,那么反观作者之喜,其真正内涵,合乎逻辑的解读就应该是追求功名心无杂念,精神境界自由自在、无羁无束。

设问4:基于上述合乎逻辑的解读,《项脊轩志》的主旨应该是什么?

文言经典文本的解读自然离不开对其主旨的把握。对《项脊轩志》主旨的浅层次理解,其原因在于忽视文本诸多关键语句,尤其是对这些语句内在逻辑的忽视。完成了上述三个设问的回答,我们基本可以把握《项脊轩志》一文的主旨,本着"知人论世"的传统文本解读方法,我们可以结合归有光生平进一步印证对《项脊轩志》一文主旨的深刻解读。

明确:此时出示归有光生平事迹,看看归有光一生在功名之路上具有怎样的经历。

> 归有光,字熙甫,号项脊生,人称震川先生,昆山(江苏昆山)人。明代著名散文家。出生于累世不第的寒儒家庭。少年好学,但仕途坎坷,前后历8次会试。嘉靖二十一年(1542)迁居嘉定(上海嘉定)读书讲学,远近从学者常达数百人。60岁中进士,初任浙江长兴县令,后被大学士高拱推荐,任南京太仆寺丞,留在北京掌内阁制敕房参与撰修《世宗实录》,积劳成疾,66岁卒于任上。

从教学逻辑上来说,在此环节出示归有光生平事迹,才能真正发挥作者介绍在文本理解上的作用。我们引入吴小如先生对《项脊轩志》一文主旨的解读作为教学资源,以提升文言课堂教学的学术性与应有的深度。吴小如先生认为:"《项脊轩志》真正的主旨所在,却是作为一个没落地主家庭的子弟,对家道中落的身世发出了惋惜和哀鸣,同时也在沉痛地凭吊个人遭际的不幸。作者以一间破旧的书房为线索,写出了母亲、祖母和妻子三代人对自己的爱怜、期望和依恋,从而流露出一个失意的读书士人生不逢时的抑郁和悲哀。"这样的解读是准确的,深刻的。

《项脊轩志》的情感与主旨理解是教学的重点,是落实"文"的教学的必然要求,我们也花了较多的篇幅加以探讨,用意在充分地展示文言文本解读逻辑性在促进文言文教学内容深化方面的实施。文言文课堂教学中如能结合具体文本长期进行符合教学规律性要求的、富于逻辑性的文本解读训练,学生的逻辑思维能力培养将能真正落到实处。

第三,遵循文章结构准确理解文本。文章结构对于文章表情达意具有重要的作用,在叙事性文学作品中,文章结构包括人物、情节、环境等的处理与安排,以及段落层次划分等。根据文章结构来解读文本,也是文本解读逻辑性的一个体现。

《项脊轩志》属于叙事性文学作品,从文章结构角度理解文本,重点是段落层次的划分问题。在不同版本的教材中,对"然余居于此,多可喜,亦多可悲"这个句子的安排不尽相同,有的独立成段,有的安排在第二段中。从文章结构角度来看,独立成段更为合理,当然,这在课堂教学中不是难点。这里着重谈谈删除文字的教学处理。删除段落为:

> 项脊生曰:"蜀清守丹穴,利甲天下,其后秦皇帝筑女怀清台。刘玄德与曹操争天下,诸葛孔明起陇中。方二人之昧昧于一隅也,世何足以知之?余区区处败屋之中,方扬眉瞬目,谓有奇景,人知之者,其谓与坎井之蛙何异!"

设问:《项脊轩志》原文还有一段,但教材编者将其删去,你认为这一段该不该删去?依据是什么?

不同版本教材不约而同地将这一段删去。课堂教学中能不能讨论"这一段该不该删"这个问题呢?讨论这个问题的教学价值有哪些?怎样讨论才能发挥这个问题的教学价值?课堂教学中讨论"这一段该不该删"的问题至少有尊重作者与文本、确保理解的完整性、落实思维训练等几个方面的教学价值。讨论时不能仅停留在这个段落内容本身,而要回到它在文中所处的位置特别是从文章结构角度去探讨该不该删的问题。

在当下的解读语境中,高中学生完全可以理性看待古代读书士人对功名的孜孜以求,教材编者应该对此作出理性的处理。假若教材依然删除,语文教师应该基于教学的科学性,在课堂上充分讨论"该不该删"的问题。

明确:这一段原本在"轩凡四遭火,得不焚,殆有神护者"段之后,现在各个版本教材的最后两段是作者时隔 15 年之后补写的，也就是说，删除段落居于归有光最初所写文章的最后一段，这在文章结构上是一个特殊的段落。从文章结构角度看，最后一段往往起到总结全文的作用。归有光最初以这样一段文字作为文章的结尾，显然是有所用意的。这一段文字的内容理解不是问题所在，真正的问题是找出归有光写作之用意。这自然要结合全文来理解，尤其是要结合文章悲的深层次内涵来分析。归有光创作这一段文字的用意在于传递一种对自身获取功名执著的信念，虽然前文表达了某种读书无望可能会愧对先祖的悲伤，但行文之结尾，归有光还是要表达出一种不屈服的信念，这在古代读书士人中是非常重要的。教材编者应该保留这一段文字，这是对创作者的尊重，对文本的尊重，也让师生看到一个完整的《项脊轩志》与归有光。

第四，循着文章意脉深入品赏文本。文章意脉是隐藏在语言背后的意旨脉络，从意脉角度切入解读文本，是极为重要的一种解读方法，也是解读逻辑性的具体体现。就目前的文本解读现状来看，这种方法还远未得到应有的重视。循着文本意脉深入品赏文本，有较大的难度，因此，课前教师要做好充分的准备，在课堂教学中，要巧妙引导，若遇上理解难度较大的文本意脉，教师充分的讲解是必要的。

《项脊轩志》的主体部分在归有光 18 岁时写成，这里，以最后一段文字的品赏为例，谈谈从文章意脉角度深入品赏文本的教学处理。

"庭有枇杷树，吾妻死之年所手植也，今已亭亭如盖矣。"

设问：文章最后一段在表情达意上具有怎样的妙处？

目前常见的是从语言特点及表现手法角度加以品赏：用质朴的语言，以景语结束全篇，表达了睹物思人的伤感之情，等等。这样的品赏自然没有什么错误，但毕竟未深入到文本深处，未充分揭示其表达上的妙处。我们还是从文章意脉角度切入，去探索归有光散文创作的高妙。

明确：《项脊轩志》最后两段是补写的，归有光在时隔 15 年之久补写这样两段文字，表达的是对亡妻的深切怀念。倒数第二段在平淡的叙述中，记忆中的点点滴滴、情感世界中的真情切意跃然纸上。可是妻子已然逝去，心中怀念之情是无比浓烈的，行文至此，情感脉络发展到怀念亡妻的情感必须找到一个寄托之物。

这里有两点要特别注意。一是作者选择了枇杷树来写。选择即意味着放弃，枇杷树承载着太多的信息使作者放弃其他景物，这里既有文化信息比如枇杷树往往象征高洁、美满、子嗣昌盛等，也有现实的信息如"所手植也"（此处的"手"理解为"合手"要比"亲手"更符合文章情感）及"今已亭亭如盖"（物是人非、乐景衬悲情）所包含的丰富情感。二是作者行文风格使然。此时的归有光已近中年，人事悲伤、屡试不第从内心里营造了行文低沉的可能，文学观念、行文风格渐趋稳定，于是以平静的叙述与描写来表达内心情感的波澜起伏便成了必然选择。

参考文献

[1] 吴小如.古文精读举隅[M].天津：天津古籍出版社，2002.

(三)《项脊轩志》教学价值的取舍、实现及启示

《项脊轩志》作为传统文言经典篇目，其价值是多方面的，作为非教学文本，可以让读者从中管窥作者归有光的文学才华与情感世界；进入教学视域，其教学价值也是多方面的。如何解决丰富的教学价值与有限的教学时间二者之间必然的矛盾？有两种解决之道以供选用：一是对文本教学价值进行科学取舍，二是另择适合的文本以实现其部分教学价值。这里通过对《项脊轩志》教学价值的取舍及实现的探讨，谈谈文言文教学中文本价值的取舍与实现的问题。

1.《项脊轩志》教学内容确定的现状及存在的问题

当前《项脊轩志》"言"方面的教学内容主要集中在文言实词、虚词、句式、活用现象、翻译等方面知识的掌握以及带有规律性的文言现象的分析及把握，如"名词＋动词不构成主谓关系则名词作状语""动词＋以/于＋名词/代词一般为介词结构后置句式"等文言现象的分析与归纳。"文"的教学内容则主要集中在文章学角度的分析：段落内容概括、结构思路安排、情感理解、主旨概括、写作手法赏析。具体体现在："然余居于此，多可喜，亦多可悲"在文中的作用、作者"喜"与"悲"情感内容的概括、补记内容的概括、最后一段品赏、文章主旨分析、细节描写手法的赏析、以生活细节刻画人物并表情达意的写作方法的学习等。

在具体的教学中，《项脊轩志》"言"的教学内容大同小异，上述"言"方面的教

学也为一般文言文教学所采用。对于《项脊轩志》"文"的教学内容"点"上都能有所顾及,但在教学"点"的内容方面还有很多值得深入思考的空间,主要体现在对"喜"与"悲"情感内涵及主旨的理解上流于浅层。在"文"与"言"的内容丰富而教学时间有限的现实矛盾中,若面面俱到,则流于表面而缺乏教学应有的深度,这对于高中学生的语文学习来说是非常不利的。

如何化解教学内容的丰富性与教学时间的有限性之间的矛盾?对这一个问题更为深入的追问是:文言文教学如何提高效率?如何在有限的教学时间内尽可能大地发挥文言文本的教学价值?再进一步的追问则是如何借助教学内容的深化以提高学生理解文言文乃至语文的能力?

2. 《项脊轩志》教学价值的取舍

《项脊轩志》"言"的教学内容的教学价值主要体现在丰富学生文言知识的积累及文言规律性的掌握,促进学生不断提高文言语感能力;"文"的教学内容的落实,其价值在于可以锻炼提高学生的理解、分析、综合及评价等能力。客观地说,《项脊轩志》一文在"言"的内容学习上难度并不大,而其"文"的内容则有值得深入分析、解读的必要。

首先,文章意脉的剖析。归有光作为明代文学家,其创作思想与创作水平已达到相当高的水准,《项脊轩志》亦被誉为"明文第一",此文内在的意脉自然是贯通的。文章从"喜"到"悲"到"论赞"已经完整,归有光为什么时隔15年之后还要补记?从意脉角度分析最终版本的《项脊轩志》应该会有新的发现。

其次,情感深层次内涵的理解。归有光在《项脊轩志》中倾注了深厚而浓重的情感,直言"然余居于此,多可喜,亦多可悲",将"喜"定位在老屋修葺一新、环境幽美,"悲"在家道中落、人亡物在,自然没有什么错误,但这样的理解还只是停留在较为浅显易见的层面。那么,归有光之"喜"与"悲"的真正内涵究竟是什么?

第三,论赞部分能否删去?《项脊轩志》几乎入选所有版本高中语文必修教材,而所有的已选《项脊轩志》的教材均将论赞部分删去。论赞属于史传文末的总评文字,归有光以论赞形式,给了最初的《项脊轩志》一个完整的文章结尾部分,从文章学角度来看,删去论赞部分显然是有伤于原文的。探讨论赞部分能否删去原本是一个有着丰富教学价值的教学内容,但当下鲜有教师将这"牵一发而动全身"

的问题纳入教学内容之中。

第四,文章补记部分的分析。归有光以两段怀念亡妻的文字补缀于原本完整的《项脊轩志》之后,难道仅仅是出于情感表达的需要?当下的教学,主要着眼于段落大意概括、写作手法赏析,特别是最后一段在表达情感上所起到的独特的艺术效果。这样的教学内容确定,固然没有什么错误,但总还未到达文本应有的深处。从文章学的角度分析,补记文字与原文究竟有着怎么内在的意脉联系?换言之,归有光补记,是否在表达另一种创作上的目的与追求?

第五,文章主旨的准确把握。《项脊轩志》主旨的准确把握,与上述四个方面的问题的深入准确理解有着紧密的联系。仅停留在文章字面意思,自然可以得出家道中落、人亡物在、哀叹身世、凭吊个人不幸遭际等结论,若从上述四个方面的问题入手,经过层层追问,我们完全可以获得对《项脊轩志》主旨的全新认识。

上述对《项脊轩志》"文"的内涵的深入分析(当然,这里只是提出思考的问题及方向,具体分析在下文中呈现),属于文本解读内容范畴,将这些文本解读内容纳入教学视域,则是发挥《项脊轩志》"文"的教学价值的必然选择。相较于"言"的内容的教学价值而言,显然,上述"文"的内容更有教的必要,教学这些内容在培养学生深入理解文意的能力、拓展思考视野、深化思维训练等方面具有更丰富的教学价值。

《项脊轩志》教学价值取舍的问题,其实质是《项脊轩志》"言"的内容是否有可替代性,而"文"的内容是否无法替代及不能忽略?此外,文章以生活细节刻画人物并表情达意的写作方法是否为此文必须教学的内容?若限于教学时间,能否舍弃?或者,是否有更适宜的体现归有光这一写作手法的文本以供选择?若有,是否应该引入以作为教学内容?

文言知识在不同的文言文本中是相近的,辨别实词、虚词意义上的差异难度不大,带有规律性的文言现象,归纳难度也是不大的。经过审慎思考,笔者认为,《项脊轩志》"言"的教学内容具有可替代性。《项脊轩志》"文"的内容则无法替代,换言之,若不将上述"文"的内容纳入教学内容,学生一则无法真正理解《项脊轩志》,二则失去一个深入理解文本、思维得到深化的学习机会。课堂教学中未能深入文本的内核,也是对文本的一种浪费与不尊重。关于写作手法问题,归有光的

《先妣事略》一文"用全部篇幅去写母亲生前的生活琐事，从而表现出作者对老人的一往情深"；在写法上，"别出心裁地在形式上把'我'排除，而以旁观者的身份来写"，"直接承认'追惟一二，仿佛如昨，余则茫然矣'，完全道出一个七八岁的孩童对亡母依稀记忆，以及成年后刻骨铭心的怀念"。可见，选用《先妣事略》一文作为归有光以生活细节刻画人物及表情达意写作手法的学习，较《项脊轩志》更为合适，在感受归有光对慈母怀念之情方面，也比《项脊轩志》更为合适（在《项脊轩志》中，念及慈母仅用"泣"，而在《先妣事略》中则"世乃有无母之人，天乎痛哉！"）。

综上所述，《项脊轩志》的教学重点应该放在"文"的教学上，其教学价值的核心价值应该是理解"文"的深层次内涵的落实。若囿于教学时间之限必须作出取舍，则应该取"文"而舍"言"，当然，此处之"舍言"，并非完全脱离文本语言而作架空分析，此为文言文教学之常识，无需多言。

3. 《项脊轩志》教学价值的实现

上述对《项脊轩志》"文"的内容的追问，是实现《项脊轩志》核心教学价值的关键所在，只有在课堂教学活动中加以解答。我们可以将"论赞部分能否删除"这个问题作为统领整个教学的主问题，要回答这个问题，就需要将论赞部分之前的内容与论赞内容、论赞内容与补记内容之间的内在关联找出来，解答这个问题的实质是从文章意脉角度，深入剖析文章的深层内涵。

设问1：论赞部分表达了作者怎样的情感？

论赞内容如下：

> 项脊生曰："蜀清守丹穴，利甲天下，其后秦皇帝筑女怀清台。刘玄德与曹操争天下，诸葛孔明起陇中。方二人之昧昧于一隅也，世何足以知之？余区区处败屋之中，方扬眉瞬目，谓有奇景，人知之者，其谓与坎井之蛙何异！"

明确：论赞部分以自况的手法，表达了作者不甘于屈居"一隅"的强烈愿望及对功名的必胜信念，其情感基调是昂扬积极的。作者最初写作此文时年仅18岁，正是对未来充满信心之时。

设问2：论赞之前部分重点内容之"喜"与"悲"情感的深层次内涵是什么？

关于"喜"与"悲"情感的深层次内涵，前文"基于文本解读逻辑性的文言文教学内容深化——以《项脊轩志》为例"已作了较为深入的探讨,此不赘述。这里,笔者另从文章标题所暗示的文章写作目的做一些探讨。

明确:"项脊轩"是归有光的书斋之名。书斋在中国古代知识分子中扮演着非常重要的角色,是他们的精神家园,书斋是"文化传承的汇集点""个性创造的发酵池""人与自然和谐的典范"。归有光以"项脊轩志"为题,正是要借此传递出他对功名之事的感受与思考,这也较为合理地解释了此文中思及慈母之情远不如思及祖母之情么深重么浓烈。概言之,"喜"的深层次内涵应该是"追求功名心无杂念、精神世界自由自在",而"悲"的深层次内涵则应该是"辜负祖母、功名难企"。

设问3:"殆有神护"一段的作用是什么?

明确:表面看来,神保护的是项脊轩,实质保护的更是归有光,更进一层保护的是归有光在项脊轩中博取功名的希望。"殆有神护"四个平常的文字背后,是归有光对功名的执着信念。归有光行文至此,已将他围绕书斋、功名的全部情感传达出来了。

设问4:论赞部分在原来文章中起到怎样的作用?能否删去?

白居易在《新乐府序》中提出:"首句标其目,卒章显其志。""卒章显志"是古今为文的一个基本准则,范仲淹的《岳阳楼记》堪称运用这种手法的典范。归有光以"项脊生曰"的形式,以属于史传文字的论赞形式缀于散文文体的《项脊轩志》结尾,正是借此表达对功名势在必得的昂扬斗志。

明确:文章由身处书斋心无杂念以求功名之"喜"过渡到"辜负祖母、功名难企"之"悲",重在突出悲之存在,但念及"轩凡四遭火,得不焚,殆有神护者",加上18岁青春大好年华,因此以论赞内容表达必得功名的强烈信念,文章意脉流畅,意旨完满,结构齐整。教材编者删除论赞部分,则伤害了原本浑然一体的文意与结构。

设问5:从文章意脉角度分析,补记部分在文中起到怎样的作用?

归有光曾写作112字的《寒花葬志》,借追忆亡妻魏氏婢女寒花二三事,表达对魏氏的深切怀念之情。在时隔15年之后,归有光提笔补记《项脊轩志》,若仅仅是为了表达对亡妻的深切怀念,那么补记部分与前文则缺少内在的关联,深谙写作之道的归有光自然知晓在原本完整的文章之后补记意味着什么。因此,我们只有从文章意脉角度去分析补记的价值。

明确：补记部分以怀念亡妻之深情示于人，其情之切、文之妙，自然令读者动容。但，补记部分所昭示的归有光对亲情的重视，这对前文特别是论赞部分所表明的过于重视功名的态度而言，与其简单说是补记，毋宁说是一种补救——匡正其对功名的过于热衷与信心。毕竟在中国传统知识分子观念里，一个成熟的知识分子不应该在作品中如此直白地表达对功名的执着热切的向往。因此，我们可以这样说：归有光以补记内容让《项脊轩志》成为一个新的整体，让《项脊轩志》获得了新的生命。

当然，新的《项脊轩志》让我们看到了两个世界中的归有光：散文世界所代表的精神世界中的归有光，他重视人世间的情感，回归人伦，远离功名；但现实世界中的归有光，无法逃脱"学而优则仕"的古训，前后历八次会试不第，在汲取功名的道路上，孜孜以求。两个世界中的归有光都是真实的，只有认识到这一点，才算看到了全面的归有光。

设问6：《项脊轩志》文章真正的主旨所在是什么？

吴小如先生对《项脊轩志》主旨的认识很独到："《项脊轩志》真正的主旨所在，却是作为一个没落地主家庭的子弟，对家道中落的身世发出了惋惜和哀鸣，同时也在沉痛地凭吊个人遭际的不幸。作者以一间破旧的书房为线索，写出了母亲、祖母和妻子三代人对自己的爱怜、期望和依恋，从而流露出一个失意的读书士人生不逢时的抑郁和悲哀。"笔者也曾经赞同过这种理解。但经过对作品意脉的分析，笔者对《项脊轩志》的主旨有了新的认识。

明确：基于上述对于《项脊轩志》意脉的充分梳理与剖析，笔者认为，《项脊轩志》表达的主旨是，一个正值青春年华的读书人对家道中落有所伤感，但对于功名却充满强烈的信念；通过补记内容表达了一个时近中年的知识分子对于人世间情感的重视与回归。

最后，谈谈文章写作手法的教学处理。如前所述，《先妣事略》一文更能代表归有光在散文创作中以细节抒情的写作手法，教学中，我们完全可以将《先妣事略》一文引入课堂，引导学生深入体会作者所抒发的对慈母"刻骨铭心的怀念"，学习作者的创作手法。此外，《先妣事略》一文在"文"的方面单一而明确，因此，《先妣事略》一文的教学价值就应该侧重于"言"，这对于《项脊轩志》一文侧重于"文"

而言也是一种补充。

4. 几点启示

文本教学价值与教学内容是互为依存的关系,文本教学价值源于教学内容,教学内容因教学价值的发挥而有存在的必要,没有适宜的教学内容,文本教学价值便成了无本之木,没有教学价值的教学内容便失去教的意义。一般来说,文言文本其教学价值主要集中在"文"与"言"两个方面,"言"的层面主要解决文言知识的掌握与运用,"文"的层面内涵更为多样,可以是文意在内容层面的理解与能力方面的提升,可以是文章思路、结构、写作手法等方面的赏析,还可以是文化知识方面的丰富。"文"与"言"往往又是结合在一起的,不止步于"言","文"不脱离于"言"。优秀的文言文本,在"言"方面的教学内容基本相同,而在"文"的教学内容上却有着丰富的可能性,因而其教学价值有可供挖掘的多重空间。文言文教学既要帮助学生积累文言知识,也要促进学生提高理解祖国语言文字的能力,"言"与"文"互为依存,教学过程中并无谁先谁后的顺序问题,也并非简单的谁多谁少的轻重划分。对于"言"的内容理解难度不大的文言文本,或者语文能力较强的学生,在教学内容的选择上则需有所侧重,若"文"的内容有充分挖掘的可能,则需在"文"的教学上多花时间与精力。我们建议,基于文本"文"与"言"的特点来科学取舍文言文本的教学价值。

首先,对文言文本"言"的内容进行细致的梳理,力争做到条理清晰、要点明确,将"言"序列化。文言知识的学习是一个长期积累的过程,无法"毕其功于一役"。若能将教材文言篇目所涉文言知识做一个全面梳理,统筹安排,依不同篇目的特点有所侧重,则"言"的教学效果会更为理想,这也为"文"的学习腾出了时间。

其次,对文本加以深入的解读,通过解读的深化与逻辑性以促进文言文本"文"的教学价值的发挥。选入教材的文言文本在"文"的内涵上大都具有相应的深度,深度带来的是理解上的难度,若忽视"文"的教学,学生的语文能力的训练与培养将受到严重的影响。

第三,对文言文本的"文"与"言"进行衡量,科学取舍,取舍的标准为"是否可替代"。单篇文言文本"言"的教学价值基本都可替代,"文"的内容则因篇而异。对于不深入探讨学生就无法准确理解的文言文本,"文"的教学就应该是重点。

第四,教学设计要科学,课堂教学展开要符合逻辑性。无论是"言"的教学还是"文"的教学,都要符合文言学习的内在规律性,符合学生认知接受特点,教学展开要符合教学的逻辑性。

第五,语文教师应该扩大视野。面对浩如烟海的传统文言篇目,语文教师不能局限于单篇文言文本的教学,既可以对教材进行重组,也可以根据作者重新选择篇目,将文言文本"文"与"言"的教学价值发挥到最佳。

参考文献

[1] 章培恒,安平秋,马樟根主编.明代散文选译[M].南京:凤凰出版传媒集团凤凰出版社,2011.
[2] 成龙.基于文本解读逻辑性的文言教学内容深化——以《项脊轩志》为例[J].中学语文,2016(3).
[3] 凝石.书斋——中国文人的精神家园[J].《新华文摘》,2007(2).
[4] 詹丹先生认为:补记本身具有相对的独立性,补记意味着"情感的记忆和书写对人间世界的维系力和对生命的感召力"。詹丹.语文教学与文本解读[M].上海:上海教育出版社,2015.
[5] 吴小如.古文精读举隅[M].天津:天津古籍出版社,2002.

(四)文言文讲课稿(2020年上海市空中课堂讲课)

1 《过秦论》讲课稿

第一课时

同学们好!

秦国是战国时期最强盛的国家,实现了统一六国的伟业,建立了中国历史上第一个中央集权君主专制的统一王朝——秦朝。秦朝共经历了三世君王,存在了15年的时间。秦朝如此迅速地灭亡的原因究竟是什么?西汉政论家、文学家贾谊创作了《过秦论》一文,对此提出了自己的看法。

我们先来了解贾谊及《过秦论》一文的相关情况。

PPT1

贾谊

贾谊(前200—前168),西汉政论家、文学家。洛阳(今属河南)人,时称贾生。少有博学能文之誉,文帝初招为博士。不久迁太中大夫。所著政论《陈政事疏》《过秦论》等,为西汉鸿文。

贾谊是西汉政论家、文学家。洛阳(今属河南)人,时称贾生。少有博学能文之誉,文帝初招为博士。不久迁太中大夫。所著政论《陈政事疏》《过秦论》等,为西汉鸿文。

贾谊的著作有《新书》58篇,《过秦》一文列在第一,分为上、中、下三篇。《新书》中并没有"论"这个字,南朝梁武帝的长子萧统组织文人共同编选的《文选》一书加上了"论"字,后来选这篇文章都称《过秦论》。这是一篇极其有名的论文,《史记·始皇本纪》全引它作为对秦的评论,《陈涉世家》后面的"太史公曰"又引了这一篇。《昭明文选》选了它,清代桐城派姚鼐《古文辞类纂》还把《过秦论》作为压卷之作。由此可见《过秦论》一文在中国文学史上的地位。

文章标题添加了"论"字,更突出了文章论述的特点。

PPT2

题解:

过秦论

  论:

  过:

  秦:

"论"表明论述文体;"过"这里是动词,"指出过失";"秦"表明论述对

象。根据文章学的基本知识，我们应该知道，西汉的贾谊写文章论述秦的过失，其目的是为了给汉朝统治者提供历史借鉴。这里还要说明的一点是，选入教材的是《过秦论》上篇。

秦国历史悠久，国君众多，作者为什么选择从秦孝公开始写起呢？

秦孝公，战国时秦国国君，公元前361—前338年在位。即位后，重用商鞅实行变法，奖励耕战，并迁都咸阳（今陕西咸阳东北），进一步实行变法。从此秦国日益富强，成为战国七雄之一。奠定了日后统一六国的基础。

PPT3

秦孝公据崤函之固，拥雍州之地，君臣固守以窥周室，有席卷天下，包举宇内，囊括四海之意，并吞八荒之心。

秦孝公时期，君臣就已经有了独霸天下的野心。

PPT4

理解：
"君臣固守以窥周室"的含意。

这句话从君臣的角度，写出了秦国的凝聚力。这里的"窥"字是很有意味的。一方面写出了秦国君臣的野心，另一方面也写出了此时的周王室虽已日渐式微，但仍不可小觑。

作者采用了赋这种文体中的同义叠词的句法。

席卷、包举、囊括、并吞都有并吞的意思，天下、宇内、四海、八荒都是天下的意思。《古文观止》编者评述说道："四句只一意，而必当叠写之者，盖极言秦先虎狼之心，非一辞而足也。"《古文观止》的评述，充分地说明了同义叠词这种句法，有效地突出秦孝公吞并天下的野心。

PPT5

有席卷天下,包举宇内,囊括四海之意,并吞八荒之心。

四句只一意,而必当叠写之者,盖极言秦先虎狼之心,非一辞而足也。

——《古文观止》

秦孝公采取了具体的策略,增强国力。

作者写道:当是时也,商君佐之,内立法度,务耕织,修守战之具,外连衡而斗诸侯。

这里要注意这样几个文言词语的用法。一个是"内"与"外"是名词作状语,表述在国内、在国外;第二个是"斗"这个词的用法,是使动用法,这里不是秦国与其他诸侯国争斗,而是"使诸侯国之间争斗",这就是秦国采取的连衡之策。

我们来了解连衡的意思。

连衡:随从强国去进攻其他弱国。战国时张仪游说六国共同侍奉秦国。战国后期,秦国最强大,"连衡"指齐、楚、燕、赵、韩、魏这些国家中的某几国跟从秦国进攻其他国家。

连衡策略对于秦国来说,是非常有效的。

PPT6

当是时也,商君佐之,内立法度,务耕织,修守战之具,外连衡而斗诸侯。

连衡:随从强国去进攻其他弱国。战国时张仪游说六国共同侍奉秦国。战国后期,秦国最强大,"连衡"指齐、楚、燕、赵、韩、魏这些国家中的某几国跟从秦国进攻其他国家。

在多种治国策略的作用下,秦国国力迅速崛起。

作者选择了一个典型的事例,来表明这种效果。"拱手而取西河之外""拱手",极言得来之轻松。当然,这种写法只是一种文学的笔法,实际的情形是怎么样的呢?请看下面一则材料。

秦孝公二十二年(前 340 年),商鞅伐魏,魏使公子卬为将而击之。商鞅遗书公子卬,愿与为好会而罢兵。会盟既已,商鞅虏公子卬而袭夺其军。魏王恐,乃使使割西河之地献于秦以和。

PPT7

于是秦人拱手而取西河之外。

秦孝公二十二年(前 340 年),商鞅伐魏,魏使公子卬为将而击之。商鞅遗书公子卬,愿与为好会而罢兵。会盟既已,商鞅虏公子卬而袭夺其军。魏王恐,乃使使割西河之地献于秦以和。

商鞅采取的这种"挟公子以令魏王"的做法,使得秦国轻松取得魏国黄河以西的大片土地。当然,商鞅的这种做法,其正当性、公平性如何,也还是有进一步探讨的空间吧。

文章开篇,以较为简洁的语句,概述了秦国崛起的策略与效果。

PPT8

秦国迅速崛起,国力不断增强,并吞天下的野心逐渐显现。

第 1 段,作者从秦国所占据的地理优势写起,突出秦孝公统一天下的雄心,简要地介绍了对内与对外的政策与效果。秦孝公是秦国崛起的关键人物。

至此,我们知道,作者从秦孝公开始写起,是为了突出秦国的迅速崛起,为后文指出秦的过失做好铺垫。

一个大国的崛起、发展与壮大,必须有一代代君王的持续努力。秦国就是这样的。大国崛起之后,必然要进一步发展壮大。课文第 2、3 段,写的就是这个内容,把这两段结合起来看,我们就能发现作者写作上安排上的巧妙之处。

我们先看第 2 段。

文章写道:孝公既没,惠文、武、昭襄蒙故业,因遗策,南取汉中,西举巴、蜀,东割膏腴之地,北收要害之郡。

PPT9

孝公既没,惠文、武、昭襄蒙故业,因遗策,南取汉中,西举巴、蜀,东割膏腴之地,北收要害之郡。

对于秦国三代国君发展国力的策略,作者仅以"蒙故业,因遗策"六个字作了交代,接着用带有排比的句式,极为简要地概括了国力强盛的效果。而接下来,却用了多好几倍的文字,来叙述其他诸侯国的情况,这是为什么呢?

我们先来看看作者是如何叙述其他诸侯国的情况的。

诸侯恐惧,会盟而谋弱秦,不爱珍器重宝肥饶之地,以致天下之士,合从缔交,相与为一。

PPT10

诸侯恐惧,会盟而谋弱秦,不爱珍器重宝肥饶之地,以致天下之士,合从缔交,相与为一。

合纵:战国时弱国联合进攻强国,称为"合纵"。战国后期,秦国最强大,"合纵"指齐、楚、燕、赵、韩、魏等国联合抗秦。

"恐惧"二字,极形象地写出了诸侯国面对不断强大起来的秦国的感受,于是,他们以极其优渥的条件,招纳天下的贤士,并采取了具体的对策,这其中最重要的对策是合纵。

合纵是指：战国时弱国联合进攻强国，称为"合纵"。战国后期，秦国最强大，"合纵"指齐、楚、燕、赵、韩、魏等国联合抗秦。

关于历史上合纵的真实情形，我们来看一则材料。

合从缔交，相与为一。

首次合纵在前334年至前332年之间，苏秦说六国合纵，任纵约长，佩六国相印，"秦兵不敢窥函谷关十五年"。前318年，苏秦再次约六国攻秦，楚怀王任纵约长，至函谷关，秦出兵击六国，六国皆引兵而归。此外，前298年，魏、齐、韩三国曾联合攻秦。前247年，信陵君率五国兵败秦于河外。

PPT11

合从缔交，相与为一。

首次合纵在前334年至前332年之间，苏秦说六国合纵，任纵约长，佩六国相印，"秦兵不敢窥函谷关十五年"。前318年，苏秦再次约六国攻秦，楚怀王任纵约长，至函谷关，秦出兵击六国，六国皆引兵而归。此外，前298年，魏、齐、韩三国曾联合攻秦。前247年，信陵君率五国兵败秦于河外。

从上述史实可以看出，政论叙述历史只是一种概述方式，跟史书记载不尽相同。这主要取决于作者写作的目标定位。

为了突出诸侯各国的应对，作者驱动文笔，极力展现。

课文写道：

当此之时，齐有孟尝，赵有平原，楚有春申，魏有信陵。此四君者，皆明智而忠信，宽厚而爱人，尊贤而重士，约从离衡，兼韩、魏、燕、楚、齐、赵、宋、卫、中山之众。

先是对战国四君子赞美有加，他们明达、智慧、忠诚、守信，敬重贤士，以合纵之约击破秦国的连衡之策。

PPT12

　　当此之时,齐有孟尝,赵有平原,楚有春申,魏有信陵。此四君者,皆明智而忠信,宽厚而爱人,尊贤而重士,约从离衡,兼韩、魏、燕、楚、齐、赵、宋、卫、中山之众。

　　战国四君子是中国历史上的一个独特的存在。

　　战国末期,秦国势力越来越强大,各诸侯国贵族为了对付秦国的入侵和避免本国的灭亡,竭力网罗人才。他们礼贤下士,广招宾客,以扩大自己的势力,因此养"士"之风盛行。当时,以养"士"著称的有魏国的信陵君魏无忌、齐国的孟尝君田文、赵国的平原君赵胜、楚国的春申君黄歇。因其四人都是王公贵族,时人称之为"战国四公子"。

　　这样看来,从某种意义上说,战国四公子甚至发挥出了比诸多国君还重要的作用。

PPT13

战国四公子

　　战国末期,秦国势力越来越强大,各诸侯国贵族为了对付秦国的入侵和避免本国的灭亡,竭力网罗人才。他们礼贤下士,广招宾客,以扩大自己的势力,因此养"士"之风盛行。当时,以养"士"著称的有魏国的信陵君魏无忌、齐国的孟尝君田文、赵国的平原君赵胜、楚国的春申君黄歇。因其四人都是王公贵族,时人称之为"战国四公子"。

　　四公子之外,还有如此之多的六国贤能之士,接下来作者再次使用排比句式写他们出谋划策,领兵征战。

　　于是六国之士,有宁越、徐尚、苏秦、杜赫之属为之谋,齐明、周最、陈轸、召滑、楼缓、翟景、苏厉、乐毅之徒通其意,吴起、孙膑、带佗、倪良、王廖、田忌、廉颇、赵奢之伦制其兵。

这里的排比句,是要放声朗读,方能体会到语言的气势的。

至此,我们对作者铺叙排比的语言艺术,有了感性上的认识。

PPT14

于是六国之士,有宁越、徐尚、苏秦、杜赫之属为之谋,齐明、周最、陈轸、召滑、楼缓、翟景、苏厉、乐毅之徒通其意,吴起、孙膑、带佗、倪良、王廖、田忌、廉颇、赵奢之伦制其兵。

上述对其他诸侯各国情形的叙述,多以排比形式出现。现在,我们对这许多的排比,从形式、内容与目的上作些分析。

PPT15

排比:

1. 形式
2. 内容
3. 目的

从形式上看,有四字句的排比,五字句的排比,接着是众多人名列举的排比;在排比句之间,还穿插了短句、长句,使得语言变化多端,摇曳生姿。

从内容上看,先是列出四君子,进而突出他们的品德、才能,而众多人名的列举,则突出了六国之士之众多。

从目的上看,写四君子、六国之士,自然不是作者的目的,只是手段,起到反衬秦国之强大的效果。

这就回答了刚才我们提出的问题:作者为什么要用多好几倍的文字,来叙述其他诸侯国的情况。这是一种反衬。

那么，九国之师，百万之众，叩关攻秦时，情况如何呢？

尝以十倍之地，百万之众，叩关而攻秦。秦人开关延敌，九国之师，逡巡而不敢进。秦无亡矢遗镞之费，而天下诸侯已困矣。

PPT16

尝以十倍之地，百万之众，叩关而攻秦。秦人开关延敌，九国之师，逡巡而不敢进。秦无亡矢遗镞之费，而天下诸侯已困矣。

九国之师：

1. 特点
2. 作用

九国之土地，不可不谓之广；九国之师，不可不谓之多。面对如此众多之兵，秦人却大开关门，主动迎敌。秦人这么做的勇气与底气，来自哪里？我们想，恐怕还是来自秦人对九国之师特点的准确把握，特别是对自身国力的强大自信。

九国之师，人数众多，但却是一盘散沙，作者写道："逡巡而不敢进"，"逡巡"是指有所顾虑而徘徊或不敢前进。同学们，"逡巡"二字是很有意味的，形象地写出了这一点。作者以九国之师再次反衬了秦国的强大。

历史就是这样，在国家实力面前，诸多其他因素，可能都退而居其次了。合纵之约烟消云散。

于是从散约败，争割地而赂秦。秦有余力而制其弊，追亡逐北，伏尸百万，流血漂橹；因利乘便，宰割天下，分裂山河。强国请服，弱国入朝。

PPT17

于是从散约败，争割地而赂秦。秦有余力而制其弊，追亡逐北，伏尸百万，流血漂橹；因利乘便，宰割天下，分裂山河。强国请服，弱国入朝。

"争割地而赂秦",一个"争"字,写尽了弱国在强国面前的无奈,割地赂秦,留给了后人诸多的思考。关于六国与秦国,三苏父子三人,都写了《六国论》,明人李桢也写了《六国论》,唐人杜牧的《阿房宫赋》却也能给我们不一样的思考。

课文第 2 段,在排比、对比中,突出了秦国进一步发展壮大的情形。

PPT18

秦国进一步发展壮大。

第 2 段大量的排比,令读者应接不暇,也营造了强大的气势,读来酣畅饱满。第 3 段开篇,又有了变化,语言简洁,一笔带过。

PPT19

延及孝文王、庄襄王,享国之日浅,国家无事。

这样的写法,明代古文家归有光在《评点史记》中说:"如人吐气。"形成短暂的停顿,调整了文章的节奏。

秦始皇是中国历史上第一个中央集权君主专制的统一王朝——秦朝的建立者,作者自然要对其大书特书。

首先写秦的进攻。

奋六世之余烈,振长策而御宇内,吞二周而亡诸侯,履至尊而制六合,执敲扑而鞭笞天下,威振四海。

作者再次展现出了赋的特点:整句为主,间有散句,整散结合,富有变化。以"奋六世之余烈"开始,以"威振四海"四字收尾,将秦始皇一统天下的历史过程,作了高度的凝练概括。概括之后,再补以具体的事例,南取百越之地,以为桂林、象郡;百越之君,俯首系颈,委命下吏。

"百越之君,俯首系颈,委命下吏"有力地衬托了秦始皇的威势。

PPT20

及至始皇,奋六世之余烈,振长策而御宇内,吞二周而亡诸侯,履至尊而制六合,执敲扑而鞭笞天下,威振四海。南取百越之地,以为桂林、象郡;百越之君,俯首系颈,委命下吏。

——秦的进攻

进攻之外,还须防守。

乃使蒙恬北筑长城而守藩篱,却匈奴七百余里;胡人不敢南下而牧马,士不敢弯弓而报怨。

派出名将,镇守边疆,胡人不敢南下,士不敢弯弓报怨。这是谈秦的防守。

PPT21

乃使蒙恬北筑长城而守藩篱,却匈奴七百余里;胡人不敢南下而牧马,士不敢弯弓而报怨。

——秦的防守

第3、4两段,都写秦始皇治国之策与治国之效。

PPT22

秦始皇治国之策与治国之效。

那么,作者为什么要花如此之多的笔墨,写秦始皇呢?除了他建立了秦朝的历史功绩之外,作者是否还有其他的用意呢?这个问题,我们留待下节课再来分析。

贾谊以时间为线索,根据观点的需要,剪裁历史材料,以文学的笔法,在高度的概括中,展现了秦国崛起、发展、壮大的历史过程。

PPT23

结 论

贾谊以时间为线索,根据观点的需要,剪裁历史材料,以文学的笔法,在高度的概括中,展现了秦国崛起、发展、壮大的历史过程。

贾谊创作的《过秦论》,带有赋的鲜明特征,文章铺排渲染,语言表达生动形象。放声朗读,自然可以体会到文章磅礴的气势与酣畅的文脉流动;当然,文中不少语句也需要我们静下心来,细细品味。

PPT24

小 结

贾谊创作的《过秦论》,带有赋的鲜明特征,铺排渲染,生动形象。

今天的作业是:

课文第3、4段,极力渲染秦始皇治国之策与治国之效,课后阅读第4段,结合全文看,作者这样写有何用意?

PPT25

作 业

课文第3、4段,极力渲染秦始皇治国之策与治国之效,课后阅读第4段,结合全文看,作者这样写有何用意?

好,今天的课就讲到这里,同学们再见!

第二课时

同学们好！我们继续学习《过秦论》。

文章第1段，写秦国在秦孝公的治理下强势崛起，第2段通过对比，突出秦国的不断发展壮大，第3、4段，则极力渲染秦始皇的治国之策与治国之效。

PPT1

第3、4段：极力渲染秦始皇的治国之策与治国之效。

秦始皇统一六国，建立了中国历史上第一个中央集权君主专制的统一王朝——秦朝，从历史角度来看，有其巨大的意义。这一点，同学们在历史学科的学习中，应该有充分的认识。

秦始皇开启全新的历史进程，这是功，然而，功与过却又总是相伴相生。第3段，对秦始皇历史之功充分的铺排叙述之后，第4段，接着叙述秦始皇的治国之策。

文章写道：

于是废先王之道，焚百家之言，以愚黔首；隳名城，杀豪杰；收天下之兵，聚之咸阳，销锋镝，铸以为金人十二，以弱天下之民。

PPT2

于是废先王之道，焚百家之言，以愚黔首；隳名城，杀豪杰；收天下之兵，聚之咸阳，销锋镝，铸以为金人十二，以弱天下之民。

概括并评议秦始皇的治国之策。

这样的治国策略，本质上是什么呢？

我们抓住两个关键词：一个是愚，一个是弱。"废先王之道，焚百家之言"是为愚民之策;"收天下之兵,聚之咸阳,销锋镝"是为弱民之策。秦始皇是否知道,著作可以焚烧,但知识与思想是无法毁灭的;天下的兵器可以销毁,但百姓抗争的力量是无法销毁的。愚民与弱民的本质是对民的防范,我们称之为"防民之策"。历史证明了一点,民是不可防的,《国语·周语上》说:"防民之口,甚于防川,川壅而溃,伤人必多,民亦如之。"意思是说:阻止人民说话的危害超过了堵塞河川的危害。作者叙述秦始皇的愚民、弱民、防民,已经在暗示秦始皇的治国走向了暴政的一面。这一点,第 3 段中已有相关的叙述,如"执敲扑而鞭笞天下"。

作者以夸张的笔法,进一步写秦始皇的布局:

然后践华为城,因河为池,据亿丈之城,临不测之渊,以为固。良将劲弩守要害之处,信臣精卒陈利兵而谁何。

PPT3

然后践华为城,因河为池,据亿丈之城,临不测之渊,以为固。良将劲弩守要害之处,信臣精卒陈利兵而谁何。

据守华山作为城,以黄河作为护城河,既有亿丈之高的城墙,又有深不可测的护城河。这里"以为固"三个字,应该可以有两种理解,一种是"以之为固","固"是名词,是指坚固的防御工事,"以之为固"意思是把亿丈之城与不测之渊作为坚固的防御工事;另一种是"认为很牢固"。前一种理解侧重于客观的叙述,后一种理解则突出主观上的认为,这可能更符合这一段的整体意思。

一系列治国措施带来了安定局面。

天下已定,始皇之心,自以为关中之固,金城千里,子孙帝王万世之业也。

PPT4

　　天下已定,始皇之心,自以为关中之固,金城千里,子孙帝王万世之业也。

"自以为"

　　于是,秦始皇便有了"子孙帝王万世之业"的念头。这里的"自以为"三个字很有意味。"以为"是一种主观判断,前再加一个"自",就更突出了秦始皇对国家局面的一种判断,当然这种判断,是秦始皇出于对自己治国策略的自信与对"子孙帝王万世之业"的奢望。作者用"自以为"三个字,实际是要讽刺秦始皇的痴心妄想,因为,在贾谊看来,愚民、弱民、防民,一味的高压政策,是注定要失败的。

　　现在,我们可以看出,作者对秦始皇的叙述,花了比以往"六世"国君多出许多倍的笔墨,这样安排,用意何在?

PPT5

　　思考:
　　第3、4段极力渲染秦始皇治国之策与治国之效,有何用意?

　　首先,秦始皇是完成秦国统一六国大业的国君,在秦历史上处于重要的位置。其次,秦始皇的治国之策中已经包含有暴政的影子,详细叙述这样的治国之策,就为下文结论的得出做好了铺垫。第三,极力渲染秦始皇治国之效,就与秦朝由强盛却迅速走向灭亡形成了巨大的反差,这也为下文得出结论张本。

　　至此,秦国自秦孝公崛起,到秦始皇统一天下,这一段历史,作者已经做了叙述。

　　为了进一步体会作者内容安排的艺术手法及其效果,我们还可以梳理一下课文前四个段落在内容安排上的特点以及巧妙之处。秦孝公是秦国崛起的关键人物，作者以比较充分的笔墨，从地理位置、君臣雄心、对内对外政策、崛起效果等方面，做了叙述。接下来的惠文王、武王、昭襄王三位国君，在秦国进一步发展上，肯定也发挥了重要的作用，但作者仅用"蒙故业，因遗策，南取汉中，西举巴、蜀，东割膏腴之地，北收要害之郡"这样几个简单的句子一笔带过，进而用了大量的铺陈、排比，极写战国四君子、六国之士、九国之师，前面我们已经分析了这样安排的，其目的是反衬秦国之强大。从表达效果上来看，这样安排笔墨，达到了正面、侧面相结合的效果，也避免了叙述的单一化。至此，我们再一次领略了贾谊创作上的高妙之处。

秦始皇自然不知道，他的"子孙帝王万世之业"的念头，会如此之快就落空了。

秦始皇的统治影响深远。

我们思考："始皇既没，余威震于殊俗"的含意与作用。

PPT6

思考：

"始皇既没，余威震于殊俗"的含意与作用。

这句话从结构上起过渡的作用，由前文对秦崛起到盛极一时的历史的叙述，转入对陈涉起义及秦朝灭亡的叙述。"震"是震慑的意思，极言余威影响之深远；"殊俗"指边远的地方，表面上写边远的地方，实际上写整个国家。作者以非常简洁的语句，再次突显秦始皇威力之大。当然，威力越是被突显，与结局形成的反差就越大。

但是，再大的威力，却也挡不住陈涉起义的冲击。"然陈涉瓮牖绳枢之子"一句，有的版本为"然而陈涉瓮牖绳枢之子"，这里表达了转折之意。

然陈涉瓮牖绳枢之子,氓隶之人,而迁徙之徒也;才能不及中人,非有仲尼、墨翟之贤,陶朱、猗顿之富;蹑足行伍之间,而倔起阡陌之中,率疲弊之卒,将数百之众,转而攻秦;斩木为兵,揭竿为旗,天下云集响应,赢粮而景从。

PPT7

然陈涉瓮牖绳枢之子,氓隶之人,而迁徙之徒也;才能不及中人,非有仲尼、墨翟之贤,陶朱、猗顿之富;蹑足行伍之间,而倔起阡陌之中,率疲弊之卒,将数百之众,转而攻秦;斩木为兵,揭竿为旗,天下云集响应,赢粮而景从。

这一段文字,"陈涉瓮牖绳枢之子,氓隶之人,而迁徙之徒"是写陈涉低微的出身,"才能不及中人"是写陈涉平庸的才能,"蹑足行伍之间,而倔起阡陌之中,率疲弊之卒,将数百之众,转而攻秦"写的是陈涉困窘的处境。

但陈涉凭借低微的出身、平庸的才能、困窘的处境,却能拥有如此之大的号召力,"天下云集响应,赢粮而景从",充分地表达出了影响力之大。

为了说明号召力之大,作者用"山东豪俊遂并起而亡秦族矣"作结。我们来赏析"山东豪俊遂并起而亡秦族矣"这句话的表达效果。

PPT8

赏析:
"山东豪俊遂并起而亡秦族矣"的表达效果。

"山东"指东方诸国,表明空间范围之广;"豪俊"与陈涉"瓮牖绳枢之子,氓隶之人,而迁徙之徒"形成反差,更突出陈涉起义的影响力与号召力。秦朝的灭亡过程，原本也是波澜壮阔，但作者却用"亡秦族"这样极其简洁的三个字加以凝练概括。这与前文大篇幅叙述秦的发展壮大与强盛，所构成的反差，是多么的鲜明啊！概括之后，作者还缀补一个语气词"矣"，那种斩钉截铁的意味，跃然纸上。

课文前五段，均为叙述。第6段开始议论。

PPT9

且夫天下非小弱也，雍州之地，殽函之固，自若也。

天下还是那个天下，地势并未改变，崤山与函谷关的险固，也还是原来的样子。这是句子的表面一层意思，深一层的意思是，既然天下、地势并未改变，那为何秦朝会如此迅速地被灭亡？这就引出了接下来的原因分析。

推翻秦朝，陈涉起义只是发端，并非主要力量，但作者为什么仅仅围绕陈涉来分析呢？

接下来的几句话包含了四组比较。

课文内容是这样的：

陈涉之位，非尊于齐、楚、燕、赵、韩、魏、宋、卫、中山之君也；锄耰棘矜，非铦于钩戟长铩也；谪戍之众，非抗于九国之师也；深谋远虑，行军用兵之道，非及向时之士也。然而成败异变，功业相反也。

PPT10

陈涉之位，非尊于齐、楚、燕、赵、韩、魏、宋、卫、中山之君也；锄耰棘矜，非铦于钩戟长铩也；谪戍之众，非抗于九国之师也；深谋远虑，行军用兵之道，非及向时之士也。然而成败异变，功业相反也。

四组比较的表达效果

这四组比较,从陈涉地位、武器装备、人员实力、智慧谋略等四个方面展开比较,构成了强烈的反差。四组比较,目的在于逗引出"然而成败异变,功业相反"这个出人意料的结果。这里的比较,也呼应了第2段中九国之师逡巡而不敢进攻,用陈涉起义之轻易实现,反衬九国之师的松散与懦弱。

当然陈涉起义之容易,不在于陈涉本身,而在于秦朝之暴政。这一点,《史记·陈涉世家》的论赞部分有了说明。"论赞"是指史传文末的总评文字。在《史记》中一般就是"太史公曰"的内容。

太史公曰:地形险阻,所以为固也;兵革刑法,所以为治也。犹未足恃也。夫先王以仁义为本,而以固塞文法为枝叶,岂不然哉!

PPT11

太史公曰:地形险阻,所以为固也;兵革刑法,所以为治也。犹未足恃也。夫先王以仁义为本,而以固塞文法为枝叶,岂不然哉!

——《史记·陈涉世家》(中华书局)

《陈涉世家》中的论赞部分,通行本原作"褚先生曰",这里,根据中华书局《史记》一书,采用"太史公曰"。司马迁认为,地形地势、武器法规只是用来固守与治理国家的,但这些还不够。古代的圣王以仁义为立国的根本,而把险要的地形和法规制度视为辅佐的枝叶。

作者围绕陈涉作分析,突出其各种劣势,目的就在于突出秦朝的暴政,再一次为得出文章结论张本。

偏于一隅的秦国,历经一百多年的发展,达到了历史的巅峰。

PPT12

然秦以区区之地,致万乘之势,序八州而朝同列,百有余年矣;然后以六合为家,崤函为宫;一夫作难而七庙隳,身死人手,为天下笑者,何也?

设问

但"一夫作难而七庙隳，身死人手"的结局，其深层次的原因是什么？作者一个设问句，引出文章的结论——仁义不施而攻守之势异也。

PPT13

思考：
"仁义不施而攻守之势异也"在文中的作用。

从文章本身来说，"仁义不施而攻守之势异也"是文章的结论，是前文大量的铺叙与简要的议论之后，得出的一个主旨。施行仁义，是儒家思想的重要主张，其实，哪怕不从诸子百家的观点角度来说，施行仁义，也符合人类发展的要求。得民心，施仁政，不穷兵黩武，才是人间之正道。

作者为了突出"仁义不施而攻守之势异也"这个结论，在全文中采用了对比的手法，结合全文来看，对比发挥了重要的作用。

PPT14

结合全文，思考：
1. 对比的内容
2. 对比的作用

从内容上看，文章写了四个方面的对比：一是秦国自身先强大后衰弱、先壮盛后衰败、先兴旺后灭亡的对比，二是秦与六国乃至九国的对比，三是秦与陈涉的对比，四是陈涉与六国的对比。

从作用上来看，四个方面的对比交织在一起，使得文章结构宏伟，气势磅礴，为最后中心思想的得出，做好极为充分的铺垫。

贾谊创作《过秦论》,其目的是为统治阶级服务的。在《过秦论》(下篇)中,贾谊说:

野谚曰:"前事之不忘,后事之师也。"是以君子为国,观之上古,验之当世,参以人事,察盛衰之理,审权势之宜,去就有序,变化因时;故旷日长久,而社稷安矣。

PPT15

野谚曰:"前事之不忘,后事之师也。"是以君子为国,观之上古,验之当世,参以人事,察盛衰之理,审权势之宜,去就有序,变化因时;故旷日长久,而社稷安矣。

——《过秦论》(下篇)

贾谊主张从历史中总结经验,并在当世验证,能考察出盛衰之理,以实现社稷安稳的目的。

《过秦论》是辞赋家所写的政论文,在风格上独树一帜。金圣叹是这样评点《过秦论》的:

"过秦论"者,论秦之过也。秦过只是末句"仁义不施"一语便断尽。此通篇文字,只看得中间"然而"二字一转。未转以前,重叠只是论秦如此之强;既转以后,重叠只是论陈涉如此之微。通篇只得二句文字:一句只是以秦如此之强,一句只是以陈涉如此之微。至于前半有说六国时,此只是反衬秦;后半有说秦时,此只是反衬陈涉,最是疏奇之笔。

PPT16

金圣叹评点《过秦论》

"过秦论"者,论秦之过也。秦过只是末句"仁义不施"一语便断尽。此通篇文字,只看得中间"然而"二字一转。未转以前,重叠只是论秦如此之强;既转以后,重叠只是论陈涉如此之微。通篇只得二句文字:一句只是以秦如此之强,一句只是以陈涉如此之微。至于前半有说六国时,此只是反衬秦;后半有说秦时,此只是反衬陈涉,最是疏奇之笔。

——《才子古文》

这样的评价,是很中肯的,点出了这篇文章的纲领,值得细细品味。

秦朝由极盛迅速走向灭亡,从历史的角度分析,原因自然有许多,贾谊所主张的"仁义不施而攻守之势异也",既有其写作目的,亦为深刻的历史教训。

PPT17

结论

秦朝由极盛迅速走向灭亡,从历史的角度分析,原因自然有许多,贾谊所主张的"仁义不施而攻守之势异也",既有其写作目的,亦为深刻的历史教训。

《过秦论》赋的特征,在铺排之外,还有鲜明的对比,既有段落内部的对比,也有立足全文的对比,在对比中,有力地突显了文章主旨。《过秦论》以铺张扬厉、气势沛然的说理艺术,将历史兴亡取决于民的思想表达得淋漓尽致。学习《过秦论》一课,我们既可以获得文章对比手法的知识,也要更进一步理解历史兴亡取决于民思想的重要性。

PPT18

小结

《过秦论》赋的特征,在铺排之外,还有鲜明的对比,既有段落内部的对比,也有立足全文的对比,在对比中,有力地突显了文章主旨。

今天的作业是：

《过秦论》是一篇论说文，但本文却使用大量的铺叙，只是在文末加以议论，得出结论。对此，你有怎样的认识？请写一段300字左右的文字，表达你的思考。

PPT10

作业

《过秦论》是一篇论说文，但本文却使用大量的铺叙，只是在文末加以议论，得出结论。对此，你有怎样的认识？请写一段300字左右的文字，表达你的思考。

好，今天的课就讲到这里，同学们再见！

2 《师说》讲课稿

第一课时

同学们好！

人类知识的掌握、技能的提升、思想的发展，离不开向老师学习的过程，当然，向老师学习，并非一味地"唯老师是从"。如何看待老师的作用，如何正确地对待向老师学习，我们来看看韩愈是怎么说的。

说起韩愈，我们自然想起"唐宋八大家"。关于韩愈，我们还有一些必要的知识要了解。

韩愈，唐代文学家、哲学家。字退之，河南河阳（今河南孟州南）人。自谓郡望昌黎，世称韩昌黎。

力反六朝以来的骈偶文风,提倡散体,与柳宗元同为古文运动的倡导者,并称"韩柳"。

其散文在继承先秦、两汉古文的基础上,加以创新和发展,气势雄健。被列为"唐宋八大家"之首。

PPT1

韩愈

韩愈(768—824),唐代文学家、哲学家。字退之,河南河阳(今河南孟州南)人。自谓郡望昌黎,世称韩昌黎。

力反六朝以来的骈偶文风,提倡散体,与柳宗元同为古文运动的倡导者,并称"韩柳"。

其散文在继承先秦、两汉古文的基础上,加以创新和发展,气势雄健。被列为"唐宋八大家"之首。

在韩愈的简介中,我们需要注意这样一个信息:韩愈力反六朝以来的骈偶文风,提倡散体,与柳宗元同为古文运动的倡导者,并称"韩柳"。古文运动有什么内容、特点与主张?这些问题,我们留待第二课时来分析。

我们知道,课文标题往往蕴藏着丰富的信息。本文标题有多重含义。

PPT2

题解:

师说

说——

师——

师说——

"说",是一种议论文体,一般陈述自己对某事物的见解,可以先叙后议,也可以先议后叙。初中时学过的《马说》《捕蛇者说》《爱莲说》等都属于这种文体。"说"是古代论说文的一种,与"论"相比较,"说"较偏重于说明(始自唐宋,明清时尤甚),而且往往带有杂文、杂感的性质;同时,"说"的内容、写法和风格较为灵活多样,所以后世对于论说文中的"说",又有所谓"杂说"的称呼。

　　"师",如果是名词,是"老师"的意思,如果是动词,则是"从师学习"的意思,在本文中是"从师学习"的意思。

　　课文共有四段,本节课学习第1、2两段。

　　首先请看第1段的内容。

　　古之学者必有师。师者,所以传道、受业、解惑也。人非生而知之者,孰能无惑?惑而不从师,其为惑也,终不解矣。生乎吾前,其闻道也固先乎吾,吾从而师之;生乎吾后,其闻道也亦先乎吾,吾从而师之。吾师道也,夫庸知其年之先后生于吾乎?是故无贵无贱,无长无少,道之所存,师之所存也。

PPT3

　　古之学者必有师。师者,所以传道、受业、解惑也。人非生而知之者,孰能无惑?惑而不从师,其为惑也,终不解矣。生乎吾前,其闻道也固先乎吾,吾从而师之;生乎吾后,其闻道也亦先乎吾,吾从而师之。吾师道也,夫庸知其年之先后生于吾乎?是故无贵无贱,无长无少,道之所存,师之所存也。

　　第1段在文中有着重要的作用。第一句"古之学者必有师"是全文的观点句。接下来用一个判断句表明老师的作用。作者认为,向老师学习"道"是最重要的,并不需要知道老师的年龄比自己大还是小。道所存在的地方,就是老师存在的地方。

这里，要特别注意开头的两句话。请同学们思考下面两个问题：一是理解"古之学者必有师。师者，所以传道、受业、解惑也"这两句话的深一层的含意，二是思考它们在文中有怎样的作用。

PPT4

思考：

"古之学者必有师。师者，所以传道、受业、解惑也。"

1. 对这两句话的深一层理解
2. 在文中有怎样的作用

理解"古之学者必有师"这句话，要关注这样几个要点：一是"古"字，它不仅仅突出古代，更包含有一种与现在的对比的意思。如果我们多留意，会发现，古人写文章，一般谈到"古如何如何"的时候，常常要表达一种古今对比的意思，这大概可以说是"厚古薄今"思想的一种体现。在后文的学习中，同学们要注意，作者是否有古今对比的内容。二是"学者"，这是一个古今异义词，"学者"在现代汉语中的意思是指在学术上有一定成就的人，在本文中的则是指求学的人。作者谈求学，自然要带出向谁学、学什么的问题。三是"必"这个词，"必"是一定的意思，作者以这样斩钉截铁的语气，强调了"学者有师"的事实，不容置疑。

理解"师者，所以传道、受业、解惑也"这句话，要注意"道""业""惑"在本文中的含意。"道"这个词在传统文化中是非常重要的，含意也是很丰富的，它可以是规律、道理的意思，也可以是学说、主张的意思，还可以是道家所说的万物之源，等等。那么，在本文中的"道"究竟指什么呢？

我们认为，《师说》中的"道"指儒家之道，这是同学们要特别注意的。因为"道"的含意有特定的要求，接下来的"业"与"惑"就因此而有所特指了。"业"是指与儒家之道相关的内容，"惑"则是指学习儒家之道过程中产生的疑惑。

那么，为什么本文中的"道"是指儒家之道，韩愈为什么要特别强调儒家之道呢？这与韩愈的思想主张及古文运动有关，这个内容我们留待下节课来分析。

"古之学者必有师"，是全文的中心观点，"师者，所以传道、受业、解惑也"界定了老师这个概念的内涵，是全文论述的基础。

接下来我们具体分析"是故无贵无贱，无长无少，道之所存，师之所存也"这句话，这是第1段的最后一句。

PPT5

理解"是故无贵无贱，无长无少，道之所存，师之所存也"这句话。

"是故"是"所以"的意思，表明总结这一段的论述。"无"是"不论"的意思，"无长无少"总结了前面的"夫庸知其年之先后生于吾乎"，但作者还增加了"无贵无贱"这个内容，表明从师学习除了不分年龄，还不分身份贵贱，这个补充非常必要。"道之所存，师之所存也"也是一个判断句，在判断中，传递出鲜明且坚定的观点。

推论是论说文的重要特点。第1段就有这个鲜明的特征。我们来梳理第一段的推论思路。请同学们自己先思考这一段的推论思路。

PPT6

梳理第一段的推论思路。

分析推论思路，是语文学习的重要内容，分析推论思路可以是全文的，也可以是段落的。这里，对"文章思路"这个概念作简要的介绍。所谓文章思路，是指文章由此及彼地表达思想、情感的脉络与路径。我们要注意"由此及彼"这个特点，这里的"此"与"彼"实际上就是全文或者段落的层次，一般来说，一个层次，表示一个思路的部分；那么"由"与"及"

则要求我们在回答思路这个问题时,要使用首先、其次、然后、最后等表示先后顺序的提示词。分析思路的前提是,根据段落或者句子的意思,准确划分文章或段落的层次。

现在我们来看看《师说》第1段的推论思路。

文章开篇旗帜鲜明地提出"古之学者必有师"的论断,这是为全文确立的中心观点,属于论述中的"立";根据题目"师说"的要求,接下来就必须明确界定"师"的内涵与标准,一句"师者,所以传道、受业、解惑也"回答了这个问题。这也符合逻辑思维中概念先行的要求。当然,韩愈那个时代,恐怕是没有逻辑思维这个概念的,但这并不妨碍韩愈进行符合逻辑思维要求的论述推进。承接前文的"惑",提出"人非生而知之者,孰能无惑"这个事实,有惑,则必须从师,方能"解惑",这样的推论思路,无懈可击。从"传道"出发,进而推论"从师学习"就是学习"道",只要有"道"就可以以之为"师",年龄大小、身份贵贱,都不重要。最后水到渠成地提出选择老师的原则:"道之所存,师之所存"。这一段,从明确中心观点开始,接着界定概念,之后承接概念的内涵,分两个角度推论,在此基础上,以明确原则加以总结。整个段落,层层推进,逻辑严密,一气呵成。

在第1段充分论述从师的标准与原则之后,作者针对现实,展开进一步的论述。请同学们阅读第2段。

第2段开头的句子是很值得品味的。

嗟乎!师道之不传也久矣!欲人之无惑也难矣!

PPT7

理解下列句子中语气词的作用。

"嗟乎!师道之不传也久矣!欲人之无惑也难矣!"

对这句话,我们要格外注意其中的语气词。

接下来的"师道之不传也久矣"一句，表面上看是陈述长期以来从师传统的缺失，实际上是指向现实，针砭时弊。"欲人之无惑也难矣"一句，呼应第1段中关于"惑"的有关论述，也为接下来的论述张本。现实中缺失从师学习的风尚，这是韩愈痛心的原因，"嗟乎"一词，置于段落开头，愤懑不满的情绪，溢于言表。接连的两句话均用语气词"矣"结尾，再次强化了这种情绪。

韩愈所处的那个时代从师风尚的缺失，柳宗元在《答韦中立论师道书》一文中也有记载：

文中写道："由魏、晋氏以下，人益不事师。今之世，不闻有师，有辄哗笑之，以为狂人。"一个"益"字，突出情况之变化；到了韩愈、柳宗元那个时代，不仅仅缺失从师学习的风尚，那些从师学习的人，还被讥笑为"狂人"。同学们注意："狂人"在古文中有多种含义，可以是指疯子，也可以指行为放荡、不受拘束的人。在这里是指狂妄无知的人。柳宗元的描述，表明当时以从师学习为耻的情况已经很严重了。

PPT8

由魏、晋氏以下，人益不事师。今之世，不闻有师，有辄哗笑之，以为狂人。

——柳宗元：《答韦中立论师道书》

接下来，作者通过三组对比，突出不从师学习的严重程度。

我们来分析第一组对比。

第一组对比的句子是：

古之圣人，其出人也远矣，犹且从师而问焉；今之众人，其下圣人也亦远矣，而耻学于师。是故圣益圣，愚益愚；圣人之所以为圣，愚人之所以为愚，其皆出于此乎！

PPT9

第一组对比：

古之圣人，其出人也远矣，犹且从师而问焉；今之众人，其下圣人也亦远矣，而耻学于师。是故圣益圣，愚益愚；圣人之所以为圣，愚人之所以为愚，其皆出于此乎！

在第一组对比中，作者选择了"古之圣人"与"今之众人"进行对比，对比角度是对待从师学习的态度与结果。"犹且"是"尚且"的意思，突出"古之圣人"重视从师学习；"而耻学于师"中的"而"是转折的意思，突出"今之众人"不仅才智跟古之圣人相差很远，而且以从师学习为耻。这种对待从师学习态度上的强烈对比，有力地衬托出了"圣益圣，愚益愚"的必然结果。作者进一步指出，圣人为圣与愚人为愚的原因，应该就在从师学习态度上的巨大差异。

我们在分析第一段开头句子"古之学者必有师"的时候就指出，以"古"来论说，往往包含有古今对比甚至厚古薄今的意思。当然，根据当时的实际情形，作者在古今对比中，赞美了"古之学者"，批判了今之众人。

在分析完古今对比之后，作者将目光落在了今人对待孩子从师与自己从师的不同态度上。

第二组对比的句子是：

爱其子，择师而教之，于其身也，则耻师焉，惑矣！彼童子之师，授之书而习其句读者，非吾所谓传其道解其惑者也。句读之不知，惑之不解，或师焉，或不焉，小学而大遗，吾未见其明也。

PPT10

第二组对比：

爱其子,择师而教之,于其身也,则耻师焉,惑矣！彼童子之师,授之书而习其句读者,非吾所谓传其道解其惑者也。句读之不知,惑之不解,或师焉,或不焉,小学而大遗,吾未见其明也。

首先提示同学们注意这几句话中的文言知识:"则耻师焉"中的"耻"是意动用法,"以……为耻"的意思;"句读之不知,惑之不解"中的"之"是提前宾语作用,两句话应该理解为"不知句读,不解惑";"小学而大遗"中的"小学"是一个古今异义词。

作者接着将批判的视角转向士大夫。请看第三组对比。

第三组对比的句子是:

巫医、乐师、百工之人,不耻相师;士大夫之族,曰师曰弟子云者,则群聚而笑之。问之,则曰:"彼与彼年相若也,道相似也。位卑则足羞,官盛则近谀。"呜呼！师道之不复可知矣！巫医、乐师、百工之人,君子不齿。今其智乃反不能及,其可怪也欤！

PPT11

第三组对比:

巫医、乐师、百工之人,不耻相师;士大夫之族,曰师曰弟子云者,则群聚而笑之。问之,则曰:"彼与彼年相若也,道相似也。位卑则足羞,官盛则近谀。"呜呼！师道之不复可知矣！巫医、乐师、百工之人,君子不齿。今其智乃反不能及,其可怪也欤！

这种耻笑从师学习的现象,柳宗元在《答韦中立论师道书》一文中,有具体的描绘。

柳宗元写道:

独韩愈奋不顾流俗,犯笑侮,收召后学,作《师说》,因抗颜而为师;世果群怪聚骂,指目牵引,而增与为言辞。愈以是得狂名。

PPT12

独韩愈奋不顾流俗,犯笑侮,收召后学,作《师说》,因抗颜而为师;世果群怪聚骂,指目牵引,而增与为言辞。愈以是得狂名。

——柳宗元:《答韦中立论师道书》

这段文字的意思是说,韩愈当时不顾世俗嘲笑,态度严肃端正,创作了《师说》一文,还积极为师传授,这就招来了世人的咒骂与攻击,落了个"狂人"的名声。柳宗元的记载,有力地证明了韩愈敢于面对错误世俗的勇气,令人敬佩!

同学们,关于从师学习之理,韩愈旗帜鲜明地提出了"学者必有师""道之所存,师之所存"的观点;他不惧流俗,针砭时弊,作《师说》而令后人折服。

PPT13

结论

关于从师学习之理,韩愈旗帜鲜明地提出了"学者必有师""道之所存,师之所存"的观点。他不惧流俗,针砭时弊,作《师说》而令后人折服。

《师说》的开头两段,观点鲜明,先立后破;在层层推进的论述中,突出了中心观点;鲜明的对比,增强了批判的力量。课文的这些特点,在放声的朗读中,更能有所体会,同学们课后多朗读,以加深体会。

PPT14

小结

1. 观点鲜明,有破有立
2. 论述层层推进

3. 鲜明的对比,增强了批判的力量

今天的作业是:结合课文具体内容,分析第 2 段三组对比的特点及作用。

PPT15

作业

结合课文具体内容,分析第 2 段三组对比的特点及作用。

好,今天的课就上到这里,同学们再见!

第二课时

同学们好!

这节课我们继续学习《师说》一课。

上节课,我们在对课文第 1 段的学习中,重点梳理了文章的推论思路,又分析了第 2 段的三组对比。

我们知道,对比论证手法是一种很有效的论证方法。文章第 2 段的三组对比,各有特点。请同学们回顾第 2 段中三组对比的具体内容,并思考这三组对比的特点及作用。

PPT1

结合课文具体内容,分析第 2 段三组对比的特点及作用。

在第一组对比中,作者选择了"古之圣人"与"今之众人"进行对比,对比角度是对待从师学习的态度与结果,第一组对比可称之为"纵向对比",古之圣人的正确做法突出了今之众人的错误做法。

在第二组对比中,作者通过今人对待孩子从师与自己从师的不同态度展开对比，这里的"今之众人"主要是指士大夫，他们的做法有两种错误之处：一是只为孩子选择老师，自己却以从师学习为耻；二是只让孩子的老师教授句读，却不让老师尽"传道、授业、解惑"的职责，带来的结果只能是"小学而大遗"。第二组对比可称之为"自身对比"，即使为孩子选择了老师，传授内容也不符合"从师之道"的要求。

在第三组对比中，作者选择士大夫之族与巫医、乐师、百工之人两种重要的社会群体进行对比，对比的角度是对待从师学习的态度，这两个群体的态度是截然相反的，士大夫不仅自己不从师学习，还对从师学习之人耻笑有加；结果自然就是士大夫之族的认识比不上巫医、乐师、百工之人。第三组对比可称之为"横向对比"，批判的矛头直接指向士大夫之族。

我们来看第 3 段的论述。作者写道：

圣人无常师。孔子师郯子、苌弘、师襄、老聃。郯子之徒，其贤不及孔子。孔子曰："三人行，则必有我师。"是故弟子不必不如师，师不必贤于弟子。闻道有先后，术业有专攻，如是而已。

PPT2

圣人无常师。孔子师郯子、苌弘、师襄、老聃。郯子之徒，其贤不及孔子。孔子曰："三人行，则必有我师。"是故弟子不必不如师，师不必贤于弟子。闻道有先后，术业有专攻，如是而已。

这里，作者以孔子为例，孔子向才能不如自己的郯子这一类人学习，这是用孔子的实际行动为例，论证观点；另一方面，采取引用论证的方法，以孔子的话为论据，进一步增强论证的效果。当然，《论语·述而》的原话与文中的表述略有不同，这是我们要注意的。

此外，我们也要注意，作者所说的"孔子师郯子、苌弘、师襄、老聃"，在我们今天看来，都是暂时无法确定的内容，因此，课文相关注释都加了"相传"二字。当然,可能在韩愈看来,"孔子师郯子、苌弘、师襄、老聃"是真实存在的。这也是我们要加以注意的。

请同学们思考"圣人无常师"这个句子有哪些含意?这句话在文中有怎样的作用?

PPT3

思考:
1. "圣人无常师"这句话有哪些含意
2. "圣人无常师"这句话在文中有怎样的作用

"常师"是指固定的老师,"无常师"有两层含意,一是有老师,这是前提;二是老师并不固定,言外之意就是,圣人从师的标准就在于第1段中提出的"道之所存,师之所存",只要谁拥有"道",谁就可以做自己的老师,因此,才不会固定一个老师。

关于"圣人无常师"这句话在文中的作用,我们要结合文章第1段中的有关内容来思考。第1段中,作者说:"吾师道也,夫庸知其年之先后生于吾乎?是故无贵无贱,无长无少,道之所存,师之所存也。"这是强调老师的标准,只要掌握了"道",就可以以之为师,不管他的年龄、身份、地位,这个观点与"圣人无常师"是一致的,换句话说,"圣人无常师"是为第1段中的观点提供了有力的证明,从这个角度来看,第3段就很好地呼应了前文。

关于弟子与老师在"道"的掌握与技能学业上的关系,作者提出了富有新意的见解。

作者说:"是故弟子不必不如师,师不必贤于弟子。闻道有先后,术业有专攻,如是而已。"

请同学们思考:这句话在文中有怎样的作用呢?

PPT4

思考：

"是故弟子不必不如师，师不必贤于弟子。闻道有先后，术业有专攻，如是而已。"

在文中有怎样的作用？

这里的"不必"是一个古今异义词，在现代汉语中表示事理上或情理上不需要，在本文中的意思是"不一定"，这个理解才符合语境。

作者善于在一个段落中，首先提出观点，经过论述后，在段落结尾加以总结。"是故"表明对整个段落的总结。作者提出：弟子不一定比不上老师，老师不一定比弟子更为贤能，因为懂得道理有先后，技能学业各有专门的研究。

同学们，对于"是故弟子不必不如师，师不必贤于弟子。闻道有先后，术业有专攻，如是而已"这句话，我们也需要跳出文章，结合我们自身的经历、认识来思考作者的观点。在我们的成长过程中，老师发挥着重要的作用，但随着我们自身的阅读、思考、知识学习、人生阅历等的增长与丰富，我们对老师作用的认识可能会发生微妙的变化，特别是当老师对所任教学科之外的知识不很清楚的时候，或者我们已经在学科学习的某些方面超越了老师的时候，我们就需要重温韩愈的"弟子不必不如师，师不必贤于弟子。闻道有先后，术业有专攻"的观点，获得新的启示了。

第3段的论证也很有特点，请同学们结合具体内容，分析这一段的论证特点及作用。

PPT5

分析第3段的论证特点及作用。

首先以"圣人无常师"这句话，表明第 3 段要论述的观点，也呼应了第 2 段中的第一组对比，为第 2 段中的论述提供了具体的论据，从而进一步增强了文章的论证效果。接着用孔子这个圣人最佳代表人物为论据，从孔子的行为与语言两个角度展开论述，最后总结。这一段呼应了第 1 段中提出的"古之学者必有师"这个观点，也呼应了第 1 段中"道之所存，师之所存"这一选择老师的原则。

行文至最后，作者写道：

李氏子蟠，年十七，好古文，六艺经传，皆通习之，不拘于时，学于余。余嘉其能行古道，作《师说》以贻之。

这里，有几个文言方面的知识要提醒同学们注意：一个是"不拘于时，学于余"中的两个介词"于"的含意，前一个"于"是表示被动，第二个"于"是"向"的意思。第二个是"作《师说》以贻之"中的"以"是连词，表示目的，可以理解"来"的意思。

我们首先来说说这一段在文中的作用。

PPT6

李氏子蟠，年十七，好古文，六艺经传，皆通习之，不拘于时，学于余。余嘉其能行古道，作《师说》以贻之。

这一段在文中有怎样的作用？

这一段介绍了李蟠年龄、喜好古文、对六艺经传都通晓熟知的情况，并交代了本文的写作目的——写作《师说》，嘉奖李蟠。

作者写作《师说》是为了嘉奖李蟠。当然，这只是一个最基本的目的，其实第 4 段还有很丰富的内涵值得深入挖掘。请同学们思考第 4 段的多重含意。

PPT7

思考第 4 段的多重含意。

首先是"六艺经传"的含意,六艺是《诗》《书》《礼》《乐》《易》《春秋》六种儒家经典;传,古称解释经文的著作为传。六艺经传都是儒家思想的载体。

第二个关键点是"不拘于时"的"时",即世俗,前面我们已经讲了当时以从师学习为耻的世俗,李蟠不被耻学于师的时代风气所束缚,这与韩愈的观点是一致的。

第三个关键点是"学于余",李蟠认可韩愈关于从师学习的主张。

第四个关键点是"古道",指古代的从师之道,李蟠这个年轻人能履行古道,这是难能可贵的。这里的"古"不仅仅是时间概念,还包含有古今对比的含意;"古道"二字指古代从师学习之道,这就呼应了文章开头所说的"古之学者必有师"。

第五个要点是"好古文",这里的"古文"是什么意思呢?与我们现在所说的"古文"是否同样的含意呢?

我们在上节课中提出了这样两个问题:为什么本文中的"道"是指儒家之道?韩愈为什么要特别强调儒家之道呢?

现在,我们结合第 4 段中的"古文"一词的含意,来回答这两个问题。

我们对"古文"这个概念作一个专门的介绍。

"古文"是一种文体的名称。在唐代以前,文学上无所谓古文。古文概念的提出,始于韩愈。韩愈反对魏晋以来骈俪的文风,提倡先秦汉代所普遍使用的散体文,并称散体为古文。韩愈把自己的奇句单行、上继先秦两汉文体的散文称为古文,并使之和"俗下文字",即六朝以来流行已久的骈文对立。

PPT8

古文：文体名。古文概念的提出，始于韩愈。韩愈反对魏晋以来骈俪的文风，提倡先秦汉代所普遍使用的散体文，并称散体为古文。

谈到"古文"，自然就要联系"古文运动"来进一步理解了。我们来看一看"古文运动"的文学知识。

概括起来说：韩愈努力提倡古文，后得到柳宗元的大力支持，古文业绩更著，影响更大，逐渐压倒骈文，成为文坛的主要风尚。

PPT9

古文运动：韩愈努力提倡古文，后得到柳宗元的大力支持，古文业绩更著，影响更大，逐渐压倒骈文，成为文坛的主要风尚。

更为详细的情况是这样的：

在唐德宗贞元时期，由于韩愈的努力提倡，古文产生了广泛的影响，许多人向韩愈请教，一时间，"韩门弟子"众多；到了唐宪宗元和时期，又得到柳宗元的大力支持，古文的业绩更为显著，影响更大。从贞元到元和的二三十年间，古文逐渐压倒了骈文，成为文坛的主要风尚，这就是文学史上所谓的"古文运动"。

韩愈所倡导的古文，从文风的角度来说，主张恢复先秦、西汉的优秀散文传统，取法先秦两汉散文笔法，坚决摒弃南北朝以来只讲究文章形式，不重文章内容，矫揉造作，华而不实的文风。从内容上来说，韩愈所倡导的古文，以儒家思想为基本内容，重在宣扬儒家之道。韩愈在《答李秀才书》一文中说："愈之所志于古者，不惟其辞之好，好其道焉尔。"道是目的，文是手段；道是内容，文是形式。

这样看来，韩愈创作《师说》一文，简单来说，是为了批判当时社会不重视从师学习的风气,往深层次来说,是与他所倡导的"古文运动"紧密联系在一起的。

同学们,《师说》重在说理,但表达情感方面也颇具特点。请结合文中具体内容,赏析这一特点。

PPT10

结合具体内容,赏析情感表达的特点。

作者的情感表达是丰富的,随着不同的内容而体现出不一样的特点。例如:在第1段中,作者要表达关于老师的标准、从师学习的原则,这是全文立论的基础,因此,作者多以斩钉截铁的语气,明确地表达观点。"古之学者必有师",开门见山,不容置疑;"夫庸知其年之先后生于吾乎",问句的形式,表达的却是非常肯定的意思;再以"是故无贵无贱,无长无少,道之所存,师之所存也",有力地收束了第1段的论述。

再如第2段中,作者对当时以从师学习为耻的社会风气深感痛心,于是第2段就以"嗟乎"这个语气词开头,表达了强烈的慨叹之情。在第三组对比中,作者以"呜呼!师道之不复可知矣!"对"师道之不复"的社会现状作了高度的概括,同时传递出强烈的不满之情。

同学们,《师说》一文在中国文学史中有着重要地位,后人多有褒奖之词。清代文学家刘熙载在《艺概·文概》中这样评价:说理论事,涉于迁就,便是本领不济。看昌黎文老实说出紧要处,自使用巧骋奇者望之辟易。

PPT11

说理论事,涉于迁就,便是本领不济。看昌黎文老实说出紧要处,自使用巧骋奇者望之辟易。

——刘熙载:《艺概·文概》

刘熙载认为,说理论事,不可迁就,韩愈的文章能够从平常现象中引申出透辟深刻的见解,这让那些虚浮不实、卖弄新奇者畏惧退缩。这样的评价是很高的。

同学们,在《师说》中,韩愈以文学家的笔法,生动地阐述了从师学习的道理;以哲学家的思想,呼吁重视从师学习之道,千百年来,仍闪耀着思想的光芒。

PPT12

结 论

韩愈以文学家的笔法,生动地阐述了从师学习的道理;以哲学家的思想,呼吁重视从师学习之道,千百年来,仍闪耀着思想的光芒。

《师说》一文,首尾呼应,结构严谨;以鲜明的态度,严密的推论,表达独到的思考。文章第1段旗帜鲜明地表达中心观点,为全文确立论述的基础;第2段批判现实;第3段,以"圣人无常师"为论据,从正面论述,与第2段构成了鲜明的对比,也呼应了第1段中的观点;第4段表明写作目的,更是以实际的事例,宣扬了作者的古文创作的思想。

PPT13

小 结

1. 首尾呼应,结构严谨
2. 以鲜明的态度,严密的推论,表达独到的思考

今天的作业是:从师学习是人类进步的必要条件。然而,以谁为师?学习什么?学习者该如何处理老师、学习内容与自己思考的关系?请写一段500字左右的文字,表达你对这些问题的思考。

PPT14

作业

从师学习是人类进步的必要条件。然而,以谁为师?学习什么?学习者该如何处理老师、学习内容与自己思考的关系?请写一段500字左右的文字,表达你对这些问题的思考。

今天的课就讲到这里,同学们再见!

3 《劝学》讲课稿

第一课时

同学们好!

学习,是人类文明、文化、科技等方面进步的基础。如何对待学习?先哲们给我们留下了许多宝贵的思想。今天我们要学习的《劝学》,就是来自战国末期著名的思想家、教育家荀子。

关于荀子,大家已经有了一些了解,这里,再简要介绍有关荀子的几个方面的知识。

荀子,名况,战国末期著名思想家、教育家。

时人尊而号为"卿"。韩非和李斯都是他的学生。

荀子是继孔、孟之后的又一位儒学大师,主张"性恶论"。强调"行"对于"知"的必要性和后天学习的重要性,有朴素的唯物思想。所作散文说理透辟,结构谨严。

PPT1

荀子

荀子(约前313—前238),名况,战国末期著名思想家、教育家。时人尊而号为"卿",韩非和李斯皆其学生。

荀子是继孔、孟之后的又一位儒学大师,主张"性恶论"。强调"行"对于"知"的必要性和后天学习的重要性,有朴素的唯物思想。所作散文说理透辟,结构谨严。

同为儒学大师,孟子主张"性善论",而荀子主张"性恶论"。这是一个很有意思的话题,有兴趣的同学,课后可以找一些资料,做些研究。

据中华书局对《荀子》一书的介绍,《荀子》一书思想博大精深,内容极为丰富,凡自然、社会、哲学、政治、经济、军事、文学等皆有涉猎,堪称我国思想史上的一座丰碑。

PPT2

《荀子》

《荀子》一书,思想博大精深,内容极为丰富,凡自然、社会、哲学、政治、经济、军事、文学等皆有涉猎,堪称我国思想史上的一座丰碑。

——《荀子》(中华书局)

荀子既是思想家,也是教育家,今天我们要学习的《劝学》一文,比较系统地阐述了荀子的教育思想。选入教材的《劝学》,只是原文的一小部分,并且是重新组合成一篇课文的。要了解《劝学》全文,需要大家找来原文,细加研读。《劝学》一文,是《荀子》一书的第一篇,这也表明《劝学》一文的重要性。

荀子是如何阐述关于学习的观点的呢？

文章开篇说：君子曰：学不可以已。

PPT3

君子曰：学不可以已。

君子，原意是古代统治者和一般贵族男子的通称，这里可以指有学问的、有修养的人。"已"是停止的意思，也有人认为是"止境"的意思，"学不可以已"的意思就是"学习是没有止境的"；这里，我们采用"停止"的意思。那么"学不可以已"可以体现在哪些方面呢？换言之，接下来的内容是从哪几个方面来展开具体的论述的呢？简而言之，"学不可以已"是如何统领全文的？这个问题，留待学习全文后再作回答。

举凡创作，都会在开篇上费些思量。本文的开篇，也有值得赏析之处。

请同学们思考文章开篇的特点。

PPT4

赏析文章开篇的特点。

先秦儒家著作中，往往以"君子曰"来引述古代贤人的言论，这里，即可以把"君子"理解为有学问有修养的人，不过，理解为古代贤人，应该更符合荀子作为儒学大师的特点。当然，我们在翻译中，可以直接翻译为"君子说"。

从表达效果上来说，"君子"指古代贤人，增强了观点的权威性，也增强了中心观点的说服力。

"学"表明文章的论述对象；"不可以"三个字带有斩钉截铁的意味，不容置疑。文章开门见山，观点明确，语言简洁，语气坚定。

明确提出观点后,作者具体展开论述。

我们先看论述的第一个层次:

青,取之于蓝,而青于蓝;冰,水为之,而寒于水。木直中绳,𫐓以为轮,其曲中规。虽有槁暴,不复挺者,𫐓使之然也。

PPT5

青,取之于蓝,而青于蓝;冰,水为之,而寒于水。木直中绳,𫐓以为轮,其曲中规。虽有槁暴,不复挺者,𫐓使之然也。

这段文字中,注意介词"于"的两种意思,"于"接在形容词后,表示"比较"的意思,如"青于蓝""寒于水";"取之于蓝"中的"于"是"从"的意思。"𫐓"通"煣",用火烘烤木头,使之弯曲,这是使动用法。

理解这一段文字,首先遇到的一个问题是,文章要谈学习,这里却谈靛青与蓼蓝、冰与水、木材与车轮的关系,初步的感觉是,这里使用了比喻论证手法;第二,如果是比喻论证手法,那么就要找出喻体与本体之间的相似点,进而把握住比喻论证的含意与效果。

是的,这段文字使用了比喻论证手法,要论证的观点是学习的作用可以使人发生改变。

这里的比喻论证分为两组,第一组是靛青与蓼蓝、冰与水这两个比喻。靛青这种染料,从蓼蓝中提炼出来,颜色却比蓼蓝更深;冰,是水凝结而成,却比水更冷。

第二组比喻是木材经过烘烤弯曲做成车轮,即使又晒干了,也不再挺直,这是火烤这种外在的力量使木材发生了变化。

那么,这两组比喻的作用有怎样的区别呢?请同学们对此展开思考。

作者将学习带来的变化比作上述两类变化,第一类变化指有提升,靛青颜色更深,冰的温度更低,论证了通过学习,后学之人可以超过前人,学习比不学习更有进步。第二类变化指改变了原来的形状，从人的角度来说，就是改变之前的知识、气质、人格等状态，朝着更好的方向去发展。

同样谈学习带来的变化，却又同中有异，这就是荀子思考与行文中的巧妙之处。

比喻论证是一种常见的论证方法，请同学们思考：

这一段中的比喻论证有怎样的表达效果呢？

PPT6

思考：比喻论证有怎样的表达效果？

这一段中，作者以三种常见的生活现象作为喻体，用"青，取之于蓝，而青于蓝""冰，水为之，而寒于水"以及"木直中绳，𫐓以为轮""虽有槁暴，不复挺者"三种生活现象，来比喻学习能够带来变化，生动地阐述了"学习是有重要作用的"这个观点，把抽象的道理形象化。

接下来，作者如何推进思路？

课文写道：

故木受绳则直，金就砺则利，君子博学而日参省乎己，则知明而行无过矣。

PPT7

故木受绳则直，金就砺则利，君子博学而日参省乎己，则知明而行无过矣。

"故"带有总结的意思。这里作者再次用木材为喻体，与前文论述的意思是一样的吗？如果不一样，有什么不同？

前文的"木直中绳"，是指木材原本很直，符合拉直的墨线；注意，这里是"受绳则直"，意思是木材原本是不直，经墨线量过之后就直了。

根据常识我们应该知道,让原本不直的木材变得直的,不是墨线,而是经墨线量过之后,人们进一步用斧头锯子加工后,让木材变直。这里的墨线、斧锯加工,是比喻中的重点。这层意思,句子里是省略了的,我们要补充完整,否则容易理解错误。

有了这层理解,再去读"金就砺则利"一句,就容易读懂了:金属刀剑在磨刀石上磨过才能变得锋利。这里,磨刀石与磨的动作,是比喻中的重点。

这里的"木受绳则直"与"金就砺则利",都在强调后天学习过程中自身努力的重要性,这是在前文论述学习重要性的基础上的进一步深化。

作者这里用两个比喻,要推论出的观点是"君子博学而日参省乎己,则知明而行无过矣"。

请同学们思考:

"君子博学而日参省乎己,则知明而行无过矣"这句话要表达怎样的含意呢?

PPT8

思考:

"君子博学而日参省乎己,则知明而行无过矣"这句话表达的含意。

这里的"君子"是指有学问有修养的人,与开头第一句"君子曰"中的"君子"所指有所不同。"博学"指"广泛地学习"。"日参省乎己"有不同的理解。有的认为"参"是"三"的通假字,指"多次"的意思,有的认为是"检查"的意思,"日"是名词作状语。"日参省乎己"可以理解为"每天多次反省自己",或者"每天都检查自己"。

《论语·学而篇第一》第四则有这样的内容:

曾子曰:"吾日三省吾身:为人谋而不忠乎?与朋友交而不信乎?传不习乎?"这里的"三"泛指多次,"省"就是反省检查的意思。荀子作为儒学大师,在这一点上与《论语》所传达的思想观念是一致的。

虽然"日参省乎己"可以理解为"每天多次反省自己",或者"每天都检查自己",但是,不管是哪一种解释,都是在学习的基础上提出了新的更高的要求,即反省、检查自己。

概括起来说,广泛地学习,可以改变自己,提升自己,但只有在广泛学习的基础上,每天反省、检查自己,才能做到智慧明达、行为没有过错。这样的主张,符合荀子的儒家思想,强调学习的同时,突出道德层面的要求。

荀子主张学习不能停止,表明荀子充分认识到人的知识、才能、学识等素养,不是天生的,需要后天的学习才能不断提高,并且这种学习,离不开道德层面的要求。这样的教育思想,是充满科学性与富有远见的。

这里,我们要明确,荀子谈学习的重要性,不仅仅着眼于知识、才能、学识等素养方面,还特别强调道德层面的要求,这一点,是不能忽略的。

第1段,提出"学不可以已"的观点后,用一系列生动的比喻,一步步地阐述了学习的重要意义,以"博学而日参省乎己,则知明而行无过矣"作结,呼应了首句,有力地收束了前文。

学习有重要的意义,这可以证明"学不可以已"的观点,那么,还有哪些角度可以证明呢?请看课文第2段是从哪个角度展开论述的。

课文第2段这样写道:

吾尝终日而思矣,不如须臾之所学也;吾尝跂而望矣,不如登高之博见也。登高而招,臂非加长也,而见者远;顺风而呼,声非加疾也,而闻者彰。假舆马者,非利足也,而致千里;假舟楫者,非能水也,而绝江河。君子生非异也,善假于物也。

PPT9

吾尝终日而思矣,不如须臾之所学也;吾尝跂而望矣,不如登高之博见也。登高而招,臂非加长也,而见者远;顺风而呼,声非加疾也,而闻者彰。假舆马者，非利足也，而致千里；假舟楫者，非能水也，而绝江河。君子生非异也，善假于物也。

首先，请同学们思考：

第 2 段是从什么角度来证明学习的重要性的？

第 2 段是从学习的作用的角度，论证"学不可以已"。作者先提出学习的重要性，"须臾之所学"超过"终日而思矣"的收获，接着用了大量的比喻加以论述，最后，以"君子生非异也，善假于物也"总结。

作者说"吾尝终日而思矣，不如须臾之所学也"，这在突出学习的重要性的时候，是否在否定思考的价值呢？

我们应该如何看待"终日而思"与"须臾之所学"呢？

PPT10

"终日而思"与"须臾之所学"

老师认为，这不是否定思考的价值。作者不赞同整天的思考却不学习的做法，对于常人来说，学习是增长知识的必不可少的方式，没有从学习中获得的知识，思考是很难带来收获的。学习与思考，二者是相得益彰的。

为增强论述的效果，作者接连用了五个比喻。

请同学们梳理这一段中的五个比喻，并思考它们的异同点。

PPT11

五个比喻

作者善于采用生活中常见的现象设喻，说明通过借助外物，可以给人带来新的进步的观点，易于理解。

这五个比喻，在语言表达上很有特色，作者以整散结合的句式，表达观点。第一个比喻句是散句，接着四个比喻句是整句，但在整句之中又略有变化，第二个与第三个比喻句中"见者远"与"闻者彰"是主谓结构，第四个与第五个比喻句中"致千里""绝江河"是动宾结构。整句，读来朗朗上口；使用散句，则使文气流畅，表达富于变化。

文言学习中，我们对虚词不可忽视。这一段中虚词"而"是要多加注意的。连词"而"有多种用法，表达多种意思，比如表述转折、递进、因果、假设、并列、修饰等。

PPT12

重要虚词：而

在这一段中，"而"表示转折的意思是比较清楚的，"而见者远""而闻者彰""而致千里""而绝江河"四句中，都表转折。其他的几个"而"则表示修饰。"终日而思""跂而望""登高而招""顺风而呼"，分别表示思考的情形、眺望的状态、招手的方式、呼喊的方式。只有理解到表修饰的用法，进而理解这里修饰所表示的动作行为的方式，才能更好地理解这一段所强调的学习的作用，即善于借助外物以提升自己。

借助外物的"借助"这个意思落在"假"这个词。

PPT13

对"假"的含意的认识。

"假"是借助、利用的意思。为什么要借助、利用外物？那是因为个人知识、能力、水平毕竟有限，要达到不断提升自己，或者完成更艰难的任务时，有时就必须借助外物。正如这一段中的五个比喻中所说的，通过借助外物，可以突破身高、臂长、声音、脚步、游水能力等的限制，达到目的。

通过五个比喻句的论述后，作者得出结论：君子生非异也，善假于物也。

PPT14

君子生非异也，善假于物也。

作者认识到君子的本性与一般人并没有什么不同，只是善于借助外物，通过借助外物，以提升自己，这也就是在谈学习的作用。

或者说，正是不断的学习，才让普通的人不断提升了自身的学问与修养，成为君子。荀子的这个认识，是一种朴素的唯物主义观点，是非常可贵的。

"善假于物"是一个很值得思考的问题。如何看待"善假于物"？它与强调自身的努力是怎样的关系？这个问题，我们留待下节课来分析。

同学们，人的后天学习非常重要，学习带来进步，省察自己，智慧明达，行为没有过错。人不能停止学习，也要善于借助外物，以弥补自身的不足。

PPT15

结论

人的后天学习非常重要，学习带来进步，省察自己，智慧明达，行为没有过错。人不能停止学习，也要善于借助外物，以弥补自身的不足。

本文开宗明义，明确观点；巧妙设喻，生动形象，有力地论述了观点。

PPT16

小结

1. 开宗明义，明确观点

2. 巧妙设喻,生动形象

今天的作业是：课文为《劝学》原文节选而来,现在连接在一起却又有整体之感,请结合课文第 3 段,从行文内在思路的角度,说一说理由。

PPT17

作业

课文为《劝学》原文节选而来,现在连接在一起却又有整体之感,请结合课文第 3 段,从行文内在思路的角度,说一说原因。

好,今天的课就讲到这里,同学们再见!

第二课时

同学们好!

这节课我们继续学习《劝学》一课。

上节课,我们留下了一个思考的问题：如何看待"善假于物"？它与强调自身的努力是怎样的关系？同学们课前已经有所思考,有了自己的观点了吧。

同学们,在你看来,需要具备怎样的思想观念才能正确认识"善假于物"的必要性？才能做到"善假于物"呢？才能真正处理好外物与自身的关系呢？

PPT1

对"善假于物"的认识。

我们知道,在人的学习、成长过程中,自身的努力自然是重要的,但外物也是不可忽视的。王安石在《游褒禅山记》中说："至于幽暗昏惑而无物以相之，亦不能至也。"这里要注意，"善假于物"，首先有一个关键词"善"，是"善于"的意思，并非只依靠外物；此外，还要清楚，"假于物"是手段，目的是帮助自己，我们不能拘泥于外物，也不能被外物所束缚。

我们认为，要真正做到的"善假于物"，前提是对自身局限有清醒的认识，那种自负的、自我膨胀、唯我独尊的人，是无法理解"善假于物"的意义，也是做不到"善假于物"的。

正如第2段中所使用的比喻论证，人再高，无法高过高山，"跂而望"，自然"不如登高之博见"；人跑得再快，也超不过快马，因此，"假舆马者，非利足也，而致千里"；即使善于游水，若能借助舟楫，自然能更快速地横渡江河。

荀子在《劝学》一文中，开篇提出中心观点，接着用大量的、取材于生活的现象为比喻，论述了学习的意义以及学习的作用，学习可以改变人、提高人，学习就是善于借助外物，这可以促进人不断成为有学问、有修养的君子。正因为学习有如此大的意义和作用，因此，学习是不可以停止的。

那么，除了上述两个角度可以论证"学不可以已"这个中心观点，还有什么样的角度可以论证呢？

这就是课文第3段的内容了。

第3段内容是：

积土成山，风雨兴焉；积水成渊，蛟龙生焉；积善成德，而神明自得，圣心备焉。故不积跬步，无以至千里；不积小流，无以成江海。骐骥一跃，不能十步；驽马十驾，功在不舍。锲而舍之，朽木不折；锲而不舍，金石可镂。蚓无爪牙之利，筋骨之强，上食埃土，下饮黄泉，用心一也。蟹六跪而二螯，非蛇鳝之穴无可寄托者，用心躁也。

PPT2

积土成山，风雨兴焉；积水成渊，蛟龙生焉；积善成德，而神明自得，圣心备焉。故不积跬步,无以至千里;不积小流,无以成江海。骐骥一跃,不能十步;驽马十驾,功在不舍。锲而舍之,朽木不折;锲而不舍,金石可镂。蚓无爪牙之利,筋骨之强,上食埃土,下饮黄泉,用心一也。蟹六跪而二螯,非蛇鳝之穴无可寄托者,用心躁也。

朗读这一段,最直观的感受是,句式整齐,朗朗上口,酣畅淋漓。这得益于作者所采用的四字句为主、穿插使用长句、短句的句式安排,整个段落,四字句为主,在非四字句中,则多以整句的形式出现,形成了整齐、富有气势的表达效果。这样的句子形式,有助于句意的表达。同学们放声朗读,定能增强这样体会。

同学们仔细阅读第3段,想想,这一段可以分为几个层次?

这一段可以分为三个层次,分别从三个不同的角度展开论述。

我们首先来分析第一个层次:

积土成山,风雨兴焉;积水成渊,蛟龙生焉;积善成德,而神明自得,圣心备焉。故不积跬步,无以致千里;不积小流,无以成江海。

PPT3

积土成山,风雨兴焉;积水成渊,蛟龙生焉;积善成德,而神明自得,圣心备焉。故不积跬步,无以至千里;不积小流,无以成江海。

这一层,突出一个"积"字。三个不同句子中的"积"理解为不同的含意。"积土成山"中"积"是"堆积"的意思,"积水成渊"中的"积"是"汇积"的意思,"积善成德"中的"积"是"积累"的意思。当然,在说明学习这个语境中,"积"就应该理解为"积累"这个意思了。

这一段文字,在思路安排上,也很有独到之处。先是采用"积土成山"与"积水成渊"两个比喻,突出积累的重要性,接着直接切入到"积善成德"的作用,这是谈具备"圣心"的方法,不是比喻论证。然后,用"故"

引出反面论证。

"积善成德,而神明自得,圣心备焉"这句话,由前面的比喻论证,直接谈到人,并且谈的是"积累善行以养成良好的品德",这是荀子借谈学习,在强调积累善行、培养良好品德的重要性,是荀子儒家思想的一个体现。荀子重视学习这个行为本身,也极为重视学习这个所具有的道德实践意义,以培养德才兼备的人作为教育的最终目的。

同学们,文言文学习,既要把握句子、文章大意,也要特别注意一些虚词,有时,一个虚词的准确理解,关系到一句话、一个段落,甚至一篇文章的准确理解。

在这一段文字中,"焉"这个虚词就要特别注意。

PPT4

重要虚词:焉

虚词"焉",可以有代词、指示代词、指示代词兼句末语气词、疑问代词、语气词等作用,我们要结合具体的语境,来确定具体的含意。

这一段文字中的三个"焉"的含意是否一样呢?

前两句中的"焉"是兼词,相当于"于是""于此",是"在那里"的意思,第三句中"圣心备焉"中的"焉"则是句末语气词,翻译为"了"的意思。为什么会有这样的不同呢?

我们要结合这一段文字的大意来分析。这段文字强调积累的重要性。"风雨兴焉""蛟龙生焉"要强调的是风雨兴起与蛟龙生长的地方,就是在堆积泥土成为高山的地方,在汇积水流成为深渊的地方。这两个地方的共同点是累积出来的结果,突出积累的重要性。因此,"焉"就要突出兼词"于此"中代词"此"的意思。而在"圣心备焉"这句话中,圣心并非在具体哪个地方具备,只是积累善行之后自然出现的结果,因此,这句话中的"焉"就是一个语气词。

同学们，在这里，一个虚词"焉"的理解，实际上是对段落意思的把握。

以上文字，强调学习要注重积累，这是论述学习的方法。接下来，作者就从另一角度展开论述。

PPT5

骐骥一跃，不能十步；驽马十驾，功在不舍。锲而舍之，朽木不折；锲而不舍，金石可镂。

这段文字，继续以生活中常见的现象为喻体展开论述。"骐骥一跃，不能十步"，比喻即使自身条件很不错，但还有无法达到的目的，如果不坚持，也不可能成功；"驽马十驾，功在不舍"，比喻自身条件即使不那么好，但只要不放弃，也仍然可以实现远大的目标。

两句话中的虚词"而"表示"如果"的意思，如果轻易放弃，那么再容易的事也做不好；反之，如果坚持不懈，再艰难的任务也能完成。

这段文字，强调坚持的重要性，这是论述学习的态度。

课文最后，作者采用的仍然是比喻论证的方法。

PPT6

蚓无爪牙之利，筋骨之强，上食埃土，下饮黄泉，用心一也。蟹六跪而二螯，非蛇鳝之穴无可寄托者，用心躁也。

这里，对"蚓无爪牙之利，筋骨之强"中的虚词"之"作一个简要分析。"之"作为虚词时，可以是代词、助词，这里是助词，表示定语后置，两句话的意思是"蚯蚓没有锋利的爪牙，强壮的筋骨"。之所以这里的"之"理解为定语后置，在于句子中的"无"是一个动词，"没有"的意思，需要名词"爪牙""筋骨"作宾语。

此外,"非蛇鳝之穴无可寄托者,用心躁也"中的"者……也"是一个固定句式,表示判断,这是容易发现的,但还须注意,这里的判断,是对螃蟹"非蛇鳝之穴无可寄托"的原因的判断,句子的意思是:如果没有蛇、鳝的洞穴,就没地方藏身的原因,是它用心浮躁。

这段文字,突出一个"一"字,即专一。这仍然是从学习的态度上来论述的。

蚯蚓为什么能"用心一",而螃蟹为什么会"用心躁"呢?

PPT7

"用心一":

"用心躁":

这恐怕要从它们自身的特点说起。蚯蚓与螃蟹对比,一个柔弱,一个强壮;柔弱的,反而能"上食埃土,下饮黄泉",强壮的,却"非蛇鳝之穴无可寄托",这是自然界中的现象,但到了文学作品里,就要从它的比喻含意来理解了。

"用心一"还是"用心躁",根本的原因是对自身条件的理性认识,不被自身的优势所迷惑,不因为自身的弱点而轻言放弃,这样,才有可能获得进步。

本节课开始时,我们分析了第2段中所提出的"君子生非异也,善假于物也"的观点,我们认为,只有对自身局限有清醒的认识,不自负、不自我膨胀、不唯我独尊的人,才能理解"善假于物"的意义,并真正做到"善假于物"。

第3段中的驽马与蚯蚓都不因自身的弱点而放弃努力,不断积累,骐骥与螃蟹则沉溺于自身的优势而忘乎所以。

第2、3段,分属两个不同的论述角度,但在如何正确认识自我这一点上,也有异曲同工之妙。

课文第3段在论证方法上,与前两段相同的是比喻论证,不同的是,第3段还采用了对比论证,由此可见荀子散文创作富于变化的特点与优点。

PPT8

比喻论证:

对比论证:

比喻论证,以生活中常见的现象为喻体,增强了生动性与可理解性。

围绕对比论证,我们再作些分析。这一段中的三个层次,都采用了对比论证的方法。第一层:在正面论述了积累的重要性之后,连用两个否定句"不积跬步""不积小流",反面论证了积累的重要性。第二层:两组比喻,都使用对比,避免了与第一层的雷同。第三层:同一组比喻,均为对比,但又在对比的两个方面中,直接揭示出具体的原因,从原因的角度加以总结。

总的来看,三个层次,都采用对比论证,但在具体的内容中,却又变化多端,摇曳生姿,体现出荀子深刻的思想与高超的驾驭语言的能力。

《劝学》原文中,关于学习要用心专一,作者还有一段非常精彩的论述,这里,老师推荐给同学们,以拓展视野。

文章内容是这样的:

是故无冥冥之志者,无昭昭之明;无惛惛之事者,无赫赫之功。行衢道者不至,事两君者不容。目不能两视而明,耳不能两听而聪。螣蛇无足而飞,鼫鼠五技而穷。《诗》曰:"尸鸠在桑,其子七兮。淑人君子,其仪一兮。其仪一兮,心如结兮。"故君子结于一也。

PPT9

补充:

是故无冥冥之志者，无昭昭之明；无惛惛之事者，无赫赫之功。行衢道者不至，事两君者不容。目不能两视而明，耳不能两听而聪。螣蛇无足而飞，鼫鼠五技而穷。《诗》曰："尸鸠在桑，其子七兮。淑人君子，其仪一兮。其仪一兮，心如结兮。"故君子结于一也。

——《劝学》

这里，我们采用中华书局《荀子》一书中的相关注释，给同学们作些解释。这段文字中，"冥冥"原指昏暗不明，这里形容专心致志；"昭昭"是显著的意思；"惛惛"是静默、专一的意思；"衢道"是指歧路；"螣蛇"是指古代传说中一种会飞的蛇；"鼫鼠五技"，是指鼫鼠能飞但不能上屋，能爬树但不能爬上树顶，能游泳但不能渡过山谷，能挖洞但不能藏身，能跑但不能追上人。

我们采用中华书局版《荀子》一书中，方勇、李波先生译注的译文，请同学们阅读。

PPT10

参考译文：

所以没有专心致志的精神，就不会有显著的成就；没有埋头苦干的行动，就不会有显赫的功绩。走上歧途的人不能到达目的地，侍奉两个君主的人不能被容纳。眼睛不能同时看两种东西而看得明白，耳朵不能同时听两种声音而听得清楚。螣蛇没有脚却能飞行，鼫鼠有五种技能却陷于困境。

PPT11

《诗经》中说："布谷鸟住在桑树上，有七只幼鸟它抚养。善人君子啊，你们的行为要专一。行为专一，心才像打个结那样牢固。"所以君子总是把注意力集中在一点上。

——《劝学》(中华书局,方勇、李波译注)

这段文字,集中论述了用心专一的重要性。作者采用道理论证、比喻论证与引用论证多种论证方法,有力地增强了论证的效果。首先直接阐述道理:用一组整句,强调专心致志、静默、专一对于取得显著成就的重要性;接着两组整句,第一组整句从走上正途方可到达目的地、专一侍奉一个君子方可被容纳这两个方面,突出专一的重要性,第二组整句以比喻的方式,从人的视觉与听觉两个角度,突出专一的重要性;之后以螣蛇与鼫鼠为比喻,形象地论述了专一的重要性;然后,引用《诗经》中的句子,进一步增强论证的效果,最后,以"故君子结于一也"一句,有力地收束整个段落的论述。

对于这个"一"字,我们可以如何去理解呢?

PPT12

对"一"的理解。

从课文第 3 段来看,"用心一",就是专心致志地去积累,就是不被自身的优点或缺点所影响,锲而不舍,坚持到底。

如果同学们结合各自的学习、生活、人生阅历,相信大家会有自己独特的感悟与认识。

同学们是否还记得,我们在上节课分析第 1 段开头句子时,留下了一个问题,问题是:"学不可以已"可以体现在哪些方面呢? 换言之,接下来的内容是从哪几个方面来展开具体的论述的呢? 简言之,"学不可以已"是如何统领全文的?

现在,课文学习完了,同学们是否能回答这个问题呢?

我们可以从分析课文结构的角度,来回答"学不可以已"是如何统领全文的。

请同学们思考课文的结构特点。

PPT13

分析节选文章的结构。

"学不可以已"是全文的中心论点。第1段,论述的是学习的意义,第2段论述了学习的作用,第3段则论述学习的方法、态度。正因为学习具有重要的意义和作用,因此,学习是不可以停止的,而要发挥学习的意义作用,就需要有正确的方法与态度。这样看来,课文虽为节选文章,但三个段落之间环环相扣,内在逻辑性强。

《劝学》一文居于《荀子》一书之首,传递了荀子的教育思想。文章论述了学习的意义、作用、方法、态度等问题,启发我们,通过学习,在知识与道德两个方面都获得提升。

PPT14

结论

《劝学》一文居于《荀子》一书之首,传递了荀子的教育思想。文章论述了学习的意义、作用、方法、态度等问题,启发我们,通过学习,在知识与道德两个方面都获得提升。

文章突出了学习的重要性,在议论中,以大量的比喻,反复论证观点;在比喻中兼有鲜明的对比,进一步增强了论述的效果。

PPT15

小结

文章突出了学习的重要性,在议论中,以大量的比喻,反复论证观点;

在比喻中兼有鲜明的对比,进一步增强了论述的效果。

今天的作业是:

课后阅读《劝学》全文,结合自己的学习经历与体会,进一步思考荀子提出的"学"的内容。

PPT16

作业

课后阅读《劝学》全文,结合自己的学习经历与体会,进一步思考荀子提出的"学"的内容。

好,今天的课就讲到这里,同学们再见!

4 《石钟山记》讲课稿

第一课时

同学们好!

说到苏轼,我们自然想到"唐宋八大家",想到苏轼一系列优美的诗文。苏轼是北宋文学家、书画家。字子瞻,号东坡居士。苏轼之文汪洋恣肆,明白畅达;苏轼之诗清新豪健,在艺术表现方面独具一格;苏轼之词开豪放一派,对后代很有影响。

苏轼在中国传统文化中是一个独特的存在,他的《石钟山记》一文,无论从写作手法还是思想观念上,都很值得深入学习。

PPT1

苏轼

苏轼(1037—1101),北宋文学家、书画家。字子瞻,号东坡居士。文汪洋恣肆,明白畅达;诗清新豪健,在艺术表现方面独具一格;词开豪放一派,对后代很有影响。

我们要善于从文章标题中获得理解课文的启发。

PPT2

题解:

石钟山记

记——

石钟山——

"记"表明文体,"记"这种文体,一般侧重于记叙。从文体上来看,本文在表达方式上有怎样的特点呢?

"石钟山"表明写作的对象,本文围绕"石钟山"得名这个问题来写。中国名山得名原因是一个很有趣的文化现象,比如说,山名来自神话传说,如黄山,相传为炎、黄二帝中的黄帝在此山炼丹修道而得名;山名出于典籍,如华山的得名出自东汉班固所写的《白虎通义》;或者与宗教有关,如江苏无锡的灵山是与传说中的西天如来佛所居的灵山相像而得名,等等。

那么,石钟山究竟是因何而得名呢?来看看在苏轼之前有哪些比较有代表性的观点?苏轼又是如何看待这些观点的?

文章是这样开篇的:

《水经》云:"彭蠡之口有石钟山焉。"郦元以为下临深潭,微风鼓浪,水石相搏，声如洪钟。是说也，人常疑之。今以钟磬置水中，虽大风浪不能鸣也，而况石乎！至唐李渤始访其遗踪，得双石于潭上，扣而聆之，南声函胡，北音清越，桴止响腾，余韵徐歇。自以为得之矣。然是说也，余尤疑之。石之铿然有声者，所在皆是也，而此独以钟名，何哉？

PPT3

《水经》云："彭蠡之口有石钟山焉。"郦元以为下临深潭，微风鼓浪，水石相搏，声如洪钟。是说也，人常疑之。今以钟磬置水中，虽大风浪不能鸣也，而况石乎！

苏轼选择了《水经注》的作者郦道元及唐代李渤的观点。郦道元认为石钟山得名的原因是石钟山"下临深潭，微风鼓浪，水石相搏，声如洪钟"，李渤反对这种观点，注意"始访其遗踪"这句中的"始"这个词，它可以有"开始""最初""才""仅仅"等意思，在本文中，可以理解为"开始"的意思。那么理解为"才"是否更合适呢？"才"更突出李渤之前没有人实地探访查看。在苏轼看来，李渤是第一个围绕石钟山得名而实地探访查看石钟山的人。

这里，我们有必要先了解一下《水经》、郦道元与《水经注》以及李渤的相关情况。

《水经》：中国第一部记述河道水系的专著。成书时间与作者尚无定论。学术上的成就在于系统地以水道为纲，记述其源流和流经地方，确立了因水证地的方法。但所记水道繁简不等，也存在一些错误，郦道元作注时，曾指出六十余处。《水经》确立了因水证地的方法，有其独特价值。

PPT4

《水经》：中国第一部记述河道水系的专著。成书时间与作者尚无定论。学术上的成就在于系统地以水道为纲,记述其源流和流经地方,确立了因水证地的方法。但所记水道繁简不等,也存在一些错误,郦道元作注时,曾指出六十余处。

《水经注》:中国古代地理名著,北魏郦道元著。

郦道元,字善长,北魏地理学家、散文家。《水经注》名为注释《水经》,实则以《水经》为纲,作了20倍于原书的补充和发展,为公元6世纪前中国最全面而系统的综合性地理著作,郦道元对地理的研究能力可见一斑。

PPT5

《水经注》:中国古代地理名著,北魏郦道元著。此书名为注释《水经》,实则以《水经》为纲,作了20倍于原书的补充和发展,为公元6世纪前中国最全面而系统的综合性地理著作。

李渤对郦道元关于石钟山得名的原因提出了质疑。

文章写道:

至唐李渤始访其遗踪,得双石于潭上,扣而聆之,南声函胡,北音清越,桴止响腾,余韵徐歇。

PPT6

至唐李渤始访其遗踪,得双石于潭上,扣而聆之,南声函胡,北音清越,桴止响腾,余韵徐歇。自以为得之矣。然是说也,余尤疑之。石之铿然有声者,所在皆是也,而此独以钟名,何哉?

李渤实地探访石钟山,并写作了《辨石钟山记》一文,我们先了解相关的内容。

李渤在《辨石钟山记》里是这样写的：

次于难隅，忽遇双石，欹枕潭际，影沦波中，询诸水滨，乃曰："石钟也，有铜铁之异焉。"扣而聆之，南声函胡，北声清越，桴止响腾，余音徐歇。若非潭滋其山，山涵其英，联气凝质，发为至灵，则安能产兹奇石乎？乃知山仍石名，旧矣如善长之论，则濑流庶峰。皆可以斯名贯之。聊刊前缪，留遗将来。

PPT7

次于难隅，忽遇双石，欹枕潭际，影沦波中，询诸水滨，乃曰："石钟也，有铜铁之异焉。"扣而聆之，南声函胡，北声清越，桴止响腾，余音徐歇。若非潭滋其山，山涵其英，联气凝质，发为至灵，则安能产兹奇石乎？乃知山仍石名，旧矣如善长之论，则濑流庶峰。皆可以斯名贯之。聊刊前缪，留遗将来。

——李渤：《辨石钟山记》

李渤寻访中"忽遇双石"，并询问了住在水边的人，敲击石头，石头发出铿锵的金石之声，认为潭与山、山与石之间互相滋润、涵养，产生了这些奇特的石头。李渤写作《辨石钟山记》是要指出前人的错误，留存给将来之人。

郦道元在地理方面的研究能力，李渤的实地探访，原本可以为他们获取石钟山得名的原因带来足够的说服力，但在苏轼看来，他们的观点都是值得怀疑的。

第1段中的两处"疑"很值得玩味。

我们先说说第一处的"疑"。

对于郦道元的"疑"，作者说：

《水经》云："彭蠡之口有石钟山焉。"郦元以为下临深潭，微风鼓浪，水石相搏，声如洪钟。是说也，人常疑之。

PPT8

说说第一处的"疑"。

同为说"疑",对于郦道元的观点,作者用"人常疑之"。"人"是一个概说,表明郦道元的观点许多人在怀疑,从后文李渤的实地探访来看,李渤之前那些对郦道元观点有怀疑的人,并没有采取实地探查的做法。

作者用"人常疑之",表达了对郦道元观点的怀疑,说:"今以钟磬置水中,虽大风浪不能鸣也,而况石乎!"这句话中要注意:"虽"表示"即使"的意思,表示一种假设的让步,与接下来的句子构成一种递进的关系;"鸣"这个词是动词使动用法,意思是:大风浪使钟磬发出声响。

PPT9

今以钟磬置水中,虽大风浪不能鸣也,而况石乎!

作者从论点的角度,怀疑了郦道元的关于石钟山得名的说法。

对于李渤的"疑"即第二处"疑",作者说:

至唐李渤始访其遗踪,得双石于潭上,扣而聆之,南声函胡,北音清越,桴止响腾,余韵徐歇。自以为得之矣。然是说也,余尤疑之。石之铿然有声者,所在皆是也,而此独以钟名,何哉?

"余尤疑之"四个字是很关键的。这里,作者直接把"我"摆进去,突出了对李渤观点的不赞同。"尤"是"更加"的意思。

作者反驳的依据是"石之铿然有声者,所在皆是也"。"石之铿然有声者"是一个定语后置句,"声音响亮的石头"的意思。这里用"何哉"问句结尾,进一步传递出对李渤的不赞同。

PPT10

石之铿然有声者,所在皆是也,而此独以钟名,何哉?

那么作者为什么对实地探查的李渤会更加怀疑呢?

原来,李渤虽然实地探访查看,但质量不高,意义不大,因为他只是在石潭的上边发现两块石头,凭着敲击石头发出铿锵的金石之声,就认为找到了石钟山得名的原因。

这种行为有实地探访的形式,但没有深入实际的本质,苏轼是非常反对的。作者从反驳论据的角度反驳了李渤的观点。

第1段从表达方式上来说,是议论的表达方式。从行文思路安排上来说,先简要陈述议论对象,接着表明自己的观点:对郦道元的观点,"是说也,人常疑之";对李渤的观点,"然是说也,余尤疑之",后者更为斩钉截铁;明确观点之后,再分别陈述理由,质疑郦道元观点的理由,用让步的句子,引起递进;反驳李渤观点的理由,则以"何哉"这样的问句表达。不同的表达形式,使得文章更为生动。

苏轼由黄州团练副使调任汝州团练副使时,顺便送长子苏迈到饶州德兴县任县尉,途经湖口,得以游览石钟山。苏轼的游览,自然不只是为了欣赏石钟山的景色,"因得观所谓石钟者",看来,他是奔着石钟山命名的原因去的。我们来看看苏轼在游览中有些什么发现。

作者是这样开始叙述的:

元丰七年六月丁丑,余自齐安舟行适临汝,而长子迈将赴饶之德兴尉,送之至湖口,因得观所谓石钟者。寺僧使小童持斧,于乱石间择其一二扣之,硿硿焉,余固笑而不信也。

PPT11

元丰七年六月丁丑,余自齐安舟行适临汝,而长子迈将赴饶之德兴尉,送之至湖口,因得观所谓石钟者。寺僧使小童持斧,于乱石间择其一二扣之,硿硿焉,余固笑而不信也。

这一段叙述很有意思。

"寺僧使小童持斧,于乱石间择其一二扣之"这句话中的"其",意思是"其中的",这是"其"字的一个比较特别的意思,同学们要留意多积累。"于乱石间",表明很随意,前面我们提到李渤实地探访,"忽遇双石",李渤赋予那些石头神奇色彩。"寺僧使小童持斧,于乱石间择其一二扣之"中这句话之前,其实省略了苏轼向寺僧询问石钟山得名原因这个内容,"寺僧使小童持斧"敲击石头,看来,但凡有游人前来,寺僧均以此种形式解释石钟山得名的原因。那么,问题来了,寺僧的这种解释,究竟是在什么时候出现的? 如果是在李渤之后,这是否表明李渤的观点有着深远的影响呢? 如果是在李渤之前,那么,我们再大胆作一个推测,李渤的观点是否受到寺僧的影响呢? 这应该是一个很有趣的问题,答案老师目前还不知道。

苏轼与长子苏迈实地探访查看的情形如何? 我们来看接下来的内容。

我们根据实地探访的过程来具体分析。

首先是:

至莫夜月明,独与迈乘小舟,至绝壁下。大石侧立千尺,如猛兽奇鬼,森然欲搏人;而山上栖鹘,闻人声亦惊起,磔磔云霄间;又有若老人咳且笑于山谷中者,或曰此鹳鹤也。

PPT12

至莫夜月明,独与迈乘小舟,至绝壁下。大石侧立千尺,如猛兽奇鬼,森然欲搏人;而山上栖鹘,闻人声亦惊起,磔磔云霄间;又有若老人咳且笑于山谷中者,或曰此鹳鹤也。

"至莫夜月明"五个字,很值得玩味。"至"是"等到"的意思;"莫夜"

中的"莫"是"暮"的通假字，"莫夜"是指晚上；"月明"是"月光明亮"的意思。苏轼为什么在白天不去而要等到晚上才去呢？并且特别点出"月明"？这个细节，我们不能忽略。这一点，从常识来判断即可，晚上，很安静，安静，才听得更清楚；月光明亮，视线好，才看得更具体。原来，这是苏轼为更好地考察石钟山得名的原因而作出的精心的选择，不由得为苏轼的细心与严谨击节赞叹。

这里，作者先从视觉角度，描写所见景象，并且以比喻手法，将侧立千尺的大石比作猛兽奇鬼，并且阴森森地好像要向人猛扑过来似的，突出景象的奇特。再从听觉的角度，描写宿巢老鹰发出的叫声，以及鹳鹤发出像老人咳嗽而且笑的声音。这里的"磔磔云霄间"与"若老人咳且笑于山谷中者"两句，既形象地写出了栖鹘与鹳鹤声音的清晰可辨，营造了令人恐怖的气氛，也反衬出此时月夜的寂静。

这一段文字的描写，非常生动，却也让人心生恐惧。

正当作者"心动欲还"之时，传来了巨大的声音：

余方心动欲还，而大声发于水上，噌吰如钟鼓不绝。舟人大恐。徐而察之，则山下皆石穴罅不知其浅深，微波入焉，涵淡澎湃而为此也。

PPT13

余方心动欲还，而大声发于水上，噌吰如钟鼓不绝。舟人大恐。徐而察之，则山下皆石穴罅不知其浅深，微波入焉，涵淡澎湃而为此也。

这一段叙述了从水上发出的声音犹如钟声，洪亮而不断绝的情形。这里，我们要注意这样几个内容。

"舟人大恐"四个字，既表明了环境的恐怖，也衬托了苏轼实地探查的勇气。

"徐而察之"四个字，"而"字表示修饰，"徐"是"慢慢地"，作者不为令人恐怖的环境所动，慢慢观察，有了重大的发现：原来山下面都是石洞和裂缝,不知道它们有多深,细小的波浪涌进洞穴和裂缝,波浪激荡便产生了这种声音。

作者继续前进,继续观察。

作者的描写依然生动:

舟回至两山间,将入港口,有大石当中流,可坐百人,空中而多窍,与风水相吞吐,有窾坎镗鞳之声,与向之噌吰者相应,如乐作焉。

PPT14

舟回至两山间,将入港口,有大石当中流,可坐百人,空中而多窍,与风水相吞吐,有窾坎镗鞳之声,与向之噌吰者相应,如乐作焉。

这段描写说的是:

小船绕到两山之间,正对着水流的中心的大石头,中间有许多窟窿,把风浪吞进去又吐出来,发出窾坎镗鞳的声音,同先前的噌吰声音相互应和,好像音乐演奏一样。

作者从视觉角度,描写了风浪与大石头相吞吐的情形,从听觉的角度,把水声比作美妙的音乐。

面对此情此景,听到这些声音,作者非常高兴。

因笑谓迈曰:"汝识之乎?噌吰者,周景王之无射也,窾坎镗鞳者,魏庄子之歌钟也。古之人不余欺也!"

PPT15

因笑谓迈曰:"汝识之乎?噌吰者,周景王之无射也,窾坎镗鞳者,魏庄子之歌钟也。古之人不余欺也!"

作者看到了山下的石洞和裂缝,听到了水浪灌进与退出大石头窟窿时发出的巨大声音,这些声音,都像钟声一样。这样看来,作者已经发现了石钟山得名的原因了。为了表达发现石钟山得名原因的喜悦心情,作者还引用了周景王与魏庄子的古钟来比拟。"古之人不余欺也"是一个宾语前置句,这里的"古之人"应该是第1段中所说的郦道元。

作者选择晚上月光明亮之时,前往石钟山实地探查,有了很大的收获。

苏轼善于思考,勇于行动,对于心存疑问之事,能够以科学的方法去探索、实践,体现出一种强烈的理性精神!

PPT16

结论

苏轼善于思考,勇于行动,对于心存疑问之事,能够以科学的方法去探索、实践,体现出一种强烈的理性精神!

文章以议论起笔,表达疑惑,再以生动的叙述与描写,回应并解释疑惑。议论,引发我们思考;叙述与描写,则激发我们的想象与体验。

PPT17

小结

文章以议论起笔,表达疑惑,再以生动的叙述与描写,回应并解释疑惑。议论,引发我们思考;叙述与描写,则激发我们的想象与体验。

今天的作业有两项:
1. 分析第2段中两处"笑"的内涵与作用
2. 第2段的写景生动形象,在文中有怎样的作用

PPT18

作业

1. 分析第2段中两处"笑"的内涵与作用

2. 第 2 段的写景生动形象,在文中有怎样的作用

今天的课就讲到这里,同学们再见!

第二课时

同学们好!

这节课我们继续学习苏轼的《石钟山记》。

上节课我们提到,文章第 2 段中有两处写了"笑",一处是面对"寺僧使小童持斧,于乱石间择其一二扣之,硿硿焉","固笑而不信也";一处是经过实地探查,不但看到了大石之形,而且听到了犹如音乐般的水声,于是"笑谓迈曰:汝识之乎?噌吰者,周景王之无射也,窾坎镗鞳者,魏庄子之歌钟也。古之人不余欺也"。

两处"笑"的内涵与作用分别是什么呢?

PPT1

说说第 2 段中的"笑"。

第一处,"余固笑而不信也",这句话,用一个"笑"字,让文章的叙述多了一些和缓的节奏,这应该也是苏轼在没有切实的证据之前,不做明确的表态,这实际上也可以看作一种处事审慎的精神。第二处的"笑",则传递出了作者经过探查,发现石钟山得名原因的高兴心情。

此外,课文第 2 段的写景生动形象,在文中有着重要的作用。请同学们思考:第 2 段的写景在文中有怎样的作用?

PPT2

第 2 段的写景生动形象,理解写景在文中的作用。

第 2 段从视觉、听觉的角度,借助比喻的手法,生动形象地描绘了月明之夜亲临石钟山下所见的景象。从视觉上看,那如猛兽奇鬼的千尺大石,阴森森地好像要向人猛扑过来似的,奇特却又让人毛骨悚然;从听觉上看,宿巢老鹰及鹳鹤的声音,更增添了恐怖的气氛。而洪亮、不断绝的巨大的水声,与钟声正相似。这些生动的景物描写,一方面写出了石钟山下景物的奇特,交代了作者所发现的石钟山得名的原因;另一方面,恐怖的气氛,也衬托出了作者敢于实地探访的勇气与求实精神。

如果我们结合第 1 段来看,在议论之后,接着叙述与描写,一方面是"记"这种文体的特点,另一方面,也从论据的角度,为第 1 段的议论,提供证据。当然,证据的表达方式,有许多种,如果采取平铺直叙的方式,自然也可以把论据说清楚,但从表达效果上来看,则逊色不少。这也正是苏轼文学才华的一种体现。

叙述游览之后,作者转入议论。

第 3 段作者展开集中的议论:

事不目见耳闻,而臆断其有无,可乎?郦元之所见闻,殆与余同,而言之不详;士大夫终不肯以小舟夜泊绝壁之下,故莫能知;而渔工水师虽知而不能言,此世所以不传也。而陋者乃以斧斤考击而求之,自以为得其实。余是以记之,盖叹郦元之简,而笑李渤之陋也。

PPT3

事不目见耳闻,而臆断其有无,可乎?郦元之所见闻,殆与余同,而言之不详;士大夫终不肯以小舟夜泊绝壁之下,故莫能知;而渔工水师虽知而不能言,此世所以不传也。而陋者乃以斧斤考击而求之,自以为得其实。余是以记之,盖叹郦元之简,而笑李渤之陋也。

第 3 段既是议论,又是全文的收尾段落,其重要性不言而喻。

我们先从整体上把握段落基本意思。

作者用一个问句表达了自己的思考，接着分析四类人的不同特点，最后总结。

　　这里，有几个文言词语要提示同学们注意。一个是"以小舟夜泊绝壁之下"中的"以"是介词，可以理解为凭借，但根据整个句子意思来看，也可以意译为"驾着"，当然这里的"驾着"是"以"这个词的语境之义；"夜"是名词作状语，字面的意思是"在夜里"，表明时间，结合第2段作者前往石钟山的时间来看，这个"夜"的状语就显得很有必要了，在夜里，在安静的环境下，才更能发现石钟山得名的原因。

　　第二是"故莫能知"中的"莫"这个词，是一个代词，翻译为"没有谁"，在句子中作主语，不能翻译为"没有"的意思。

　　第三是"而陋者乃以斧斤考击而求之"，"乃"这个词是一个副词，翻译为"竟然"，有出人意料的意思，这与表示转折的意思是不一样的。

　　准确地理解词语，是准确地把握句意甚至文意的必要条件。

　　这一段开头的句子"事不目见耳闻，而臆断其有无，可乎？"是很重要的。

　　请同学们思考：

　　"事不目见耳闻，而臆断其有无，可乎？"

　　1. 这句话有怎样的含意

　　2. 在文中有怎样的作用

PPT4

　　思考：

　　"事不目见耳闻，而臆断其有无，可乎？"

　　1. 这句话有怎样的含意

　　2. 在文中有怎样的作用

我们可以怎样理解这句话呢？

这句话中的"目"与"耳"都是名词作状语，表明"见"与"闻"这两个动作的方式，意思是"亲眼""亲耳"，这就是我们常说的"眼见为实"，当然这里没有"耳听为虚"的意思了。这里的"目见耳闻"是可以理解为实地探访、深入调查的意思，作者就是这么做的。

作者用一个问句，是否表明作者也没有明确具体的观点呢？不是的。虽然是个问句，但作者要表达的观点却是非常明确的："事不目见耳闻，而臆断其有无"，这显然是会犯错误的。

一方面，李渤所犯错误，是虽然到了现场，但却不深入调查；另一方面，这是作者亲身实地探访、深入到现场、细心观察获得的结果。第2段生动的景物描写表明，这种深入现场的细心调查，有时还必须冒着风险，可能还会带来危害。作者发现石钟山得名的真正原因，过程是曲折的，结果是令人欣喜的。

当然，苏轼所发现的石钟山命名的原因，并非唯一，也并非完整。

明代学者、杰出的地理制图学家罗洪先，在春天湖水还未上涨的时候，实地考察了一番，也写了《石钟山记》。

罗洪先的《石钟山记》有这样的记载：

丙午春，余过湖口，临湖上下两山，皆若钟形，上钟尤奇。是时水未涨，山麓尽出，缘石以登，……夫音固由窾而出，苟实其中，亦复暗然。故钟之制，甬则震，弇则郁，是石钟者，中虚外寝为之也。……东坡（舣涯），未睹其麓，故犹有遗论。

PPT5

《石钟山记》（节录）

罗洪先

丙午春，余过湖口，临湖上下两山，皆若钟形，上钟尤奇。是时水未涨,山麓尽出,缘石以登,……夫音固由窾而出,苟实其中,亦复暗然。故钟之制,甬则震,弇则郁,是石钟者,中虚外窽为之也。……东坡(舣涯),未睹其麓,故犹有遗论。

这里,有两个词语要作一个简要的说明:一个是"甬则震"中的"甬"是"桶"的通假字,"桶"的读音,是指古代量器名,即方形的斛;一个是"弇则郁"中的"弇",是指器具口小腹大。

罗洪先于丙午年春经过湖口,沿着湖岸上下行走,看到两座山的形状都像钟,而上钟山尤为奇特。这时湖水还没有上涨,山脚全都显露出来。他攀着石头往下走,有了新的发现。罗洪先认为,苏轼实地考察时所听到的声音固然是从石洞中出来的,但假如这洞壁是实心的,那声音也就是喑哑的。

罗洪先进而认为,石钟山的形制,如果像桶一样的,声音就会激扬,如果像弇一样口小中宽,那么声音就阻滞。石钟的声音,其实是山的内部是空的、外面有石洞而形成的。东坡当年只是驾船停靠在水边,因而没能看到山脚的景象,所以他的发现还是留有遗憾的。

罗洪先是从石钟山的形状角度提出了命名的原因。

清末著名学者、文学家俞樾也到了石钟山之下,并作了一番考察。他的《春在堂随笔》中有这样的记载:

余居湖口久,每冬日水落,则山下有洞门出焉,入之……洞中宽敞,左右旁通,可容千人。……最上层,则昏黑不可辨,烛而登,其地平坦,气亦温和,蝙蝠大如扇,夜明砂积尺许。旁又有小洞,蛇行而入,复广,可容三人坐,壁上镌"丹房"二字,且多小诗……盖全山皆空,如钟覆地,如得钟名。上钟亦空,此两山皆当以形论,不当以声论,东坡当日,犹过其门,而未入其室也。

PPT6

春在堂随笔（节录）

俞 樾

余居湖口久，每冬日水落，则山下有洞门出焉，入之……洞中宽敞，左右旁通，可容千人。……最上层，则昏黑不可辨，烛而登，其地平坦，气亦温和，蝙蝠大如扇，夜明砂积尺许。旁又有小洞，蛇行而入，复广，可容三人坐，壁上镌"丹房"二字，且多小诗……盖全山皆空，如钟覆地，如得钟名。上钟亦空，此两山皆当以形论，不当以声论，东坡当日，犹过其门，而未入其室也。

俞樾是在冬天水位下落时，从石钟山下进去，发现整座山都是空的，就像钟放在地上，上钟山也是空的。俞樾认为，石钟山的上钟山与下钟山都应当以山的外形的命名，而不是以声音来命名。

这里有一个细节，很有意思：俞樾发现，壁上镌"丹房"二字，且多小诗。"丹房"二字由何人镌刻？那许多的小诗又是哪些文人墨客题写上去的？我们想啊，何人不重要，重要的是，有人常来，且留有痕迹。这说明石钟山是游览之胜地，但关于石钟山命名的缘由，为何探讨之人不太多？个中缘由，则不得而知了。

此外，我们还要注意的是，石钟山有上钟山与下钟山，当年苏轼游览的是下钟山。

苏轼经过实地探查，否定了前人的某些观点，而苏轼之后，又有人或否定、或补充苏轼的观点，这也可以视作文化传承中的一种美好的情形。我们现在也知道，一般认为，石钟山得名的更全面的原因是，既有声音的因素，也有外在山体的形状的因素。但在九百多年前的北宋时代，苏轼能够经过深入调查后，总结出"事不目见耳闻"，不可"臆断其有无"的观点，是难能可贵的，并且，这一观点到现在仍有其现实的指导意义。

"事不目见耳闻,而臆断其有无,可乎"这句话,是文章的核心观点,也是本文的写作目的。

作者接下来对郦道元及另外三类人的不同特点展开了具体的分析。

PPT7

第1段:
郦元以为下临深潭,微风鼓浪,水石相搏,声如洪钟。是说也,人常疑之。
第3段:
郦元之所见闻,殆与余同,而言之不详。

如何理解第3段中的"郦元之所见闻,殆与余同,而言之不详"?为什么是"殆与余同"?

这个问题,我们要结合第1段中的内容来理解。

第1段说:"郦元以为下临深潭,微风鼓浪,水石相搏,声如洪钟。是说也,人常疑之。"这几句话,有几个细节要注意。一是"郦元以为","以为"强调主观判断,而没有实践验证;二是"人常疑之",作者并没有直接说自己怀疑。从作者探查到的情况来看,郦道元所认为的得名原因并没有错误,只是"言之不详",所以才说"殆与余同",从这里可以看出作者语言表达的准确性。

士大夫的情形是:

士大夫终不肯以小舟夜泊绝壁之下,故莫能知。

对于士大夫而言,"终不肯"三个字,表明这一类人缺乏实地探查的求实精神,对此,作者是持反对态度的。

PPT8

士大夫终不肯以小舟夜泊绝壁之下,故莫能知。

渔工水师这一群体的情形是：

而渔工水师虽知而不能言，此世所以不传也。

作者充分认识到渔工水师到达实地的可能性，只是他们不懂得如何用文字表述与记载，所以世上没有流传下来，这是令人遗憾的。

PPT9

而渔工水师虽知而不能言，此世所以不传也。

至于李渤一类的浅陋之人，他们是"陋者"，他们"乃以斧斤考击而求之，自以为得其实"。

这一类人只是满足于简单的表象，还自认为获得了事情的真相。这样的人是不对的，寺僧就是其中的代表。"自以为"三个字，形象地刻画出了他们缺乏深入调查且容易自我满足的特点，第1段与第3段，作者都用了"自以为"这样的表述，达到了首尾呼应的效果。

PPT10

第1段：
自以为得之矣。
第3段：
而陋者乃以斧斤考击而求之，自以为得其实。

行文至最后，作者以"叹""笑"表达自己的情感态度。
请同学们细细品味"叹"与"笑"的意味。

PPT11

余是以记之，盖叹郦元之简，而笑李渤之陋也。

1. 叹
2. 笑

"叹"是慨叹，有惋惜甚至委婉的批评之意，毕竟郦道元的主观推断结果上是对的，只是太过简单。而"笑"，则有了嘲笑的意思，浅陋而不自知，或者说正因为浅陋而无法自知。李渤一类人的错误，也应该引起我们的警醒，我们应该经常反躬自问，是否会犯类似的错误。

石钟山得名原因，善于怀疑之人，自然会多加思考。如何表达这种思考，就涉及行文思路的安排了。

现在，请同学们思考：文章三个段落之间的内在关系。

PPT12

思考：
文章三个段落之间的内在关系。

我们发现"疑"这词贯穿全文。第1段为"设疑"，提出疑问，对郦道元的观点，"人常疑之"，而对李渤的观点，则是"余尤疑之"；作者的两个"疑"字，自然充分地激发了读者的阅读兴趣。第2段为"释疑"，解释疑问，在古代，大概只有亲身实地探访，不要顾及困难甚至危险，方可有效地"释疑"。第3段为"评疑"，评论疑问，提出作者自己的主张，"事不目见耳闻"，不可"臆断其有无"，这一主张的得出，由疑问开始，经过实地探查而解释疑问；当然，只有疑问，如果没有深刻的思考，即使亲自实地探查，恐怕也难以获得有质量的主张。

因此，我们可以这样说，文章三个段落，以"疑"为线索，环环相扣，层层推进。

同学们，回顾我们自初中以来学过的"记"的文体，我们会发现，"记"

这种文体的特征是突出记叙性。不过,本文是否具有这样的特点呢?

PPT13

体会文章议论、叙述、描写、抒情融为一体的特点。

作为"记"的文体,本文却没有开篇叙述,而是议论开篇,这是为了突出本文的重点在于提出主张。第2段则以生动的叙述与描写,将夜探石钟山潭下情景呈现出来,在叙述、描写中,将第1段中提出的疑问,巧妙地作了回答。由开篇的议论,到第2段的叙述、描写,三者有机融合。结尾段落,再次回到议论,以精练的语言,表达了观点,一"叹"一"笑",又传达出了抒情的意味,增强了文章的艺术感染力。文章议论、叙述、描写、抒情融为一体,浑然天成。

为了增强对文章议论、叙述、描写、抒情融为一体特点的理解,我们可以将本文与高二上学期所学的王安石的《游褒禅山记》进行比较。同学们课后再次阅读《游褒禅山记》这篇课文,我们可以从内容、思路、手法、主旨、风格等角度进行比较。

PPT14

试比较《石钟山记》与《游褒禅山记》两文的异同。

同学们,苏轼以一个文学家的笔法,表达了"事不目见耳闻"不可"臆断其有无"的观点,这一观点具有普遍指导价值,蕴含了科学的方法与科学的精神。

PPT15

结 论

"事不目见耳闻,而臆断其有无",这显然是会犯错误的。苏轼总结出的观点,具有普遍的指导价值,蕴含了科学的方法与科学的精神。

文章表达质疑,简洁明快;叙述游览,生动形象;提炼观点,水到渠成。一篇《石钟山记》,让我们看到了苏轼文采与思想的巧妙融合。

PPT16

小结

表达质疑,简洁明快;叙述游览,生动形象;提炼观点,水到渠成。一篇《石钟山记》,让我们看到了苏轼文采与思想的巧妙融合。

今天的作业是:

苏轼主张"事不目见耳闻"不可"臆断其有无",经过"目见耳闻"后,苏轼找到了他所认为的石钟山得名的原因。但后人对石钟山得名的原因有了新的发现。对此,你如何认识?请写一段500字左右的文字,表达你对"目见耳闻"与"事之有无"的思考。

PPT17

作业

苏轼主张"事不目见耳闻"不可"臆断其有无",经过"目见耳闻"后,苏轼找到了他所认为的石钟山命名的原因。但后人对石钟山命名的原因有了新的发现。对此,你如何认识?请写一段500字左右的文字,表达你对"目见耳闻"与"事之有无"的思考。

今天课讲到这里,同学们再见!

三、小说教学逻辑探索

(一) 小说教学的逻辑——基于观课评教的视角

小说教学是语文阅读教学中的一个重要内容,如何教小说,与小说的类型与小说解读的方法有密切的关联。不同类型的小说,其教学重点、教学方法等教学价值取向都有所不同。随着人类思想观念、艺术手法的更新,涌现了越来越多风格各异的现当代小说,它们与传统小说有着较大的差异。比如入选人教版高中语文选修教材的《墙上的斑点》,就无法用传统意义上的小说三要素来解读。孙绍振先生认为:"要读懂《墙上的斑点》这篇小说,关键是要抓住它的流派特点。"此外,新的小说解读的方法也在不断地涌现,汪政、何平所著的《解放阅读》中就介绍了社会批评的理论与方法、原型批评的理论与方法、精神分析批评的理论与方法、读者反应批评的理论与方法、语言学批评的理论与方法、新历史主义批评的理论与方法、生态批评的理论与方法、叙述学批评的理论与方法等八种与语文教学密切相关的文学批评理论与方法。哪怕是传统的文言小说,也完全可以从不同的视角解读出不同的结果,比如《促织》这篇高中语文教材必选的文言小说,毕飞宇先生认为"《促织》是一部伟大的史诗,作者所呈现出来的艺术才华足以和写《离骚》的屈原,写'三吏'的杜甫,写《红楼梦》的曹雪芹相比肩",对《促织》的艺术特色进行了细致入微的剖析;詹丹先生则从情节角度,读出了小说内在的因果逻辑。显然,同一篇小说,基于不同的解读视角与解读方法,解读重点与结果均会有所差异,而解读结果必然带入课堂教学之中。

小说教学要遵循小说的文体特征,这个要求总体上是正确的,但现当代小说的全新特征、小说解读方法带来的解读重点与结果的差异等因素,决定了小说教学在教学内容、教学重点、教学方法等教学价值取向上呈现出更为复杂的一面。概括起来看,传统意义上的小说,其教学价值取向主要是阅读方法指导、人物分析、情节梳理、环境分析、主旨把握等方面,而现当代小说,则可能在教学价值取向上呈现较大的不同,更多的应该是艺术手法赏析及主旨把握上。综合起来看,小说的教学价值取向大致包括这样几个方面:小说阅读方法的传授、小说艺术的鉴赏与评价、小说主旨的理解与把握、学生思维的训练与提高。这几个方面在不同特征的小说文本中会有所侧重,但小说主旨与学生思维两个方面应该是重点,换言之,小说阅读方法与艺术鉴赏均须为帮助学生理解小说主旨与提升学生思维服务。

遵循小说文体的特征进行小说教学,首先要在小说阅读方法上给予学生指导。小说阅读方法属于阅读知识教学,从语文知识教学的一般规律性要求来看,掌握知识并非主要目的,运用相关知识形成相应能力,才是教学的重点。小说阅读方法与其他文体的阅读方法相比较应该是个性大于共性的关系,采用小说的方法教小说,应该是正确的主张。小说教学除了要教小说阅读方法之外,还需要在学生的思维能力培养方面进行训练。当然,小说教学的理论研究与实践水平也在不断提升,运用新的小说教学研究理论指导小说教学观课评教,是一个总体的原则。

评议小说文体教学,首先须准确判断小说文体特征,是传统小说还是现当代小说;其次,可根据施教者自行确定的教学价值取向衡量其课堂教学的有效性。下面,分别以曹勇军老师与陈军老师的教学课例为例,分别探讨小说阅读方法的教学与在小说课堂教学中进行学生思维训练的问题,以确立小说教学评议的基本视角,小说教学的逻辑蕴含于其中。

首先请看曹勇军老师《守财奴》教学片段。

师:读小说,第一感觉、第一印象非常重要,它是进一步理解、评价作品的基础。读完课文之后,你一定会觉得课文中有些片段、有些细节非常生动,令你过目不忘。请同学举出一个你认为印象最深的片段或细节,并说明它为什么让你印象深刻。

生1:我印象最深的一幕是葛朗台抢女儿的梳妆匣,因为它深刻反映了葛朗台自私自利、唯金是图、见钱眼开的性格,一看见金子,眼睛就闪光,反映了他爱财的一面。

……

生7:给我印象最深的是他临死前抓十字架,表现了他至死不变的守财奴的性格。

师：刚才请了几位同学谈了自己阅读后的印象，谈得很好。看来是读出了心得，读出了体会。不过，这只能算是一般的阅读，还算不上是鉴赏。鉴赏、鉴赏，一鉴二赏，鉴别，欣赏（板书：鉴赏）。在理解的基础上去鉴别它，欣赏它，并进而获得初步的评价和认识，这才叫鉴赏。

师：刚才大家讲到了"抢梳妆匣"，大家对这个场面非常感兴趣，外部的动作很多，很形象。"看守密室"和最后"手抓法器"也讲到了。但有一个场面没讲到，那就是"骗继承权"。可能觉得平淡，味道不大。这说明感知还不太完全。即使讲到的，还嫌粗糙，没有深入下去。鉴赏的第一步就是反复地品味语言，进而去理解其意蕴，获得对形象的深入理解（板书：品味语言，理解形象）。

师：在"抢梳妆匣"这个场面中，你们认为最生动形象的动作描写是哪个？

生（齐答）："老头儿身子一纵，扑上梳妆匣，好似一头老虎扑上一个睡着的婴儿。"

师：为什么你们觉得这句特别生动，特别形象？好在哪儿？

生（部分）："纵""扑"两个动词好。

生（部分）：比喻好。

师：还有吗？（学生沉默）

师：还有。不知大家注意到没有，在课文中作者对葛朗台有四种称呼："葛朗台""老家伙""箍桶匠""老头儿"。咱们来替换一下。换成"葛朗台一纵一扑……"好不好？

生（齐声）：不好。

师：一点感情色彩没有，不好。那么换成"老家伙一纵一扑……"好不好？（学生在下面议论，纷纷说"不好"）为什么不好？"老家伙"是对人的一种轻蔑的称呼，带有嘲弄的意味，这种称呼往往出现在人物矛盾冲突达到白热化、作者的感情压抑不住的时候，这里矛盾冲突刚刚开始，有点欠火候。

……

师：小说中，不仅有人物、语言的正面描写，还有许多侧面的隐蔽的描写。举一个例子，当抢梳妆匣双方矛盾斗争白热化的时候，仆人拿侬讲了一句话：

"先生，你一生一世总得讲一次理吧。"言外之意是葛朗台从不讲理。拿侬是一个深知葛朗台为人的人，她都看不下去了，可见葛朗台吝啬疯狂到了怎样的程度，这就很好地从侧面烘托出了葛朗台的嗜财如命。

读小说，不仅要品味语言，而且要抓住这种空白之处，展开想象，这样才能获得饱满的审美感受。（板书：展开想象，再现形象）

曹勇军老师紧紧围绕小说内容展开教学，将阅读方法的知识融入其中。概括起来看，在上述教学环节中，曹勇军老师共教了以下几个方面的小说阅读知识：读小说，第一感觉、第一印象非常重要，它是进一步理解、评价作品的基础；鉴赏、鉴赏，一鉴二赏，鉴别、欣赏，在理解的基础上去鉴别它，欣赏它，并进而获得初步的评价和认识，这才叫鉴赏；鉴赏的第一步就是反复地品味语言，进而去理解其意蕴，获得对形象的深入理解；小说中，不仅有人物、语言的正面描写，还有许多侧面的隐蔽的描写。在具体的教学过程中，曹勇军老师还适时板书具体的小说阅读方法知识，以利于学生理解、掌握。

再看陈军老师的《祝福》教学片段：

师：我们进入第二层次的讨论。今天的核心问题是：祥林嫂究竟是怎样死的？这是第二层次的思考："死因探究"。刘小亮同学说，年轻的生命如此惨死，大悲也，为我们讨论这个问题提供了推理的力量。何以致死呢？

生：我刚才说过，分明是封建礼教戕害了祥林嫂。

师：你要拿出证据来。

……

师：除了写鲁四老爷对祥林嫂的态度外，文中还写了其他几个人，也应该解读。

生：使祥林嫂精神产生极大障碍的还有一个人，就是柳妈。

师：请看写柳妈的文字。

……

生：问题的实质正在这里。女子不事二夫，应该嫁一从终，这是封建礼教的内容。祥林嫂死了两个丈夫，罪莫大焉，这就是"大罪名"。"锯开来"，是柳妈一类人符合礼教的解释，这是极大的可悲之处。

师：等等。有两个词值得揣摩。你说"一类人",含义是什么？你说"可悲",又是指什么？

生：我同意"一类人"的说法,含义是指像柳妈这样在骨子里信奉礼教、自觉维护礼教的人很多,民众大多如此,包括祥林嫂在内。四婶不去说她了,就是卫婆子、短工也是如此。这些人明明是礼教的受害者,却又不能醒悟,反而支持礼教,编出谎言维护礼教,这正是他们的"可悲"之处。

师：这段话,很有见地。大家应该分享。由此老师也来谈点看法。面对祥林嫂,鲁四老爷、四婶、柳妈、短工,等等,都用礼教的标尺和谎言来施加迫害。他们构成了一个以礼教为核心的社会环境网络,任何人也逃脱不掉。可见封建礼教无处不在,无时不有,存身于每一个人的骨子里了。从这一点上讲,祥林嫂之死是由礼教为网的社会环境及舆论系统所造成的。

师：以上是从社会环境的迫害上来谈论的。在这个环境中,祥林嫂的反应又是如何呢？她的心路历程又有怎样的变化呢？下边从这一层面加以论证。为了概括表述,请同学们将不同情境下的祥林嫂心理状态分别用一个词语概括,然后勾勒出一个心理线索。

……

生：再接下来是"惧"。

师：请说说根据。

生：第90页说"她脸上就显出恐怖的神色来",这个"恐怖"不仅仅是听了柳妈的话而产生的。

师：还有前边谈到的"讪讪的缩了手"也是,对不对？

生：是的。还有同样的描写。比如第91页写她"像是炮烙似的缩手,脸色同时变作灰黑,也不再去取烛台,只是失神的站着",这更加突出了祥林嫂的"惧"。

师：言之有据。不过,用一个"惧"字,虽然是高度概括了,但心理恐惧的复杂性还未说透。大家集中智慧,好好研究一下"惧"的复杂性。

……

师：如果用一个比"惧""疑"更能反映祥林嫂此时心理特征的词来概括,

就是——

生：空。

师：妙极。好了，我们拢一拢：顺→抗→惧→空，这就是祥林嫂的心理历程。"顺"是为礼教而"顺"，"抗"是为礼教而"抗"，"惧"是为礼教而"惧"，"空"呢？

生：为礼教而"空"。

生：不对。应该是为自己一直信奉的礼教最后也救助不了自己而"空"。

师：陷入了人生最黑暗最虚无的深渊。绝望啊，绝望啊！由上讨论，我们再来小结一下祥林嫂之死的原因。除了社会环境的逼迫之外，从祥林嫂自身看——

生：她自身也心甘情愿地接受了礼教的迫害。从这个意义上讲，祥林嫂之死，未尝不是自杀。

师：好一个"自杀论"。我顺此也谈点看法：小说不仅仅是叙述了一个人被侮辱被迫害的故事，而且也描写了被侮辱被迫害者自我戕害的心理状态和思想根源。尤其要注意的是，受礼教之害偏又维护礼教，可见中国的这种礼教是何等的可怕！也正是这个可怕，所以，我们又要回到年龄上来了，一个不到四十岁的中年健壮的女性竟然白了头发，竟然无疾而亡！

生：使我想到了鲁迅的《狂人日记》，"吃人"也有"自吃"的情形。

师：好极了。这样的联系阅读，使我们不仅认识到小说本身的内涵，更认识到鲁迅作为伟大思想家的深刻，同学们，我们是多么需要这样的"深刻"啊！我们处于长思想的时候，今天这节课就是拨亮思想的一块火炭。

小说教学既要教小说阅读方法这一类知识，也要对学生进行思维训练，特别是语言运用的训练，这是语文学科性质决定的。因此，评议小说教学，在评议小说阅读方法知识教学的基础上，还要考查施教者是如何进行学生思维训练特别是语言运用的训练。陈军老师的《祝福》教学给我们树立了一个科学的、可资借鉴的榜样。《祝福》一课的教学，思考祥林嫂的死因是一个重点，一般的解读是封建礼教将祥林嫂逼上了绝路，一般的《祝福》课堂教学也止步于这一个正确的却缺乏深度的理解。说正确，自然是从课文的最基本的情节中即可得出的结论；但若仅仅停留于"封建礼教"这样的术语上，学生的思考就缺乏深度，因为"封建礼教"这样的名词对于高中学生来说，并不陌生，且很容易从《祝福》中得到这个结论。陈军老师凭着对《祝福》课文的深入解读，将"封建礼教"这个术语深入到祥林嫂的死是"由礼教为网的社会环境及舆论系统所造成的""小说不仅仅是叙述了一个人被侮辱被迫害的故事，而且也描写了被侮辱被迫害者自我戕害的心理状态和思想根源""受礼教之害偏又维护礼教，可见中国的这种礼教是何等的可怕"这样的深度，这是教师专业素养的体现。从教学展开的角度来看，陈军老师展现出了高超的语文教学艺术。首先，明确探究目标——死因探究；其次，紧扣文本，引导学生"拿出证据来"；第三，训练学生思维的广度——从小说核心人物鲁四老爷、四婶到"边缘人物"柳妈，学生思维由中心向四周散开；第四，训练思维的深度——由迫害致死到"自杀论"的得出，由批判封建礼教侮辱迫害到"被侮辱被迫害者自我戕害"甚至"受礼教之害偏又维护礼教"；第五，训练学生思维的准确性、简练性——追问"一类人""可悲"的含义、用一个词概括祥林嫂的心理状态、"顺→抗→惧→空"的总结直至最后的总结性语言的运用。随着陈军老师的引导，学生的思维朝着深度与广度、准确与简洁的方向前进，语文能力得到了扎实的训练与提高。

参考文献

［1］孙绍振.《墙上的斑点》：以无序的自由联想揭示思想的不自由［J］.语文学习，2014(12).

［2］汪政，何平.解放阅读［M］.南京：江苏教育出版社，2011(3).

［3］毕飞宇.看苍山绵延，听波涛汹涌——读蒲松龄《促织》［Z］.https://www.douban.com/group/topic/72411026/.

［4］詹丹.神秘情节中的因果逻辑——重读《促织》［J］.语文学习，2016(7).

［5］曹勇军.《守财奴》教学实录.郑桂华、李海林.语文教育研究大系(中学教学卷)［M］.上海：上海教育出版社，2007.

［6］陈军.《祝福》教学实录.张蕾、林雨风主编《中国语文人(第二卷)》［M］.北京：首都师范大学出版社，2010.

(二)《荷花淀》讲课稿(2020年上海市空中课堂)

同学们好!今天,我们学习《荷花淀》这篇课文。

在中国现代文学史上,有一个文学流派被称作"荷花淀派",这一流派得名不但源于白洋淀这个地方,也源于孙犁的短篇小说《荷花淀》。这一流派的作品一般都充满乐观精神,清新朴素,描写逼真,心理刻画细腻,抒情味浓,富有诗情画意。

短篇小说《荷花淀》的作者孙犁,现当代小说家、散文家,1944年赴延安,在鲁迅艺术文学院学习和工作,发表了著名的《荷花淀》《芦花荡》等短篇小说。孙犁的短篇小说像诗歌一样优美动人,既具有小说的故事性和鲜明的艺术形象,又具有散文的浓厚的抒情味,题材平凡,寓意深刻;语言清新自然,朴素洗练,被称为"诗体小说"。

PPT1

孙犁

孙犁(1913—2002),现当代小说家、散文家。1944年赴延安,在鲁迅艺术文学院学习和工作,发表了著名的《荷花淀》《芦花荡》等短篇小说。

孙犁的短篇小说像诗歌一样优美动人,既具有小说的故事性和鲜明的艺术形象,又具有散文的浓厚的抒情味,题材平凡,寓意深刻;语言清新自然,朴素洗练,被称为"诗体小说"。

同学们,小说是文学的一大样式,以叙述为主,具体表现人物在一定环境中的相互关系、行动和事件以及相应的心理状态、意识流动等,从不同角度塑造人物,表现社会生活。

学习小说这种文体,对情节相对明确、集中、完整的小说,一般可以从环境、情节、人物三个角度切入,一是理解它们各自的内容,二是分析三者之间的内在关系。

把握情节是进一步理解小说的基础，人物的行动、语言、心理、思想、情感等会随着情节的发展而逐步呈现，情节设计是塑造人物性格的主要手段。

《荷花淀》这篇小说的情节是明确的，我们先理清小说的情节发展脉络，在此基础上，分析环境、人物以及它们之间的关系。

请同学们用简洁的词语概括小说的主要情节。

PPT2

概括小说的主要情节。

本文是以时间的推移为线索安排情节的。我们先理清时间这条线索，文章有明确的表示时间推移的词语，这些词语是：

月亮升起来——很晚——鸡叫的时候——第二天——过了两天——快到晌午——正午——这一年秋季——冬天。

本文的主要情节可以概括为：深夜编席→夫妻话别→送别水生→探望丈夫→失望归来→淀上遇险→伏击歼敌→意外相见→锻炼成长。

在理清小说主要情节的基础上，我们来赏析本文"诗体小说"的特点。我们从环境描写、人物刻画等方面来赏析。

本节课我们赏析小说的环境描写，主要问题是：本文环境描写有怎样的作用？

PPT3

主要问题：
本文环境描写有怎样的作用？

小说文体中的环境描写一般可以分为自然环境描写与社会环境描写。

PPT4

环境描写分类：
1. 自然环境
2. 社会环境

自然环境描写是指对人物活动的时间、地点、季节、气候以及景物等的描写。社会环境描写是指对小说涉及的特定的时代背景及人物生活环境的描写，它提供人物活动和事件发展的时代背景。

本文的社会环境是抗日战争的时代背景，小说并未对社会环境作具体直接的描写，主要是自然环境描写。本节课所说的环境描写主要是指自然环境描写。

分析环境描写的作用，通常可以思考：写了哪些环境，写出了什么特点，为什么要在这里写具有这样的特点的环境，具体而言就是环境的这些特点与故事、人物有着怎样的关系，对主题表达可能起到怎样的作用。

我们首先把握所描写的环境的特点。

PPT5

概括所描写环境的特点。

我们可以从词语、表现手法等角度，把握环境的特点。我们选择了这样几处环境描写。

请同学们阅读课文第1段，体会环境的特点。

PPT6

月亮升起来，院子里凉爽得很，干净得很。白天破好的苇眉子湿润

润的，正好编席。女人坐在小院当中，手指上缠绞着柔滑修长的苇眉子。苇眉子又薄又细，在她怀里跳跃着。

这是课文的第1段。作家创作，往往都很重视开篇的内容，它能给读者良好且深刻的第一印象。

本文开头第一句，交代了时间、空间以及空间的特点。院子里凉爽、干净，苇眉子湿润润的，柔滑修长，又薄又细，随着女人的编织，在她怀里跳跃着。这一系列描绘院子及苇眉子特征的词语，所营造的环境是那么的静谧、幽雅，人物是那么的勤奋、能干，这样美好的画面，丝毫看不出战争的气息。

请同学们阅读接下来的一段文字。

PPT7

这女人编着席。不久，在她的身子下面就编成了一大片。她像坐在一片洁白的雪地上，也像坐在一片洁白的云彩上。她有时望望淀里，淀里也是一片银白世界。水面笼起一层薄薄透明的雾，风吹过来，带着新鲜的荷叶荷花香。

在这段文字中，表明色彩的词语"洁白"以及喻体"雪地""云彩"，刻画出一个美好的世界。随着女人眼光的转移，作者将描写的视线自然地转移到淀里，雾是薄薄的、透明的，新鲜的荷叶与荷花香，随微风而至。稍作想象，读者似乎能够身临其境，见月光，闻荷叶荷花香。

画面依然是那么美好，情调依然是如此静谧。

随着情节的推进，女人们探望丈夫扑空归来，摇着小船，途经荷花淀。这是又一段值得细细品味的环境描写：

几个女人羞红着脸告辞出来，摇开靠在岸边上的小船。现在已经快到晌午了，万里无云，可是因为在水上，还有些凉风，这风从南面吹过来，从稻秧上苇尖上吹过来。水面没有一只船。水像无边的跳荡的水银。

PPT8

几个女人羞红着脸告辞出来,摇开靠在岸边上的小船。现在已经快到响午了,万里无云,可是因为在水上,还有些凉风,这风从南面吹过来,从稻秧上苇尖上吹过来。水面没有一只船。水像无边的跳荡的水银。

孙犁先生创作用字极为考究,包括标点。

迎面吹来的风,带来了丝丝的凉爽,晴空万里,视野开阔,描写至此,已经突出了环境的特点。但作者却用了一个表示转折的"可是"一词,强调风的出现。描写风吹过来,若仅从语言简洁的要求来看,写一次"风吹过来"即可,作者却写"从稻秧上苇尖上吹过来",两次写风"吹过来",以看似平淡的语言,暗示着某种异常的情况。

我们再看,既然没有船,为什么要特别交代,且用了句号?句号停顿时间长,更突出句意的完整,更能引起读者的注意。风小,水何以"跳荡"?喻体水银,从色彩角度写出视觉的效果,此外,水银比重较大,能使水银"跳荡"起来,预示着有除风之外的某种更大的力量,在发挥着作用。

综合起来看,这一段环境描写,语言简洁。水面看似平静,却暗示着湖面情况的异常,进一步勾勒出马上要发生的白洋淀伏击战的典型环境。

令女人们意想不到的是,在平静的湖面上,竟然有敌人的大船飞快地开过来,女人们机智地奔着那不知道有几亩大小的荷花淀去,那一望无边挤得密密层层的大荷叶迎着阳光舒展开,就像铜墙铁壁一样。粉色荷花箭高高地挺出来,是监视白洋淀的哨兵吧。

PPT9

她们奔着那不知道有几亩大小的荷花淀去,那一望无边挤得密密层层的大荷叶迎着阳光舒展开,就像铜墙铁壁一样。粉色荷花箭高高地挺出来,是监视白洋淀的哨兵吧。

请同学们注意此处的环境描写。

叠词"密密层层"突出大荷叶数量之多,"挤得"二字,以比拟的手法突出大荷叶紧密连在一起的情形,喻体"铜墙铁壁"的使用,呼应了前文的"挤得密密层层",喻体"哨兵",则预示着这里即将有一场战斗要打响。

与前面三处环境描写相比,此处的环境,已经有了一种"山雨欲来风满楼"的紧张气氛。

我们选择了四处环境描写,对各自的特点作了分析,初步感受到了孙犁小说环境描写的特别之处。

写出环境特点本身就是环境描写的实实在在的第一大作用。

此外,我们还可以从以下几个方面来分析环境描写的作用。

首先是对人物形象刻画的作用。

PPT10

环境描写的作用:

1. 对人物形象刻画的作用

在小说中,环境是人物活动的外部条件,与人物的语言表达、动作行为、心理活动、性格发展等有着密切的联系。

课文第一处的环境描写,幽静的月光、凉爽干净的院子、跳跃着的苇眉子,烘托着水生嫂的能干、善良的形象。

第二处环境描写,再次以优美的环境烘托着水生嫂的心灵手巧。此时,环境是幽静的,但水生嫂的内心是怎样的呢?是平静如白洋淀的湖水吗?

请同学们思考：此时幽静的环境对水生嫂的心理活动起到怎样的作用？

这里，就要结合情节的缓慢推进来理解了。这一处环境描写的下一段写道："但是大门还没有关，丈夫还没有回来。"原来，勤奋编着席的水生嫂是在等待丈夫的归来。月亮越升越高，夜也就越来越晚，周围自然越来越幽静，但等待丈夫归来的水生嫂的内心，却与周围的环境恰恰相反，虽不能说一定是波澜起伏，但肯定不会是心静如水了。

这样看来，此处的环境描写，采用的就是反衬手法了，这里是以静衬动，以外在环境的幽静反衬人物内心的不平静。

这与古代诗歌里以动衬静的手法，外在上是相反的，但在表达效果上却有异曲同工之妙。

第三处的环境描写，女人们探望丈夫无功而返，平静的湖面，也在反衬着她们内心的点点失望与伤心的心理感受。

环境描写第二个方面的作用，是对推动情节发展的作用。

PPT11

环境描写的作用：

2. 对推动情节发展的作用

小说情节的发展，自然主要由人物的活动来推动与展现。但环境描写依然能够发挥推动情节发展的作用。

本文第三处与第四处的环境描写就发挥了这样的作用。

第三处平静的湖面，反而异乎寻常，为接下来的战斗蓄势。

第四处"铜墙铁壁""哨兵"这两个喻体的选择是很巧妙的，"铜墙铁壁"意味着强有力的保护，而谈保护，正是因为有外力的侵害，这与敌人的大船正快速地追过来相呼应。荷花的花苞，作者却称之为"荷花箭"，犹如锋利的箭头，随时准备射向入侵的敌人；荷花箭是监视白洋淀的哨兵，它们随时保持警惕，发出警报。这样的环境描写，一方面暗示了在这美丽的、荷香四溢的荷花淀里，马上就要爆发一场激烈的战斗，另一方面，也预示着白洋淀的女人们也将迅速成长起来，成为保家卫国的战士。

显然，这里的环境描写，就极大地推动了情节的发展。

环境描写的第三个方面的作用，是对主题表达的作用，表现为深化主题。

PPT12

环境描写的作用：

3. 对主题表达的作用

对于小说的主题，不仅仅要理解是什么，还要分析表现得怎么样。

本文的主题，显然是歌颂根据地人民热爱家乡、热爱国家之情，以及奋起抗击敌人的斗争精神，展示出抗日战争的胜利前景，表现出高度的革命乐观主义精神和必胜的信念。

但本文与一般战争题材的小说最大的不同之处就在于，本文没有正面描写战争的血腥、残酷与沉重，反而主要从夫妻之情、家乡之美的角度来描写淀上的战斗始末，在充满诗情画意的环境描写中，塑造人物，推动情节发展，进而表达主题。这就使得本文具有独特的写作特色。

当然，比写作特色独特性更值得思考的问题是，作者为什么要作出如此的安排？换言之，如此安排对于主题表达是否还有另外的作用？诗情画意与原本血腥残酷的战争，二者巨大的反差中，能否达到更强有力的表达效果？

请同学们思考这个问题。

热爱故乡、热爱祖国，这是人类的朴素的情感；当外族入侵，奋起反抗，这是人性之中美好的情感；越是美好的东西，越是不能被损害，这是人性之中朴素的正义感。

从这个意义上来说,作家孙犁花了许多的笔墨,来描写荷花淀里美丽的景物、勤劳善良的人民,这更能激发白洋淀人民团结起来、英勇抗敌、保家卫国的情感,美丽的家园、善良的亲人,绝不容许任何人伤害!

因此,我们可以这样说,《荷花淀》这篇小说,以充满诗情画意的环境描写,深化了主题。

这一点,也正需要同学们静下心来,细细品味与体会。

分析环境描写的作用,前面讲了三个方面的思考角度。

具体到《荷花淀》这篇小说,我们还可以通过赏析环境描写,理解本文乃至孙犁诗体小说的特点。

前面我们讲了,"诗体小说"是叙事诗的一种,用诗的形式写成的小说;这类作品,具备小说的一般特点,有人物、情节、环境等要素,但倾注了更多的情感内容。

请同学们注意,我们讲孙犁的代表作《荷花淀》也具有诗体小说的特征,并非文体范畴里的诗歌形式。从形式上来说,主要体现在语言运用上,如环境描写、人物刻画等方面,本节课着重分析的环境描写,就充分体现了诗体小说这个方面的特征。

这里,我们再从叙事语言的角度,加深对本文诗体小说特点的理解。

PPT13

赏析叙事语言,加深对本文诗体小说的特点的理解。

这里,我们选择两个内容来赏析。

一个是小说中三处对于"捞"与"丢"的细节描写。第一处见于"寻夫遇敌"一场。文章写道:她们轻轻划着船,船两旁的水,哗,哗,哗。顺手从水里捞上一棵菱角来,菱角还很嫩很小,乳白色,顺手又丢到水里去。那棵菱角就又安安稳稳浮在水面上生长去了。

PPT14

她们轻轻划着船，船两旁的水，哗，哗，哗。顺手从水里捞上一棵菱角来，菱角还很嫩很小，乳白色，顺手又丢到水里去。那棵菱角就又安安稳稳浮在水面上生长去了。

妇女们信手一"捞"一"丢"的是菱角，流露出来的却是她们心中对美丽富庶的家乡的热爱与自豪，而那"安安稳稳浮在水面上生长"的"乳白色"的菱角和像"哨兵"一样高高地挺立的"粉色荷花箭"相映成趣，构成了白洋淀上一道美丽和谐的风景。

第二、三处描写均见于"助夫杀敌"一场。请同学们课后自主赏析。

另一个是对战斗场面的描写。

文章写道：她们想，陷在敌人的埋伏里了，一准要死了，一齐翻身跳到水里去。渐渐听清楚枪声只是向着外面，她们才又扒着船帮露出头来。她们看见不远的地方，那肥大的荷叶下面，有一个人的脸，下半截身子长在水里。荷花变成人了？

PPT15

她们想，陷在敌人的埋伏里了，一准要死了，一齐翻身跳到水里去。渐渐听清楚枪声只是向着外面，她们才又扒着船帮露出头来。她们看见不远的地方，那肥大的荷叶下面，有一个人的脸，下半截身子长在水里。荷花变成人了？

在生死攸关的紧要关头，女人们看见不远处的"荷花变成人了"？这完全是人物的感受。在这场紧张的战斗中，作者没有过多描写战争的场面，却在写这群女人们东张西望，找自己的丈夫。

这就把一场战争完全诗化了。它有力地表现这些女人们转惊为喜的紧张、愉快的感情。通过人物的感受和体验来描写，这常常是诗歌的写法，它有利于渲染和加强感情的色彩。

《荷花淀》是战争题材的小说，但作品却呈现出情景交融、诗意盎然的特点，尤其是文中那些动静张弛搭配有致的景物描写和细腻而富有情致的对话、动作描写，使文章具有了一种诗意的美。

同学们，一堂课的结论，是对主要问题的总结性的回答。这堂课的主要问题是：本文环境描写有怎样的作用？

现在，请同学们思考，通过本堂课的学习，我们可以获得怎样的结论？请同学们写下来。

我们这样来表达本堂课的结论：

作家孙犁以散文诗的笔调，描绘了白洋淀美丽的自然风光，这里的风都带着荷叶荷花香；这样美丽的景物，烘托了生活在荷花淀里的人们勤劳、善良、保家卫国的美好品质。小说《荷花淀》享有"诗体小说"的美名，展现了人物向往美好、追求美好、创造美好的人性之美。

PPT116

结论

作家孙犁以散文诗的笔调，描绘了白洋淀美丽的自然风光，这里的风都带着荷叶荷花香；这样美丽的景物，烘托了生活在荷花淀里的人们勤劳、善良、保家卫国的美好品质。小说《荷花淀》享有"诗体小说"的美名，展现了人物向往美好、追求美好、创造美好的人性之美。

赏析小说乃至文学作品的环境描写，在概括出所描写的环境的特征之基础上，主要从对塑造人物形象、推动情节发展以及表达主题等三个方面进行具体的分析。

PPT17

小结

赏析小说乃至文学作品的环境描写,在概括出所描写的环境的特征之基础上,主要从对塑造人物形象、推动情节发展以及表达主题等三个方面进行具体的分析。

今天的作业是:你认为本文的主人公是谁?是水生他们这些在战场上杀敌的青年男子,还是水生嫂她们这些青年妇女们?请结合文章内容,说说你的理由。

PPT18

作业

你认为本文的主人公是谁?是水生他们这些在战场上杀敌的青年男子,还是水生嫂她们这些青年妇女们?请结合文章内容,说说你的理由。

今天的课就讲到这里,同学们再见!

第二课时

同学们好!

上节课我们以环境描写在文中有怎样的作用为主要问题,学习了分析环境描写作用的常见角度,这节课,我们聚焦人物形象分析。本节课的主要问题是:本文是如何刻画人物形象的?

PPT1

主要问题:

本文是如何刻画人物形象的？

一般来说，小说主要是通过描摹人物在特定情境中的外在表现与内心活动，前后相联而完成对人物形象的刻画。因此，人物处在什么情境中，为此他所特有的表现、心理是什么，人物特点是什么，这些问题是分析的重点。

一般来说，文学类作品刻画人物形象的方法，主要是通过环境描写烘托人物形象；通过动作描写、心理描写、语言描写等方法刻画人物形象；也有的是通过次要人物衬托主要人物，这里的衬托分为正衬与反衬。

上节课，我们分析了本文的环境描写烘托人物形象的作用。概括起来说，本文主要是通过充满诗情画意的环境，烘托了水生嫂勤劳、善良的美好形象，通过幽静的环境，衬托人物的不平静的心理。

PPT2

通过环境描写烘托人物形象。

本节课，我们重点分析通过动作描写、心理描写、语言描写刻画人物形象的方法与效果。同学们要注意的是，优秀的文学类作品，语言是富有艺术表现力的，动作描写、心理描写、语言描写很多时候并非独立的，而是交融在一起的，动作描写也能形象地表现人物的心理活动。我们这里的分析，可能突出其中的主要方面，同时也把其他的方面一并分析。

首先分析动作描写。

PPT3

通过动作描写刻画人物形象。

大部分对人物形象的刻画，动作描写是一个常见且重要的方法，人物的动作是外在的、直观可见的，支撑、指引动作行为的是人物内在的思想观念。因此，我们在分析动作描写的时候，既要关注外在的动作行为，更要挖掘内在的思想观念、情绪情感。

我们选择了两处动作描写来分析，希望同学们课后能够举一反三，自主分析其他的动作描写，并迁移到其他文学类作品的分析中。

首先请看这一处动作描写：

水生笑了一下。女人看出他笑得不像平常，"怎么了，你？"

水生小声说："明天我就到大部队上去了。"

女人的手指震动了一下，想是叫苇眉子划破了手。她把一个手指放在嘴里吮了一下。

PPT4

水生笑了一下。女人看出他笑得不像平常，"怎么了，你？"

水生小声说："明天我就到大部队上去了。"

女人的手指震动了一下，想是叫苇眉子划破了手。她把一个手指放在嘴里吮了一下。

这段动作描写，语境是水生深夜才回来，面对水生嫂的多次询问，水生并不马上说出原因。因为当时斗争形势已经很紧张了，任务很重要，一方面，任务必须告诉妻子，另一方面，又知道此次任务会给妻子带来巨大的负担。于是，在妻子多次询问之下，水生只是"笑了一下"借以掩饰内心的复杂的心理。

而水生嫂也敏锐地看出"他笑得不像平常"，接下来的一句"怎么了，你"，则采用了倒装句的句式，将谓语提前，突出了水生嫂的急切心情，她急于知道丈夫面临的具体任务。水生嫂观察细致，语句急切，背后是对丈夫的关心。

我们接着看。

编席心灵手巧的水生嫂,手指竟然会被苇眉子划破,这写出了她非常关心、了解丈夫,知道丈夫一定有什么重要的决定不便说,正全神贯注听丈夫说话,才不留心手里的苇眉子。

　　"震动"一词使用非常形象、准确。这是水生嫂听到丈夫报名参军之后出现的一个细节描写。丈夫明天就要参军到大部队上去,的确出乎水生嫂的意料之外,心里受到震动,手指不由自主地震动了一下。我们不难想象,此时水生嫂心里的感情一定是很复杂的:几年的夫妻恩爱,家中生产生活两副重担,上前线前途莫测……

　　但水生嫂毕竟是一个识大体、明大义的人,她克制住自己对丈夫依恋的感情,不让这种感情过分流露出来,所以毫不声张。她很快地把一个手指放在嘴里吮了一下,用这个动作迅速平定了自己的情绪,她不能让丈夫看出自己有软弱的表现,并作出了支持丈夫参军的决定,显示了她的坚强性格。这样细腻的感情活动,就通过一个简单的动作细节,形象地表现出来了。

　　综合起来看,这段文字,刻画了人物关心、关爱亲人、识大体、明大义,性格坚强的性格特点。

　　我们再看第二段文字:

　　鸡叫的时候,水生才回来。女人还是呆呆地坐在院子里等他,她说:"你有什么话,嘱咐嘱咐我吧。"

PPT5

　　鸡叫的时候,水生才回来。女人还是呆呆地坐在院子里等他,她说:"你有什么话,嘱咐嘱咐我吧。"

　　理解这一段文字,要特别注意三个细节,一个是时间,鸡叫的时候,水生才回来,可见时间过了很久;第二个是"呆呆地"这个状语,描写人物外在状态,本质上是表现人物的内心状态;第三个是"坐在院子里等他",

这与小说开篇描写水生嫂欢快并且飞快编席的情形截然相反。呆呆地等待，于无声处听惊雷，形象地刻画出水生嫂对水生参战的关心、担忧、支持等复杂情感。

现在，我们来分析小说通过语言描写刻画人物形象的效果。

PPT6

通过语言描写刻画人物形象

语言描写是文学作品刻画人物形象的重要手段，"言为心声"，人物语言会透露丰富的信息，当然，我们也结合上下文语境，看看是否存在"言不由衷"的可能。

首先请看这一段对话：

女人抬头笑着问："今天怎么回来得这么晚？"站起来要去端饭。

水生坐在台阶上说："吃过饭了，你不要去拿。"

女人就又坐在席子上。她望着丈夫的脸，她看出他的脸有些红涨，说话也有些气喘。她问："他们几个呢？"

水生说："还在区上。"

PPT7

女人抬头笑着问："今天怎么回来得这么晚？"站起来要去端饭。

水生坐在台阶上说："吃过饭了，你不要去拿。"

女人就又坐在席子上。她望着丈夫的脸，她看出他的脸有些红涨，说话也有些气喘。她问："他们几个呢？"

水生说："还在区上。"

丈夫很晚才回来，女人并未责怪，而是"笑着问"，问完之后，并没有等着丈夫回答，而是立刻站起来去端饭。可以看出女人对丈夫的信任与关心。

当时斗争形势已经很紧张了,丈夫这么晚才回来,脸色神情也异常,女人立刻觉察到了,担心出了什么事。她看到只有自己的丈夫回来,其他六个人都没有回来,所以就问:"他们几个呢?"女人的第二个问题,指向了关键问题,所以水生作出了回答。

接下来的对话,有许多值得品味的细节。请同学们阅读这一段对话。

PPT8

女人没有说话。过了一会,她才说:"你走,我不拦你。家里怎么办?"

水生指着父亲的小房,叫她小声一些,说:"家里,自然有别人照顾。可是咱的庄子小,这一次参军的就有七个。庄上青年人少了,也不能全靠别人,家里的事,你就多做些,爹老了,小华还不顶事。"

女人鼻子里有些酸,但她并没有哭,只说:"你明白家里的难处就好了。"

"过了一会儿,她才说",表明水生嫂内心是在思考甚至激烈斗争的。接下来的"你走,我不拦你"一句后面的句号,表示句意的完整与停顿时间的充分。"家里怎么办",是对现实情况的如实反映,作者在这里并没有回避水生嫂在现实中遇到的具体困难,这样的表达更显真实。

在接下的问答中,人物语言数量上的多与少,也是一个值得注意的细节。水生嫂说的话很简洁,水生的回答内容上增加了许多。面对丈夫"你就多做些"的交代,水生嫂表现出了一个女人的情感:担忧,甚至可能有些无奈,"但她并没有哭",坚强的一面表现出来了,只是用一句"你明白家里的难处就好了",作出了承诺。

上述两段对话,对话内容很重要,但对话的氛围却没有剑拔弩张的紧张,而是将人物丰富的内心感受寄托在平静的气氛中,水生的勇敢与水生嫂深明大义的性格得到了体现。

现在,我们来分析女人们之间的对话。请同学们阅读这段文字,注意人物对话的内容。

PPT9

女人们到底有些藕断丝连。过了两天,四个青年妇女聚在水生家里,大家商量。

"听说他们还在这里没走。我不拖尾巴,可是忘下了一件衣裳。"

"我有句要紧的话,得和他说说。"

"听他说,鬼子要在同口安据点……"水生的女人说。

"哪里就碰得那么巧,我们快去快回来。"

"我本来不想去,可是俺婆婆非叫我再去看看他——有什么看头啊!"

水生他们参军走了。作者用"藕断丝连"这个成语,非常贴切,富有地方色彩,富有荷花淀的风味,而且十分形象、准确地表现这些女人对丈夫的怀念。

这里有三处细节要注意。

一个是女人们为自己去探望丈夫找出的借口,明明是心里牵挂惦念,却找出各种理由,这一方面符合女人矜持、害羞的特点,另一方面也可以看出她们的自尊心也强,不愿给别人看笑话。

另一个细节是水生嫂的特点。在这一番对话中,水生嫂表现得更为理性,思考更周全。这与之前水生说的"他们全觉得你还开明一些"相呼应。

第三个是水生嫂说话中标点的使用。作者用了一个省略号。省略号具有表示列举、说话断断续续、语意难尽、语言中断、语音延长、话未说完等作用,在本文,应该是表示语言中断,水生嫂的担忧被下一位女人"哪里就碰得那么巧,我们快去快回来"的话打断,一个是理性、冷静,一个是热情、心存侥幸,一个省略号的使用,把两个人物的不同性格,表达得形象生动。

再看第二处女人们的对话。请同学们阅读这段文字。

PPT10

"你看,说走就走了。"

"可慌哩!比什么也慌,比过新年,娶新——也没见他这么慌过!"

"拴马桩也不顶事了。"

"不行了,脱了缰了。"

"一到军队里,他一准得忘了家里的人。"

"那是真的。我们家里住过一些年轻的队伍,一天到晚仰着脖子,出来唱,进去唱,我们一辈子也没那么乐过。等他们闲下来没有事了,我就傻想:该低下头了吧。你猜人家干什么?用白粉子在我家影壁上画上许多圆圈圈,一个一个蹲在院子里,托着枪瞄那个,又唱起来了。"

这段对话前面,作者有一段直接叙述女人们特点的文字:"可是青年人永远朝着愉快的事情想,女人们尤其容易忘记那些不痛快。不久,她们就又说笑起来了。"

这段对话的层次感是很强的。第一句是开启了话题,第二句是状态的描绘:可慌哩,并用"娶新——也没见他这么慌过",传达出了埋怨中有赞许、欢喜中有失落的微妙心理。第三、四两句用生活中常见的现象具体形象地说明,生动有趣。第五、六两句,作者有特殊的用意,借女人之口,侧面写出当地军民的鱼水之情,更写出年轻军人的乐观、自信与训练的扎实,这也为后文女人们的成长做好铺垫。

请看第三处对话,同学们阅读这段文字,请留意倒数第二句话。

PPT11

坐在船头脸朝后的一个撅着嘴说:"你看他们那个横样子,见了我们爱搭理不搭理的!"

"啊,好像我们给他们丢了什么人似的。"

她们自己也笑了,今天的事情不算光彩,可是——

"我们没枪;有枪就不往荷花淀里跑,在大淀里就和鬼子干起来!"

"我今天也算看见打仗了。打仗有什么出奇?只要你不着慌,谁还不会趴在那里放枪呀!"

"打沉了,我也会凫水捞东西,我管保比他们水式好,再深点我也不怕!"

"水生嫂,回去我们也成立队伍,不然,以后还能出门吗?"

"刚当上兵就小看我们,过二年,更把我们看得一钱不值了。谁比谁落后多少呢!"

这段对话充分地刻画出了女人们自尊、要强的性格特点,这是一望便知的。这里要注意倒数第二个人的话,她对着水生嫂说这番话,看得出是一个很有主见、很有自强意识的人才能说出来的。这个意见,为什么不是水生嫂说出来的呢?女人提出探望丈夫的想法时,水生嫂是很理性的,而到了这里,却是另一个女人提出,是水生嫂没有想到,还是作者另有考虑?

我们认为,这是作者的巧妙安排。这表明,经历了一场战斗之后,女人们变得更为勇敢,更有主见,这是一种变化,变化的人是水生嫂之外的女人,更多的年轻女人成长起来了。设想一下,如果成立队伍的意见由水生嫂提出,那么,水生嫂的形象是树立起来了,但其他女人们的形象没有得到有力的表现。二者比较之下,同学们应该能够感受到作家孙犁的艺术创造力。

分析人物刻画的方法，最终要指向概括人物形象的特点。当然，同学们要注意，对人物刻画方法的分析，不能仅停留在方法术语上，还要结合具体的内容展开分析，分析中不忘概括人物性格特点。因此，我们之前在环境描写、动作描写和语言描写三种主要手法的分析中，已经谈到了人物的性格特点。现在，我们就对人物形象特点作一个集中的概括。

显然，无论是水生们，还是水生嫂们，作品中的人物都具有热爱自己的故乡、热爱自己的国家的美好品质，他们勤劳、善良、勇敢，富有担当意识。

PPT12

刻画出了人物形象的什么特点？
1. 热爱自己的故乡，热爱自己的国家
2. 勤劳，勇敢

那么，除此之外，还有其他的特点吗？对于《荷花淀》这部作品是否还有其他可能的理解呢？

《荷花淀》作者孙犁在《关于〈荷花淀〉的写作》一文中说：白洋淀地区属于冀中抗日根据地。冀中平原的抗战，以其所处的形势，所起的作用，所经受的考验，早已为全国人民所瞩目。

但是，这里的人民的觉醒，也是有一个过程的。这一带地方，自从"九一八"事变以来，就屡屡感到日本帝国主义的威胁。卢沟桥事变不久，敌人的铁蹄就踏进了这个地区。这是敌人强加给中国人民的一场大灾难。

PPT13

白洋淀地区属于冀中抗日根据地。冀中平原的抗战，以其所处的形势，所起的作用，所经受的考验，早已为全国人民所瞩目。

但是，这里的人民的觉醒，也是有一个过程的。这一带地方，自从"九一八"事变以来，就屡屡感到日本帝国主义的威胁。卢沟桥事变不久，敌人的铁蹄就踏进了这个地区。这是敌人强加给中国人民的一场大灾难。

——孙犁：《关于〈荷花淀〉的写作》

请同学们注意这句话：但是，这里的人民的觉醒，也是有一个过程的。这里有一个非常重要的词语——觉醒。我们是否可以从"觉醒"这个角度来理解《荷花淀》这部作品人物的特点呢？

"觉醒"是什么意思呢？

PPT14

3. 觉醒

（1）觉醒的含意；

觉醒，是觉悟，醒悟，是由迷惑而明白，在认识上由模糊而清楚，由错误而正确。

具体到本文，女人们对于战争的认识，是否有一个觉醒的过程呢？她们由最初的冒险探望丈夫，到遭遇战斗时的沉着，到经历战争之后主动提出"成立队伍"，思想上的变化，正是觉醒的关键。

觉醒是需要契机的。

PPT15

（2）觉醒的契机；

在荷花淀里遇上的那一场伏击战就是契机。正是因为女人们的"藕断丝连"，心里牵挂丈夫，才有了这一场伏击战，而这一契机，又是那么自然地出现。

比契机更重要的是觉醒的基础。

PPT16

（3）觉醒的基础；

这基础就是女人们对丈夫的挚爱,对家乡的热爱,对国家的忠爱。这些正是人性之中最美好的！如果不是挚爱丈夫,她们就不会冒险走出荷花淀,就不会有觉醒的契机。反过来说,如果没有觉醒的基础,契机也就无法发挥出促使女人们觉醒的巨大作用。也正是女人们有这样美好的人性之美,才有了课文最后一段所写的"这一年秋季,她们学会了射击",在短短的两三个月之内,女人们就迅速地成长起来。迅速成长的动力不仅仅是女人们的自尊、自强,更是女人们对丈夫、对亲人、对家乡、对国家的深沉而浓烈的热爱！

那么,作者刻画荷花淀女人们的觉醒有怎样的价值呢？

PPT17

（4）觉醒的价值。

这就是对小说的主题思想的理解了。

之前的学习,给了我们一个个明确的启发。

小说《荷花淀》通过叙写抗日根据地一群青年妇女的成长,有力地显示了中华儿女的抗日决心和斗争精神,同时也表明了党领导下的人民抗日武装力量迅速发展壮大,展示出抗日战争的胜利前景,表现了高度的革命乐观主义和必胜的信念,使作品充满鼓舞人心的力量。

同学们,一堂课的结论,是对主要问题的总结性的回答。这堂课的主要问题是：本文是如何刻画人物形象的？

现在,请同学们思考,通过本堂课的学习,我们可以获得怎样的结论?请同学们写下来。

我们这样来表达本堂课的结论:

小说《荷花淀》在充满诗情画意的环境描写中,借由人物的动作描写、语言描写,呈现了荷花淀里的青年男女们面对敌人,一步步走向成熟的过程,展示了他们对亲人、对家乡、对国家的深沉而浓烈的热爱,以及奋起保卫家园的精神。

PPT18

结 论

小说《荷花淀》在充满诗情画意的环境描写中,借由人物的动作描写、语言描写,呈现了荷花淀里的青年男女们面对敌人,一步步走向成熟的过程,展示了他们对亲人、对家乡、对国家的深沉而浓烈的热爱,以及奋起保卫家园的精神。

小说《荷花淀》的细节刻画是很有表现力的,对环境细节的刻画,可以突出环境的特点,对动作与语言的细节的描写,可以体现出人物丰富的内心世界与鲜明的性格特点。

PPT19

小 结

小说《荷花淀》的细节刻画是很有表现力的,对环境细节的刻画,可以突出环境的特点,对动作与语言的细节的描写,可以体现出人物丰富的内心世界与鲜明的性格特点。

今天的作业是:

> 结合本文的学习,总结赏析文学作品刻画人物形象的方法。

PPT20

作业

结合本文的学习,总结赏析文学作品刻画人物形象的方法。

今天的课就讲到这里,同学们再见!

四、戏剧课的教学逻辑:以程翔老师《雷雨》教学为例

(一)对戏剧课教学逻辑的基础性认识

教学逻辑是课堂教学科学有效的基本保障,综合现有教学逻辑的研究成果,我们可以这样认识教学逻辑的基本要素:教学逻辑一般包括学科逻辑、学的逻辑与教的逻辑。学科逻辑主要解决的是如何符合学科本质特点所规定的教学要求的问题,学的逻辑主要解决的是学生怎么学的问题,教的逻辑则是学科逻辑与学的逻辑的具体体现,学科逻辑与学的逻辑是教的逻辑的依据。

具体到戏剧课教学,学科逻辑主要包括语文阅读教学的共性要求、戏剧文本的特征所规定的戏剧课教学的个性要求,学的逻辑主要包括遵循学生阅读认知活动的共性要求与学习戏剧文本的个性规律,教的逻辑主要包括教师的戏剧课教学理念、文本解读与教师作用发挥等内涵。从教学逻辑角度探讨戏剧课教学,为优化戏剧课教学效果提供了一个新的视角。本节聚焦于戏剧课的教学逻辑探讨,对于语文阅读教学的共性要求不作分析。

程翔老师执教的《雷雨》一课,在符合语文阅读教学共性要求的基础上,遵循戏剧课教学的个性规律性特点,这里以此课例为例,探讨戏剧课的教学逻辑,力图从特殊性中提炼出普遍性,从特别的个案中找出蕴藏其中的普遍性的戏剧课教学

方法。限于篇幅，这里仅能呈现极少量的课例内容，课例详细内容可参阅《山东教育》2015 年 Z3 期《程翔〈雷雨〉教学实录》。

（二）对戏剧课学科逻辑的探讨

戏剧课的学科逻辑主要回答的是戏剧文体特点及其教学要求。

依文体展开教学，是阅读教学的一个基本原则。客观上来说，每一种文体均有与之相对应的阅读与赏析的方法，文体教学的一个重要任务是教给学生学习这种文体的方法，以有助于学生更快速、更准确地理解文本，并提高阅读能力。如何更快速准确地把握戏剧剧本的基本内容以便为进一步分析鉴赏打下扎实的基础？教给学生戏剧学习的方法是行之有效的办法。

据查询到的资料来看，运用语用学的会话理论将戏剧剧本分为对话篇、对话段、对话组，至少在中学语文教师队伍中，程翔老师是第一人。程翔老师进行了科学的、符合戏剧文体特征的知识教学。从学科教学论的角度来看，每一种文体都会有与之相对应、相匹配的阅读方法，关键的问题是语文教师如何确立这样的阅读方法，并教给学生以帮助学生"以后再读话剧的时候，可以运用这种方法"（见《雷雨》教学实录第一课时）。当下科技高速发展的大背景下，某一类信息并不缺少，缺少的是我们的辨别知识与运用知识的能力。程翔老师以其高超的、专业的理论水准，从语用学原理中确立了对话篇、对话段、对话组这个分析戏剧科学而有效的方法论知识。这里，关键的问题是如何教这些有效的知识？将其作为陈述性知识还是程序性知识？程翔老师在具体的文本分析过程中，引领学生将这一知识运用到文本内容的分析、人物性格的把握与文本主旨的理解上，这就上升到了程序性知识教学的高度，将知识转化为了能力。

概言之，戏剧课的学科逻辑要求戏剧课教学要根据戏剧文体的特点，确立相应的戏剧文体学习方法与文本解读等教学内容。

（三）对戏剧课学的逻辑的探讨

戏剧课学的逻辑主要解决的问题是"戏剧文体如何学"的问题。

程翔老师在"课前思考"中说，学生"对话剧并不感兴趣，尤其对话剧的对话缺乏深入认识"。其实不仅学生如此，相信不少语文教师面对戏剧课文如何教的问题，也经常束手无策。如何有效解决学生学习戏剧文体效率不高甚至不喜欢学习戏剧文体的问题？在教给学生学习戏剧文体的具体方法的过程中，遵循学生认知接受规律，是戏剧课学的逻辑的基本内涵。

在《雷雨》教学过程中，程翔老师依循学生的阅读认知接受规律推进教学。让学生充分阅读文本，(在第一个课时中，花去15分钟让学生阅读课文，这是必要的!)根据问题的难度与学生的认知水平安排必要的讨论，在学生思考遇到困难时适时启发，多次提醒学生做好笔记。这里，我们对第一课时的教学片段进行细致剖析，以期发挥"举一反三"的作用。

请看相关教学片段：

师：下面请同学们把节选的这一部分认真看一遍。

（生看书，约10分钟）

师：好了。同学们看得很认真。话剧的表演形式是人物对话。对话的长度是有单位的，分为对话篇、对话段、对话组。

（教师板书：对话篇、对话段、对话组）

师：所谓对话篇是从整体上来说的。比如节选的这部分，我们可以称之为一个对话篇。一个对话篇是由若干个对话段组成的，一个对话段是由若干个对话组组成的。我们这节课主要来划分对话段，认识对话组。下面，同学们看一看，本对话篇是由几个对话段组成的呢？这些对话段在哪个地方切分呢？每一个对话段的主要内容是什么呢？下面开始划分，也可以交流、讨论。

（生划分对话段，教师巡视，约5分钟）

师：请同学们先停一停。划分对话段有困难吗？请同学们提出来。

生：老师，划分对话段有方法吗？

师：问得好。有方法的。同学们在现实生活中经常对话。你们回忆一下，在你们对话的过程中，话题内容会发生转化。是不是这样？

生：是的，开始的话题与后来的话题会差别很大。

师：好，举例说明。

生：比如我们开始的话题是说某个同学新配的眼镜很好看、价格很贵，话题是眼镜,后来很可能转向奥运会什么的。

师:好的,再考虑,这中间的转向难道只有一次吗?

生:多次。

师:对了。对话的长度越长,话题的转换次数就可能越多。我们从话题转换的地方切分开来,就会划分出对话段。刚才我看同学们的划分,有的分对了,有的不对。现在我告诉同学们,首先看围绕什么话题展开对话,然后找到话题转换的地方,进行切分。这样就可以比较准确地划分对话段了。下面按照我说的再一次进行划分。同学之间可以交流,刚才交流得不够充分。

(生再次划分对话段,并交流,大约5分钟)

师:请同学来说说,你怎么划分的?

这是教学的起始阶段,是进行对话篇、对话段、对话组这一知识教学的过程,从中可以提炼出这样几个方面学的逻辑。一是须给足时间让学生充分阅读。一般情况下,学生在课前已经预习了课文,课堂似乎可以直接进入教学,但程翔老师依然要求学生"认真看一遍",十分钟时间的课堂阅读,学生的课堂阅读心理状态与非课堂阅读情境下是有很大的不同的,从有利于教学的效果来看,还是需要让学生在课堂中有充分的阅读时间。二是须遵循从感性到理性、从具体到抽象的心理过程。在介绍了对话篇、对话段、对话组的基本概念这一陈述性知识后,程翔老师立即开始对话段的划分,在五分钟的划分过程中,学生的结果并不理想,这时程翔老师及时组织学生学习划分对话段的方法。这一教学环节的另一种安排是,将对话篇、对话段、对话组的知识与根据话题转换来划分对话段的知识一起讲授完,随后进行划分。两种教学安排哪一种更符合学生的认知接受规律呢?笔者认为,程翔老师的安排更为科学,因为学生经由具体的划分实践后,由于划分方法不明确而带来划分困难的心理体验更为具体,从而对接下来的划分方法更易于理解与接受。三是须遵循新知识教学的内在规律。对话篇、对话段、对话组的知识以及根据话题转换来划分对话段的知识对于学生来说是新的知识,如何教这些新知识才能易于学生接受呢?程翔老师引导学生结合日常生活中话题转换的经验来体验这一新知识。韩雪屏教授对程翔老师《雷雨》教学中的知识教学有科学而深入的剖析:"教师教给学生新知识、新方法,都是建立在学生已有知识或经验的基础之上。例如,切分对话段要依据对话双方话题的转换。'话题以及话题转换',是从学生日常对话(配新眼镜—新眼镜好看—价格贵—奥运会……)的经验中自然引出来的。'对话组中的主动方与被动方,以及主动方的目的',是从文本言语实际中提炼出来的。于是,新知识与技能,就不显得突兀,就和学生已有知识经验连接起来,以更为高一级的抽象概念进入学生已有的知识框架,组成了他们的新知识结构。这一点,在母语课程学习与教学中是十分重要又十分容易被忽视的。"

戏剧课教学须紧紧抓住文本语言,对学生进行理解、运用语言的训练,经由对话篇、对话段、对话组的划分、分析这样科学而具体的方法,在充分且必要的提问中,帮助学生扎实地掌握学习戏剧的方法,有效地提升学生阅读戏剧文本的能力,学生整体的语文阅读能力也得到有效提升。

(四) 对戏剧课教的逻辑的探讨

前文所述戏剧课的学科逻辑与学的逻辑决定了戏剧课教的逻辑,戏剧文体特点、学生学习戏剧的方法及认知接受规律,决定了戏剧课的主要教学内容与教学流程。为丰富戏剧课教的逻辑的内涵,这里再从教师的戏剧课教学理念、文本解读与教师作用发挥等三个方面展开探讨。

一是教师的戏剧课教学理念。教师的教学理念影响甚至决定了具体的教学行为,语文教师须运用科学而明确的戏剧教学理念指导自己确定科学的教学内容及采取科学有效的教学方法。我们结合《雷雨》教学的"教前思考"(限于篇幅,具体内容从略)展开分析。

"教前思考"第一部分,准确分析了学生学情——对话剧并不感兴趣,尤其对话剧的对话缺乏深入认识。这一分析是准确的,为确定教学方法及教学内容提供了必不可少的依据。第二部分继续从教学理论依据层面简要阐述对话中的主动方与被动方在理解对话、理解潜台词中的作用。第三部分阐述的是教学方法及步骤,所确立的方法是语文的方法,三个"注重"是很见学理水平的,"启发"是语文教学的基本且重要的教学方法,"品味"既是语文教学方法也是教学重点,"对人性的思考"是文本主旨的解读(这一解读是课堂的亮点与学理水平的重要体现)。

二是文本解读及其教学呈现。这里主要涉及主旨解读、问题设置、教学呈现三个角度。

第一,文本主旨解读须达到应有的深度,给学生全新的认识,以培养学生思考的深度并提升思维的质量。程翔老师对《雷雨》的解读主要集中在"对人性的思考"上,从人性角度解读《雷雨》,读出了文本应有的深度,这是课堂教学拥有深度与质量的重要保证。以往人们对《雷雨》的解读更多地从阶级的角度进行分析,对周朴园的分析基本确定在资本家的残忍、虚伪等方面,对鲁侍萍的分析则停留在善良、纯朴等标签式的结果上。程翔老师根据自身的思考与阅读他人的学术成果,从人性的角度解读《雷雨》,认为曹禺创作《雷雨》不是表现道德问题,而是表现人性问题。

第二,问题设置须有利于学生逐步理解文本。教师读出有深度的属于文本应有的结果,这并不等于课堂教学的实际内容,教师还须对这些解读结果进行教学的转化。程翔老师设计了这样几个关键的问题:

1."对话的展开,常常是由主动方决定的。那么,主动方和被动方是固定不变的吗?周朴园永远是主动方,鲁侍萍永远是被动方,是这样吗?"

2."这种人性是一种罪恶吗?他们两人当年的相爱、生子,是一种罪过吗?"

3."鲁侍萍为什么一步一步地引导着周朴园把自己认出来呢?"

4."过去,评论家说,周朴园虚伪的本质原形毕露了。你们同意吗?"

5."老师提一个问题请同学们思考:当年,周家有没有一种两全其美的办法,既让侍萍留下,又能让周朴园娶阔家小姐为妻呢?"

这五个问题,将如何准确理解《雷雨》主旨,如何正确地分析周朴园、鲁侍萍的人物形象这两个关键的问题逐步引向深入。

第三,对问题的呈现须符合学生阅读心理规律,引领学生一步步走向文本深处,提升思维质量。教师读出有质量的解读结果,并设计好了具体的问题,第三步是如何设计教学过程,基本的原则是符合学生阅读心理规律,符合学生认知接受的内在规律。程翔老师上述五个问题的先后顺序,体现了程翔老师对学生阅读心理规律的准确把握。第一个问题让学生明确了鲁侍萍由之前的被动方转而成为主动方,在对原因的分析中,学生逐渐明白了这实际表现出鲁侍萍人性中不可避免的方面(说是弱点,似乎也是可以的);第二个问题,让学生的认识不停留在简单的道德说教层面(如果没有封建等级制度的存在,周朴园与鲁侍萍完全可以走在"相爱—结婚—生子"这样一条正常的道路上);第三个问题则再次促进学生对鲁侍萍身上所体现的人性问题有更深刻的认识;第四个问题帮助学生对周朴园形成更为准确的认识,不停留在虚伪、资本家的本性这样的传统的、有违创作者及作品本意的解读上;第五个问题引导学生对鲁侍萍人物性格的分析更为全面而深入。

程翔老师对《雷雨》的文本解读,走在了学术研究前列,展现了一个语文教师深刻的思考能力与教学能力。程翔老师在《雷雨》教学"教后思考"中说:"我的教学是一种尝试,也许有的老师不能接受,因为我的理解有别于教材,有别于传统的分析。其实,在学术界,我的理解并不新鲜,只不过我比较注意吸纳学术界的最新研究成果而已。"程翔老师还说:"文献阅读很重要,它支撑着我的教学。"广大一线语文教师囿于时间、精力与术业之专攻,无法走在学术研究的前沿,这很正常,关键的问题是,我们应该抱有一种不断学习、研究、阅读、思考、探索的姿态,敢于、善于运用新的研究成果以充实、改进我们的课堂教学。

三是教师作用的发挥。教学是教与学的互相联动与互为因果,虽说教是为了学,但没有教的学,其质量是要大打折扣的。语文阅读教学中,教师的作用不仅仅是传授阅读知识,还应在文本解读中发挥重要的引领、启迪的作用,特别是对于内涵有深度、理解有难度的文本,尤其需要教师发挥应有的、不可或缺的作用。

《雷雨》一课的教学,程翔老师发挥了教授戏剧文本学习的方法的作用,还发挥了在主旨理解与人物性格分析中的不可替代的作用。关于《雷雨》的主旨理解,学生的理解还停留在封建等级制度这样带有标签式的理解上;对周朴园性格的理解,学生还停留在比较直观的看似虚伪的层面。在第一课时分析第一个对话组时,学生认为周朴园有些虚伪,程翔老师说:"是这样?!我有点不同意见,我们暂且搁置,接着讨论对话组的问题。"这句话在向学生表明老师的观点与态度,但具体分析的时机还未成熟。在第二课时中,随着分析的推进,学生对课文内容有了更充分的了解,当学生再次谈到周朴园虚伪时,程翔老师便说道:"老师来发表一下意见。站在周朴园的角度讲,当年的侍萍全身心地爱着周朴园,为他生了两个儿子。这当然是贤惠、规矩的。周朴园评价侍萍,是以侍萍对他的情感态度做依据的。称'小姐',是否可以看成是对她的尊重和怀念呢?在世俗社会中,婚姻恋爱要讲究门第,讲究门当户对,而敢于背叛这一规矩的人,当然是不规矩的了。"程翔老师的分析有理有据,紧扣文本内容,对学生来说,是一种理解上的引领与启迪。当学生的理解出现偏差时,教师如果不及时地、旗帜鲜明地加以引导的话,便是失职。

参考文献

[1] 程翔.《雷雨》教学实录[J].山东教育,2015(Z3).
[2] 韩雪屏.语文课程学习方式的分类探讨(中)[J].新语文学习:中学教学,2011(3).

五、诗歌教学逻辑探索

(一) 探究:古诗词教学价值的一个视角——以《扬州慢·淮左名都》为例

1. 问题的提出

探讨古诗词教学价值的视角自然有许多,如激发审美兴趣、增强审美体验、感受传统文化魅力、丰富情感世界等,而培养学生深入探究的能力,也可以是题中应有之义。选修课程视野中的古诗词教学能否在学生探究意识与能力培养方面有所作为,这应该成为探讨古诗词教学价值的一个视角。

《扬州慢·淮左名都》是高中语文选修教材的常见篇目,因序言中有"千岩老人以为有黍离之悲也"而常被认为表达了故国之思。然而,在仔细研读全词,特别是对词中所化用典故进行探究式的研读之后,结论却似乎不是这样。于是,课堂教学便围绕着"《扬州慢·淮左名都》一词真有黍离之悲吗"这一核心问题展开,在逐步探究之后,有了新的发现与收获。

2. 主要教学过程

在诵读、结合注释了解全词基本内容之后,结合以往古诗词学习的经验,经过师生共同讨论,我们确定了以下四个切入角度,深入探究"黍离之悲"是否真正存在。

（1）"空城"的真正含意是什么？

俞平伯在《唐宋词选释》中说："'空城'，点明一篇之主意。""空城"一词在全词中具有"词眼"的作用，我们抓住"空"字作深入探究。

"空"即为"无""没有"，扬州城没有什么呢？从词中看，城里目前有青青荠麦、废池乔木、吹寒之戍角及驻守扬州城的南宋戍卒。按照常理说，有这些便不可称为"空城"，但作者却偏言"空城"，可见作者是另有所指。那么，年轻的姜夔（作此词时，姜夔年仅21岁）究竟希望扬州城里有什么呢？

（2）用典的目的究竟是什么？

要准确理解姜夔希望扬州城里有什么，自然需要从作者所化用典故入手。典故是指诗文等所引用的古书中的故事或词句，用典的要求是作者所想及表达的情感与所化用典故的含意、情感有内在的关联。换言之，要理解作者的情感及想法，典故的内容是重要依据。

全词所化用诗句均为杜牧之诗，五处共计四首。理解杜牧四首诗的情感主旨，便成了破解姜夔之愿望的关键。我们依化用先后顺序一一分析。

第一处，"竹西佳处"化用杜牧《题扬州禅智寺》"谁知竹西路，歌吹是扬州"两句。据载，公元837年，因弟弟患眼疾寄居扬州禅智寺，时任监察御史的杜牧便携眼医前往探视，因请假期限超过一百天而离职。在弟弟身患疾病而自身前程堪忧的双重忧虑中，耳闻不远处的扬州传来的歌吹之声，杜牧有感而发，写下了"谁知竹西路，歌吹是扬州"的诗句。此时，我们应该追问的是，杜牧究竟在感叹什么？假使杜牧此时仍身任监察御史之职，即使不能前去尽享扬州之繁华喧闹，至少也不会有前程之忧。换言之，杜牧在诗中只是感叹身世前途，而非故国情怀。

第二处"过春风十里，尽荠麦青青"及第三处"纵豆蔻词工"均化用杜牧《赠别》一诗，全诗共四句："娉娉袅袅十三余，豆蔻梢头二月初。春风十里扬州路，卷上珠帘总不如。"

杜牧在诗中极力描绘一位"娉娉袅袅"的美丽歌妓，不惜用十里扬州路上的无数帘下美女衬托这位歌妓的美丽。诗题为"赠别"，足见杜牧与该歌妓感情之深挚。同样的，《赠别》一诗与故国之思也毫无关联。

第四处"青楼梦好"化用杜牧《遣怀》一诗："落魄江湖载酒行，楚腰纤细掌中轻。十年一觉扬州梦,赢得青楼薄幸名。"杜牧写作此诗有对自身反思之意,十年时光,犹如一觉,所得之名也仅为青楼所赋。诗句流露出来的是杜牧对自身功名难有的感喟。但诗歌前两句,流露出来的却是对扬州那段生活的深情回忆,其中不乏得意之色。非常巧合的是,杜牧于公元833年在扬州担任幕僚,时年21岁,与姜夔写作《扬州慢·淮左名都》时年龄一样。十年后的杜牧深刻自省,但时年21岁的姜夔是否有此种认识呢?

第五处"二十四桥仍在,波心荡,冷月无声"化用杜牧《寄扬州韩绰判官》一诗,诗歌后两句"二十四桥明月夜,玉人何处教吹箫",写出了友人韩绰的风流倜傥之风貌,想来杜牧又何曾不是如此呢?

姜夔在词中写道:"纵豆蔻词工,青楼梦好,难赋深情",那杜牧所赋"深情"究竟是怎样的深情呢?当年杜牧在繁华富庶的扬州,写下了名噪一时的佳句,为封建文人所称颂不已。其实,杜牧所写诗句,也不乏其他类型的诗作,但姜夔却只选择表现对歌妓赞美、赠别情感及对扬州繁华喧闹的留恋之作加以化用,这说明什么呢?歌妓、妓女本是病态社会的畸形儿,但是在唐宋文人心目中却是都市繁华的象征。

通过对全词五处用典的深入探究,我们产生了这样的疑问:姜夔所化用杜牧的诗句,均与扬州歌妓等都市繁华有关,对此该怎样理解才是正确的呢?

(3)"感慨今昔"的立足点有哪些?姜夔选择的是哪一个?

姜夔在序言中说:"予怀怆然,感慨今昔,因自度此曲。"那么,作者"感慨今昔"的立足点是什么呢?

一般而言,古诗词作品中感慨今昔的立足点主要有世事无常、时光无情、故国之思等,如李白的《越中览古》、韦庄的《台城》以及李煜后期的词作。根据古诗词用典手法的特点及要求,结合对《扬州慢·淮左名都》一词五处化用的四首杜牧诗的分析,我们已能够基本确定,姜夔"感慨今昔"的立足点不会是故国之思。当然为了进一步确定此词没有"黍离之悲",我们还需再找依据。

(4)"黍离之悲"的作品一般具有怎样的特点?

千岩老人萧德藻所言"黍离之悲"中的"黍离"为《诗经·王风》中的篇名,第一、二章为:"彼黍离离,彼稷之苗。行迈靡靡,中心摇摇。知我者谓我心忧,不知我者谓我何求。悠悠苍天！此何人哉?"这首诗的用词及所传递出的情感、意境都流露出浓浓的愁绪，这种愁绪具体化为对故都的缅怀之情。

我们联系李煜前后期（以南唐灭亡为分界）词作加以体会。李煜前期的词作虽有愁绪，但这种愁绪也只是一种"闲愁"。相对而言，李煜后期词作"内容上尽是伤往事、怀故国，风格沉郁凄怆"（《中国词学大辞典》），代表作品如《乌夜啼·林花谢了春红》《浪淘沙令·帘外雨潺潺》《虞美人·春花秋月何时了》等。李煜后期表达故国之思的词作与姜夔《扬州慢·淮左名都》相比较，无论是用词、用典、风格、情感等都不一样。

通过上述四个问题的逐一探究，我们得到这样一些认识：年轻的姜夔来到扬州，目睹繁华不再的景象，感慨颇多，也许要表达深沉的"黍离之悲"，但由于所化用的杜牧诗句均与扬州繁华标志之一的歌妓有关，使得《扬州慢·淮左名都》一词空有"黍离之悲"之名。《扬州慢·淮左名都》充其量只是一首从词的艺术手法上来看比较突出的慢词。作者以一个21岁年轻词人的敏感与艺术才华，表达了对曾经繁华如今衰败的都市扬州城的一点感受，这种感受只有都市繁华今昔变迁之轻叹，而无"黍离之悲"之浓愁！

3. 几点思考

教学《扬州慢·淮左名都》，一般的思路是诵读以体会其语言特色，分析意象以了解其基本内容，分析用典以理解其表现手法，讲解"黍离之悲"以把握其情感主旨。应该说，按此种教法，虽然也算完成了教学任务，但对于学生深入探究文本的意识和能力培养方面却收效甚微。

此次教学突出探究，突出对文本的重新解读，其实并非标新立异，并非颠覆对该词的传统定位，而是依循此词用典多的特点，从用典入手，重新定位此词的情感主旨。教学过程顺畅，解读结果虽然出人意料却也水到渠成。

据此，进而思考古诗词教学在深度教学上的必要性以及在学生探究意识及能力培养上的可行性，这对于诵读、意象分析、手法赏析等教学手段来说，是一种深化，也可以称为一种优化。尤其是纳入选修课程范畴的古诗词教学，更应该在深度拓展上有更高的追求。致力于学生探究意识和能力培养的教学，应该是拓展古诗词教学价值的一种较好的途径。

为了更好地达成上述的目标,以下三个方面显得尤为重要。

一是教师对诗词文本的解读要有应有的深度。古诗词的解读也需要力争有深度、有新意,特别是意蕴丰富或者存在新解可能性的诗词。如李煜的后期词作,不少就可以从表达人类共同感受的视角加以解读。"自是人生长恨水长东",就可理解为将个人体验上升到人类的生命共感;而"独自莫凭阑,无限江山,别时容易见时难"中的"江山"则不仅仅是李煜的江山,对广大读者而言,也可理解为一种隐喻——美好却已逝去、重要却未曾珍惜的许许多多。具体到《扬州慢·淮左名都》,如果不受序言中千岩老人评价的影响,而对词作典故作客观深入分析,自然就容易读出新意。

二是明确教学目标:提升探究能力,而非仅仅获得解读结果。进入阅读教学视域,文本解读本身就不是目的,而是达成阅读教学目标的一种手段。阅读教学的重要目标是提升学生阅读能力,而探究能力是阅读能力中的一种重要组成要素。着重于传递教师解读结果的阅读教学,主要是教师的讲解;而着眼于提升探究能力的教学,则是师生共同的探讨。

三是遵循教与学的规律,合理安排教学过程。探究是一种由表及里、由易到难、由浅入深的过程,基于探究的教学内容安排需要遵循这样的原则。如对"黍离之悲"这个问题的探究,从词眼"空城"入手,接着探究用典,然后分析"感慨今昔"的立足点,最后以"黍离之悲(故国之思)"的共性作结,较为完整且循序渐进地探究了《扬州慢·淮左名都》一词的情感主旨。

古诗词教学承担着丰富传统文化积淀、提升鉴赏品位的重任,也应在培养与提高学生探究能力上发挥更大的作用。

(二) 突破一字 带动全篇:《念奴娇·赤壁怀古》教学实录及反思

【教学实录】

一、诵读起步,整体感知

师:同学们,今天,我们一起学习苏轼的《念奴娇·赤壁怀古》。我们知道,语文学习中,诵读非常重要。因为在诵读中可以培养语感,提高我们的感悟能力。今天的学习,就先从读开始。先请同学们齐读全词,明确两个要求,一是读准字音,二是读明句读。预备,开始。

生齐读全词。

师:同学们的齐读不错,字音读得准,句读读得明。通过齐读,同学们可能会有自己的感受和体会,接下来,我们请一位同学朗读,通过声音,看看他有怎样的感受。我们给他配上音乐。

一生朗读,抑扬顿挫明显,生鼓掌。

师:同学们的掌声是对他的肯定。你们认为他的朗读好在哪里?

生:有气势。

师:说得对。当然,光有气势是不够。朗读,要注意节奏,注意抑扬顿挫,注意情感变化。接下来,我们听听老师为你们准备的朗读。大家在听的时候,要认真感受,看看他是怎样处理声音的起伏变化、抑扬顿挫的,并力争将朗读的声音变化与文字的意思结合起来。

播放朗读,学生小声跟读,有的还在模仿着读。

师:现在,我们提供背景音乐,请同学们各自朗读,声音不需太大,但要读出声音的变化,在声音的变化中进一步体会词句的意思和情感。

播放音乐,学生各自小声朗读,声音不大,但起伏变化比较明显。

师:从刚才的齐读、听读、各自读当中,同学们能否初步感受到这首词的意境、情感方面的大致特点?谁来说说?

生:我觉得这首词意境很开阔,如"乱石穿空,惊涛拍岸,卷起千堆雪",描绘的是一幅壮阔的画面,为下片写周郎营造了氛围。

生:我认为词上片情感是豪迈的,下片就有些伤感了,特别是"人生如梦"四个字,让人感到伤感。

师:说得很好,看来同学们读得认真、听得投入。

师:朗读,为我们理解这首词打下一个扎实的基础,但要更准确理解词的内涵、情感和主旨,还需要我们作深入的分析和探究。理解一首词,我们可以从题目入手。词的题目与其他文体的题目有所不同。"念奴娇"是——

生:词牌名

师:"赤壁"是——

生：是地点。

师："怀古"是——

生：是借古抒怀,是词的表现手法。

师："怀古"中的"古"可以指什么?

生：古代的人或事。

二、确定词眼,找到抓手

师：在了解题目之后,我们深入分析和鉴赏这首词。今天老师准备用一种新的、不太一样的方法来教这首词,我们不从头讲到尾。我们抓住词眼来学习这首词。

生：词眼?

师：看来同学们还不很了解什么是词眼。我们知道,文章有文眼,诗歌有诗眼,那么,词就应该有词眼。大家记得《荷塘月色》的文眼是——

生：这几天心里颇不宁静。

师："春风又绿江南岸"的诗眼是——

生：绿。

师：那么,你们认为这首词的词眼是什么呢?

学生小声说自己的理解。

生：我认为是"淘"字,因为淘出千古风流人物,淘出了中华民族的精华,下片的周瑜是杰出代表,"淘"字起到了总领全词的作用。

师：这位同学从总领全词的角度认为是"淘"字,这个角度是可以的。目前也有的资料认为是"遥想"。从不同的角度自然会得出不同的结论。老师选择的是一个"笑"字,我们围绕这个"笑"字可以设置一些问题,用这些问题串起对全词的分析与探究。比如可以设置——

生：笑什么,在哪里笑,怎样笑,笑谁?

师：通过添加句子成分的方法来设置这些问题,比如可以添加主语、宾语、状语、补语等。我们对这些问题进行适当的梳理,根据词的内容来展现这些问题。先看,在哪里笑?

生：赤壁。

师：这个赤壁是三国火烧赤壁的真正地点吗？你们的依据是什么？

生："人道是"，意思是人们传说。

师：苏轼选择了一个人们传说中的地点，这样做行吗？

生：可以，苏轼关心的不是地点的真假，而是有利于抒发感情。

师：对，苏轼是一个文学家，而不是史学家。史学家记叙必须强调真实，而文学家侧重于选择一个地点来抒发感情即可。

师：请看第二个问题：何时笑？

生纷纷说，被贬官时笑。

师：同学们说的也是对的，不过，从写作这首词的具体的情形来看，是否应该说是在游览赤壁时笑？游览时自然会看到独特的景物，我们把写景的句子找出来，齐读一遍，注意要读出景的特点。

生：乱石穿空，惊涛拍岸，卷起千堆雪。

师：我们可以用什么样的词语来形容这样的景？

生：开阔，壮阔。

师：现在，请同学们闭上眼睛，在背景音乐声中想象画面。

播放水流拍岸的声音。

师：能想象那种开阔、壮阔的画面吗？

生：能想象到一些。

师：现在请看第三个问题：笑谁？

生：笑我。

师：谁笑呢？

生：是苏轼自己。

师：为什么？

生："多情应笑我"，是一个倒装句，正常的语序应该是"应笑我多情"。

三、深入剖析，获得启迪

师："多情"的含义在古诗词中的意思与现代汉语中的意思是不一样的，在古诗词中，"情"一般指抱负、志向，"多情"即为志向远大、抱负深远。这样看来，苏轼是笑自己志向太远大了，这就违背常情常理了。可见，这时的笑是有所不同的笑。

请看第五个问题：什么样的笑？

生：这应该是一种自嘲式的笑。

师：为什么？

生：因为志向远大本应是一件好事，况且古代文人墨客因才华横溢而抱负满怀，除非不得已是不会有这种自嘲式的笑的。

师：说得很对。人一般会在什么情况下会发出自嘲式的笑？

生：应该是在失意、无奈的情况下。

师：鲁迅写了一首名为《自嘲》的诗，诗是这样写的："运交华盖欲何求，未敢翻身已碰头。破帽遮颜过闹市，漏船载酒泛中流。横眉冷对千夫指，俯首甘为孺子牛。躲进小楼成一统，管他冬夏与春秋。"鲁迅在诗中表达的是对国民党反动派的藐视以及为革命事业战斗到底的决心。那么苏轼是在怎样的境况下自嘲的呢？我们可以从苏轼的自嘲中获得怎样的启示？

生：首先，我们可以从课文注释中获得启示。注释告诉我们，苏轼被贬黄州，担任团练副使。

师：关注注释是一种很好的学习方法。团练是个什么样的官？

生：据我的了解，团练是一种武官。苏轼是个文人，可朝廷却让他担任武官，并且还是个副的，所以说，苏轼失意、无奈。

生：我认为还可以从本词的写作手法中看出，本词使用了借古抒怀的写作手法，作者借古人自况，通过周瑜来抒发自己的情感。

师：说得很好。看来，应该认真分析周瑜的形象。诗词作品中，刻画人物形象的方法一般有哪些？

生：直接刻画和间接刻画，也就是侧面衬托。

师：我们找出词中直接刻画周瑜的句子，并齐读一遍。

生齐读：雄姿英发。羽扇纶巾，谈笑间，樯橹灰飞烟灭。

师："羽扇纶巾"，这本来是用来形容文官形象的句子，这里使用正确吗？

生：我认为是正确的。周瑜是个大帅哥，天生高雅气质，作者用"羽扇纶巾"是将周瑜作为一个儒雅的将帅来刻画的。这和后一句"谈笑间，樯橹灰飞烟灭"非常契合，突出了周瑜高超的军事指挥才能。

师：说得好。现在，我们找出词中间接刻画周瑜的句子，并齐读一遍。

生齐读：乱石穿空，惊涛拍岸，卷起千堆雪。小乔初嫁了，雄姿英发。

师："乱石穿空，惊涛拍岸，卷起千堆雪"，这是写景的句子，为什么要朗读呢？

生：这是用壮阔的景象来烘托周瑜的形象，更突出周瑜的英雄气概。

师：好。现在，我们来概括一下，从全词看，作者把周瑜放在怎样的背景下来刻画的？

生：一个是人的背景，包括上片的"千古风流人物""一时多少豪杰"，这是用历史上无数豪杰都被大浪淘尽，而唯有周瑜留在了苏轼的心中，这是英雄衬英雄；另一个是用小乔来衬托，这应该是"美女衬英雄"。

生：另一个是景的背景，也就是上片的"乱石穿空，惊涛拍岸，卷起千堆雪"。

生：我认为还有一个背景，即事的背景。下片写了火烧赤壁这件事，就是借事写人。

师：同学们概括得很全面。刚才我们说到的借古人自况的写法，实际上是要将古人和作者进行对比，我们用一个图表来看他们之间的对比点：

	周瑜	苏轼
年龄	24	48
外貌	英俊儒雅	早生华发
职位	东吴都督	团练副使
际遇	功成名就	功业未就
基调	昂扬奋进	?

师生在讨论中逐步明确对比的内容。

师：苏轼在与这样的周瑜的对比中流露出一种怎样的情感呢？当然，老师认为为了更好地理解这个问题，我们有必要对苏轼有一个基本的了解。请看苏轼的基本情况介绍：

苏轼(1037—1101)，北宋文学家、书画家。字子瞻，又字和仲，号东坡居士。与父苏洵，弟苏辙合称三苏。他在文学艺术方面堪称全才。其文汪洋恣肆，明白畅达,与欧阳修并称欧苏,为唐宋八大家之一;诗清新豪健,善用夸张比喻,在艺术表现方面独具风格,与黄庭坚并称苏黄;词开豪放一派,对后代很有影响,与辛弃疾并称苏辛;书法擅长行书、楷书,能自创新意,用笔丰腴跌宕,有天真烂漫之趣,与黄庭坚、米芾、蔡襄并称宋四家;画学文同,喜作枯木怪石,论画主张神似。诗文有《东坡七集》等,词有《东坡乐府》。

师:同学们,一个有着如此才华的文人,心很高,气也可以很傲,本可以在政治舞台上大展身手的,可造化弄人,偏偏流落到黄州这样一个偏僻小镇。苏轼可以抱怨沉沦、怨天尤人,因为这也是人之常情。现在,请同学们思考,苏轼借周瑜自况,意在表达一种怎样的情感?这种情感的基调是怎样的?

生:我认为作者要表达的情感是一种壮志未酬的愤慨之情。

师:既然是壮志未酬,在一般人的心里,自然是悲伤难过的,我们是否就可以认为苏轼要表达的情感基调也是悲伤低沉的呢?

生:我认为不是,应该是豪放大气的。我的理由是,首先苏轼本是一个豪迈洒脱之人,一时的不如意是无法打倒苏轼的;其次上片所写之景是壮阔的;第三,周瑜的形象是豪迈的。

师:有人认为,"人生如梦,一尊还酹江月"流露出了苏轼消极的情绪。你们是怎样认为的?请同桌之间讨论这个问题:如何看待最后两句所表现出来的作者的人生态度?

生讨论,老师巡视并适时参与讨论。两分钟后。

生:我认为,人生如梦有人生过得很快的意思,既然生命短暂,就更应珍惜。在如此短暂的生命中,那些不如意的事就让它们随风消逝吧。

生:我想用一句诗来表达我的观点,"人生在世不称意,明朝散发弄扁舟",我认为苏轼的情感不是消极的,但也称不上积极。

生:我阅读了林语堂的《苏东坡传》,从书中很全面地了解了苏轼的人生经历与人格魅力,我深深地为中国历史有这样一位才华横溢、不为权势所迫、乐观旷达的独一无二的苏轼而庆幸。苏轼是打不倒的!

师:是啊,我们的一生中,难免会遇到这样那样的不如意,有时,困难的出现是无法改变的,能改变的就只有我们对待困难的心态。苏轼在《念奴娇·赤壁怀古》

中表达了对坎坷身世的无限感慨,更告诉我们,既然人生如梦,何不放怀一笑,洒脱情怀,旷达人生。我想,这也是我们应该学习的。

师:我们从三个方面总结本堂课所学的内容,一是豪放词的特点:描绘壮丽之景,刻画豪迈之人,抒发壮志豪情;二是学法:一字师法——突破一字,带动全篇;三是人生态度:不因挫折而消沉,永远乐观自信。

师:下课。

【教学反思】

古诗词教学也需要对文本进行细致的解读,解读的教学价值在于深入理解文本、训练学生思维。找到词眼,设置问题,突破一字,带动全篇,是达成上述目标的有效做法。问题设置的重点是科学、有效,由浅入深、步步推进、遵循认知规律是基本原则。确定词眼后,可以通过添加句子成分的方法来设置问题,比如可以添加主语、宾语、状语、补语等。本节课围绕"笑"字,结合词的内容共设置了"在哪里笑""何时笑""笑谁""谁笑""这是一种怎样的笑"等五个问题,随着问题的呈现及解决,师生逐步进入到词作的情感与主旨深处,有效地达成了《念奴娇·赤壁怀古》一文的学习目标。

有效学习了"这一篇"课文,只是完成了"教教材"的基本任务,若找到了一种有效的课文学习方法,便是在完成"用教材教"的任务,"这一篇"课文的教学也就有了教学方法论的意义,学生的阅读能力的培养才能够更好地落到实处。

(三)《雨巷》讲课稿(2020年上海市空中课堂讲课)

同学们,大家好!

从今天开始,我们进入了高三的语文学习阶段,高三的语文课堂学习,我们需要在语文学习方法方面多作些反思、总结、提炼与具体的表达。

今天我们要学习的课文是现代诗歌《雨巷》。

《雨巷》是戴望舒的成名作,大约写于政治风云激荡、诗人内心苦闷彷徨的 1927 年夏天。至 1928 年,戴望舒将《雨巷》投寄到《小说月报》,当时代理《小说月报》编辑的叶圣陶一看到这首诗就非常喜欢,称它"替新诗的音节开了一个新的纪元",并送给戴望舒"雨巷诗人"的称号。

戴望舒于 1925 年在上海震旦大学学习法文,受到法国象征主义影响。1928 年成为"水沫社"及其后的《现代》杂志的作者之一,创作了很多现代主义风格的诗歌,是 20 世纪 30 年代"现代派"的代表诗人。其早期作品多抒写个人哀愁、孤独的心境,意象朦胧而感伤。抗战爆发后,诗风发生很大变化,主要表现强烈的爱国热情,积极呼唤光明的到来。

PPT1

戴望舒(1905—1950),浙江杭县人。1925 年在上海震旦大学学习法文,受到法国象征主义影响。1928 年成为"水沫社"及其后的《现代》杂志的作者之一,创作了很多现代主义风格的诗歌,是 20 世纪 30 年代"现代派"的代表诗人。

其早期作品多抒写个人哀愁、孤独的心境,意象朦胧而感伤。抗战爆发后,诗风发生很大变化,主要表现强烈的爱国热情,积极呼唤光明的到来。代表诗集有《我底记忆》《望舒草》《灾难的岁月》等。

学习诗歌,诵读是很有效的方法,希望同学们在课后加强诵读。当然,静静默读,从诗歌语言入手,抓住关键的词语、句子,细细品味,则是深入理解诗歌内容及情感的不可或缺的条件。

《雨巷》是现代诗的名作,语言表达很有特色,我们从语言入手,学习这首诗。本节课的主要问题是:《雨巷》一诗的语言之美,美在何处?

请同学们根据现代诗的文体特点及大家以前学习诗歌的体会,思考:可以从更为具体的哪几个方面来感受《雨巷》的语言之美,并借助语言,深入理解诗歌所表达的思想情感?

PPT2

主要问题

《雨巷》一诗的语言之美,美在何处?

诗歌往往借助意象来表达思想情感,因此,我们可以从意象、意象特征、抒情方式、诗歌音韵等几个更为具体的方面,来深入学习《雨巷》这首诗。

首先把握诗人选择的意象。

意象是中国古代文论术语,是主观情意和外在物象的融合。南朝梁刘勰《文心雕龙·神思》中首次明确提出该词,"独照之匠,窥意象而运斤"。明清后专指借助具体外物,用比兴手法所表达的作者情思。

PPT3

表达意象的语言

意象——中国古代文论术语。指主观情意和外在物象相融合的心象。南朝梁刘勰《文心雕龙·神思》中首次明确提出该词,"独照之匠,窥意象而运斤"。明清后专指借助具体外物,用比兴手法所表达的作者情思。

诗歌意象是诗人主观情意和外在物象的有机融合。作者选择了两个主要意象,一个是雨巷,一个是丁香。请同学们注意,丁香与姑娘可以视为同一个意象,丁香即姑娘,姑娘即丁香。

PPT4

《雨巷》中的两个主要意象

1. 雨巷
2. 丁香(丁香一样的姑娘)

明确意象是什么,更要准确把握意象的特征。从阅读理解诗歌的重点及方法来说,对意象特征的把握,包括两个主要的方面:一个是概括出意象的特征,另一个是看看诗人用了怎样的表现手法来表达这些特征。

请同学们阅读诗歌,依次找出雨巷与丁香或者丁香一样的姑娘的具体特征。

PPT5

表明意象特征的语言

1. 意象的特征有哪些
2. 采用怎样的表现手法来表达这些特征

雨巷的特征:

1. 悠长
2. 寂寥

雨巷的特征主要是两个形容词:悠长与寂寥。

小巷是江南常见的建筑,雨巷,即是雨中之小巷。梅雨季节,江南的小巷潮湿而更显阴沉。作者以江南梅雨季节时的小巷作为意象,这本身就是一种特别的选择。选择,就是一种放弃,作者放弃了晴空之下的小巷,而把它置于梅雨之中,于是,在梅雨之中撑着油纸伞,便成了一种更具韵味的情境。

"悠长"二字,从空间的角度,为人物的行走提供了更多的时间,也确保了更丰富的体验的可能。

"寂寥"二字,则赋予了雨巷人的情感,雨巷未必寂寥,恐怕还是因为人的寂寥而具有这样的特征,这就是诗歌移情手法的运用了。

"移情"是指把自己的主观情感移到客观对象上。从诗歌创作角度看,"移情"可以视为一种非常具有艺术表现力的手法,常常被诗人用来营造意境、融铸意象、抒发情感;准确地把握和领悟移情手法,是学习、理解和鉴赏诗歌的有效方法。

王国维在《人间词话》中说:有有我之境,有无我之境。有我之境,以我观物,故物皆着我之色彩。王国维说的诗词的境界,也可以启发我们,诗人创作诗歌,自然会带着强烈的感情观照外物,所描写的景物都浸染着诗人浓重的感情色彩。

从阅读诗歌的方法来看,抓住意象特征,就可以反推诗人的情感。因此,我们可以这样说,雨巷的寂寥,正是诗人寂寥心情的投射,读雨巷的特点,就是读诗人的心情。

同学们在阅读诗歌时,也要多关注意象特征,并善于从意象特征入手,进而理解诗歌的情感。

丁香或者丁香一样的姑娘的特征则很丰富了。我们依据诗歌先后顺序,可以概括出这些词语:诗歌第 1 节中是结着"愁怨";第 2 节是"颜色""芬芳""忧愁""哀怨""彷徨";第 3 节是"默然""彳亍""冷漠""凄清""惆怅";第 4 节是"凄婉""迷茫";第 5 节是"静默";第 6 节是"惆怅";第 7 节是"结着愁怨"。

PPT6

丁香(丁香一样的姑娘)的特征:

1. 结着愁怨
2. 颜色 芬芳 忧愁 哀怨 彷徨
3. 默然 彳亍 冷漠、凄清、惆怅
4. 凄婉 迷茫
5. 静默
6. 惆怅
7. 结着愁怨

同学们注意到了这些词的共同特点了吗？

这些关键词，基本上都传达出伤感的情绪。从表现手法角度来看，这是直抒胸臆。直抒胸臆，是诗歌常见的表达情感的手法，虽说诗歌表达重在含蓄之美，但直抒胸臆的手法，却也能给读者更为强烈的阅读体验。

诗人为什么选择这样特点的词语来表现丁香一样的姑娘的特征？

这首先在于诗人赋予姑娘丁香一定的特征，而"丁香"是古代文人墨客常借以表达愁思的意象，这是一种特定的文化传统了。

那么，比这个问题更为前提的问题就是：诗人为什么要选择丁香这个传统意象呢？诗人究竟要传达怎样的情感？这个问题，我们留待后面再分析。

同学们，把握诗歌意象及其特征是基础，深入理解诗歌情感才是重点。

我国历史上第一部诗歌专论《毛诗序》中说："诗者，志之所之也，在心为志，发言为诗，情动于中而形于言。"理解诗歌，就是要深入理解诗人的思想、情感。

PPT7

《毛诗序》中说："诗者，志之所之也，在心为志，发言为诗，情动于中而形于言。"

诗歌表达情感的方式有多种，比如直抒胸臆、借景抒情、借事抒情等；从语言的表达方式来看，有叙述、抒情、议论、描写等。

我们根据诗歌内容来确定诗歌表达情感的方式。

诗歌中的"我"，可以是诗人自己，也可能不是，我们可以用"抒情主人公"这个称呼，来代称诗歌中的"我"，当然，在不会引起误解的情况下，我们也还会使用"我"这个人称代词。

为更好地理解诗歌的内容，我们梳理出这样几个问题：1. 抒情主人公遇见了丁香一样的姑娘吗？2. 为什么希望"逢着""飘过"？3. 这样丁香一样的姑娘，她会是谁呢？

PPT8

表达情感的语言

1. "我"遇见了丁香一样的姑娘吗
2. 为什么希望"逢着""飘过"
3. 这样丁香一样的姑娘，她会是谁呢

请同学们根据诗歌内容，思考这个问题：抒情主人公遇见了丁香一样的姑娘吗？

诗歌第1节这样写道："撑着油纸伞，独自彷徨在悠长，悠长又寂寥的雨巷，我希望逢着一个丁香一样的结着愁怨的姑娘。"第7节仅将"逢着"换成了"飘过"。诗歌第1节采用描写的语言，描绘了"我"默然彳亍在雨巷中，期待逢着丁香姑娘的微妙心理。

"我希望"三个字表明，"我"其实并未遇见这丁香一样的姑娘。

第2到6节，则以想象的语言，描绘了丁香姑娘从出现、独行、走近、飘过到最后消逝的过程，诗人运用如电影一般的画面语言，极细致地刻画了这一过程，但所有这一切，其实只是抒情主人公幻想的内容。

诗中的"我"为什么希望"逢着"丁香一样的姑娘？又为什么希望"飘过"丁香一样的姑娘？

诗歌开篇，希望逢着丁香一样的姑娘，表达了"我"的期待之情；诗歌结尾用"飘过"一词，则意味着这种期待、向往之情不可实现，必然远离。依人之常情来理解，期待、向往落空，是令人悲伤而尽可能避免的，但诗人却说"我希望飘过"，这就流露出一种极为无奈的情绪了。

那么,这丁香一样的姑娘,她会是谁呢?

要知道她会是谁,还是需要回到她有怎样的特点上来思考。前面我们已经初步梳理出了丁香一样的姑娘的基本特点,现在,我们以语言为抓手,对这些特点作深入的理解。

诗歌第 2 节,从视觉角度,写她有丁香一样的颜色,从嗅觉角度,写她散发出的芬芳,接着的"忧愁""哀怨",则是心中的感受;诗人对姑娘的描绘,从外在到内在,从具体到抽象,刻画细腻,情调哀婉。

诗歌第 3 节,是非常重要的一节。请同学们朗读诗歌第 3 节。

PPT9

她彷徨在这寂寥的雨巷,

撑着油纸伞

像我一样,

像我一样地

默然彳亍着,

冷漠,凄清,又惆怅。

第 2 节是对丁香姑娘的描绘,是单向的,那么,第 3 节则建立起了抒情主人公与丁香姑娘的联系。丁香姑娘"像我一样,像我一样地默然彳亍着",诗人用反复的手法,强调"我"希望姑娘有着像"我"一样的特点:撑着油纸伞、彷徨、默然、冷漠、凄清、又惆怅。从外在的动作到内在精神气质,都高度相似。

那么,抒情主人公为什么要强调这样的期待呢?

诗歌第 4 节到第 6 节描述了丁香姑娘由远到近、最终远去的过程。请同学们注意诗歌的关键语句。

首先是对眼光的描绘,诗人用"太息"一词来形容眼光,丁香姑娘与抒情主人公似乎有着眼神的交流,他透过丁香姑娘的眼光,似乎听到了姑娘的叹息,将视觉与听觉贯通起来。"飘过"一词,使得画面更加奇特、更为梦幻。

抒情主人公的目光随着丁香姑娘渐渐远去,直至消失在视线里。

在第6节中,诗歌的语言运用更为生动,先是用"哀曲"一词,增添了雨的情调,在写雨的声音,更写雨带给人的哀伤;接着将"消散"一词拆开再组合,消了颜色,散了芬芳,消散了眼光与惆怅。巧妙的语言运用,将丁香姑娘消失的事实写得极为形象,也突显了抒情主人公的无限怅惘之情。

综合诗歌第2到6节的内容,我们可以看出,丁香姑娘首先是抒情主人公期待出现的人,是与自己心灵高度契合的人,但最终却消失的人,这是丁香姑娘的三个关键要素。那么,丁香姑娘具体是谁呢?

有人结合作者戴望舒的人生经历,认为诗歌中的丁香姑娘,是指现实生活中的施绛年,施绛年是戴望舒的好朋友施蛰存的妹妹,这似乎符合戴望舒与施绛年之间的经历,但我们知道,诗歌往往是象征的艺术,把丁香姑娘理解为施绛年,有可能是,但缺乏根据,不能断定。

更为重要的是,从诗歌艺术特征与诗歌阅读接受的要求来看,作为读者,我们更应该去理解诗歌意象的象征意义。

PPT10

象征意义的理解

我们要辩证地看待诗歌创作背景与诗人身世经历对理解诗歌的作用。

我们首先结合这首诗的创作背景来分析。

1927年4月12日,反革命政变的发生,对戴望舒的影响是客观存在的,正如《毛诗序》所说的"情动于中而形于言",大革命退潮后,诗人内心有着无法排遣的忧郁和惆怅,这样忧郁与惆怅的心情,借诗歌的形式表达出来，这也是完全合理的表达方式。

当然，我们还是需要走出诗歌创作背景，走出诗人具体身世经历，去理解诗歌更广阔的象征意义。

"雨巷"这个意象，我们可以把它抽象化，理解为一条"追求之路"，在这条路上，诗人希望寻找到与自己心灵世界高度契合的另一个人。抒情主人公怀着渺茫的希望，在雨巷里默然彳亍，期待出现，并幻想着出现了，但最终这种幻想还是破灭了。

"丁香一样的姑娘"这个意象，则具有了更为丰富的象征意义。她可以象征着抒情主人公追求的一个梦中的姑娘，也可以象征诗人的理想，诗人不断追求理想，但追求而不可得，因而留下了无尽的惆怅。甚至还可以象征诗人自己，抒情主人公不是那么期待丁香姑娘"像我一样，像我一样地"吗？如果这样来理解，丁香姑娘与诗人就是二位一体了，诗歌中的"我"是实实在在的"我"，而"姑娘"是理想世界中的"我"，未来的"我"，甚至是现实中的"我"的另一个层面。

在雨巷中，期待遇见丁香一样的姑娘，而不可得，这就可以象征寻求一种情感世界或精神世界的共鸣，但愿望无法实现。

同学们，现代诗歌的象征含意，是阅读现代诗歌的重点，这里，我们只是提出了几种可能的理解，并非定论，希望大家可以发挥你们的想象力，作出更为丰富而合理的理解，因为"诗无达诂"。当然，"诗无达诂"，并不意味着可以"乱达诂"，总体原则是基于诗歌语言，作出合理的联系与想象。

理解诗歌的情感，是学习的又一个重点。

PPT11

诗歌情感的理解

《雨巷》这首诗的情感是比较直白的，丁香这个传统意象代表着一种愁思，整首诗用了许多直抒胸臆的语言传递出怅惘、伤感的情感。

当然，有一个比诗歌情感是什么更为前提的问题，那就是诗人为什么要表达这样明确而强烈的怅惘伤感之情呢？

这个问题，我们可以这样来看。诗人戴望舒的诗歌深得中国古典诗词中婉约诗风的遗韵，又受到法国象征诗派的影响，因而他的早期诗歌总体上表现出孤独、抑郁和消沉的特点。《雨巷》以丁香为主要意象，即是如此。此外，据施蛰存说，戴望舒"译魏尔伦诗的时候，正是写《雨巷》的时候"。魏尔伦是法国象征派诗人，戴望舒受其影响，从《雨巷》一诗中就容易找到魏尔伦诗作中那种"迷茫如雨"的朦胧色彩，那种"凝思悠复悠"的忧郁情愫。

最后，我们来看看诗歌的音韵。

PPT12

诗歌的音韵

《雨巷》这首诗音调和谐，节奏舒缓。诗歌多处采用重叠与反复的手法，构成声音和情感的回环往复，强化了节奏，也增强了诗歌的抒情色彩。全诗每一节的第三、六行押韵，一韵到底，使得整首诗歌音韵和谐一致，保持了一种鲜明的音乐效果。

同学们，一堂课的结论，是对主要问题的总结性的回答。这堂课的主要问题是：《雨巷》一诗的语言之美，美在何处？

现在，请同学们思考，通过本堂课的学习，我们可以获得怎样的结论？请同学们写下来。

我们这样来表达本堂课的结论：

诗人戴望舒选择中国古典诗词中的"丁香"作为《雨巷》的主要意象，运用精美的语言与多样化的表现手法，营造了具有古典意蕴的凄美意境，将丰富而复杂的情感表达得淋漓尽致,正如著名诗人卞之琳所说:"《雨巷》读起来好像旧诗名句'丁香空结雨中愁'的现代白话版的扩充或者'稀释',激发读者的想象,带给读者丰富的阅读体验。"

PPT13

结论

诗人戴望舒选择中国古典诗词中的"丁香"作为《雨巷》的主要意象,运用精美的语言与多样化的表现手法,营造了具有古典意蕴的凄美意境,将丰富而复杂的情感表达得淋漓尽致,正如著名诗人卞之琳所说:"《雨巷》读起来好像旧诗名句'丁香空结雨中愁'的现代白话版的扩充或者'稀释',激发读者的想象,带给读者丰富的阅读体验。"

雨巷本身为无情之物,诗人以移情的手法,将自身情感转至雨巷;借由反复的表现手法,突显对丁香一样的姑娘的美好期待;而直抒胸臆式的表达,则赋予丁香一样的姑娘丰富的意蕴。诗句的重叠,韵脚的一致,形成了和谐一致的音韵表达。

PPT14

小结

雨巷本身为无情之物,诗人以移情的手法,将自身情感转至雨巷;借由反复的表现手法,突显对丁香一样的姑娘的美好期待;而直抒胸臆式的表达,则赋予丁香一样的姑娘丰富的意蕴。诗句的重叠,韵脚的一致,形成了和谐一致的音韵表达。

今天的作业是:
1. 语言是赏析诗歌的重要抓手,抓住语言,方可深入理解诗歌的意

象、表现手法与情感。请根据本节课的学习,总结出赏析语言的具体方法。

2. 移情手法是诗歌重要的表现手法,请根据本节课的学习,总结赏析诗歌移情手法的要点与方法。

PPT15

作业

1. 语言是赏析诗歌的重要抓手,抓住语言,方可深入理解诗歌的意象、表现手法与情感。请根据本节课的学习,总结出赏析语言的具体方法。

2. 移情手法是诗歌重要的表现手法,请根据本节课的学习,总结赏析诗歌移情手法的要点与方法。

今天的课就讲到这里,同学们再见!

(四)《文学意境的特征》讲课稿(2020年上海市空中课堂讲课)

同学们,大家好!

意境属于我国传统文论中一个非常重要的美学范畴,也是中国美学理论的一个重要概念。著名美学家宗白华先生认为,在中国艺术方面,意境是"中国文化史上最中心、最有世界贡献的一方面"。准确把握意境的特征,能够帮助我们更有效地鉴赏文学作品,特别是鉴赏古代诗歌。

今天我们要学习的这篇《文学意境的特征》,可以帮助我们更清晰地认识文学意境的特征,也可以启发我们更准确地鉴赏古代诗歌。

此文作者顾祖钊曾任安徽大学中文系教授，兼任北京师范大学文艺学研究中心特邀研究员、新加坡南洋大学中华语言文化中心研究员、中国中外文艺理论学会常务理事等。著有《艺术至境论》《文学原理新释》《中西文艺理论融合的尝试》《华夏原始文化与三元文学观念》等。

PPT1

顾祖钊

顾祖钊(1941—)，安徽太和县人，1966年毕业于合肥师范学院中文系。曾任安徽大学中文系教授，兼任北京师范大学文艺学研究中心特邀研究员、新加坡南洋大学中华语言文化中心研究员、中国中外文艺理论学会常务理事等。著有《艺术至境论》《文学原理新释》《中西文艺理论融合的尝试》《华夏原始文化与三元文学观念》等。

同学们，我们知道，要准确把握事物的特征，首先需要清晰地理解事物的概念。概念是思维的基本形式之一，反映客观事物的一般的、本质的特征。理解概念，就是理解概念的内涵。内涵在逻辑学上指一个概念所反映的事物的本质属性的总和。

本文是一篇学术性的小论文，主要介绍文学意境的三种主要特征。课文并未介绍"意境"这个概念的内涵。为了帮助同学们更好地把握意境的特征，这里，我们选择了两种比较有代表性的"意境"的概念。

被誉为中国文艺学理论泰斗的童庆炳先生在他主编的《文学理论教程》中认为：意境是指抒情型作品中呈现的那种情景交融、虚实相生的形象系统及其所诱发和开拓的审美想象空间。本文作者顾祖钊先生认为：意境是以逼真的景物通过情景交融、虚实相生的方法构成的韵味无穷的审美想象的艺术空间。

PPT2

"意境"概念

意境是指抒情型作品中呈现的那种情景交融、虚实相生的形象系统及其所诱发和开拓的审美想象空间。

——童庆炳主编:《文学理论教程》

意境是以逼真的景物通过情景交融、虚实相生的方法构成的韵味无穷的审美想象的艺术空间。

——顾祖钊著:《诗魂的追寻——顾祖钊文艺论文自选集》

请同学们对这两个"意境"的概念稍作辨析,找出异同点。

童庆炳先生强调的是审美想象的空间是由情景交融、虚实相生的形象系统及其所诱发和开拓而来;顾祖钊先生则强调审美想象空间是以逼真的景物通过情景交融、虚实相生的方法构成。这是他们之间主要的不同之处。

从共同点上来说,这两个概念都突出了情景交融、虚实相生、审美想象三个核心要素。

基于语文课堂学习的需要,我们抓住意境的核心要素来把握意境概念的主要内容:情景交融、虚实相生、审美想象带来的韵味无穷。这也就是课文介绍的主要内容。

文学意境是抽象而复杂的,作者是如何将它阐释得充分而具体生动的?

我们围绕这个主要的问题来学习这篇课文。请同学们在整体感知课文的基础上,思考这个问题。

PPT3

主要问题

文学意境是抽象而复杂的,作者是如何将它阐释得充分而具体生动的?

纵观全文,我们可以发现,课文的论述思路非常清晰,围绕情景交融的表现特征、虚实相生的结构特征与韵味无穷的审美特征三个主要特征,条分缕析。

请同学们列出文章的论述结构。

PPT4

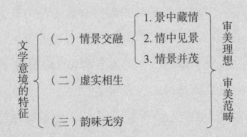

论述思路清晰,层次分明,这是作者阐释文学意境的第一个有效的方法。更细微地来看,文章呈现出这样的特点:首先从理论上阐释特征,再辅以具体的诗歌例子,进而赏析诗歌。这样的内容安排,有观点、有理论阐释、有论据、有对论据的分析,文章自然就有充分的论述力量。

PPT5

论述思路清晰,层次分明。

这是从写作角度谈论述类文章如何做到论述思路清晰。那么从阅读角度来看,回答概括文章论述思路的问题,要注意哪些呢?

首先,要准确划分文章层次,在回答时,一方面要使用表示层次先后顺序的提示词,如,"首先""其次""在此基础上""最后"等,另一方面,要准确概括各层次内容,做到不遗漏,不重复。

作者充分、具体而生动地阐释文学意境的第二个有效的办法是:引例精当丰富,释例准确。

PPT6

引例精当丰富,释例准确。

课文说道,意境是中国古典文论独创的一个理论范畴,要阐释意境的特征,自然需要从中国古典文论中选择有代表性的观点,以作为阐释的理论依据。作者根据行文的需要,选择了大量古今名家言论,并加以具体的分析与评点,使文章的阐释更为全面而有说服力。细细品味这些文论,自然可以进一步提高我们的文学鉴赏能力。

这里,我们以课文谈"虚实相生"这一意境创造的结构特征为例,分析作者是如何将文论引用、自我阐释、诗歌举例及鉴赏表达有机融为一体的。

概括起来看,文章是这样安排行文思路的:

PPT7

文论引用→自我阐释→诗歌举例→诗歌鉴赏表达→再次引用文论→自我阐释及结论

作者首先引用了梅尧臣关于虚实相生的语句,接着加以具体的阐释,指出实境、虚境的概念及特征;为增强阐释的效果,作者以南宋诗人

叶绍翁《游园不值》为例,揭示出诗歌蕴藏的两层审美想象空间;然后,作者再次引用多个文论,并进一步阐释虚境与实境的辩证关系;最后得出结论:虚境要通过实境来表现,实境要在虚境的统摄下来加工;这就是"虚实相生"的意境的结构原理。

这样的行文思路安排,使文章的阐释更为全面、生动而有说服力。

中国是诗歌的国度,体现文学意境三种主要特征的诗歌作品自然很多,选择怎样的代表作品、如何具体阐释,这是写作中须重点考虑的问题。一般来说,要符合这样三个原则:一是切合文学意境的特征,二是为读者所熟知,三是对诗歌的阐释要准确、生动,易于读者理解。

作者选择了李白的《送孟浩然之广陵》、陈子昂的《登幽州台歌》、杜甫的《闻官军收河南河北》、叶绍翁的《游园不值》与相传为李白所作的《忆秦娥》等诗词作品,这些都属于经典作品,为广大读者所熟知。作者对每一首作品的鉴赏,语言上生动、准确、简洁、明了,内容上紧扣所要阐释的观点,运用他自身的想象力、联想力,充分揭示了作品中的意境之美,让我们感受到诗词作品的言外之意与韵外之致。

作者对文学意境的三种主要特征,已经作了充分的阐释,这里,为了易于同学们理解,我们对虚实相生这个特征,补充几个例子。

作者在对南宋诗人叶绍翁《游园不值》一诗的阐释中,指出实境是指诗歌具体描绘的园外之景,而虚境包含两层审美想象空间,第一层是由实境开拓的对满园春色、百花争艳的推测与联想,第二层是由实境开拓出的哲理意味的思考,并得出美好的东西总是关锁不住的结论。

关于虚实相生,作者主要谈的是实境、虚境以及二者之间的辩证关系。

但在实际的古诗鉴赏中,"虚实相生"中的"虚"与"实",应该还可以包括另外的内容。

比如,李白的《梦游天姥吟留别》一诗中,对梦境的描绘:"霓为衣兮风为马,云之君兮纷纷而来下。虎鼓瑟兮鸾回车,仙之人兮列如麻。忽魂悸以魄动,恍惊起而长嗟。惟觉时之枕席,失向来之烟霞。"这里,对梦境的描绘,就是诗歌中的"虚"。

再比如,柳永的《雨霖铃·寒蝉凄切》一词中,"今宵酒醒何处,杨柳岸晓风残月"两句,是对离别之后情景的想象,这也是诗歌中的"虚"。这类"虚",是还没有发生的,它表现的情将一直延伸到未来而不断绝;故写愁将倍增其愁,写乐将倍增其乐。

我们再以欧阳修《琅琊溪》一诗为例,看看在古诗鉴赏中,如何思考虚与实及其内在关联。请同学们阅读这首诗,并从虚与实的角度,赏析第三、四两句。

PPT8

琅琊溪

欧阳修

空山雪消溪水涨,游客渡溪横古槎。

不知溪源来远近,但见流出山中花。

《琅琊溪》一诗写于欧阳修被贬滁州期间,第二句中"游客渡溪横古槎"的"槎"是指拼扎而成的简易木桥。

诗歌描写了雪消溪涨、游客渡溪、古槎横溪、山花随溪水流出这样几个画面。诗歌第三、四两句体现了较为鲜明的虚与实相结合的特点。

诗歌中的"实"是指眼前所见的山花随溪水流出的景象,"虚"则是指山中春天的景色,以及对溪源之远、溪流之曲折情境的想象。诗歌借助虚实结合的手法,激发了读者的想象,丰富了画面的内涵。

同学们,在具体的诗歌鉴赏中,除了本文作者所谈的实境、虚境,我们还可以从诗歌虚与实两个角度切入。我们首先要分清虚与实,一般而言,"实"是指客观世界中存在的实象、实事、实境,它可以通过视觉、听觉、触觉等具体感受到,是真实具体的描绘。"虚"则是想象之景,存在于人的思想意识之中,引发人的联想。诗歌借由虚与实的结合,互相映衬、交织在一起,可以大大丰富诗中的意象,开拓诗的意境,更为生动形象地表达情感。

关于文学意境韵味无穷的审美特征,作者以相传为李白所作的《忆秦娥》一词为例,作了充分的阐释,作者认为,"韵味",就是由物色、意味、情感、事件、风格、语言、体势等因素共同构成的美感效果。这是从诗歌整体上着眼来理解"韵味"的。

这里,我们以高二年级第一学期所学的秦观的《踏莎行·郴州旅舍》中的两个句子为例,谈谈对诗词局部句子韵味的鉴赏。请同学们思考"可堪孤馆闭春寒,杜鹃声里斜阳暮"这两句可以有多少层意蕴?

PPT9

思考:
《踏莎行·郴州旅舍》"可堪孤馆闭春寒,杜鹃声里斜阳暮"有多少层意蕴?

我们从诗歌的意象入手,逐层理解这两句诗的意蕴。

"馆",交代地点,暗示了羁旅之愁。"孤馆",以一个"孤"字修饰,进一步点明客舍的寂寞和客子的孤单。"孤馆闭春寒",添加了"春寒"二字,表明季节特征,预示"孤馆"又紧紧封闭于春寒之中,置身其间的词人内心更加凄苦。"杜鹃声",杜鹃阵阵悲鸣,声声入耳,平添哀愁。"斜阳暮",惨淡的夕阳正徐徐西下,此等景象益发逗引出词人无穷的愁绪。"可堪"者,岂堪也,词人被"闭"在这重重凄厉的氛围中,实在不堪忍受!

两句诗,蕴含着五层意蕴,这正是诗歌韵味无穷的体现。

正如作者所言,诗歌的"韵味",是由物色、意味、情感、事件、风格、语言、体势等因素共同构成的美感效果,我们在品味诗歌韵味时,就可以从上述几个方面入手,比如意象及其特征,所叙之事,所描绘之景物,抓住具体的语言,在理解诗句基本含意的基础上,调动想象、联想,融入自身情感,深切体会诗歌的韵味。

现在,我们来分析作者充分、具体而生动地阐释文学意境的第三个有效的办法。那就是:语言生动形象,韵味十足。

PPT10

语言生动形象,韵味十足。

论述类文章,语言一般突出理性分析的特点,但本文论述的对象是文学意境,文学强调的是情感、想象、生动形象,论述对象的这些特征决定了语言表达的独特性。

这里我们以作者对《忆秦娥》一词的赏析为例,感受本文语言表达上的特点。

作者写道:

这首词气势博大,意境苍凉沉郁。在历史的与现实的许多同类事物的对比中抒发了世事沧桑、社稷飘摇的慨叹,情韵极其丰富。其中历史的与现实的,神话的与人世的,目睹的与遐想的,清丽的与苍凉的,哀婉的与悲壮的,忧伤的与焦虑的,柔情的与思考的,对比的与烘托的等等美的韵致,再和以箫声柳色,伴以晚霞西风,让人回味无穷。古往今来的读者,谁能道尽其中的情韵!

这样的语言,最好能够出声地朗读,以增强体会。我们仅从行文思路上稍作梳理。作者首先用"气势博大,意境苍凉沉郁"给这首词定位,接着从表现手法的角度,展开具体的分析,作者所使用的语言,完全契合词作的风格。

同学们,还有另外一些论述类文章,语言的理性、严密、内在的逻辑性等特点，可能会更加突出，这是我们要特别注意的。

同学们，一堂课的结论，是对主要问题的总结性的回答。这堂课的主要问题是：文学意境是一个抽象而复杂的美学理论，作者是如何将这一美学理论阐释得充分而具体生动的？现在，请同学们思考，通过本堂课的学习，我们可以获得怎样的结论？请同学们写下来。

我们这样来表达本堂课的结论：

情景交融的表现特征、虚实相生的结构特征与韵味无穷的审美特征是文学意境的三个主要特征，欣赏文学意境，把握情与景的关系，理清虚与实的结构，咀嚼无穷的韵味，在欣赏中不断提升我们的审美水准与品位。

PPT11

结 论

情景交融的表现特征、虚实相生的结构特征与韵味无穷的审美特征是文学意境的三个主要特征，欣赏文学意境，把握情与景的关系，理清虚与实的结构，咀嚼无穷的韵味，在欣赏中不断提升我们的审美水准与品位。

本文在写作上，明确关键概念的内涵，行文中层次分明，辅以恰当的诗歌例证，借由生动形象的语言，将"意境"这个我国古典文论中独创而又非常重要的理论范畴，阐释得具体、明确而易于理解。我们从本文对诗歌例证的具体阐释中，也可感悟到鉴赏古代诗歌的要点与方法。

PPT12

小 结

本文在写作上，明确关键概念的内涵，行文中层次分明，辅以恰当的诗歌例证,借由生动形象的语言,将"意境"这个我国古典文论中独创而又非常重要的概念,阐释得具体、明确而易于理解。我们从本文对诗歌例证的具体阐释中,也可感悟到鉴赏古代诗歌的要点与方法。

今天的作业是:

本文选用了丰富的古典文论作为理论依据,请任选其中一则,写一段文字,说说你的理解;并结合高中学过的一首古诗词,总结赏析古代诗歌的要点与方法。

PPT13

作业

本文选用了丰富的古典文论作为理论依据,请任选其中一则,写一段文字,说说你的理解;并结合高中学过的一首古诗词,总结赏析古代诗歌的要点与方法。

今天的课就讲到这里,同学们再见!

第四章

语文写作课教学逻辑探索

第一节　写作课的教学逻辑

一、对写作课教学逻辑的基本认识

有论者提出:"教学的有效性在于逻辑性。"确立教学逻辑作为提升教学有效性的突破口,应该是符合教学科学性的要求的。教学逻辑包括学科逻辑、学的逻辑与教的逻辑三个基本的层面,学科逻辑与学的逻辑是教的逻辑的前提,教的逻辑是学科逻辑与学的逻辑的外显。学科逻辑包含学科知识、学科能力、教学目标三个主要维度,学的逻辑主要是指学生对学科知识、学科能力的基本认知过程与顺序,教的逻辑表层是指教师在课堂上呈现教学内容、推进教学活动,深层是指教师将对学科逻辑与学的逻辑的认知转化为具体的课堂教学内容与行为。

具体到语文写作课,其教学逻辑中的学科逻辑体现为对写作知识的认知,具体包括写作知识是什么、写作知识应该怎么教,写作能力是什么、写作能力应该怎么教,写作课的教学目标如何落实;学的逻辑体现为学生如何认知写作知识、如何训练写作能力;教的逻辑体现为教师如何在课堂上教写作知识与如何训练学生的写作能力。

对写作课教学逻辑的研究,其目的是提高写作教学的有效性,其探讨的重点是为什么应该教这些,为什么应该这么教。研究有两种基本的视角,一是从理论到实践,即确立写作课教学逻辑的理论知识,用以指导具体的写作教学;二是从教学案例中剖析出其蕴含着的教学逻辑理据,用以理论研究或者教学指导。本文属于基于案例分析的研究视角,选择写作教学中具有典型性、代表性的课例,深入研讨其中的某些片段,力图"还原"出执教者的教学逻辑。基于上述学科逻辑、学的逻辑与教的逻辑三者的内在关系,本文论述的重点在于深入剖析课例所蕴含的学科逻辑与学的逻辑,并总结出对教的逻辑的启示。

这里,必须说明的是,文中所选的案例均为写作教学的经典案例,限于篇幅,只能呈现体现执教者教学逻辑的相关内容,无法呈现课例的全貌,读者诸君若要全面了解执教者的写作教学思想与艺术,自然需找到课例的全部内容加以细细研读。

二、 对写作课学科逻辑的探讨

探讨写作课的学科逻辑,可以从写作知识、写作能力、写作教学目标三个视角加以深入分析。

写作知识视角包含知识是什么、从何而来、有哪些、怎样的知识更需要教、知识的作用如何发挥等问题,本章第二节"写作课知识教学的三个问题"将以"怎样的知识更需要教""知识从何而来""知识的作用如何发挥"三个问题对写作课学科逻辑中的知识问题进行探讨,将比较充分地回答学科逻辑中学科知识教学的基本问题。在写作知识教学中,还需要通过当堂训练促进写作知识转化为相应的写作能力。这里选取金志浩老师《驳论文写作指导》一课对这一问题加以深入探讨。

金志浩老师借助鲁迅的《中国人失掉自信力了吗》一课,组织学生在分析课文的基础上总结出了"驳论文三步法"——抓"突破口"批驳,一针见血;正面立论,针锋相对;引据论证,深入批驳——这一写作知识,随后进行了针对性批驳训练。金志浩老师共安排了四次训练。

师:理解了驳论文三步法,现在我们来读一篇驳论文,这是1991年全国高考命题《近墨者未必黑》的优秀作文。(作文略)

(教师请一位学生朗读。读毕)

师:哪位同学能用"驳论文三步法"要领来分析这篇文章?

(学生具体分析内容略)

师:由此看来,要写好驳论文,最紧要的是把握好哪一步?

生:(众)第一步!

师：对。这是区别驳论文和立论文的关键。有的同学习惯于阐述自己的论点，而不注意抓住对方的错误言论作针对性的批驳，于是在文章中造成"你说你的，我说我的，如俗话所说'黄牛角、水牛角、角归角'（各管各）"的情况，这就不称其为驳论文了。所以，这第一步抓"突破口"批驳，至关重要。

（学生点头，领悟）

师：下面，我们就来进行针对性批驳训练。请大家注意听：有一位女青年捡到了一块手表，失主知道后，上门去认领，不料那位女青年拒不归还，还说："这表是捡来的，不是偷来的、抢来的，不还不犯法！"（板书：是捡来的，不是偷来、抢来的）

师：如果请你写一封信给那位女青年，晓之以理，教育她把手表归还失主，这封信应该告诉她什么道理？

……

师：抓住了她的说法的"破绽"，以此作为"突破口"进行批驳，然后再提出证明论点，再引据论证，进一步指出捡到东西不还的错误，道理就能说得非常充分，达到晓之以理的目的了。

师：再说一件事：最近，一位同学到商店去买帽子，挑了几顶，都不合适。营业员不耐烦了，把帽子往柜台里一塞，不给他挑了。那位同学很不满意，指着墙上的《服务公约》说："你们不是写着要为人民服务吗？"不料那位营业员说："为人民服务，是为你一个人服务啊？"那位同学一时语塞，答不上话来。

师：好。如果要写一篇文章，该怎样批驳？大家讨论一下。

……

师：昨天，我在回家途中，见到一家商店挂出一牌，上书八个大字。（板书：独家经销，价格最优）这个商品广告文字写得怎么样？

（学生议论，兴致极高）

生：这个广告文字有破绽：独家经销，说明只此一家，怎么知道它的价格最优不最优！

师：很好。现在以《"一则广告"质疑》为题，每个同学都来写一段批驳文字，怎么样？可以"路过一家商店"开头，先记叙事情，后针对广告文字进行批驳,要求文字简明,连标点不得超过60字,一针见血。

（学生写,教师巡视。5分钟后,由两位学生朗读自己的开头,教师大力肯定并参与修改,很快形成了一段文字）

师：（总结）驳论文的语言要求准确、简明,不要拖泥带水,不能含义不清;自然,更不能以谩骂代替批驳说理。这是必须予以重视的。今天回家,就下面两道作文题进行思考,各写一段开头,要求选准"突破口"进行批驳。文字要准确、简明。1."有钱就是幸福"吗？2."人微"言"不轻"。

从教学逻辑的视角分析,对知识讲授后的训练的研究,重点就应该是：怎样的训练内容及顺序安排更有利于写作知识向写作能力的转化,即教学更为有效。金志浩老师安排的四次训练的内容及先后顺序是研究的重点。第一次训练,运用"驳论文三步法"要领来分析高考优秀驳论文,对象鲜明,事例具体,属于思维层次中的感性认识层面。学生分析之后,教师对学生驳论文写作中可能出现的问题作了必要的提示,有效地强化了学生对"驳论文三步法"要领的领会。第二次训练,是"针对性批驳的训练",虽有第一次训练中获得的"领会",但学生的批驳还不是很符合要求,因此,金志浩老师及时进行了"抓住'突破口'进行批驳、然后再提出论点、再引据论证、进一步指出错误"的指导,这依然很有必要。第三次训练,学生基本达到了准确、熟练掌握"驳论文三步法"的程度,这一程度的达成需要前两次训练的扎实基础。第四次训练,以"每个同学都来写一段批驳文字"的方式,将前三次的以思维训练为主的写作训练落实到语言文字运用的写作训练,这是写作教学的两个主要训练形式。综观这四次训练,形式相异、性质不同但作用殊途同归,共同指向学生驳论文写作能力的形成与巩固。四次训练形成从感性到理性、由易到难、由陌生到熟悉,层层递进、螺旋式上升的逻辑链,先后顺序不能调换。经过课堂上符合逻辑要求的四次训练,学生不仅掌握了"驳论文三步法"的知识,而且获得了写作实践的初步体验,这就为完成课后的写作作业奠定了扎实的基础。

写作能力的视角,包括写作能力的组成要素及其训练的方式的研究。一般而言,写作能力主要包括写作思维能力与作文完篇能力,前者侧重于具体作文前的思考,后者侧重于完整的作文写作。写作思维能力的训练突出知识指引下的扎实训练,作文完篇能力的训练突出完整作文过程的环节训练。

我们以王栋生老师《思考问题的"路数"》一课为例探讨写作思维能力训练的内容逻辑性特征及要求。

师：这节课，我们谈谈怎样打开作文的思路。……如果按照定势思维，文章很难出现新意。

（师生共同思考讨论：瓦特真的是蒸汽机的发明者吗？具体过程略，讨论的结果是"瓦特只是蒸汽机的改进者"）

师：下面，我们再来"练练脑子"。请看这道作文题：（板书："滴水穿石"的启示）

师：在想到"滴水穿石"这个成语的时候，凡是正常思维的人，脑海中都会出现"滴水穿石"的画面。因为这是个经常使用的短语，它所包含的意义几乎是常识性的。而我们平时恰恰会忽略常识性语言所包蕴的多种含义。

师：题目是"启示"，既然是"启示"，会不会只有一种？每一个同学都再想想，还可以有什么启示？

……

师：想象一下"滴水穿石"的画面，你能否从中获得其他的启示？

师：我把问题再换个方式："滴水穿石"还需要哪些条件？

……

生：我想，如果水滴不是在一个固定的点上，就不可能"穿石"。

师：你说得对！能不能把这句话表达得更准确一些？

生：目标。目标必须专一。

师：很好。你的思考已经超越了一般人。

师：现在，我们已经有了两个"启示"，如果写成议论文，你可以有两个分论点，这样的立论，就比仅仅说"要持之以恒""锲而不舍"要严谨得多了。

师：我们知道，在思考问题时，不能满足于一种答案，不要满足于自己的直觉，有的时候可以"再朝前跨一步"。

来，说说，还有没有可能得到其他启示？有没有同学能发现其他值得议论的"点"？

（气氛比较活跃，也有学生凝神在想）

你们可以讨论讨论。不妨再想想"滴水穿石"的过程。

（同桌讨论）

生：太慢了。

师：什么"太慢了"？声音大一些，要把话说得让全班都听见。

生："滴水穿石"的精神可嘉，但是效率太低了，水滴石穿要几千年甚至几万年的时间。

师：说对了。在当今社会，无论是生产实践还是科技革新，都强调高速度，社会生活也需要快节奏，要努力提高效率。

生：电视上介绍过。

师：那你为什么没想起来？

生：我想的是能不能找一个与"持之以恒""目标专一"并列的分论点，我没想到可以换个角度，从反面去想。

师：换个角度看到事物的另一面。其实事物未必只有"反面"，它也许有无数面。观察事物可以多种视角。这是一种思考问题的办法。我们思考问题视野狭窄或是肤浅，常在于不肯"再朝前跨一步"。思考问题不满足于简单的答案，不满足于只考虑出一种可能，你就能常常获得更多的启示。

思维能力是写作能力中的重要组成部分，发挥着极其重要的作用。思维是写作的内核，语言是写作的外显，只有思维能力得到了发展，语言能力才能得到真正的提高，王栋生老师在《思考问题的"路数"》的课堂中说："其实写作不是'动手'，'动手'不过是写字，写作最重要的过程是思考。"以思考作为写作思维能力训练的抓手，是符合写作课的学科逻辑要求的。比这一认识更为重要的是，学生思维能力训练应该如何进行？基本的要求是符合学生思维认知的一般规律，如从感知到理解，在理解的基础上巩固和应用等，王栋生老师《思考问题的"路数"》一课，是遵循这些思维认知规律的，我们来梳理课堂所呈现出来的学生思维认知过程并从逻辑上加以剖析。从现实逻辑上来说，高中学生对定势思维的含义感知是没有问题的，那么，对"瓦特真的是蒸汽机的发明者吗？"这一个问题的思考讨论，可以让学生对定势思维的局限性有充分的认识，这是从感知到理解的思维认知过程。"瓦特真的是蒸汽机的发明者吗？"这个问题较为形象化，"'滴水穿石'的启示"这道作文题则更为抽象。有了前面的形象化问题的铺垫，此时的抽象化作文题的分析就具有了可靠的认知基础，但学生对这一问题的认知还未达到应有的水平。此时，则需要老师的指导与引领。王老师设置了一系列的具有启发意义的问题："题目'是启示'，既然是'启示'，会不会只有一种？""每一个同学都再想想，还可以有什么启示？""想象一下'滴水穿石'的画面，你能否从中获得其他的启示？""我把问题再换个方式：'滴水穿石'还需要哪些条件？"学生的思维认知在这一系列问题的启发下，朝着思维的更深处挺进。讨论也是促进学生思维认知的有效方法之一，从逻辑上来说，何时组织讨论才是讨论这一方式的关键，一般来说，学生独自无法解决问题时，便需要讨论。王老师在学生思维陷入困境时，才提示并组织学生讨论，这是教学逻辑的体现，也是教师教学智慧的体现。

我们以徐振维老师《给我一片绿》一课为例探讨作文完篇能力训练的内容逻辑性特征及要求。

师：今天我们一起来进行口头作文训练。题目嘛……很有意思，保证每个同学有话可讲，五个字——给我一片绿（板书）。现在我们一起先来把题目的意思弄清楚（板书：审题），请问这个题目最关键的是哪个词？

生：绿。

生：其次是有一个限制词："一片"。

生：还有"给我"，是"给我一片绿"，含有"祈求""渴望"等意思，总之，要把"我"摆进去。

师：刚才那位男同学说了"绿"有多种含义，我很想听得再仔细一点，请你就此阐释阐释。

生：可以从生态平衡和和平方面来考虑。

师：说了两点，贡献很大了。（众笑）他说的都是象征意义，想一想，绿还可以象征什么？

生：由绿可以想到生命、希望、军营、艺术、宁静、和平……

生：（纷纷说）绿象征希望、象征事业、象征未来、象征万古长青的友谊……

师：哎呀，你看，我们同学的思维多么活跃，把一个"绿"字开拓出这么广阔的意境来。那么，我们要做"给我一片绿"的口头作文，需要选择哪些材料呢？这是我们要讨论的第二个问题。（板书：选材）刚才有位同学已经提醒我们，作这篇文章时一定要把自己摆进去，才能有感而发。

……

师：下面请同学们用5分钟的时间，采取互相讨论的方式进一步探讨选材的问题，并且同时考虑如何组织材料(板书：构思)，这就涉及构思了。文章好看不喜平，写文章要讲究起伏照应，说话也得有层次，有详略。

（生讨论，师巡视并不时地与学生交流。学生表达、评价略）

师：上节课我们合作得很好，我很高兴。但我的课有欠缺，我在引导同学们审题选材时候出了一点毛病，毛病在哪儿呢？

生：我们忽视了题目中的"给我"两个字。

师：对，上节课，"绿"字已发出最强音，"给我"却没有得到相应的重视。"给"在题目中的具体含义是什么呢？

生：（七嘴八舌）有祈求、渴望、希冀……

师：既然有祈求、有渴望、有希冀，那就说明我们的生活中还有——

生：欠缺，还有不满意的地方。

师：所以，我们不妨从反面也想想，生活中我们还有哪些欠缺？我们最希望得到什么？

生：课业负担压得我喘不过气来，我感到压抑……我渴望有自己的天空。

生：我希望能得到父母的理解，希望生活中有歌唱、有欢乐，而不仅仅是读书。

……

师：我们进行口头作文。要落落大方，有条不紊地叙述你的绿色梦想。一个同学讲，其他同学从（指黑板）审题、选材、构思、（板书）中心、语言五个方面来评论。

写作教学终究要指向完成整篇作文的目标。学生完整的书面写作能力，应该包括审题—选材—构思—表达—评价五个方面，写作指导课应该发挥在这五个方面的指导作用，促进学生作文完篇能力的提升。学生只有在上述五个方面都能准确地思考，才能为作文完篇打好基础。徐振维老师《给我一片绿》一课虽是口头作文课，但口头作文与书面作文只是语言表达形式的不同而已，此外，徐老师确定的"审题、选材、构思、中心、语言"五个方面正与上述书面作文能力的五个方面吻合，因此，对书面作文完篇能力的训练依然具有指导价值。褚树荣老师选择审题环节、选材与构思环节角度，从教师指导策略角度对徐振维老师高超的教学艺术进行了科学、深入的探讨，极具启示意义。这里，我们从学生作文完篇能力训练的视角，探讨符合写作课教学逻辑的内在规律性。从现实逻辑上来说，学生应该熟知审题—选材—构思—表达—评价五个环节的名称及其必要性，学生缺乏的是实际的能力——准确地审题、选材、构思、表达、评价。因此，写作指导课的重点是通过教师的教促进学生能力的真正提升，换言之，符合教学逻辑的写作指导课，学生的作文完篇能力应该呈现出逐步上升的态势。对于"给我一片绿"这道作文题，学生找出"绿""给我"这两个关键词并不困难，真正困难的是"绿"的象征含意及"给我"的含意限制。在课堂上，学生的"审题、选材、构思、表达、评价"能力在徐老师的点拨、组织讨论并参与交流、第二课时再次审题等教学安排下，得到了明显提升，学生能够更多、更深一层地思考"绿"的象征含意，也学会了从反面去思考问题，并且在对学生的口头作文的评价中进一步地掌握了选材、构思、中心等方法。

写作教学目标视角，包括确立教学目标的依据、教学目标的教学价值以及教学目标的达成等问题。确立教学目标的依据主要包括课程目标、课堂目标及学生学情，具体一堂课的教学目标一旦确立，教师就必须围绕着这一目标确定相应的教学内容、展开具体的教学活动，换言之，教学目标的教学价值就在于影响甚至决定着教师教的逻辑。教学目标的达成程度以课堂教学中教师的教的推进与学生的学的演变为主要评价维度。

这里以欧阳代娜老师《〈我为改革者塑像〉作文讲评》一课为例探讨学科逻辑中教学目标的内容逻辑性特点及要求。

师：首先由老师介绍本次讲评课的目的要求：

1. 通过写作这篇抒情散文，来培养我们的联想能力与想象能力。
2. 通过讲评，培养评论文章的能力。
3. 我们在政治课上曾学习过辩证唯物主义观点，现在要运用这些原理来把我们在写作中的感性认识上升到理性认识,总结出几点经验。

师:大家回忆一下自己在写作实践过程中出现过什么困难,希望老师在讲评中和大家研究哪些方面的问题?请大家提出自己的看法。在大家提问时,你们可以摘要地记下你认为提得有价值、有启发性的问题。

(学生提问过程略)

师:现在根据大家提出的问题来确定我们今天讲评的重点。上一次讲评课是谈写记叙文如何做到立意深刻,构思新颖,在剪裁组材方面如何入手,在细节方面如何表达等问题。这次作文讲评在上次讲评的基础上,着重研究如何培养联想能力与发展想象能力的问题。为了便于大家讨论,我们先请两位同学用讲演的方式向大家介绍一下自己的作文。然后对照我们发给同学们的材料,结合自己的写作实践来研究上述两个问题。

(学生讲演作文略)

师:大家可以结合自己的作文,对照这两篇文章,评议出他们的优点、成功之处和不足,如果能提出具体的修改意见就更好了。还可以"毛遂自荐"地介绍自己所写文章的优点与体会,也可以谈谈自己的不足与困难,或者谈谈有了什么收获,可以个人发言,也可以代表小组发言,大家畅所欲言就行。

(学生具体评价过程略)

生4:我来补充一下昨天小组讨论时大家的意见。我们共同认为,这两种能力的培养必须建立在对生活的深刻的洞察基础之上,只有对生活有深刻的观察,才能逐步培养起这两种能力。第一是要扩大知识面,就是说我们在平时阅读时要多看、多读、多想,这就是给自己头脑仓库积累资料,待到用时,就可以随意地取用。其次当拿到题目时要抓住题目的特点。第三,想象,多运用在对人物语言与行动上,值得我们注意的是,我们所联想的事物要明确。

……

师:下面根据大家的写作情况与讨论意见,我们从中总结一下带有规律性的认识。有以下意见,请大家注意。第一,要写好这样的文章,必须要关心社会生活,关心我们国家的政治。第二点,关于联想,怎样才能把联想力培养起来?刚才章蕾同学代表小组发言说:要善于观察,这个认识很好。此外,还应养成这样一种好的思想方法,就是要善于把事物作普遍的联想。第三个问题,如何培养想象能力,就是把抽象的事物使它具体化,把抽象的东西运用具体化形象化的语言把它表达出来。正如我们学立体几何时,也要用想象力把空间立体想象出来一样,所以想象力不论在自然科学或社会科学领域中都是很需要的。如何把抽象的东西变成具体的形象呢?关键是把感性认识与理性认识结合起来。

讲评课是写作教学的重要组成部分,探讨写作讲评课的逻辑重点是谁"讲"、谁"评"、"评"谁,常见的讲评课思路是老师评学生的作文、老师讲写作的知识,老师的评与讲固然重要,但学生互评与学生基于互评的知识总结也是必要的,对老师的评与讲起到重要的补充作用。欧阳代娜老师依据学生的作文情况,确立了此次讲评课的三个教学目标:培养联想、想象与评论文章的能力,要运用原有知识把感性认识上升到理性认识并总结出几点经验。在具体的课堂教学中,欧阳代娜老师在课前将教学目标告知学生,这是必要的,让学生做到心中有数,但在实际的教学推进中,则"根据大家提出的问题来确定我们今天讲评的重点",这一教学安排的内在逻辑性是,教师备课中确立的教学目标与学生课堂实际呈现出的问题存在着可能的距离,此时,则需要教师及时作出适宜的微调。学生经过课前的小组讨论与课堂上的作文互评,对教学目标中的"联想能力与想象能力培养"形成了自己的认识,但现实逻辑表明,这一认识很可能比较感性,还无法上升到必要的理性经验的高度,因此,教师的总结提升就非常必要,这也正是教师存在价值的明证。我们剖析欧阳代娜老师"根据大家的写作情况与讨论意见"总结的三条带有规律性的认识与学生经过课前的小组讨论与课堂上的作文互评获得的认识,能够发现二者之间的不同特点及差异,但这仍然不是重点,逻辑重点应该是为什么要组织学生先行讨论并总结属于他们认知水平的"认识"?因为这是激发学生学习热情、促进写作知识向写作能力转化的必要条件。欧阳代娜老师的课表明这样的教学目标的内在逻辑性要求:备课中应确立符合学生实际需要、指向明确、可实现的教学目标,实际课堂教学中仍有微调的必要,教师在教学目标的达成中应该发挥不可替代的作用。

三、 对写作课学的逻辑的探讨

写作课教学逻辑中的学的逻辑是指学生对写作知识的认知过程、写作知识如何内化为写作能力,包括学什么写作知识、怎么学写作知识、训练什么写作能力、怎样训练这些能力等视角。影响学的逻辑的因素主要有学生已有的知识积累与学习方式。奥苏贝尔指出,影响学习的唯一最重要的因素是学生已经知道了什么。从知识链的视角来看,学生课前已经知道的知识是课堂学习新的知识的基础,课堂所学知识也能在课堂上产生新的知识,学生在"新知"与"旧知"不断转化生成的过程中,获得更多的知识。在写作知识体系中,写作知识的链的特点不是很突出,写作知识点相对独立,因此,在写作课学的逻辑中,更为重要的是探讨学习方式的逻辑性。学习方式的表层体现为对知识的认知方式,深层则蕴含着一种内在的规律性。学生学习的一般规律性如由感性到理性、从具体到抽象、从易到难、从特殊到一般与从一般到特殊相结合、练习的单项训练到综合训练、从模仿走向创造等,属于共性的规律,具体到写作课,则需根据具体的写作内容特点与学生学情加以灵活运用。

这里以程红兵老师《多样思维与作文》一课为例探讨学的逻辑的内容逻辑性特点及要求。

师:在你面前摆着这样四种物品:A.一本平装书;B.一瓶百事可乐;C.一根纯金项链;D.一台彩色电视机。首先请你开动脑筋,从上述四种物品中找出一种"与众不同"的物品。

生:A 图书是唯一的一种用纸做成的、供人阅读的物品;

　　B 可乐是唯一的一种由液体构成的、供人饮用的物品;

　　C 项链是唯一的一种用纯金制作的、戴在身上供装饰用的物品;

　　D 彩电是唯一的一种能把无线电波转换成声音和图像的物品。

师:再从四种物品中找出两种"属于同一类"的物品。

生:平装书与可乐,属于"价格低廉品"这一类;

　　平装书与彩电,属于"能作为知识用品"的这一类;

可乐与彩电,属于"诞生于现代的物品"这一类;

项链与彩电,属于"贵重物品"这一类。

(学生讨论,教师归纳:所谓多样化思维就是通过多种多样的思维活动,从思维的各个层次出发,对事物进行多角度、多方面、多因素、多变量的系统考察)

师:第一,多角度。从多个方面考虑问题。例如对于人,既可以作历史的考察,也可以作能力的、知识结构的、道德的考察,还可以进行生物的、个人兴趣的、社会关系的考察。对于一项工程,既可以从经济的、政治的,又可以从文化的、美学的,还可以从心理的、技术的、环境的等等角度加以考察。

第二,多层次性。

第三,开放性。它要求不断地增加对世界认识的思维渠道,不断地增加对世界认识的角度,不要一条道上走到黑。有两个美国科学家做过一个有趣的实验。他们在两个玻璃瓶里各放进5只苍蝇和5只蜜蜂,然后将玻璃瓶的底部对着有亮光的一方,而将开口朝向暗的一方。几个小时之后,科学家发现,5只苍蝇全都在玻璃瓶后端找到出路,爬了出来,而那5只蜜蜂则全都撞死了。蜜蜂的思维是非开放性的,它们凭着经验认定:有光源的地方才是出口。它们每次朝光源飞都用尽了全部力量,被撞后还是不长教训,爬起来后继续撞向同一个地方。同伴的牺牲并不能唤醒它们,它们依然如故,直到撞死。

师:请构思一篇说明文,题为"粉笔"。

生:(讨论交流)

色彩——洁白

形体——短小

原料——纯净

质地——坚硬

属性——易碎

脾性——默然

师:如果是写散文,则由粉笔的特性联想开去,比喻社会生活。

师：由洁白联想到"要留清白在人间"的高洁风范；

由形体短小联想到一种渺小而伟大、平凡而又崇高的人生哲理；

由质料纯净联想到一种一尘不染的纯洁品格；

由脾性默然联想到一种脚踏实地、默默无闻的奉献精神。

师：如果某家商场要求我们设计或者重塑这家商场的社会形象，我们需要考虑哪些因素呢？

生：1. 从商场的一般特征来说，其因素有：……

2. 从商场中的商品特征来说，其因素有：……

3. 从商品的价格特征来说，其因素有：……

4. 从职员的服务特征来说，其因素有：……

5. 从商场的物质设施来说，其因素有：……

6. 从商场的宣传特征来说，其因素有：……

思维知识与方法对于写作的重要性不言而喻，关键的问题是教哪些思维知识、方法以及怎么教思维知识、方法更有利于学生的理解、接受与运用。在实际的教学中，"教什么"与"怎么教"的逻辑依据是"为什么教"与"学生怎么学"。程红兵老师的这堂《多样思维与作文》写作指导课，蕴含着这种逻辑。从写作知识角度来看，学生课前不具备多样化思维的知识积累，因此，教学中需要教师教；此外，多样化思维知识与学生认知接受有一定的距离，这就决定了教师在教学过程中不能单纯地讲多样化思维的知识，同时，掌握多样化思维知识并不是中学语文写作教学的主要目标，运用知识形成能力才是努力的方向。因此，具体到多样化思维这个知识，从学的逻辑着眼，我们就应该遵循学生学习认知规律中的从感性到理性、从具体到抽象、从易到难等原则进行教学。基于这样的逻辑分析，笔者认为，程红兵老师的教学是科学的、有效的。学生在对四种物品的多角度分类训练的基础上，经过学生讨论与教师归纳，可以从概念上建立起多样化思维的基本认识，但这种认识还是浅层的，因此，教师接着对多样化思维三个特点的结合具体事例的分析就起到帮助学生认知的作用。在此基础上的《粉笔》说明文训练、商场形象设计因素的考虑等训练就更为有效了。

这里，需要说明的是，学的逻辑内在地蕴含在学科逻辑之中，学科逻辑中的知识是由学生去学习的，能力是由学生去建构的，教学目标也天然地为促进学生的学习而设定。因此，前文大量的对学科逻辑的分析阐述，也就包含着学的逻辑的因素与规律。我们不能将学科逻辑与学的逻辑割裂开来。

四、对写作课教的逻辑的启示

如前文所述，教的逻辑是学科逻辑与学的逻辑在课堂中的实然呈现，我们从教的逻辑中抽取出来的依然是学科逻辑与学的逻辑，这是一个问题的两个方面。学科逻辑与学的逻辑决定了教的逻辑，学科逻辑中的知识特点与学的逻辑中学生已有的认知积累及认知规律，决定了教师必须采取与之相适应的教学内容与教学方法。前文所选的五个教学案例，基于写作课教学逻辑的研究需要，被放在了不同的研究视野中，侧重点有所不同，但均包含着写作课教的逻辑内容逻辑性特点及要求，都体现着执教者教的理念与艺术的逻辑性。本文研究的路径是通过学科逻辑与学的逻辑的探讨，指向教的逻辑的启示。

1. 回到原点，回到写作课的学科逻辑起点。深入思考这样一些带有原点性质与价值的问题：教学视域中的写作与非教学视域中的写作的异同，教学视域中的学生写作究竟需要哪些知识，这些知识有怎样的特征，这些特征决定了需要以怎样的方式去教。

2. 换位思考，站在怎么学的视角去研究怎么教。教的价值在于促进学生的学习，因此，研究学的逻辑便成了提升教的逻辑性直至艺术性的必然要求。这一定程度上证明了"会写作的语文教师更懂得教写作"的一定合理性，但不能反证"不会写作的语文教师不懂得教写作"的合理性，能够研究出学的逻辑的学理依据比单纯的会写作更具有教学价值。

3. 大胆尝试，理性研究。写作课作为一门课程，依然要在教学实践中加以落实，语文教师只有大胆尝试，才能够帮助我们一步步走出写作教学低效的困境。同时，对写作教学成功案例的分析，也是非常必要的，只是这种分析须是理性的，理性的基本要求即是讲逻辑，讲科学，讲剥离情绪；具体到写作教学，就是站在学科本位的立场，深入研讨其中蕴含的教学逻辑，启迪我们，增强教学实践的有效性。

参考文献

[1] 朱德全,张家琼.论教学逻辑[J].教育研究,2007(11).

[2] 成龙.写作课知识教学的三个问题[J].高中语文教与学,2015(3).

[3] 郑桂华,李海林.语文教育研究大系(中学教学卷)[M].上海:上海教育出版社,2007(3).

[4] 徐振维.给我一片绿[J].中学语文教学,2015(2).

[5] 褚树荣.是训练,还是唤醒?[J].中学语文教学,2015(2).

[6] 刘国正.中国著名特级教师教学思想录(中学语文卷)[M].南京:江苏教育出版社,1997(7).

第二节　写作课知识教学的三个问题

基于知识的掌握有利于能力的形成的客观规律,立足课堂教学,深入探讨写作课知识教学的问题,将有利于写作教学效率的提升。这里,拟从以下三个角度加以探讨。

一、怎样的知识更需要教

对这个问题的思考,价值在于确保写作课所教知识内容是有效的,换言之,花了太多时间去教那些不需要教或者不需要花那么多时间去教的知识,必然导致教学的低效甚至无效。

知识一般分为陈述性知识和程序性知识,陈述性知识着重解决"是什么"的问题,而程序性知识重点解决"怎么做"的问题。从教学效率的一般规律性要求来看,程序性知识更需要花时间去教,因为这类知识更有利于形成相应的能力。比如,比喻论证、对比论证、类比论证、引用论证等论证方法的概念特点、作用等知识就属于陈述性知识,怎样运用这些论证方法的知识则属于程序性知识。在写作教学中,我们应该将写作所需的知识加以分类,划分出哪些知识属于陈述性知识,哪些属于程序性知识,分类越细致越有利于具体的教学实施。程序性知识应该是我们教学的重点。

这里以郑桂华老师《"写作要有读者意识"教学案例与分析》为例,谈谈写作教学中程序性知识的教学处理。

读者意识是写作中的一项重要内容,什么是"读者意识",这应该属于陈述性知识,怎样体现读者意识,并将读者意识转化到具体的写作中,这则属于程序性知识,后者就应该是教学的重点。郑桂华老师的课堂设计意图是:"先要求学生就一个常规的作文题目列出他们最习惯选择的材料,然后通过引导学生对这些材料的分析,反思在选材上体现出的读者意识不足的问题,再引导学生带着读者意识重新选择材料,从而认识读者意识的价值,并掌握一些体现读者意识的方法,从而养成一定的读者意识。"这样设计的科学性至少体现在两个方面。一则符合学生学情。此次授课对象是上海市一所初中学校的初一年级学生,他们对"读者意识"这样比较抽象的概念缺乏理性的认识,因而教学中突出了从感性体验到理性认识的心理认知规律,体现这样教学流程的关键动词是"列出""分析""反思""重新选择""认识""掌握""养成",这些教学环节,确保了学生对"读者意识"有较为准确而深刻的认识。二则突出了程序性知识的教学特征。在切入"读者意识"这一核心概念之前的"列出""分析""反思""重新选择"等几个教学环节,为学生充分体会"读者意识"这一知识打下了扎实的基础(虽然他们可能还不知道"读者意识"这个概念)。"认识""掌握""养成"则是进行"读者意识培养"这一程序性知识的具体落实,"认识"价值是基础,"掌握"方法是当堂课的教学重点,"养成"意识是巩固教学效果。

我们再看"教学环节三:把'读者意识'转化为表达技巧"的教学片段:

师:你是怎么想的?

生2:我会换位思考,把自己想象成一个小朋友,然后看看自己喜欢的,然后去了解(他们的想法)。

师:好棒啊!"读者意识"的做法根本上就是换位思考。(板书:换位思考)这个表达非常精彩。我要考虑到这个小朋友的年纪,他的身份,跟这个学校的关系是……

生:陌生人。

师:陌生的,他的兴趣、他的爱好,还有什么可以写上去?比如说如果我换位思考,我可能除了选4(友爱的同学)、6(可以交到很多的朋友)之外,我还会选择什么?

生:7(四大节日、节日活动)。

师:我肯定会选7。但如果我是一个大学生来考察学校,我可能就不一定选 7，我会选几啊？

生：3（办学理念）

师：为什么？大学生来考察我就不会重点讲四大节日，我就会重点讲 3，为什么？你跟我是知音喽！怎么讲？你的感觉很好，但是要把感觉明晰起来。

生 9：我觉得如果是大学生的话，他已经过了那种好玩的年龄段了，他应该更多地了解学校的内涵。然后一听到这个办学理念就知道是我们古美学校的追求。

这一环节是程序性知识教学的具体体现。学生在之前的教学启示下，自主得出"换位思考"这一实现"写作要有读者意识"的根本途径，这是郑老师科学安排教学内容的自然结果。这一环节中，老师的提问（"你是怎么想的？"）、评价（"好棒啊！"）、明确（"'读者意识'的做法根本上就是换位思考"）、启发（"我还会选什么？""我会选几啊？"）等教学安排，有利于强化学生对"读者意识"具体方法的认知。

我们选择的这个课例，当然包含有程序性知识怎么教的成分，但郑老师这堂课的良好教学效果的取得，正是重视程序性知识这一教学理念产生的必然结果。

二、知识从何而来

中学语文写作教学中的写作知识究竟有哪些？对于一线语文教师而言，这是一个十足的难题。写作知识究竟从何而来？邓彤老师认为："写作教学必须教给学生一些知识，但这些'知识'不是由教师自我创生出来的，也不是从写作教科书上'移植'到学生头脑中的，而是在教师分析学生写作样本、了解学生实际需要的基础上确定的。"这样的分析应该还有深入探讨的空间。更逼近教学真实情景的情形是，写作知识是客观存在的，既可以存在于老师的头脑中，也可以存在于阅读教学文本中，更可以存在于写作教学教科书上。具体到某一堂课上该教哪些知识，则取决于该堂课的课型，是写作指导课还是写作讲评课，二者的区别是明显的，是否针对学生写作样本是区别的关键因素。邓彤老师所言应该是针对写作讲评课的。我们确立"知识从何而来"这一问题，从课堂教学视角（还有知识开发等视角)而言,就是要深入思考,具体到不同的课型,课堂上所教的知识,应该怎样呈现出来(从何而来)。若是写作指导课,则应该基于系列化教学作出科学安排;若是写作讲评课,则应该基于学生写作的真实情形而确定有针对性的知识内容。当然,从系统化的视角看,两种课型应综合起来共同构成写作教学体系,换言之,写作讲评课中的知识教学,既解决了"这一次"写作中学生暴露出来的问题,也应成为写作教学系统中的一个点。但不管是哪种课型,具体到课堂教学环节的安排上,则有其共性,即遵循学生认知规律,从具体到概括,从感性到理性。探讨的重点即在于此。

请看金志浩老师《驳论文写作指导》一课中是如何呈现驳论文写作方法这一知识的。

师:同学们预习了鲁迅的《中国人失掉自信力了吗》一文。今天,用它作为范例,来学习如何写驳论文——

鲁迅的《中国人失掉自信力了吗》是一篇驳论文。读了以后,能说说驳论文和我们平时写的立论文有什么不同吗?

生:驳论文以反驳对方的错误言论为主,立论文以发表自己的见解为主。

生:驳论文也要立论。但一般的立论文只需提出自己的主张,阐述自己的论点,而驳论文必须针对对方的错误言论,摆出理由将其驳倒,通过批驳来确立自己的论点。

师:"针对错误言论批驳",说得好!这位同学揭示了驳论文的一个最本质的特点,就是——什么?

生:针对性的批驳!

师:对。要写好驳论文,必须做到——(板书:针对性批驳)

师:现在,我们来学习《中国人失掉自信力了吗》这篇课文,哪位同学能说一说:鲁迅是怎样进行"针对性的批驳"的?

(限于篇幅,课文分析的具体过程从略)

……

师:(继续)鲁迅敏锐地抓住对方论证不合逻辑的破绽作为"突破口",寥寥几句,就击中了对方的要害,批驳取得了决定性的成效。(略停顿)记住:抓

"突破口"批驳,一针见血,是写好驳论文的第一步。也是关键的一步。

(板书:抓"突破口"批驳,一针见血)

师:要将对方的错误言论彻底驳倒,第二步该怎么办?我们还是到鲁迅的文章中去找答案,好不好?

(学生小声朗读、议论)

师:哪位同学来说?

生:第二步是摆出自己的观点。鲁迅说:"然而,在这笼罩之下,我们有并不失掉自信力的中国人在。"

生:这个观点和对方的谬论针锋相对,体现了针对性批驳的特点。

师:很好。驳论文章必须指出对方错在哪儿,但也必须摆出自己对这个问题的正确看法。有的同学写驳论文,只是说了别人的看法怎么不对,而自己的看法在文章中却没有鲜明地提出,这样的驳论文实际上是不完整的。针对对方的谬论而提出自己的正面看法,正反对照,泾渭分明,针对性强,就能使对方的立论更显荒谬。因此,这第二步也是十分重要的。

师:(指黑板)第一步是:抓"突破口"批驳,一针见血。用了十个字概括。"第二步"能否用八个字来概括?

生:提出论点,针对性强。

生:提出论点,针锋相对。

生:正面立论,针锋相对。

师:哪个好?

生:"正面立论,针锋相对"好。

师:为什么?

生:体现正反对照,批驳有针对性。

师:对。一定不要忘记"针对性"。

(板书:正面立论,针锋相对)

师:正面论点提出以后怎么办呢?也就是说,驳论文章还有第三步。这一步是顺理成章的:提出论点以后应该怎么样?

……

师：说得好！这种体现针对性批驳的论证方法有一个名称，叫作"反证法"。（板书：反证法）知道什么叫反证法吗？

（众无反响，说明不懂）

师：（缓慢地，便于学生记录）所谓反证法，就是证明与自己正确论点相反的论点是错误的，从而来证明自己论点的正确。有两种表现形式：一是论证与自己论点相对立的论点是错误的。就像鲁迅抓住对方论点中的"破绽"进行批驳，就是指出其错误所在；二是证明与对方论点相对立的论点是正确的，以反证对方论点的错误。就像鲁迅举出古今实例，有力地证明了"我们有并不失掉自信力的中国人在"这一论点的正确。用反证法批驳，说"中国人失掉自信力了"的谬论就站不住脚了。可以说，反证法是驳论文写作中最基本的方法，写驳论文是离不开反证法的。这样讲，不知大家懂了没有？

（学生点头，表示能懂）

师：现在，我们把第三步也用八个字概括一下。

（板书：＿＿＿＿论证，深入批驳）

师：（指黑板）哪位同学来填满横线上的两个字？

生：填"论据"两个字。

生："论据论证"不通，改为"用据"。

生：我说改为"引据"，"引"是"引用"的意思。

师：（追问）"引据"为什么比"用据"好？能找个论据来证明吗？

（学生思考，沉默）

师：（点拨）找个成语来证明"引据"好。

生：（开窍）引经据典！

师：怎么证明？

生：这里的"引"就是"引用"，"据"就是"依据"，也就是我们所说的论据。成语是最富有表现力的语言，可以证明用"引据"好。

师：很有说服力。大家同意吗？

生：（齐）同意！

师：（在黑板横线上填入"引据"两字）这就是"驳论文三步法"。

（板书归纳：驳论文三步法）

金志浩老师的课例很好地说明了"知识从何而来"的问题。首先，从知识来源上来说，阅读教学文本尤其是典范的经典文本，蕴藏着巨大的写作知识资源。目前的语文教学情状是，阅读教学止步于阅读而不探入写作层面，写作教学"茫然四顾"找寻写作知识，这种状况，既浪费了经典文本的价值，也制约着写作教学效率的进一步提升。其次，从课堂教学方法上来说，金老师的写作知识教学层层推进，环环相扣，文本阅读分析的基础打得扎实，写作知识的提炼水到渠成。写好驳论文的三步法的得出，各有精彩：第一步，老师提炼；第二步，于学生的回答中三选一，体现语言运用的准确性；第三步，在传授"反证法"知识的基础上，采取填空法，确定"引据"这两个非常准确的字，锻炼了学生思维的严密性、准确性。金老师的课例，至少给我们这样三点启示：第一，注重程序性知识的教学，"驳论文的一个最本质的特点——针对性的批驳"，这属于陈述性知识，不是教学的重点，"驳论文三步法"这类程序性知识才是重点，金老师花时最多；第二，挖掘阅读教学文本中蕴藏着的丰富的写作知识，真正打通阅读与写作的关联；第三，写作知识教学方法无法穷尽，丰富的形式背后依然是科学的教学理念在发挥着主导作用。教师挖掘出阅读教学文本的适宜的写作知识，这是第一步，也是非常重要的一步。在课堂教学环节的安排中，我们需要依循"这一个"写作知识内在的要点顺序及学生认知接受的内在规律性要求，科学安排，有序推进，以期获得理想的教学效果。

于阅读教学文本中获取写作知识展开教学，是解决"知识从何而来"的一种路径，除此之外，还可以结合学生写作的实际情形（包括正例与反例，邓彤老师所言更多的是基于反例的对策）确定具体的写作知识并展开教学。请看言一平老师《议论文核心概念展开的路径》教学课例中第二个教学环节：研读习作《小爱拼凑大爱》，寻找展开核心概念的窍门，提高议论的能力。这里呈现的是部分内容。

师：好，大家再来看第2段、第3段。（指板书："大爱"和"小爱"）用两种颜色的笔圈画出类似这些表达的词语，或者用两种符号也可以。

（PPT展示习作第2、3段）

美国留学生的薯条是对弱者朴素的关怀，但他体现的是人性的悲悯之心；撑伞的小姑娘的坚持是对弱者单纯的关切，但她撑起的是暴雨中浇不灭的爱心。大爱、道德、最美等等不是以山的姿态从天而降,而是像溪流汇聚而出的。

为他人送薯条和撑伞无疑都是小爱,但小爱中蕴含的却是大爱。哲学上有一句名言"量变引起质变",古语也说"不积小流,无以成江海"。还记得四川大地震后有一个小女孩为灾区人民祈福,用512个纸片拼出了一幅中国地图;还记得一帮幼儿园的小朋友每人捐出了几毛钱。但正是由这一道道的小溪汇聚成了海洋,最后完成了抗震救灾的壮举。如今,展望映秀小镇,一座座房屋在青山掩映、绿水环绕下整齐安静地排列着,谁敢说这不是来自当年的点滴小爱?所以说小爱虽然如沙子般渺小,但其中蕴含的人性光辉是不可改变的。那是人类的人性,本性使我们用小爱构筑起人间大爱。

(学生阅读、圈画,与同桌交流。教师巡视)

师:接下来我们要作一个思考。(指板书)看这位同学多聪明啊,比如他写"大爱",有的直接用"大爱"这个关键词,看到没有?(在板书"大爱"下画线)这两段中有三处。那么作者主要是用什么手段来表示核心概念的呢?

生:重复关键词。

师:(板书:1.重复关键词)这个办法当然最简单,但是不能老用。还有什么办法?

生:具体。

师:(板书:2.具体)怎么个"具体"法呢?

(学生小声讨论)

师:谁来说说看?

生:写具体的事情。如"送薯条""送伞"。

师:这些都是什么?(在提到的关键词下方画线)

生:事例。

师:(板书:事例)或者是一些事例中的——

生:细节。

师:对,用具体的事例、细节(板书:细节)来替换核心概念——"大爱"。除了用细节替换,还有别的方法吗?

生：比喻。

师：(板书：比喻)例如,(指板书)"溪流般的"是不是比喻?还有"山的姿态"肯定是比喻啊!还有别的方式吗?(指板书)大家看,"朴素的关怀""单纯的关切""人性的悲悯之心""人性的温暖"这样的表述,属于什么方式呢?

生：(低声)抽象化。

师：抽象化?

生：(低声)下定义。

师：下定义好像还不是最准确,有点意思了,也就是对核心概念进行——

生：诠释。

师：诠释,我觉得"诠释"比"下定义"好。(板书：诠释)你们都不做笔记啊,既不画也不记?

(学生迅速拿出笔记本记录)

师：诠释某一个词的内涵时,大体接近就行,可以不很严谨。这是为什么?(在板书"道德""最美"下方做三角记号)在这篇文章里,它们跟"大爱"是什么关系?

生：近义词。

师：近义词?这里算是近义的表达,我们不叫近义词啊(板书：近义表达)。我们看,办法很多吧。这样展开来写就使单调、刻板的核心概念的内涵丰富了,文章的层次感自然也就增强了。

这是利用学生写作中的正例来引导学生学习写作知识的成功案例,这样处理的好处是易于学生理解和接受。郑桂华老师认为:"从教学的角度看,教师发现了这篇习作在阐释、演绎核心概念方面的突出特点,并紧扣这一点来设计教学内容,实施写作教学,把原来可能空泛的写作要求化为具体可循的教学活动,把写作教学落到了实处。"这是从教学设计思路的视角作出的评价,若从课堂教学实施的视角来分析,言一平老师的教学推进,证明着教学环节安排的合理对于确保教学效率的重要性。展示正例写作并让学生充分阅读、圈画、分析、交流,这是获取写作知识的重要基础;教师紧扣写作中的关键内容,深入剖析,巧妙引导,适时点拨,总结归纳：从"大爱"一词的三次出现总结出"重复关键词"的方法知识，从"送薯条""撑伞"等事例中总结出"用具体的事例、细节替换核心概念"的方法知识，从"溪流般的""山的姿态"的内容中总结出"使用比喻修辞手法"的方法知识，从"朴素的关怀""单纯的关切""人性的悲悯之心""人性的温暖"等表述中总结出"近义表达"的方法知识。

这里，从课堂教学推进的视角，探讨"写作知识从何而来（怎样呈现）"的问题，用意在于强调科学合理的教学推进对于强化写作知识教学效果的价值。

三、知识的作用如何发挥

遵循教学与认知规律得出合适的写作知识，这是写作课知识教学中的重要一环，但不应是关键的环节，因为写作课知识教学的目的不是教给知识，而是让学生通过知识的学习和掌握，形成并提高写作能力，知识只是手段，能力才是目标。写作课知识教学的关键环节是怎样发挥知识对于形成并提高学生写作能力的作用。这里结合李凤老师《概念澄清：应对偏题的有效策略——对一次写作案例的深度分析》对这一问题作些探讨。

师：在作文中，同学经常犯混淆概念或偷换概念的错误，把意义上相近或相似的概念等同起来，或者用一个语词来表达不同的概念，比如把"未完成"偷换成"完不成"，把"复制"与"效仿"等同，这样就造成了偏题现象。所以，我们有必要对核心概念进行界定和诠释。因此，今天，我们学习的主题是：澄清核心概念。

（投影）澄清概念：围绕核心概念，引入与之相反（相对）、相近（相似）的概念，在比较相似、相反概念的过程中，揭示本质区别，厘清模糊认识，从而达到讲清道理的目的。

师：我们通过剖析几个例子来体会如何澄清概念。

【例一】澄清"自信"概念。

师：为了确切把握"自信"的内涵，我们不妨找出"自信"的同义词、反义词或者是近义词。

生：自强、自卑、自负。

师：接下来就要比较这些词语之间的区别。

生：自信是对自己有信心。自强是行动，是对自己鼓励和激发。自负是高看了自己。

师：你看，这样的对比分析，既把握了自信的内涵，又打开了行文的思路。

【例二】澄清"复制"概念

师：作文2（指课前学生习作第2道作文题——笔者注）中的"复制"概念如何澄清？

生：我想到了和它相关的概念，比如，"抄袭""模仿""借鉴""创新""超越"等，我在写作时要注意"复制"和这些词语之间的区别。

生：我从情感倾向来区别：抄袭是贬义词，是一种不被认可的行为，而"借鉴""复制""模仿"都是中性词，本身没有情感倾向的，你可以肯定它，也可以否定它，关键是你从什么角度来诠释。

生：我觉得还有一个区别要点，就是看"复制"的目的，如果是为了学习别人而复制，这是知不足的表现，是值得肯定的；但如果为了损人利己而复制则是要摒弃的。

生："复制"和"模仿"也不一样，"复制"是完全照搬制作出一模一样的东西，而"模仿"是照别人的样子学着做。

师：大家看，经过相近概念的差异辨析，核心概念的指向就十分准确明晰了。所以，一个准确概念的建立，总是与一个错误的概念的抛弃同时完成的。哪位同学再来说说"复制"和"创新""超越"的联系？

生：复制没有创造性，只能在激烈的竞争中死亡，要想搏出一条生路，只有创新与超越，才能实现突破。

生：（突然发问）老师，我是不是可以这样理解，澄清概念是不是意味着把作文都变成"关系型"作文来写？

师：这位同学的问题问得好，大家可以讨论讨论，给我一个回答。

（学生短暂思考后开始讨论）

生：应该不一样吧，关系型作文主要讲清楚关系，如对立统一、是非取舍等。

生：不一样，关系型作文全文都是围绕两者的关系展开，而澄清概念法只要把易混淆的内涵区别一下就可以了。

师：从某种程度上说，世界是一个普遍联系的统一体，孤立地谈问题容易片面化、绝对化、缺少针对性。从这个意义上来说，很多题目都可以转换成关系型题目，转换成关系型就要附加概念。附加概念法之所以有效果，是因为它把核心概念放在某种关系中考察，在关系中讲清楚道理。

从"知识从何而来"的视角来看，这是利用学生反例习作引出知识教学的一个案例，"澄清概念法"从学生写作中的错误而引出（并非反例产生写作知识），但价值在于指导学生新的写作。李凤老师在教学推进中，投影出"澄清概念法"的内涵知识（这种知识属于陈述性知识）；接下来，通过剖析两个例子来"体会如何澄清概念"，具体做法是：找出核心概念的同义词、反义词或近义词并加以对比分析，从而把握核心概念的内涵，同时打开行文的思路；通过辨析核心概念与相近概念之间的细微差异，以明晰核心概念的指向。这里，"剖析"即是训练，是运用知识进行具体的澄清概念的训练；"体会"即是训练的收获，是形成写作能力的重要条件。明确"澄清概念法"这类陈述性知识是基础，在陈述性知识的指引下，进行扎实的训练，是关键，是知识转化为能力的重要一环。基于这样的考量，李凤老师的教学安排是合理的。

我们用"当堂训练，获得体验"与"课后训练，巩固提高"两句话来回答"知识作用如何发挥"这个问题。首先，当堂训练是必要的，但对其作用要有理性的认识与定位。心理学原理及大量的写作实践表明，能力的形成不是一个简单化的过程，能力需要经过大量的、反复的训练才有可能形成。因此，学生在当堂训练中获得对写作知识的体验，并进而形成与这种体验相匹配的能力，这样的认识是科学的、合乎实情的，也是可以实现的。基于此，笔者认为李凤老师所说的"通过剖析几个例子来体会如何澄清概念"是理性的、科学的。其次，课后训练，是巩固提高写作能力的重要保障，我们不能寄希望于若干次课堂知识教学就一劳永逸式地解决写作能力提高的问题。当然，怎样进行课后训练，是另一个很有价值的问题。

四、结语

现在,我们梳理一下基于课堂教学视角的写作知识教学的三个问题。第一,科学划分写作知识中的陈述性知识与程序性知识,着重教学程序性知识。这既是写作指导理念层面的问题,也需要我们有足够的能力准确划分出这两类知识。第二,遵循学生认知与接受的规律,科学呈现写作知识,学生从中能够充分理解写作知识,这是确保写作知识转化为能力的前提。第三,当堂进行训练,充分发挥写作知识的指引作用,训练可以是思维方面的训练(如李凤老师的教学安排),也可以是具体实际的书面写作训练(如进行相应的微写作训练);课后系统地、充分地加以训练,以巩固课堂所获得的写作体验,并将这种体验转化为实际的写作能力。明确并解决好这三个问题,或许能为解决当前写作教学的一些问题提供一种思路与可能。

参考文献

[1] 郑桂华."写作要有读者意识"教学案例与分析[J].语文学习,2013(3).

[2] 邓彤.写作教学:起点在哪里?[J].语文学习,2014(3).

[3] 郑桂华,李海林主编.语文教育研究大系(中学教学卷)[M].上海:上海教育出版社,2007(3).

[4] 言一平.议论文核心概念展开的路径[J].中学语文教学,2014(7).

[5] 郑桂华.议论文核心概念的"展开"[J].中学语文教学,2014(7).

[6] 李凤.概念澄清:应对偏题的有效策略——对一次写作案例的深度分析[J].语文学习,2014(3).

第三节　探讨写作教学"怎么教"的逻辑

从"怎么教"的视角探讨写作教学,是一种立足实际操作层面的可行之举,探讨"怎么教"应该从知识怎么教与能力怎么教两个方面入手。怎么教知识层面,着力于程序性知识的教学,在以归纳为主的教学过程中,让学生参与写作知识的得出过程,同时从阅读教学中借鉴写作的知识。怎么教能力层面,则应遵循写作能力分阶段形成与由点到面、点面结合发展的特点,落实课内得法、课外巩固、序列训练、整体提高的要求,建构起写作能力提高的综合训练场。

当前写作教学的基本理论问题还未得到有效的解决,这直接导致了写作教学的无序和低效现状。理论指导实践,教学理论将直接影响甚至决定教学行为。有必要对写作教学"怎么教"的问题进行梳理,在梳理中明确开展写作教学的基本思路。

一、依据写作知识类型展开教学

知识一般分为陈述性知识、程序性知识,它们有各自不同的特点。陈述性知识一般解决"是什么"的问题,程序性知识解决"怎么做"的问题。根据两种知识上述特点,教学不同类型的知识需要采取不同的教学方法,教学重点也有所不同。

要探讨写作知识怎么教的问题,首先要将写作知识进行分类,即划分哪部分知识属于陈述性知识、哪部分属于程序性知识,准确划分知识类型有助于我们采取适宜知识类型特点的教学方法。一般来说,那些静态的用以说明"是什么"的知识属于陈述性知识,比如记叙文的文体特点,记叙、描写、抒情、议论、说明五种常见的表达方式的特点等知识;那些用以帮助实现"怎么样"的知识属于程序性知识，比如拟题技巧、记叙文故事叙述、环境描写、议论式画龙点睛、开头结尾点题、对比论证、比喻论证、直抒胸臆、借景抒情等知识。

对写作知识的分类越准确越好，越有利于确定怎么教。根据心理学关于知识的有关原理，写作教学中属于陈述性知识范畴的，一般采取直接讲述的教学方法，如关于记叙、描写、议论、抒情、说明五种表达方式的定义、特征知识就可以直接告知学生。写作教学中属于程序性知识范畴的，则不宜采取直接告知的方式，而应在课堂教学中通过一系列适宜的实践活动，让学生从活动中总结出具体的知识。经过实践活动总结出来的程序性知识，更有利于学生理解、掌握，从而更有助于转化为具体的写作能力。如果未准确划分陈述性知识与程序性知识，从而采取与知识类型不相适宜的教学方法，那么教学将是低效甚至无效的，如设计实践活动来教学陈述性知识是一种浪费时间的行为，而直接告知程序性知识则不利于学生理解，从而影响到教学效果。当然写作知识中的陈述性知识有的也需要在教学实践活动中去讲解，如记叙文文体特点知识教学，就可以采取归纳教学法。记叙文文体最重要的特点就是以记叙为主要表达方式，通俗来说就是讲故事，为了帮助学生充分认识到记叙文的这一本质性的特点，我们就可以精选典型的记叙文与典型的以抒情描写为主、偶有记叙的非记叙文例文，组织学生充分辨认区别二文的不同，在对比中加深对讲好故事在记叙文文体写作中的重要性的认识。

我们应该着力于写作知识中程序性知识的教学，精心设计教学实践活动，引导学生在具体的教学实践活动中归纳出知识，在归纳过程中，加深对知识的理解。

这里以议论文写作中论据的使用为例谈写作知识中程序性知识的教学。

我们首先要确保知识的准确性、科学性及表达的恰当性。议论文中论据的使用这一课题中的关键是"使用"，"使用"一词包括着对论据的选择、表达及提炼，而在选择论据的过程中还有具体的要求，怎样表述论据也是一个知识点，如何在表达完论据后进行提炼也是议论文写作中的一个重要知识点。对某一写作知识点的细微分解，有助于我们将知识教得更具体、更易于理解及转化。关于议论文中论据的使用，苏教版高中语文必修三第三专题的写作指导即为"为论点提供有力的支撑"，教材为我们提供了现成的关于论据使用的四个方面的知识，包括论据的类型、基本要求、运用及表达，应该说这些知识是准确的、科学的且易于学生理解。

而苏教版高中语文选修《写作》教材却未给我们提供具体的关于论据使用的写作知识，教材第七章"敢于说出'我认为'——论点与论据"中，绝大部分的内容都是关于论点的，只在"写作实践"第二部分中以"在议论文中，论据要典型、充分，但并不是越多越好"一句表述了关于论据的知识。我们注意到，因为目前高中语文教材关于写作知识的内容不多，不少语文教师自己开发写作知识，这应该是一种很有价值的教学行为，体现了教师负责任的工作态度。但我们要特别提出，教师开发出的写作知识必须符合准确性、科学性及表述的恰当性的原则，确保知识的质量。

二、设计归纳为主的教学过程

我们还要设计以归纳为主的教学过程，让学生参与写作知识的得出过程。这里就涉及怎样使用教材、发挥教材作用的问题。如果我们直接让学生阅读苏教版高中语文必修三中的"为观点提供有力的支持"的写作指导内容，学生也会有一定知识上的收获，但学生对论据使用的有关知识只是在阅读过程中通过对概念以及阐述文字的理解获得的，思维特点上只是以识记为主，理解、分析、综合、提炼方面的思维活动很少，这就严重影响到学生对这些知识的吸收和内化。如果我们先精选几则论据使用正确和错误的典型例子，组织学生讨论，在讨论、分析的过程中总结出论据使用的诸多知识，完成这一环节后，再读教材，以教材印证得出的结论，在这样的教学安排中，学生的思维活动得到充分的展开，理解、掌握知识的效果自然就会好许多。

三、在阅读教学中适时进行写作知识教学

我们还可以在阅读教学中适时进行写作知识教学。高中语文教材中论据使用恰当的议论文有不少，我们不能忽略这一丰富的资源。当然，阅读教学的重点不应该是写作知识教学，但是遇上适宜的文本，选择适宜的教学时机，进行恰到好处的写作知识点拨，往往能收到意想不到的教学效果。

关于写作知识教学，还有一个关键的认识要明确，那就是写作知识本身并不是写作知识教学的目的，教写作知识是为了让知识转化为写作能力。学生掌握再多的写作知识却不让静态的知识动态转化为能力，那么写作知识也就失去了其存在的价值。也就是说，我们在考虑写作知识怎么教时，时刻要想到接下来的写作能力怎么形成的问题，也就是写作能力怎么教的问题。

四、写作能力教学的两个层面：课堂写作教学与课外练笔指导

写作教学的目标是培养并提高学生的写作能力。目前有一种声音值得关注，有人认为学生写作能力是无法教出来的，持这种观点的人对课堂进行写作教学抱怀疑态度。的确，作家往往不是中学作文课教出来的，但中学语文写作教学的目标显然不会是培养作家，而是立足于为大部分学生长远发展打好语言的底子，对于那些无志于或无法成为作家的大部分中学生来说，基本的写作能力是完全可以在中学阶段培养出来的，而这正是中学语文写作教学的基本任务。从理性与负责任的角度来看，我们不应该怀疑中学写作教学的必要性（当然我们也不应盲目夸大写作教学的功用），而应该认真研究学生在中学阶段需具备怎样的写作能力，这些写作能力应该怎样通过教与学的活动转化为现实的写作能力。同样的，写作能力也是一个宽泛的概念，纳入中学语文写作教学视野内的写作能力应该符合中学生写作能力形成与发展的规律，应该指向为学生今后发展奠基这个目标。更为具体的分析，可参阅本书第二章第一节中"关于写作教学"的相关内容。

"正确使用祖国的语言文字"应该是中学生写作能力的总体目标与要求，但这只是总体的。中学生写作能力应该是系统的，这一点与中学生写作知识具有相同点，但写作能力不是静态的，而是动态发展的，这种发展也不是线性发展而应该是层进式发展与螺旋式上升发展的。具体到中学语文教学的视野中，写作能力的发展则应充分考虑到分阶段形成与由点到面、点面结合发展的特点。应该说，中学生不同的学习阶段与写作能力形成与发展应该有一个相对应的关系，具体到高中阶段，高一年级应注重记叙能力的训练提高，高二年级则应侧重议论能力的训练提高，高三年级则可以形成写作能力的综合训练与提高，考虑到高考的客观存在，

高三年级还应加入应考作文写作能力的训练提高。与文体相对应的记叙能力与议论能力也具有系统性的特点。记叙文以记叙能力为主，这其中又包括故事叙述能力、细节描写能力、人物刻画能力、环境描写能力等，以及精当简洁的议论与抒情能力等；议论文以议论能力为主，这其中又包括观点提炼与表述能力、论据选择与表述能力、结构安排能力、语言议论化能力等，这其中也需要记叙能力，但此时的记叙能力与记叙文中的记叙能力是不相同的。从应考作文写作能力来看，依不同的作文命题形式可以分为审题能力、立意能力、谋篇布局能力、紧扣题意进行表述能力等。当然，上述各种能力较多的是依据着中学语文教学特点来确定的，如果着眼于学生长远发展所需，那么，中学生写作能力则应更多地指向对祖国语言文字的正确使用能力，如准确叙述能力、恰当明确表述观点能力、展现分析问题过程能力等。

这里，从两个层面探讨写作能力怎么教的问题，一个是课堂写作教学层面，一个是课外练笔指导层面。

先说课堂写作教学层面。

具体到一堂课的写作教学，所确定的能力点越具体越好，甚至越小越容易得到落实，那种泛泛而谈的写作能力是无法通过一两堂课的教学就得到有效的形成和巩固。能力的形成是一个复杂的心理过程，涉及知识、训练、评价、巩固等环节。确定了能力点，接下来要考虑的问题就是这个能力的形成需要怎样的写作知识作为基础，以及要经过怎样的实践活动。这里实际上涉及两个关键的问题，一个是教出适宜的写作知识，另一个是经过适宜的写作实践活动让知识转化为能力。写作知识的教学，前文已作了较为充分的阐述，这里不再赘言，我们重点探讨写作实践活动的落实问题。

课堂写作实践活动应该包括这样几个环节：在写作知识指引下的写作训练、对写作训练结果进行评价总结、在评价总结的基础上再次进行写作训练、再评价总结，直至该能力点已基本形成并较为稳固。实践活动的量没有固定的要求，要视学生写作训练结果所反映出来的学生实际写作能力而定。写作训练的形式可以多种多样，但训练不能盲目，在明确具体的要求下进行写作训练。评价总结不可或缺，应及时进行，并以发现写作训练中存在的问题为主。接下来的第二次训练则是更高要求的训练,既要改正不足,也要使能力点的形成得到更好的落实。

　　这里以议论文结尾语段的设计为例谈写作课堂教学中的能力训练问题。经过思考与总结,议论文的结尾语段可以有"自然结尾,戛然而止""首尾呼应,突出论点""问句结尾,强化主旨""散文笔调,意蕴深远""劝诫警告,鼓励号召"等五种形式,五种形式各有特点,也能发挥不同的作用,不同学生喜欢不同的结尾方式。如果我们遵循个性化的原则,就可以在课堂归纳出五种结尾方式的知识后,由学生个性化地选择一两种方式进行课堂训练。在明确同一论点的情况下,选择相同结尾方式的学生可以进行互评,老师适当指导。在充分的评价总结后,进行二次训练并评价总结。经过这样充分的选择实践训练,学生对议论文结尾语段的掌握就可以形成内在的能力。

　　以上只是就能够在一堂课完成教学任务的写作能力点训练而谈的课堂安排,实际的教学情况是有些能力点可能需要多节课才能完成教学,这种情况就需要我们加强课与课之间的内在衔接。同时具体一种文体的写作能力往往是由一系列的能力点构成的,我们就要根据这些形成体系的能力点安排系列化的写作课。

　　写作能力教学应以具体写作能力点的教学为主,也需要整篇作文的课堂教学。这里就涉及课时安排的问题。有的老师用半节课的时间进行整篇作文的写作指导,余下的时间进行当堂作文写作,没写完的就课后完成。这种做法是值得商榷的。我们还是赞成保持整篇作文写作的完整性,安排连堂课进行整篇作文的写作指导及作文完篇写作。整篇作文写作训练的是写作整体能力,写作指导环节要整体考虑,如果要训练学生的独立审题立意能力,那么课堂写作指导环节就可以省去,从出示作文试题到学生写完整篇作文,老师不需要说一句话。如果要在学生整篇作文写作之前进行指导的话,那也应该是立足整体,不强调个别具体的能力点。总之,点面结合,综合进行,应是不断提高学生写作能力的总体原则。

　　课堂写作教学要不要像阅读教学那样布置课外作业呢?这就要视具体情况而定,总的依据是,课外作业是为了巩固课堂所学,如果课堂上已经较好地完成了某个能力点的教学任务,学生相应写作能力已经形成,那么,课外作业不布置也是合理的。反之,则布置适宜的课外作业,有时甚至需要再用一节课的时间进行强化。我们特别希望写作课堂教学的课外作业布置不流于形式,要强调可行性、实效性,作业检查及反馈环节要及时跟进,以真正达到巩固的效果。

再说课外练笔指导。

显然,写作能力的提高光靠课堂的写作教学与训练是很难实现的,课外练笔是课堂写作教学的必要而有益的补充。随笔写作是一种行之有效的方式。随笔写作需要指导吗?答案是显而易见的。学生在写作随笔的初始阶段往往无从下手,越是自由的写作学生往往越不习惯。这个时候,老师的指导就显得尤为重要。

课外练笔(主要方式就是随笔写作)指导与课堂写作指导显然是不一样的。课外练笔指导要强调一个"导"字,激发写作兴趣,明确随笔写作的基本要求,引导学生养成多关注多思考社会生活的习惯,并能及时记录所见所闻所思。随笔评改应以鼓励为主要原则,从整体着眼,发现亮点,强化兴趣,鼓励信心。课外练笔在语言基本功训练方面有着不可替代的作用,与课堂写作训练形成互补,课内得法,课外提高,共同夯实学生写作能力之基。

当前写作理论研究的成果表明,阅读对写作能力的提高也有着巨大的作用,甚至有论者提出,多读比多写更能提高写作能力,这里无意于探讨多读与多写何者更有益于写作能力的提高,但我们应认可阅读对写作能力的贡献。引导学生多读书,多关注社会、生活,显然有助于开阔学生视野、丰富学生生活、激活学生思维。阅读资源同时也可以是写作资源,我们要打通二者的关联。写作思维与阅读思维虽分属两个不同种类的思维形式,但它们也有着互相借鉴的关系,如审题就特别需要阅读思维的参与。从这个层面来看,苏教版高中语文选修写作教材就特别注重在写作教学中运用阅读能力,该教材的"走进现场""活动体验"中均以阅读理解试题的形式出现,引导学生在完成试题的过程中加强对写作知识的理解与掌握。

总之,我们探讨写作能力怎么教的问题,要立足于写作教学,放眼阅读教学,直至学生整个语文学习、生活,建构起写作能力提高的综合训练场,从而更有效地达成写作教学目标。

第四节　高中基础年级作文命题逻辑的探索

高中三年的写作训练应该有所侧重，不同阶段训练形式及重点应有所不同。高三年级突出考场应试作文训练，无可厚非，那么高中基础年级即高一、二年级应该怎样安排才更科学从而更有实效性呢？现实的情形是，高中基础年级的写作训练暴露出不少的问题，如计划性、系统性、针对性不强等，其中命题环节问题尤其突出。本节拟就作文命题这一角度，剖析当前高中基础年级写作训练的问题，虽有挂一漏万之嫌，却也针对现实；同时提出几条应对策略，以期对高中写作训练有所裨益。

一、问题分析

"高考指挥棒"在语文学科领域影响非常大，高中基础年级教学深受其影响，在作文训练方面表现尤其突出，在命题形式、评价标准、范文选用等方面都存在不少的问题。综合起来看，当下高中基础年级作文命题存在以下几个方面的问题。

一是命题形式过度模仿高考作文命题。近十几年来，高考作文命题中的话题作文、命题作文、新材料作文命题形式成了高中三年作文训练的基本模式，高考发生了变化，基础年级训练形式便随之发生变化。高考考场作文因其特殊性，在评价标准、结构模式、主旨选择、语言表达等方面与基础年级写作均有较大的差异，若以高考作文命题形式及评价标准来衡量基础年级的写作，是不科学的，也是有害的。这种训练模式的弊端在于，学生过早地受到高考考场作文写作的影响，写作受到过多的束缚，考场作文模式化的路子，极大地损害了学生对写作的兴趣，学生写作热情未能有效地被激发出来。经过高考考场作文的写作训练，学生也许能写出比较令人满意的考场作文，但真正意义上的写作能力却未必能提高多少，这对于高中写作教学的实效性伤害很大。

二是文体意识不强。记叙与议论能力是高中写作教学中需着重培养的两种基本写作能力，与之对应的文体是记叙文与议论文，能把事说清晰，能把理说明白、透彻，是高中学生语文素养的应有之要求，高中基础年级教师应该承担起训练提高学生这两种能力的任务。作文命题中的文体意识不强，其弊端在于造成学生写作文体不明甚至混乱，文体这一形式的背后是语言运用能力与思维能力，文体混乱的实质是语言运用不规范甚至语言运用能力不合格。造成这种局面的原因，大体上有这样几个方面。首先是高中语文教材对写作文体的模糊。纵观当下各个版本的高中语文必修教材，在写作训练的设计与安排上差异很大，文体、表达方式、写作能力点等方面均如此。面对不强调文体、不突出表达方式、系统性不强甚至毫无系统的语文教材，缺乏足够的专业素养的语文教师该何去何从？其次是高考作文命题的导向性影响。近十几年高中作文命题中，只有极少数省份坚持文体要求，绝大多数命题中以"文体自选"的表述放纵着考生在文体上的"自主"与"自由"，这看似公平的背后是对高中语文写作目的甚至语文教育教学内在规律性要求的背弃。第三是语文教师自身的原因。既然高考作文命题如此要求，语文教师要么不敢要么不愿去思考，究竟怎样的安排更为科学合理？这种问题的实质是语文教师缺乏基本的语文学科理论素养。

三是命题材料随意性大，不符合学生实际，不符合写作训练的内在要求。这一点在紧跟高考作文命题形式中的所谓新材料作文命题中尤其突出。要选择一道可以作为命题的材料看似简单，实则不易。选择的随意性可能违背学生实际，让学生无从下手。请看下面两则作文题。

作文题1：

阅读下面的材料，按照要求作文。

阿里巴巴集团的主要创办人马云接受央视访问时，围绕"在中国，企业最好的团队"，阐述了自己的看法：

中国人认为最好的团队是刘、诸葛、关、张、赵团队。关公武功那么高，又那么忠诚。刘备和张飞也有各自的任务，碰到诸葛亮，还有赵子龙，这样的团队是千年等一回,很难找。可我认为中国最好的团队就是唐僧西天取经的团队。像唐僧这样的领导,什么都不要跟他说,"我就是要取经"。悟空武功高强,品德也不错,但唯一遗憾是脾气暴躁,很多单位都有这样的人。猪八戒是狡猾,没有他生活少了很多的情趣。沙和尚更多了,你不要跟我讲人生观、价值观,"这是我的工作",半小时干完了活就睡觉去了。这样的人单位里面有很多很多。就是这样四个人,千辛万苦,取得了真经。

请根据你对这段材料的理解,自选角度,自定立意,自拟标题,写一篇不少于800字的议论文。

作文题2:

阅读下面的材料,按要求作文。

作家王安忆今年在复旦大学研究生院毕业典礼上致辞:"我希望你们不要过于追求效率,效率总是以目的论的,事实上,我们都是处在过程中,这是生活的本质。我劝你们不要急于加入竞争,它将你们纳入主流价值体系,这会影响你们的价值观念。我希望你们有足够的自信与主流体系保持理性的距离,在相对的独立中完善自己。"

请根据上述材料,自选角度,自定立意,自拟标题,写一篇不少于800字的议论文。不要脱离材料内容以及含意的范围作文,不要套作,不得抄袭。

上述两道作文题属于高二年级期末考试作文题,除去文体要求写作议论文之外,题干、导语、写作要求等完全模仿高考新材料作文的形式,此其一;更为严重的问题是命题材料与高二年级学生学情差距太大。作文题1中的材料实质上是讨论"企业团队"这一专业性很强的话题,完全没有拓展的空间;同时,这不是在考查学生的议论文写作能力,而是在考查学生对于"企业团队"这一商业话题的熟悉程度,既不科学也不公平。作文题2的材料则充满明显的主旨倾向性,其中的关键概念"过于追求效率""纳入主流价值体系""价值观念""有足够的自信与主流体系保持理性的距离"等,对于高二年级的学生来说距离太远,因无法准确理解概念含意而带来写作上的困难。王安忆的话语对象是研究生,在那样的语境中可能适合,但在高二年级学生中却很不适合。

二、应对策略

高中基础年级作文命题是一项专业性很强的工作,需要我们花时间与精力去思考、去找出合理的解决之道。应对的基本原则是符合语文教学的科学性要求,符合学生实际。具体而言,可以从以下几个方面去思考。

一是遵循高中写作教学的内在规律性,紧扣基础年级写作教学的特点及要求。高中写作教学应该以记叙和议论为主要训练内容,从点到面。这两种写作能力的形成需要扎实的训练,安排在基础年级进行是合适的,一方面有充裕的时间,另一方面,这也是形成写作综合能力的重要基础,只有在基础年级打下坚实的基础,才有可能在高三年级转化成综合的能力。命题是教学的一项重要内容,通过科学合理的命题,传递教学的要求,达成教学的目标。

二是紧扣教学,服务教学。高一年级因其与初中紧密衔接,安排以记叙文写作为主的写作教学内容,是科学的、合理的;高二年级则应该以议论文写作为主,这与学生思维发展特点相一致。人教版课标教材的写作安排就体现出这种导向性,五册必修教材依"记叙→议论→综合"的顺序安排,写作文体上思路清晰,安排合理。具体内容如下表:

教材	必修一	必修二	必修三	必修四	必修五
能力训练点	1. 写触动心灵的人和事 2. 记叙要选好角度 3. 写人要凸显个性 4. 写事要有点波澜	1. 写景要抓住特征 2. 学习描写 3. 学习抒情 4. 学习虚构	1. 学习选取立论的角度 2. 学习选择和使用论据 3. 学习论证 4. 学习议论中的记叙	1. 学习横向展开议论 2. 学习纵向展开议论 3. 学习反驳 4. 学习辩证分析	1. 学习写得深刻 2. 学习写得充实 3. 学习写得有文采 4. 学习写得新颖

若我们认可高中基础年级两年写作训练在文体上的要求,那么,在具体的作文命题上则应该紧扣教学目标与任务,通过作文命题服务教学,促进教学,而不是简单地照搬高考作文命题形式。

三是明确文体要求，凸显文体特征。在作文试题中明确写出"记叙文"或者"议论文"三个字并不难，难的是语文教师思想认识上符合教学的要求。同样的，明确文体要求并不难，难的是对记叙文与议论文文体特征的正确把握，这虽是命题之外的事，却又关系到命题意图能否实现这个大问题，若文体特征要求不明确，那么训练的效果将大打折扣。实际的教学与考试情形表明，当前对于记叙文文体特征的认识还有较大的模糊性，容易将记叙文文体与散文文体混淆。记叙文最大的特征是"故事说话"，要有完整的、清晰的故事，故事是记叙文的生命，否则将与散文文体无异。记叙文应该具备这样的特征：故事为主，贯彻全文；夹叙夹议，有思考，有哲理；入题快，开门见山；细节描写，突出特色。只有凸显记叙文的这些特征，才能通过明确的命题要求，达成记叙文教学的目标。议论文特征比较明显，认识上基本没有误区，只要能够做到中心论点明确、论述思路清楚、论述结构明晰、论据紧扣论点、结论总结全文就基本符合议论文的文体要求。当然，优秀的议论文并不囿于外在的结构形式，而能随文意表达出写作者清晰、深刻、理性的思考与论证。

四是积极探索有效的命题形式。作为期中、期末考试的作文命题，自然要求写完整的不少于 800 字的作文，若是日常写作训练命题，则完全可以依据文体能力点加以序列化训练，比如记叙文中的细节描写、人物个性、事件波澜、学习虚构等，议论文中的立论角度、论据的选择与使用、论证方法等。这其中需要处理好点与面的关系，能力点要扎实训练，整篇作文也要强化，比较可取的做法是"能力点练习化、整篇作文课堂化"，散点训练课后完成，整篇作文当堂完成。这里着重谈谈议论文命题的形式问题。可以是命题作文，直接拟定适合写作议论文的标题；也可以是给材料作文，既训练材料审读能力，也训练拟题能力。这两种命题形式属于常规形式，需要注意的问题是，所命之题要能直接表明论题范围、对象或者观点，不宜太宽泛如"论自由""谈创新""说公平"等，也不宜太抒情化、记叙化，如"这很有意思""又见艳阳天"等；给材料作文形式中的材料不宜太艰深，在审题难度上不宜太大（因为这不是写作能力的重点），可以参照高考语文上海卷近几年来的思辨性作文命题，材料指向明确，不在材料理解上为难学生。当然，这里也要避免前文所述过度模仿高考作文命题形式的弊端。我们特别推崇时评文章写作。时评文章紧扣时代脉搏，关注社会热点，特别适合训练学生的议论分析、逻辑思辨的能力。高二年级可以用至少一个学期的时间专门训练时评文章写作。命题需要注意的问题是，选取社会热点事件时不可随意，要选择那种有思维张力、有思辨空间、有思考深度的事件，那种立场太单一、道德倾向明显、一看便知结论的事件，是不适宜来做时评文章写作的材料对象的。若能在写作训练的同时，由老师精选典范的、思想有深度、语言规范、论述技巧娴熟的时评文章供学生大量阅读，通过阅读积累语感、强化写作体验，那将会是锦上添花。

五是贴近学生实际，让学生有事可写、有理可说。这是命题内容选择的关键一环。命题之前，我们要对学生学习、生活、情感、思想的实际有充分的了解、分析和把握。学生实际既有共性，也有个性。若是一个年级考试命题，则更多着眼于共性；若是班级训练命题，则可以充分考虑到班级学生的整体情况。当然，对于学生实际这个问题，我们也需要理性对待，若作文试题能让学生有事可写、有理可说，自然是件好事，但这不应成为作文命题的唯一依据。对于那些高中学生应该去面对、去思考的话题，如理性、良知、敬畏、生命意义、存在价值等话题，也完全应该成为作文命题的应有之义。这里以笔者命制的作文题为例，谈谈这个问题。

笔者所在的学校名称为"华东师范大学第二附属中学（紫竹校区）"，"紫竹"二字既是空间概念，也有情感因素，于是高一第一学期期中考试作文题便是"我在紫竹"，要求写记叙文，这道作文题从学生的学习生活实际中来，可以引导学生去感受生活、思考生活。高二上学期，进入议论文写作训练阶段，学生的思想认识水平、思辨能力有所提升，笔者便命制"心存敬畏"的命题作文，要求写议论文，借此引导学生强化敬畏之心，同时也引导学生从"敬畏"这个角度思考当今社会中出现越来越多违背道德良知、触犯法律法规现象的深层次原因。高二下学期"五四"青年节所在的那一周，笔者便命制这样的作文题："今天是5月4日，中国的'五四'青年节。你对'五四'青年节有着怎样的认识或感受？你可以围绕'五四'青年节的任一方面，任选一个角度，确定中心论点，展开论述。"这样的作文题，既贴近学生学习生活实际，又有一定的思维张力与思考深度，在训练文体能力的同时又进行人文思想的教育熏陶，效果不错。

总之，高中基础年级作文命题是一项日常性、基础性、专业性同时存在的工作，切不可等闲视之。笔者所提出的若干应对之策，并非万全之策，期待有更多具有专业追求的语文教师，将高中基础年级作文命题这样一个看似简单实则复杂而重要的问题深入研讨下去，以助力写作教学问题的有效解决。

第五节　写作教学的有效突破口：以金志浩老师《驳论文写作指导》教学为例

一、正确认识学生的写作能力

写作能力是一项综合的、复杂的能力，从能力要素构成上来说，包括思维能力与作文完篇能力，思维能力贯穿在写作活动的整个过程之中，作文完篇能力包括审题、立意、谋篇布局、素材运用等能力，这些能力需要在扎实的训练中不断提升，并且，无法在一两堂课中就得到明显的提升。当堂训练对写作能力的形成与提升是非常必要的。金志浩老师的课堂遵循写作知识对写作能力形成的基础性作用的规律性要求，课堂突出各种形式、数量充分的扎实的训练。我们从《驳论文写作指导》的教学实录中可以看出金志浩老师充分地认识到写作知识、当堂训练对于形成学生驳论文写作能力的重要性。因为写作知识来源于具体的、有代表性的驳论文课文《中国人失掉自信力了吗》，并且是在教师的教学组织下，经由学生充分地参与到写作知识的总结提炼过程中，这些驳论文写作的具体知识就能充分发挥对驳论文写作能力提升的奠基作用。

二、确立具体可实现的教学目标

写作教学的主要任务是着力培养学生正确使用祖国语言文字的能力，聚焦于语言运用的正确性与规范性，而非用"个性化""艺术化"这样过高的目标来要求所有学生。金志浩老师将教学目标确定为"指导学生学习直至学会写作驳论文"，上课伊始就明确告知学生"今天，用它作为范例，来学习如何写驳论文"。这样的教学目标是清晰的，是符合教学视域中的写作教学的要求的，驳论文写作是议论文写作中的常见写作方式,对于提升学生的议论能力特别是理性分析能力作用是很大的。《驳论文写作指导》教学课的这个教学目标,折射出的是金志浩老师对本堂课的教学目标的准确定位,换言之,教学目标背后的教学理念是依据教学大纲(现在称为课程标准)开展写作教学。因此,从这堂课来看,金志浩老师的写作教学理念是科学的、正确的,当然,我们都知道,金志浩老师常年深耕议论文写作,从理论研究到课堂教学都取得了不俗的业绩,这至少可以表明一点,语文教师在正确的写作教学理念指引下,写作教学是完全可以有所作为的。反观当下写作教学目标的现状,存在大而无当、泛泛而谈、凌空蹈虚等问题。确立科学的写作教学目标,首先需依据课程标准对写作教学的要求,其次,要求具体、可以实现。

三、合理建构写作资源

本堂课最大的一个亮点是引入鲁迅先生的《中国人失掉自信力了吗》一文,作为课堂获得驳论文写作知识的来源。驳论文写作对于学生来说很可能是陌生的,如何理解驳论文文体的要求、掌握驳论文写作的方法,是课堂教学需要重点解决的问题。金志浩老师充分挖掘阅读教学中蕴藏的巨大资源,充分发挥其指导写作的功能,这一点将在下文中作详尽的阐述。此外,金志浩老师精选高考优秀作文作为课堂训练的材料,这一教学方法的科学性在于,缩短学生与高考写作的心理距离,帮助学生对高考优秀作文形成正确的认识。当然,关于引入高考优秀作文这一写作资源,必须兼顾两点,一是区分不同学段,若是在高一、二年级就过于强调高考考场作文写作要求及范文示范,很可能会束缚学生的写作,高三年级的写作教学则另当别论;二是范文的选择,必须是真正符合写作基本要求、具有写作亮点、内容充实的优秀作文,而非徒有形式、内容空洞之作。金志浩老师还善于从生活中选取紧扣教学目标的鲜活事例作为课堂训练的材料,那位捡到了手表拒不归还的女青年、缺乏耐心的营业员、"独家经营、价格最优"的广告牌,在当时的语境下,自然是生动的,极易激发学生的学习热情。这就启示我们,精选学生感兴趣、符合写作教学目标的生活素材,是可以增强课堂教学效果的。

四、科学进行知识教学

　　写作知识有助于写作能力的形成，关于写作知识教学的问题，本章第二节"写作课知识教学的三个问题"作了较为详尽的阐述，这里，笔者从另外两个角度作简要的分析。

　　金志浩老师所教的驳论文写作知识属于程序性知识。根据《中国人失掉自信力了吗》一文的深入学习，师生总结出了驳论文写作三步法：抓"突破口"批驳，一针见血；正面立论，针锋相对；引据论证，深入批驳。这三步法是指导学生写作驳论文的具体知识，并非驳论文文体具有怎样的特点之类的陈述性知识。这里我们将目光聚焦于金志浩老师如何发挥"驳论文三步法"这个具体写作知识的作用。首先，对于重要的写作知识，教师须明确地告知学生并督促学生及时做好笔记，当然，不仅仅限于写作知识，语文课堂上所教的语文知识均须如此要求。在教学"反证法"这一知识时，金志浩老师"缓慢地"陈述，以"便于学生记录"："所谓反证法，就是证明与自己正确论点相反的论点是错误的，从而来证明自己论点的正确。有两种表现形式：一是证明与自己论点相对立的论点是错误的。就像鲁迅抓住对方论点中的'破绽'进行批驳，就是指出其错误所在；二是证明与对方论点相对立的论点是正确的，以反证对方论点的错误。就像鲁迅举出古今实例，有力地证明了'我们有并不失掉自信力的中国人在'这一论点的正确。用反证法批驳，说'中国人失掉自信力了'的谬论就站不住脚了。可以说，反证法是驳论文写作中最基本的方法，写驳论文是离不开反证法的。这样讲，不知大家懂了没有？"这样的教学处理是科学的，为提高学生记录的准确率，需要教师语速不宜太快，语言必须准确、规范、简洁、易于学生理解并记录。

　　再看一个教学片段：

　　　　师：哪位同学能用"驳论文三步法"要领来分析这篇文章？
　　　　生：这篇文章一开始就提出论点：近墨者未必黑。但作者并不忙于论证自己的论点，而是第一步：先抓住"近墨者黑"作为"突破口"，进行批驳，一针见血地指出："如果认为'近墨者黑'的话，那显然是把环境的影响放在了突出的地位,而忽视了人的主观原因。从唯物辩证法的角度来看,显然不合理。"接着第二步:针锋相对地强调自己的论点。再第三步:用"近墨而不黑"的事实论据和"出淤泥而不染,濯清涟而不妖"的理论论据进行证明,使自己的论点很有说服力。

生:这篇文章也体现了针对性批驳的特点。在批驳时用了反证法,先证明与自己的论点"近墨者未必黑"相反的论点"近墨者黑"的错误,进而来证明自己论点的正确。

这里,我们重点关注学生对《近墨者未必黑》一文的分析。两个学生的分析思路非常清晰,紧扣作文内容,对"驳论文三步法"要领的运用非常完整。为什么学生能够做到这些?一方面可能学生的语文素养较高,另一方面,我们更须明白,教师在之前对《中国人失掉自信力了吗》一文充分的、紧扣写作知识的学习投入,在这个环节中得到了"回报",这一点对于教师的教更具启迪的价值,那就是写作知识教学中教学具体知识之前的铺垫是必要的。

五、处理好写作与阅读的关系

这里包含三个方面的要点。

一是阅读思维在写作能力训练提升方面的作用。任何一次写作活动,都需要阅读理解能力的参与,审读作文试题、理解作文素材与作文主旨的关系、语言运用的准确性等,都离不开阅读思维作用的发挥。从这个意义上来说,写作教学不单纯是写作的事,阅读教学中所培养的阅读思维能力对写作能力的形成也是必不可少的。具体到写作课堂教学,阅读思维的运用是很广泛的,如作文题概念的理解、方法的提炼与表述、观点的表达等,这里,我们选择本堂课用词准确性的训练为例,探讨这个问题。

请看下列教学片段:

师:(指黑板)第一步是:抓"突破口"批驳,一针见血。用了十个字概括。"第二步"能否用八个字来概括?

生:提出论点,针对性强。

生：提出论点，针锋相对。

生：正面立论，针锋相对。

师：哪个好？

生："正面立论，针锋相对"好。

师：为什么？

生：体现正反对照，批驳有针对性。

师：对。一定不要忘记"针对性"。

（板书：正面立论，针锋相对）

用词准确只是表象，属于语言运用层面的要求，语言运用背后的实质是思维的准确性、理解的准确性。从教的维度分析，教师需要在课堂教学中抓住时机，根据学生的学习情况，适时地进行用词准确性的训练，这是写作上语言运用的需要，也是阅读理解能力培养的需要，更是语文素养培育的需要。

二是阅读教学文本的选择与教学。进入语文教材的阅读教学文本，文质兼美，蕴含着丰富的写作教学知识。选择适宜当前阶段学生写作需要的文本，这是第一步；如何在课堂教学中展开文本学习是关键的一步。这里需要明确，写作教学课堂中的文本学习，基于写作知识教学之需，教学的重点便须定位于文本中写作知识的教学，语言的分析、鉴赏与文本主旨的理解等便不再是教学的重点。此外，文本写作知识的教学仍需遵循学生认知接受的心理规律。我们可以从金志浩老师的写作教学中获得如何在写作教学课堂中进行文本教学的启示。请看下列教学片段：

片段1：

师：同学们预习了鲁迅的《中国人失掉自信力了吗》一文。今天，用它作为范例，来学习如何写驳论文——

鲁迅的《中国人失掉自信力了吗》是一篇驳论。读了以后，能说说驳论文和我们平时写的立论文有什么不同吗？

生：驳论文以反驳对方的错误言论为主，立论文以发表自己的见解为主。

生：驳论文也要立论。但一般的立论文只须提出自己的主张，阐述自己的论点，而驳论文必须针对对方的错误言论，摆出理由将其驳倒，通过批驳来确立自己的论点。

师:"针对错误言论批驳",说得好！这位同学揭示了驳论文的一个最本质的特点,就是——什么？

生:针对性的批驳！

师:对。要写好驳论文,必须做到——(板书:针对性的批驳)

师:现在,我们来学习《中国人失掉自信力了吗》这篇课文,哪位同学能说一说:鲁迅是怎样进行"针对性的批驳"的？

片段2:

师:(点拨)请记住:凡是错误的言论,必然有其"破绽",这"破绽"不外乎表现在论点、论据或论证三个方面,这就可以成为我们批驳的"突破口";选准"突破口"进行批驳,就能够达到动摇对方立论的目的。

师:现在,请一位同学来回答:鲁迅抓住了对方什么"破绽"作为"突破口",进行批驳的？

生:鲁迅是抓住对方论据中的破绽作为"突破口"进行批驳的。

……

师:那么,对方的"破绽"究竟在哪里？

生:(继续)我认为,对方的论证有问题。三个"是事实"作为论据,不能推出"中国人失掉自信力了"这一论点。

师:(鼓励)何以见得？

生:鲁迅在文章第三段接着说:"如果单据这一点现象而论,自信其实是早就失掉了的。"这就是说不是失掉自信力的问题。鲁迅认为,三个"是事实"只能得出"中国人曾经有过他信力"。

师:三个"是事实"推出"中国人曾经有过他信力",是"三个是事实"吗？把课文看仔细些。

片段3:

师:(继续)鲁迅敏锐地抓住对方论证不合逻辑的破绽作为"突破口",寥寥几句,就击中了对方的要害,批驳取得了决定性的成效。(略停顿)记住:抓"突破口"批驳,一针见血,是写好批驳文的第一步,也是关键的一步。

（板书：抓"突破口"批驳，一针见血）

师：要将对方的错误论点彻底驳倒，第二步该怎么办？我们还是到鲁迅的文章中去找答案，好不好？

（学生小声朗读，议论）

师：哪位同学来说？

生：第二步是摆出自己的观点。鲁迅说："然而，在这笼罩之下，我们有并不失掉自信力的中国人在。"

生：这个观点和对方的谬论针锋相对，体现了针对性批驳的特点。

应该说，本堂课在文本学习上的教学处理是科学的，这里，为节约篇幅，我们仅节选了三个教学片段，但仍可从中归纳出在写作教学课堂中进行文本教学的启示。片段1中，金志浩老师先询问学生阅读《中国人失掉自信力了吗》一文后对驳论文写作与平时的立论文写作上不同特点的感受，这个教学环节的实质是获取学生学情，看看学生从课文的阅读中获得了怎样的关于驳论文与立论文不同点的认识，这为接下来的教学提供了重要的基础。虽然有学生揭示出了"针对错误言论批驳"这一驳论文的最本质的特点之一，但并不能说明所有学生对驳论文写作的特点及要求均能理解并掌握，因此，金志浩老师顺势将教学内容切入《中国人失掉自信力了吗》一文的学习。片段2中，经过对《中国人失掉自信力了吗》一文的学习，学生对驳论文批驳对方谬论的特点有了初步的认识，所以金志浩老师便及时点拨学生记住："凡是错误的言论，必然有其'破绽'，这'破绽'不外乎表现在论点、论据或论证三个方面，这就可以成为我们批驳的'突破口'；选准'突破口'进行批驳，就能够达到动摇对方立论的目的"这些具体的驳论文写作知识。虽然学生能够记住"抓住对方破绽"这个写作知识的名称，但在真实的写作活动中，能否准确找出对方的"破绽"便是关键。针对学生一时还无法准确找到文中"对方的破绽"，金志浩老师提示学生"把课文看仔细些"。片段3中，经过对文章充分的学习之后，水到渠成地总结出了驳论文写作知识的第一条"抓'突破口'批驳，一针见血"，第二步该怎么办？金志浩老师说："我们还是到鲁迅的文章中去找答案，好不好？"于是，学生在老师的引领下，继续深入文章中，一步步总结出了驳论文写作的第二步、第三步的知识。

三是阅读素材的引入。阅读素材是指教师选择的对于学生写作有启发作用的阅读材料,这些材料可以从思想内容主题、材料使用、谋篇布局、语言运用等方面启发学生的写作。语文理论界与教学一线多年前就提出了"读写结合"的理念,并探索出一些行之有效的做法,金志浩老师的《驳论文写作指导》课是在写作教学课堂中实现读写结合,这里的阅读素材的引入是指在课外阅读环节中落实读写结合,两种方式有机结合,真正打通阅读与写作的联系,不断提升写作教学效率。

六、课堂教学符合教学的逻辑

在本章第一节"写作课的教学逻辑"中,笔者详细地阐述了写作课的学科逻辑、学的逻辑与教的逻辑的有关问题,这里,仅从学的逻辑维度分析金志浩老师本堂课的教学逻辑所包含的启示。

分析写作课学的逻辑,重点在于写作课是否遵循了学生学习写作知识、建构写作能力的内在规律性。阅读教学文本对于学生来说,学习难度并不太大,只要课堂教学中教师指导得法,学生完全可以从中领会相应写作知识的特点及内容,较之简单讲授写作知识的教学方式,借助阅读教学文本的方法反而更为有效,因此,金志浩老师选择从阅读教学文本中获得驳论文的写作知识,便是对学生学习写作知识内在规律性的遵循。在建构写作能力这个维度中,金志浩老师以四次课堂训练的方式,帮助学生当堂获得了驳论文写作的相应能力,以课后"各写一段开头"的作业形式,对课堂所形成的写作能力加以巩固,这符合写作能力提高须经历"当堂训练,获得体验"与"课后训练,巩固提高"两个阶段的内在规律性。

参考文献

[1] 郑桂华,李海林主编.语文教育研究大系(中学教学卷)[M].上海:上海教育出版社,2007.
[2] 成龙.写作课知识教学的三个问题[J].语文学习,2014(11).
[3] 成龙.写作课的教学逻辑[J].语文学习,2016(7).

第五章

语文复习课教学逻辑探索

第一节　语文复习课的教学理念

明确语文复习课的教学理念,是探索语文复习课教学逻辑的基础。

复习是一种典型的学习方式,德国哲学家逊慈根曾强调,重复是学习之母。复习,能使学习者加深对知识的理解并不断完善知识结构,有利于学习者形成流畅、快速、自动化的基本能力,还有利于学习者养成良好的自学习惯和能力。复习课教学是学校教学活动的一个基本组成部分,科学认识复习课教学,既要遵循学科课堂教学的共性,更要突出复习课教学的个性。从教学科学性的内在逻辑来看,科学的语文复习课教学理念应该包括以下三个方面的主要内容:一是符合语文学科教学的一般规律性要求;二是符合复习教学的宏观理论要求;三是符合复习教学的内在规律性要求。

一、语文复习课教学要符合语文学科教学的一般规律性要求

复习课教学是学科教学的一个组成部分,因此,复习课教学首先需要符合学科教学的一般规律性要求,如注重学习过程与方法的传授、激发学生学习的热情等。具体到语文学科复习课,自然需要符合语文学科教学的一般规律性要求,如教师需要用精彩的导入激发学生的激情,用积极的对话互动让学生保持学习主体的地位,用生动幽默的话语活跃课堂气氛,用有趣的课堂活动激发学生学习语文的不竭动力。语文学科注重思考的过程与思维能力的培养,学生思维能力很大程度上决定了学生实际的语文能力,因此,在语文学科的复习课上,依然需要在具体的教学过程中,加大学生思维训练的力度。现实的情形是,复习课往往很难得到学生的欢迎,一方面,学生很清楚复习课的重要作用;另一方面,复习课很乏味又

是常见的现象。究其原因,这与复习课过于注重知识传授而忽略了情感因素参与、过多的训练削弱了学生原本就淡薄的语文兴趣等有关。复习课成了知识的讲堂、做题的赛场。造成这种局面的根本原因在于,教师未能充分重视复习课的教学设计,未能充分地认识到采取积极措施调动学生参与热情的重要性,而是想当然地认为,学生到了毕业年级为了个人前途自然会努力学习。

二、 语文复习课教学须遵循复习教学的宏观理论要求

复习课教学包含广义与狭义两种含义,狭义上的复习课教学指具体的一堂复习课,广义的复习课教学则是指毕业年级所进行的指向高考而进行的教学活动。对于复习课教学的研究不应是零碎的对某一考点、某一种题型的研究,而应将整个复习教学视为一个整体,我们倡导建立起复习教学的整体化视野,对整个语文复习教学进行系统研究与建设。具体包括以下五个方面的内容。

一是复习板块顺序的安排要科学。高考的试卷结构决定了语文学科的复习板块主要包括语言基础知识、阅读与写作三大板块,怎样安排这三大板块的顺序才更科学? 是按照试卷题目顺序安排,还是依循语文学科教与学的内在规律性来安排? 当下绝大部分学校的做法是先语言基础知识再阅读再写作。这样的安排其科学性是有待商榷的。笔者主张,应该首先进行阅读板块专题复习,写作板块复习穿插进行,最后进行语言基础知识板块复习。其内在的科学性是,阅读与写作能力的提高是一个长期的过程,需要花较多的时间训练提高,而阅读能力的提高有利于语言基础知识的理解与运用。

二是应试答题能力体系须完善。考试大纲是高考命题的规范性文件和标准,是考试评价、复习备考的依据。一般而言,各学科考试大纲会列出所要考查的能力点,这是教师确定复习内容、编制训练试题的主要依据,教师应该依据考试大纲确定具体的知识点、能力点,深入研究本学科应试答题能力形成的内在规律性,建构起能力点的系统,依着系统的能力点进行系统的复习。

如考试大纲提出的高考语文科要求考查考生识记、理解、分析综合、鉴赏评价、表达应用和探究六种能力,表现为六个能力层级,构成了高考语文应试答题能

力的内在体系，六个方面既相互独立，又有着密不可分的内在关联。每一种能力自有其相应的特征、形成规律及对应的题型及试题。语文教师应该以这六种能力为基础建立起语文高考应试答题能力的体系，并以之指导具体的复习课教学。

三是要把握科学复习轮次的区分及其各自特点。虽然没有权威的理论证明可以将高考复习分为一轮与二轮，但一线教师基本上都采取了这一说法。一般而言，一轮复习强调全面性，突出知识点的面面俱到，重在建立起知识结构的整体性，需要在广度上下功夫；二轮复习强调专题性，突出知识的"点"，重在"查缺补漏"，需要在深度上下功夫。

四是科学安排考点复习的详略。客观地来看，高考命题还是有着一定的或明或隐的规律性的，特别是某些具体的考点，往往呈现出或者轮换出现、一个阶段相对稳定的特点。当然，猜题押宝式的念头是危险的。这就要求我们在安排考点复习时要充分考虑到考点的全面性与详略安排的问题。为保险起见，只要是考试大纲里列了的考点，复习中都要顾及，但复习时间毕竟有限，平均使力虽可避免顾此失彼的局面，却又带来重点缺失、效率低下的问题。语文教师需要对当年度的考点复习在详略上作出科学的划分，划分的基本依据，在我们看来，应该是着眼于三到五年的高考原题，对这几年的考题进行考点的详细梳理，从中找出相应的考点设置的规律性，对于重点考点需要多花时间巩固。

五是科学进行复习教学设计。上文所谈语言基础知识、阅读、写作三大板块内容是着眼于整体的内容划分，具体到各个部分内部，依然有丰富的考点及其知识点。具体到一个板块内容考点复习顺序的安排，我们仍需考虑考点与考点之间内在通连的关系，以及前后考点之间的铺垫照应。

上述五个方面的内容着眼于复习教学的宏观视野，并非针对具体的一堂复习课教学所提出的要求，这是复习课教学的重要理论基础。具体而言，处于不同复习阶段的复习课，应该呈现出相应的特点，如第一轮的复习课，考点的教学应该侧重于全面性与基础性，第二轮的复习课，考点的教学则应该在答题的准确性上多下功夫；对于重点的考点，复习课教学应该讲深讲透。科学的复习课教学，应该首先符合上述五个方面的复习教学的宏观要求。

三、语文复习课教学须符合复习教学的内在规律

我们以"有用"与"有趣"两个词语来概括语文复习课教学内在规律性要求的最基本特征。"有用"应该是摆在第一位的,复习课教学最重要的使命是帮助学生掌握获取高考更高分数的方法、技巧与能力,毕业年级大谈分数是必要的,并不可耻。"有趣"居于其次的地位,复习课堂的"有趣",将更有助于实现"有用"的目标。要实现有趣的目标,需要语文教师尽可能采用生动鲜活的例子,尽力营造轻松、愉悦的课堂学习氛围。当然,语文课堂是否有趣,与教师的性格特点、班级长时间形成的班级生态、具体的教学内容等因素有关,较为理想的复习课教学是在有趣的基础上不断走向有用,但有趣并非有用的必要条件。

有用的复习课教学,包含着语文学科复习课教学的更为丰富的学理依据。

第一,复习课教学应该将应试答题能力培养放在最突出的位置。在当下的教育语境中,应试答题能力与应试教育是两个本质不同的概念,毕业年级学科教学最重要的目标是培养应试答题能力,应试教育则视分数为唯一追求目标,并且在非毕业年级的教学也只追求分数。在还没有比考试更为公平的选拔人才的方式的情境下,到了毕业年级若还不将培养学生的应试答题能力摆在首位,这是学校与教师工作的失职。更为理性的思考是,语文学科应试答题能力具体有怎样的特征?采用怎样的教学方式方法培养更为有效?在不增加学生负担的前提下,如何更快地提高学生的应试答题能力?将这些问题提高到学理层面来思考,将带动语文复习课教学几乎所有的问题。接下来的阐述,本质上是回答上述几个问题的,即怎样的复习课才能真正有效地培养学生的应试答题能力。当然,将培养学生应试答题能力摆在首位,并非全然不顾学生应有的人文素养培养,这是自明的道理。

第二,复习课教学应该对学生应试答题能力的特征、要素、培养机制等具有科学的、鲜明的体现。语文学科应试答题能力是学生语文素养的一个重要组成部分,我们可以依据高考考试大纲(有的表述为高考说明)来确立语文学科应试答题能力的要素,一般而言,表现为识记、理解、应用、分析、综合、评价六个层级。具体来看,阅读部分的应试答题能力大致包括理解文章内容、把握题干要求、明确答题

角度、组织语言作答等内涵；写作部分的应试答题能力大致包括准确理解作文试题内涵、明确作文试题要求、准确表达主旨、符合文体特征及其要求等内涵；语言基础应用部分的应试答题能力大致包括准确理解题干要求、语言运用简明连贯得体、准确辨析语病等能力。复习课教学应该根据上述应试答题能力要素，组织教学内容，采取适宜的教学方法，有效地培养并提高学生的应试答题能力。

第三，复习课教学应该遵循心理学特别是教育心理学规律，符合学生的认知接受规律。教学的对象是有着独特生命意识与思想的学生，开展教学要符合学生的心理发展特点，要充分利用学生的心理规律。教学要遵循心理学特别是教育心理学规律，在学习动机、问题解决、创造力培养、学习策略、学生心理差异与因材施教、教学交往与课堂互动等方面，发挥心理学知识的指导作用。学生的认知接受与学习心理一般遵循由熟悉到陌生、由易到难、由简到繁、由特殊到一般与由一般到特殊相结合的内在规律性。在心理学特别是教育心理学知识指导下的复习课教学，将能避免盲目主观而更显科学从而更为有效。

第四，复习课教学应该确立科学的教学起点。起点与终点是一组紧密相关的概念，在一个阶段内，终点往往是唯一的，而起点则可能是多个。复习课教学的终点是培养并提高学生应试答题能力，起点则包括学科应试答题所需的知识体系与学生的知识能力结构。语文学科应试答题所需的知识体系除了考试大纲所明确列出的考点之外，还应该包括与之相关的汉语语法、修辞手法、文章学知识等内涵，汉语语法知识是语文学习与应试答题的基础，虽然考试试题中并不直接考察汉语语法知识，但诸多试题均需要汉语语法知识的支撑，换言之，熟练掌握汉语语法知识将帮助学生更快捷、更准确地答题；而文章学知识则为阅读答题与优化写作提供强有力的支撑。学生的知识能力结构是语文复习课教学的另一个重要的起点。教学的对象是学生，复习的主体是学生，因而要充分考虑到学生的知识能力结构，这也是不言而喻的，关键是如何准确了解学生的知识能力结构即准确把握学生学情。把握学生学情的方法有很多，可以是提问形式，从学生的回答中去了解；也可以是学生意见反馈的形式，从中去发现；我们特别提出在分析学生试题解答中去掌握学生情况，就是通过对答题情况的分析，去发现薄弱点。强调对学生知识能力结构的掌握，要做到因材施教，有的放矢，及时调整教学安排，把学生中存在最多的问题解决好。

第五，复习课教学应该科学处理知识与能力的内在关联。从心理学角度来看，知识是形成能力的基础，不同学科的学科知识与学科能力的重要程度会有不同，二者之间的内在关联会有不同的特点，具体到语文学科，语文知识的学习并非重点，语文能力的培养才是重中之重。识记语文知识只是语文学习中的一个比较次要的方面，语文知识是形成语文能力的基础，识记的目的是促进能力的培养与提高。语文学科考试以能力命意，简单的识记考查已经被证明不是语文学科考试的基本内容。因此，语文学科的复习课教学，在知识教学方面，从时间角度来分析，不宜费时太多；从教学目的角度来分析，应该明确指向与知识相匹配的能力的培养与提高。

第六，复习课应该科学采用归纳与演绎的教学方法。归纳是指从个别或特殊的经验事实出发推出一般性原理、原则的推理形式、思维进程和思维方法，演绎是指由一般性知识的前提出发得出个别性或特殊性知识的结论的推理形式、思维进程和思维方法。一般说来，归纳与演绎之间的区别是：归纳是由特殊到一般，演绎是由一般到特殊。在认知过程中，两者是相互联系、相互补充的。抹杀二者之间的相互关系，把两者对立起来，孤立地强调其中一个，而贬低另一个，是形而上学的思维方法。从上述归纳与演绎的理论中，笔者认为语文学科复习课教学应该确立"归纳演绎相结合，而以归纳为主"的教学方法。语文学科试题的特点是以能力考查为核心，知识蕴藏在能力之中，千变万化的阅读材料与试题，蕴藏着语文素养与答题能力的"一般性原理、原则"，这种原理、原则也可视为一种规律性的存在。语文复习课教学需要演绎，需要运用原来语文学习中已经掌握的一般性原理、原则来具体分析语文试题中新的阅读材料与试题；但复习课教学与考场应试答题毕竟是两种完全不同的场景，考场应试答题所需的"一般性原理、原则"是在复习课教学中所得来的，要获得这些原理、原则，又需要在大量的试题分析中归纳得出。从学生的认知接受心理规律性来看，从原有的特别是从高考试题中归纳出一类试题的应试答题技巧、方法，更有利于学生理解、接受与掌握，并更有效地转化为相应的能力。

第七，复习课应该注重程序性知识的传授。根据现代知识观，一般来说，人类的知识大致上可以分为陈述性知识与程序性知识。陈述性知识主要是指语言信息方面的知识,用来回答的是"是什么"的问题;程序性知识主要用于具体情境的算法或一套操作步骤,它与实践操作密切联系,解决的是"做什么"和"怎么做"的问题,是从不会做到会做,到熟能生巧的过程。复习课教学的关键就是要使学生的陈述性知识转化为程序性知识,发展他们的能力。前文已述,语文复习课教学的重点不在于让学生掌握多少语文方面的知识(如表达技巧的知识、解题技巧方面的结论性知识等),而在于让学生借助知识形成分析问题、解决问题的能力,提高学生的应试答题能力从而获得高分。因此,我们主张,语文复习课教学应该注重程序性知识的传授,重点要教会学生怎么去答题,即使是传授解题技巧方面的知识,也应该在学生具体的解题过程中相机传授知识,让知识转化为能力。

第八,复习课教学应该突出"以组织训练为主线"的特点。虽然当下对语文学科中的训练还存在这样那样的争论,但从心理学的规律性要求来看,能力的形成必须在训练中实现,离开科学的训练,能力无法真正形成。语文学科的学习离不开训练,这是一个不需要争论的问题,需要深入思考的是,我们需要怎样的训练以及如何组织训练的问题。语文学科复习课教学需要突出"以训练为主线"的特点,这也是一个不需要争论的问题。当然,以训练为主线,并非时时、处处都只讲训练,而是强调在训练中实现理解并掌握知识、形成并提高应试答题能力。我们主张语文学科的复习课教学要避免低效的、过度的"题海战术"训练,而采取以思维训练为主要形式的训练,科学的语文复习课教学,应该在教师指导下进行训练,能形成师生互动、生生互动的动态训练场;调动一切积极的因素,构建起学生思维训练的平台,力避教师唱独角戏或学生埋头题海。教师与学生要形成充分而有质量的对话互动,在激发学生兴趣、激活学生思维的过程中,提升学生的思维品质。

第九,复习课教学应该在规律的总结上下功夫。虽然每年的高考试题都不相同,但在千变万化的试题中,总有一些或明或隐的规律存在,这样的观点应该是可以站得住脚的。从命题角度上来说,语文学科的考点数量是有限的,试卷长度、试题量也是有限的,两种"有限",需要一种调和,人们一般采用"考点轮换或轮空"的说法来表述这种调和。从答题角度上来说,同一种类型的试题,答题的角度、要点的分布、术语的运用等方面还是有规律可循的,广大毕业年级的一线语文教师对此应该是持认同态度的。当然,这里谈复习课教学要在总结规律上下功夫,显然不是要老师们去"猜题押宝",去"揣摩命题规律",而是主张从最近几年的高考试题中,去科学探寻从试题命制到答案组织中蕴含的复习内容安排、答案拟写的规范精准等方面的启示。

第二节　语文复习课的教学逻辑

一、对复习课教学逻辑的基本认识

关于教学逻辑的内涵，不同论者基于不同的研究视角，得出了不同的结论，但大体内涵是基本一致的。基于求同存异及教学所需的视角，我们这样认识教学逻辑：教学逻辑主要包括学科逻辑、学的逻辑以及教的逻辑三个方面，学科逻辑主要包括学科知识、学科能力、学科认知方式、教学目标等方面，学的逻辑主要指学生认知逻辑，包括学生对学科本质、学科知识、学科能力、学科素养等的认知、接受的内在规律性要求，教的逻辑解决的是如何教的问题。教学逻辑的三个主要组成部分之间的内在逻辑是：学科逻辑与学的逻辑决定了教的逻辑，教的逻辑是学科逻辑与学的逻辑的外显及实现方式。

基于语文复习课教学的独特性，对语文复习课的教学逻辑作这样的界定：学科逻辑主要体现在复习轮次的特点及教学要求，学的逻辑主要体现在知识向能力的转化与思维训练，教的逻辑主要体现在教学环节与教学思维方式。本节将理论探讨与课例剖析结合起来，以期更多样地阐述语文复习课教学逻辑这一问题。

二、对复习课学科逻辑的探讨

学科逻辑回答的是学科本质、特征的问题，语文复习课的学科逻辑需要回答的是语文复习课具有怎样的特点的问题。虽然没有权威的理论证明高考语文复习分为一轮与二轮，但一线教师基本上都采取了这一说法，这里，我们以认可这种划分为前提，提出深入探讨一轮与二轮复习的命题，以期更科学地把握高考语文复习课的内在特点。

一般而言,第一轮复习强调知识点、能力点、题型、答题技巧等的全面覆盖,重在建立起知识结构的整体性,需要在广度上下功夫;只要是考试大纲上规定了的考点、语文学科的主要知识点,应该都要涉及;教学上应该以知识讲解、巩固训练为主。第二轮复习则需要增强针对性,既针对学生的知识与能力结构的薄弱点,也针对近几年考试中的重点题型;强调专题性,突出知识的"点",重在"查缺补漏",需要在深度上下功夫;教学上应该以规律总结、准确答题、巩固训练、能力提升为主。

这里以笔者所设计的语文高考现代文阅读专题复习的部分内容为例,简要分析高考第一轮复习教学的内在逻辑性要求。

现代文阅读十种能力之六:鉴赏手法能力

(一)能力内涵解说

1. 什么是表现手法。

2. 高考试题中关涉到表现手法的相关概念:表现手法、表达技巧、艺术手法、修辞手法。

3. 表现手法确定的角度:

(1)字词角度如人称;(2)句子角度;(3)内容安排角度;(4)段落角度;(5)篇章角度。

4. 表现手法考查的命题角度(类型):

(1)直接考查具体的修辞手法;(2)表达效果;(3)作用;(4)用意;(5)好处;(6)表现手法。

5. 鉴赏手法所需的基础知识:

(1)修辞手法知识,着重掌握该种手法的特征、作用(效果),能力培养方面着重在判定的方法及作用(效果);

(2)记叙、描写、议论、抒情手法的知识,着重培养判定的能力,其中以描写细类的判定、记叙细类的判定及其作用(效果)为重点;

(3)人称使用方面的知识,三种人称使用的作用(效果)及变换人称的原因、效果;

(4) 文章学方面的知识：a. 拟题及题目的作用，b. 素材运用及作用，c. 立意的特点及作用，d. 结构安排、行文思路安排的特点及作用，e. 主旨及如何表现；

(5) 语言风格的知识；

(6) 艺术手法的知识：象征、烘托、抑扬、虚实、托物言志等。

(二) 高考试题讲解

选择近年高考试题，从题干、答案的设置等方面进行分析。

(三) 能力提升指要

1. 掌握基础知识，把握基本特征。

2. 阅读中善于抓住关键信息，如段落中心句、语言标志。

3. 仔细审题，抓住信息，找到答题切入点。

4. 从高考试题答案中感悟到答题的方法。

(四) 专项能力训练

精选近三年大市级一模、二模卷中的现代文阅读试题进行专项训练和讲解分析。

这份现代文阅读能力复习要点符合语文高考第一轮复习的要求，它知识性、系统性、全面性的特点比较突出。首先，从内容上来说，几乎包括了解答高考语文鉴赏手法题所需的绝大部分知识；其次，从教学内容呈现的先后顺序来看，"能力内涵解说""高考试题讲解""能力提升指要""专项能力训练"四个环节，表现出从知识到试题、从训练到巩固的合理顺序，符合高三学生对该考点的认知与接受心理特点。高考语文第一轮复习应该在知识的系统性与全面性上做足功课，这是夯实基础的重要时期。当然，上述复习要点并非实际的课堂教学呈现，从教学设计到课堂教学的实际实施，还需要在知识表述、试题选择、讲解答题指导等方面做更为细致的安排。

关于第二轮复习课堂教学的内在逻辑性要求，请看岳凝老师的《奠基与发展——高考复习第二轮古诗鉴赏训练指导》教学片段。

一、导入

[基本思路]让学生明确古诗词鉴赏的出题方向，使学生对高考古诗鉴赏

题型做到心中有数。

明确高考诗歌鉴赏的考查内容。

二、如何读懂一首诗

[基本思路]通过回顾典型例题,提高学生解读诗歌的整体意识、语言意识,指导学生切实读懂一首诗。

(一)整合典型例题

(在这一教学环节中,教师选取了四首诗,通过分析诗歌情感内涵及变化、意境、用典作用的训练,总结出四个方面的启示。限于篇幅,具体的教学内容从略。)

(二)总结复习要领

1.知识储备。2.能力要求。3.操作抓手。

(三)巩固练习

[基本思路]通过课堂训练落实上述知识、能力、方法。

(在这一教学环节中,教师安排了两道诗歌训练题,具体教学内容从略。)

三、如何规范地答题

[基本思路]对照标准答案,学生总结自己在答题过程中出现的问题;教师引导学生细读标准答案,总结答题的步骤,使答题更加规范,避免遗漏要点。

(一)展示上述训练题答案,分析失分原因

(二)回顾典型例题,总结此类题型的答题步骤

(三)通过分析标准答案,总结答题要点与步骤

(四)学生修改自己的答案,使之更有条理,更全面

(五)总结复习要领

(六)巩固练习

课堂优秀答案示例(略)

教师点评:观点明确,层次清晰,分析有理有据,语言表达准确优美。

四、课堂小结

1.明确考题方向。2.明确复习方向。

岳凝老师的这堂高考复习第二轮古诗鉴赏训练指导课，符合复习课教学的一般要求，教学环节清晰、安排顺序合理等。这里将分析的重点聚焦于高考第二轮复习课堂教学的内在规律性要求上，从"知识""规律""训练""巩固""专项"五个方面的要求具体剖析。

首先，注重知识的教学与规律的总结。本堂课的教学内容是高考古诗鉴赏答题训练指导，为帮助学生更好地解答古诗鉴赏试题，教师设计了"如何读懂一首诗""如何规范地答题"两个主要教学环节，并总结出具体的"复习要领"，分别从"知识储备""能力要求""复习方法"三个方面作了明确的表述。这些教学内容既有知识的成分，更有规律性的内涵，能有效地帮助学生掌握读懂一首诗、规范地答题的方法。

其次，注重训练的专项性与巩固的及时性。知识与规律只有在具体的、专项的、及时的训练中才更有利于学生理解、掌握与巩固。在"如何读懂一首诗"环节中，教师选取了四首诗，通过训练高考古诗鉴赏中的重点题型，分析诗歌情感内涵及变化、意境、用典作用，顺势总结出四个方面的启示，训练的量是足够的，训练的指向是明确的，所总结的启示与所训练的试题紧密相连。在"如何规范答题"环节中，教师引导学生对照参考答案，总结自身答题中存在的问题，并总结出"答题要点与步骤"，在此基础上，通过陈与义的《临江仙·夜登小阁，忆洛中旧游》的试题进行巩固。

总之，复习课教学的学科逻辑，重点就在于教学环节安排、教学内容选择、知识传授、训练安排等是否符合第一轮与第二轮复习教学的要求，若以较为简洁的语言概括，第一轮复习突出"全面""基础""知识"等三个基本方面的要求，第二轮复习则强调"知识""规律""训练""巩固""专项"等五个基本方面的要求。此外，第一轮复习重在指导学生如何答对，第二轮复习还需要在指导学生从答错中总结"教训"多下功夫。

三、对复习课学的逻辑的探讨

学的逻辑回答的是学生怎么学的问题。语文复习课教学的重点是讲授知识与培养能力,学的逻辑便主要体现在如何促进学生的知识向能力转化,特别是思维能力如何提高这两个方面。

知识向能力转化的内在机制是研究的重点,我们大致可以这样来认识语文复习教学中知识向能力转化的基本特点:在实践中理解、掌握、运用、巩固。简言之,我们须结合具体的试题,在分析试题、学生答案、参考答案、学生答案与参考答案之间的不同尤其是差异中归纳出相应的知识,引导学生将知识运用到随之针对性的训练中,在必要的循环往复中实现能力的螺旋式上升。

训练是学科教学的基本手段与要求,语文学科复习课应突出"以组织训练为主线"的特点,要将学生的思维训练放在极其重要的位置。复习课思维训练是一个科学性很强的学科理论问题,这里,笔者仅提出基本的原则,即在问题的探讨与解决中,进行不断深入的思维训练,根据所复习的知识点的特点,设计科学的、连贯性的问题,帮助学生在解决一个个问题的过程中,不断掌握答题所需的基础性知识与答题技巧知识,不断提高理解、应用、分析、综合、评价等思维能力。

这里,以王荣老师的《阅读复习课如何让学生的思维成长——以小说〈距离一米看孙子〉中的人物形象分析为例》教学片段为例,探讨训练特别是思维训练在复习课教学中的内在逻辑性要求。

问题:文中多次写到了"亲家母"这个人物,请简要分析其形象特点。

……

师:两组同学分别是从不同的思维方向思考的。同学们想想,还能不能从其他方向分析呢?

生:还可以找出重要的句子和词语。

……

师:用其他人物的言行来体现所要描写的人物的描写方法是属于——(学生齐:侧面描写)。

师:同学们分析人物形象可以从对象、描写方法、重要的句子和词语入手。大家说说这些方法有没有缺陷?

……

师:说得好!我们在分析人物形象时,建议从情节入手,分层地概括,阅读和表述时特别关注一些重要的词句、一些细节描写,这样可能更全面。

(归纳板书:从情节入手,兼顾其他)

师:刚才我们讨论了分析人物形象的思维方向时,有人说"亲家母"是热情的、负责的、大方的;又有人说"亲家母"是自私的、小气的。对"亲家母"这个人物形象,到底应该用什么感情色彩的词来概括比较恰当?

……

师:其实我们阅读文章时,首先要依文寻脉,寻找作者的观点态度,同时,我们可以持有自己的观点,正所谓"一千个读者眼中有一千个哈姆雷特",你作为其中的一位读者,当然可以表达自己的观点态度。请问还有其他看法吗?

……

师:距离一米,是看孙子的距离。其实张叔张婶与亲家母之间的距离何止一米。也许甚至超过地理上五百多公里距离,这是农村与城市的距离,更是两种文化的距离。……

巩固作业:

请你以一种分析人物形象的方法为主,兼顾其他方法,全面地分析"亲家母"的人物形象。(200字以内)

王荣老师紧紧抓住思维训练这个抓手,在不断的抛出问题与分析解答中,层层推进,帮助学生很好地理解并掌握小说文本中人物形象分析的答题方法。分析人物形象是高考语文现代文阅读试题中的一种常见题型,各种报刊中关于这个题型的解题技巧类知识可谓汗牛充栋,若停留在完成知识教学的任务,大可采取讲授式方法,将准备好的一系列知识简单呈现出来,随之进行答题训练,但这样的教学安排,其教学效果是要大打折扣的。王荣老师采取的是以问题串起课堂教学的方法,突出思维训练。围绕如何进行人物形象分析这个主要问题,王老师在分析两组学生答案的思维方向的基础上,初步得出从人物关系与人物描写方法入手分析人物的两种方法,接着启发学生"还能不能从其他方向分析呢",据此将问题引入"找出重要的句子和词语"这个方法。随后,总结了分析人物形象可以从对象、描写方法、重要的句子和词语入手等几种有效的方法,但思维并不停留于此,而是进一步追问"大家说说这些方法有没有缺陷",从而得出"从情节入手,兼顾其他"这个更为全面的答题方法。课堂最后将思维引向对"亲家母"这个人物性格的深入分析上,要求学生用合适的感情色彩的词语来概括。在充分的探讨分析中,顺势启发学生对小说主旨进行思考。所布置的课后作业是对课堂所学的"以一种分析人物形象的方法为主,兼顾其他方法"的有效巩固。

总之,语文复习课学的逻辑要求复习课教学不可满足于知识的简单讲授上,须着力于知识向能力的有效转化,以学生的思维训练为主要任务,借助思维训练提高学生的答题能力。

四、对复习课教的逻辑的探讨

前文所阐述的学科逻辑与学的逻辑决定了教的逻辑,或者说包含有教的逻辑的因素,这里重点探讨教学环节安排与教学思维方式采用的问题。

复习课的教学环节须清晰且符合复习课的内在要求。教学环节清晰是课堂教学的基本要求。复习课的教学目标主要是培养并提高学生的应试答题能力,教学环节的设计与实际展开,自然要围绕并有利于实现这一主要目标。一般而言,学生应试答题能力离不开学生的理解能力、思维能力,科学的训练能够帮助学生更快捷地提高应试答题能力。复习课的教学环节就要在科学的教学环节推进中,遵循学生应试答题能力形成的内在规律,以期实现复习教学的主要目标。

语文复习课教学应突出归纳为主、演绎为辅的教学思维方式。教学思维方式是一个使用较少、研究也不太多却极具价值的概念。罗祖兵先生认为:"教学思维方式是潜存于教师心理结构中的比较稳固的思考教学问题的模式。它由基本的教学观、教学知识体系和教学思维程序这三个主导性要素构成。教学思维方式的重要作用主要体现为三个方面:教学思维方式的性质决定着教学的形态;教学思维方式的变革制约着教学的变革;教学思维方式的转换影响着教学问题的解决。"借助罗祖兵先生的研究,笔者认为,所谓复习教学思维方式,简单来说,其外显为复习课堂中教师所采用的教学方法与展开的实际教学。归纳为主、演绎为辅的复习课教学方式,就是强调课堂所教的解题技巧类知识须经由具体的答题活动中得出,而复习基础性知识也需结合相应的试题以突出其实际运用的价值。

这里,以方建明老师的《文言虚词复习课实录》教学片段为例,探讨语文复习课教学思维方式的问题。

师:学习文言虚词,一味地死记硬背效果是很差的,必须把用法、意义、例句结合在一起进行记忆,效果才明显。所以,我们应该正确掌握常用文言虚词的一般用法。

先让我们研究一下考纲的有关规定:(投影展示2007年江苏省考纲)

……

师:让我们通过近两年高考题来加深认识。

……

师:从这两年的高考试题看,主要考查了虚词的常见用法。因此,我们的应试策略就是围绕"常见用法"做文章。下面,我们就以一些典型的虚词为例。

……

师:请大家注意1—3题,都是介词,它们之间有什么规律吗?

生:它们后面都是名词。

师:很好,你说出了"以"作为介词使用时的很重要的特征。一般来说,"以"后面跟的是名词或代词时,"以"往往是介词,它们合在一起构成介宾短语,充当句子的状语。

师:4—8题有什么规律可循吗?

生:"以"后面是动词或形容词。

师:可不可以这样说:一般来说,"以"后面是动词或形容词时,就可以认定是连词呢?

生:应该是这样。

师:掌握了虚词的主要用法,对于理解文章会有多大帮助呢?让我们来看一篇课外短文。

……

师:看来大家的确很好地掌握了"以"的常见用法。请一位同学再来总结一下"以"字的主要用法。

　　　　生：我们对"以"用法的分析,主要是看它与什么词搭配(师板书"搭配")。一般来说,"以"后面跟名词或代词时,它往往是介词;后面是动词或形容词时,多是连词。

　　上述方建明老师对于高考文言虚词所进行的专题复习较好地遵循了归纳为主、演绎为辅的教学方式,其教学效果是有效的。本堂课教学了文言虚词词性辨析与运用的有关知识,施教者并非将这些知识直接讲授给学生,而是结合具体的教学内容,在相应的训练中,归纳出知识,讲解知识,运用知识。关于文言虚词的学习方法,是结合学生的实际经历得出的;在对高考考试大纲进行词语意义方面的理解后,通过对近两年高考题的分析来加深对"在文中""常见用法"两个特点的认识;关于"以"字用法的总结,则是在分析八个例句之后,从中总结出带有规律性的知识;随后将总结出来的虚词主要用法运用到具体的文章理解上,加深了学生对这些知识的理解与掌握;课堂最后对"以"字介词与连词用法的总结,已是水到渠成了。

五、结语

　　教学的逻辑性是教学有效性的重要保证,本节围绕语文复习课教学逻辑的三个方面展开了探讨,从对具体教学案例的剖析中揭示出复习课教学逻辑的具体内涵与要求,期待能够助益语文复习课教学效率的提高。

参考文献

[1] 成龙.理性语文[M].上海：华东师范大学出版社,2016.

[2] 岳凝.奠基与发展——高考复习第二轮古诗鉴赏训练指导[J].中学语文教学,2011(1).

[3] 王荣.阅读复习课如何让学生的思维成长——以小说《距离一米看孙子》中的人物形象分析为例[J].语文学习,2016(7).

[4] 罗祖兵.教学思维方式：含义、构成与作用[J].教育科学研究,2008(8).

[5] 方建明.文言虚词复习课实录[J].中学语文教学,2007(7).

第三节　语文复习课的教学思维方式

一、对教学思维方式的基本认识

综合当前对教学思维方式内涵、特点、构成要素及作用等的研究成果,基于求同存异及教学所需的视角,我们这样认识教学思维方式:教学思维方式是教师对课程、学科、教学内容、教学方法、教师与学生等教学要素认知与处理的呈现。在课堂教学中,教学思维方式影响甚至决定了教师确定怎样的教学内容、采取怎样的教学方法、如何展开课堂教学。概言之,课堂上所发生的教的一切活动以及教师对学的一切活动的处理,其背后是教师的教学思维方式在起决定性的作用。

语文复习课的教学思维方式,主要包括教师对复习教学阶段的划分以及阶段特点的认识与教学落实,对答题所需知识的教学与答题具体能力的培养,对学生如何认知答题知识学习与答题能力培养的认识与处理,为达成复习课教学目标而采取相应的教学方法,等等。

为聚焦重点,突破难点,这里仅从复习轮次、训练与学习体验、知识向能力转化等三个方面,深入探讨语文复习课教学思维方式的相应特点与教学落实。

二、遵循复习轮次特点及其内在要求

本章第二节"语文复习课的教学逻辑"对语文复习课一轮复习与二轮复习的特点进行了较为深入的探讨,并以岳凝老师的《奠基与发展——高考复习第二轮古诗鉴赏训练指导》教学片段为例,探讨了第二轮复习的课堂教学的内在逻辑性要求,在此不赘述。这里,仅简述两轮复习的各自特点及教学内在要求。简言之,

第一轮复习强调知识点、能力点、题型、答题技巧等的全面覆盖,重在建立起知识结构的整体性,需要在广度上下功夫;突出"全面""基础""知识"等三个基本方面的要求。第二轮复习则需要增强针对性,既针对学生的知识与能力结构的薄弱点,也针对近几年考试中的重点题型;强调专题性,突出知识的"点",重在"查缺补漏",需要在深度上下功夫;强调"知识""规律""训练""巩固""专项"等五个基本方面的要求。此外,第一轮复习重在指导学生如何答对,第二轮复习还需要在指导学生从答错中总结"教训"多下功夫。

三、强化在训练中获得学习体验

这里有两层含义。

一是语文复习课要以训练为主线。从心理学的规律性要求来看,能力的形成必须在训练中实现,离开科学的训练,能力无法真正形成。语文复习课不是要不要训练的问题,而是需要怎样的训练以及如何组织训练的问题。语文学科复习课教学需要突出"以训练为主线"的特点,并非时时、处处都只讲训练,而是强调训练须真实、具体、有效,在训练中理解并掌握知识、形成并提高应试答题能力。

二是在训练中要引导学生强化学习体验。考试答题能力是一项综合性很强的能力,不仅仅是对答题技巧知识的简单运用,它还涉及理解、表达、评价等多个方面的能力,复习教学的任务除了教给学生答题所必需的解题技巧知识外,还需综合培养学生的理解、表达、评价等能力。基础性知识须结合相应的试题在答题训练中帮助学生体验其实际运用的价值;解题技巧知识,绝不是简单的单向度的教授,仍须经由具体的答题训练,引导学生充分理解、深入体验,在相应的训练中巩固提高。

语文复习课教学中的训练与体验是互相依存、互相促进的关系,缺少体验的训练是枯燥、低效的,缺少训练的体验是空洞、无效的。训练可以是具体的答题活动及试题讲解,更为重要的是思维训练;体验贯穿于整个的知识学习与答题训练过程中,可以是教师的点拨、引导,也可以是学生的学习自我总结。

下面以李哲峰老师的《现代文阅读之表达技巧鉴赏复习课实录》片段为例,探讨强化在训练中获得学习体验的问题。

师：今天我和大家一同来探讨一下文学作品阅读中的表达技巧的鉴赏问题。让我们先来熟悉一下高考考纲对于这一内容的具体要求：(投影)

明确一个考点：鉴赏文学作品的形象、语言、表达技巧。

……

师：今天，我们要重点研究如何解答"鉴赏文学作品中的表达技巧"这样的问题，弄清楚什么是表达技巧以及这类题型的题干特点。

……

师：研究试题题干，从中可以获得许多答题的有用信息，明确答题指向，使我们的答题更合理、规范。

其次，要做到两个结合：

(1)鉴赏艺术技巧应该与中心相结合；(2)鉴赏艺术技巧必须和语言相结合。

明确了这两个结合，我们再来谈一谈答题步骤。掌握三个步骤：明确概念＋具体解释＋简述好处。

……

师：下面，让我们静下心来，盘点一下自己的知识库存。大家说说看，有哪些艺术手法呢？

……

师：我们不妨将这些内容作一归类，可以知道文章表达的艺术手法大致上可以从四个角度切入。

抓住四个切入点：

1.修辞手法；2.表达方式；3.表现手法；4.文章章法。(限于篇幅，具体内容从略)

好，通过刚才的一系列准备，我们已经明确了一个考点、两点结合、三个步骤、四个切入。下面我们做几个练习，来个高考闯三关。

(限于篇幅，接下来的"热热身""练练手""闯闯关"三个环节的详细内容此处从略，这里仅概述。"热热身"环节以2006年高考语文江西卷第17题为例进行答题训练并适时地指导;"练练手"环节分别以 2005 年、2006 年高考语文天津卷第 18 题与第 19 题为例进行答题训练并适时地指导;"闯闯关"环节将 2005 年高考语文广东卷第 17 题改编成"就这段文字写一段鉴赏其艺术技巧的文字,100 字左右",以课后作业的形式,要求学生运用所学知识完成。)

需要肯定的是,本堂课的教学环节是非常清晰的,施教者充分发挥了高考原题的作用,精心选择适宜的高考试题为例,进行相应的巩固训练。

上述复习课教学环节可以归纳为知识教学与针对性训练两个阶段,每个阶段的教学内容是科学的,但两个阶段放在一堂或两堂复习课中,则可能带来了"轮次不清、先入为主、缺乏体验"的问题,其教学安排是值得商榷的。

首先,上述复习教学轮次不清,似乎很难区分。这里并非一味强调复习教学的轮次特点,而是借由复习轮次这个概念促使复习教学内容安排更为合理。这堂课知识教学的特点非常突出,从高考考纲的呈现与分析、题型题干表达方式的呈现、答题两个结合的明确、答题三个步骤的陈述直至最终的答题四个切入点的展示,均属于复习教学中所必需的知识教学,教师采取的教学方法为讲授式。这里关键要对教师所讲授的知识进行科学的分类,上述知识是具体的答题技巧方面的知识,这与复习教学中的基础性知识应分属不同的类型,前者应该在第二轮复习中重点强化,后者应该在第一轮复习中着重落实。

其次,上述复习教学带有先入为主、学生缺乏体验的问题。正如施教者所说"通过刚才的一系列准备,我们已经明确了一个考点、两点结合、三个步骤、四个切入",表面上看,的确准备了不少("一个考点、两点结合、三个步骤、四个切入"加起来共计十个知识点),但这些准备学生更多的只是从语言概念角度有所体认,对于这十个知识的具体内涵尤其是运用方法等方面还缺乏必要与足够的体验。语文试题答题尤其需要在具体的训练中获得对答题技巧知识的体验,但这堂课的教学中,施教者采取讲授法直接将答题技巧知识告知学生,先入为主,学生显然体验甚微,因此,在接下来的针对性训练过程中,学生很可能只是将概念化的答题技巧运用到具体的答题活动中。

第三,上述复习教学缺乏归纳过程。客观地说,施教者所准备的十个答题知识点对于解答高考现代文阅读之表达技巧鉴赏题是有效的,这是高考复习所必需的。但是这类知识应该在对具体的高考试题答题结果（主要是学生训练中的答案）进行充分的分析之后，再结合高考参考答案，在对比中归纳出解答这类题型的有效技巧，归纳过程本质上是知识得出的过程，是学生体验知识以真正掌握知识并灵活有效运用的过程。遗憾的是，施教者只是将答题技巧知识直接讲授，并立即进行训练，影响到知识及训练活动价值的发挥，因而带来了教学效果低下的潜在可能。

为规避上述可能存在的问题，施教者只需将该堂课知识教学与针对性训练两个教学环节调整顺序即可，即先训练，在对训练结果的分析中归纳知识，再运用所归纳的解题技巧知识运用到巩固训练中。在"训练→归纳→再训练"三个主要的教学环节中，教师引导学生深入体验答题所需的有关知识的特点以及答题活动的思维过程。

四、促进知识向能力有效转化

促进知识向能力有效转化，是语文复习课教学思维方式的重点。

复习教学的重点是讲授知识与培养能力，立足于语文复习教学视域，对知识与能力进一步分类的教学价值在于，引导我们采取与知识与能力类型相匹配的教学方法，最终实现促进知识向能力有效转化。语文高考答题所需的知识可大致分为基础性知识与解题技巧类知识，基础性知识包括现代汉语语法、古代汉语语法、文章学、修辞手法、表现手法、论证方法等，这类知识是学习语文、理解文章、解答语文试题的基础；而解题技巧类知识另属一类。对于绝大部分考生来说，掌握科学的、具体的解题技巧，是有助于准确答题的。以 2018 年高考语文考试大纲为例，"高考语文科要求考查考生识记、理解、分析综合、鉴赏评价、表达应用和探究六种能力，表现为六个层级"，这六种能力就是语文高考复习所需重点培养的能力。这六种能力各自具有怎样的特点、能力点之间有着怎样的内在关联、培养这六种能力需要怎样的知识等问题，很值得我们作更为深入的探讨，对这些问题更科学与深入的认识，将有助于提升语文复习教学效率。

关于知识向能力转化的内在机制问题，现有研究成果并不太多，经查询中国知网,仅发现何万国先生的一篇学术论文。他认为:"掌握知识与发展能力有着内在的本质联系,知识转化为能力主要取决于学习者获得的知识的性质、表征、类型、熟练程度与获得方式以及知识的难度。促进知识向能力转化的有效策略主要有:意义化、实践化与自动化、结构化、自主探究化、规律化与策略化。"综合现有的研究成果,这里将语文复习课知识向能力转化的基本过程概括为:理解→掌握→运用→巩固。基础性知识特别是解题技巧类知识,都须结合具体的试题,在分析试题、学生答案、参考答案、学生答案与参考答案之间的不同尤其是差异的过程中归纳出来;随之引导学生将知识运用到针对性的答题训练中,在必要的循环往复中实现能力的螺旋式上升。

根据上述基本的理论分析,具体一堂复习课的教学,要准确界定知识的类型,精选试题,合理安排教学环节,以提升知识向能力转化的有效性。此外,新知识传授前,一般都有旧知识复习的过程,我们须思考怎样复习旧知识才更有利于新知识的传授。常用的方法有,在导入中设计问题进行复习,或者在习题的讲解中引出新知识,还可以在学生的自我检查中完成旧知识的复习与新知识的导入。另外,复习课教学还要树立知识系统网络的观念,打通整个语文复习知识前后的"脉络",形成前后通连、铺垫呼应的体系,不顾此失彼。

这里,以程永超老师的《高考诗歌教学:基于学生的阅读体验》教学片段为例,探讨知识向能力转化的有效路径。

片段1 搭建框架:一般如何欣赏诗歌?

师:同学们,你们一般是怎样读诗的?

……

师:上述两位同学分别代表了两种观点:一种是为了"高考"功利性程序化地阅读,一种是为了"享受"而阅读。其实两者是可以统一的。

师投影:

浙江省考纲古诗文鉴赏评价内容:

1. 鉴赏文学作品的形象、语言和表达技巧;

2. 评价文章的思想内容和作者的观点态度;

3. 3W:what/how/why。

师：(对着PPT上面的3W)有哪位同学能看出我这里"3W"的意思吗？(环视)

……

生："写了什么"对应"文学作品的形象""文章的思想内容"，"怎么写"对应"语言和表达技巧"，"为什么写"对应着"作者的观点态度"。

师：聪明！其实，任何一篇文章都可以从这三个维度去解读，这样能避免我们在阅读诗文时茫然无措，文学欣赏才能由"知其然"到"知其所以然"，品味其精妙之处，也能应对高考。

片段2 细读文本：如何读懂一首诗？

师：下面我们就来欣赏一首古诗。(投影，内容略)

现在，大家根据刚才"3W"阅读框架，尝试欣赏这首诗。

(在这一教学环节中，师生展开了充分的讨论，学生在讨论中获得了读懂一首诗的体验。限于篇幅，师生对诗歌的理解、讨论内容从略)

片段3 你来命题：如何解答高考的诗？

师：现在大家能否从"3W"框架出来，依照高考题型，为自己家乡大诗人的作品命制几个题目？试试看！(学生活跃起来！)

生：我从"写什么"的角度拟题："这首诗表达了诗人什么样的情感"。

生：我想问："为什么作者用'溪亭'做诗的题目？"

……

师：下面，我们切换一个欣赏角度，从"怎么写"来拟题。

生：我觉得诗人在表达思绪时写的"闲坐数流萤"一句非常妙。

师：妙在哪里？

……

师：同学们，其实，近年的高考诗歌鉴赏题很多都是从"怎么写"的角度出题的。现在，我们可以总结一下这堂诗词鉴赏课的收获了！

古诗鉴赏是高考语文的一个重点，也是难点，得分率不高，究其原因，读不懂诗歌基本内容、答题不知如何入手是主要原因，读懂了诗歌内容，将为准确解答试题打下扎实基础。如何引导学生掌握读懂一首古诗的基本方法，如何确定一首古诗鉴赏的要点,是高考古诗鉴赏复习的重点。上述课例中,程永超老师将读懂古诗与高考诗歌鉴赏命题结合起来教学,基于学生的阅读体验,从读诗到命题,既让学生感到耳目一新,也让读者大开眼界。

"是什么""怎么样""为什么"是阅读的基本要求与有效路径,如何让这一方法性知识转化为学生具体的高考古诗鉴赏答题的能力? 这是高考古诗鉴赏复习教学要着力解决的问题。程永超老师所安排的"搭建框架:一般如何欣赏诗歌?""细读文本:如何读懂一首诗?""你来命题:如何解答高考的诗?"三个主要教学内容,遵循了学生认知接受规律中的由感性到理性、由具体到抽象的要求,三个环节,环环相扣。第一个教学环节将"是什么""怎么样""为什么"三个阅读思路与高考考点有机结合,有利于学生对高考考试大纲的理解。第二个教学环节围绕着一首并非古人所作的所谓的古诗(实际为施教者根据南宋著名爱国诗人林景熙《溪亭》仿写而来——笔者注)进行了充分的讨论、分析直至争辩,这一教学过程体现了施教者注重学生体验的教学理念。第三个教学环节"你来命题:如何解答高考的诗?"是本堂课的亮点。一般的高考古诗鉴赏复习,只是将解题技巧知识先行讲授,接着进行专门的答题训练,最终以讲评试题结束,这样的教学安排忽视了学生的参与与体验,学生处于被动接受的状态,学生热情未被激发。有了第二个教学环节的基础,学生对林景熙《溪亭》一诗的理解更为准确,有了第一个教学环节的基础,学生便能够尝试着自行命题,第一、第二个教学环节是第三个教学环节的基础,第三个教学环节是前两个教学环节水到渠成式的结果。

总之,语文复习课教学中知识向能力转化的有效程度与学生积极参与的程度形成正比例的关系,我们须采取有效措施激发学生的学习热情,强化学生对知识的理解、体验、运用,只有立足于向能力转化这个目标,知识教学才有其存在的价值与必要。

五、结语

教学思维方式是一个使用较少、研究也不太多却极具教学价值的概念,从现有研究文献来看,有关教学思维方式的研究成果很少。科学的教学思维方式从根本上来说应该是对教学规律的遵循与体现,确立教学思维方式这个研究视角,本质上是力图找到教学现象背后的"无形之手"。本节既可视为优化语文复习课教学效果的努力,也可视作拓宽语文教学研究视野的积极探索。

参考文献

[1] 罗祖兵.教学思维方式:含义、构成与作用[J].教育科学研究,2008(8).

[2] 李志厚.论教学思维的属性、特征与修炼[J].课程·教材·教法,2016(10).

[3] 成龙.语文复习课的教学逻辑[J].语文学习,2017(11).

[4] 李哲峰.现代文阅读之表达技巧鉴赏复习课实录[J].中学语文教学,2007(7).

[5] 何万国.论知识向能力转化的机制与策略[J].教育理论与实践,2003(16).

[6] 程永超.高考诗歌教学:基于学生的阅读体验[J].语文学习,2014(11).

第四节 高三语文复习教学系统化研究与建设

既然高三语文复习教学是一种教学活动,那么,自然需要我们加以认真研究,这种研究不是零碎地对某一考点、某一种题型的研究,而是将高三复习教学视为一个整体,对整个高三语文复习教学进行系统研究与建设。具体来说,应该包括两个大方面的系统化研究与建设。

一、理论层面的系统化研究与建设

高三复习教学绝不是简单的传授解题技巧知识、做题、批卷、讲评、再做题、再讲评,以往复习的低效甚至无效,恰恰是因为我们从未将高三语文复习教学上升到理论的层面进行研究和实施,未充分认识到理论研究对复习教学工作的重要意义。高三语文复习教学理论与一般语文教学理论有共性,也有其独特性。高三语文复习教学首先是语文教学,但又是指导学生复习与应考直至考出高分的教学,因教学内容的不同而有不同的理论指导体系。当然,本节所指的理论层面的系统化研究,并不指纯粹的理论知识,而是指从理论研究的视角对高三语文复习教学进行系统化的研究。具体研究内容包括以下几个方面。

一是复习内容顺序的安排。语言基础知识、阅读、写作三大块内容谁先谁后是要认真思考研究的。据目前的情况来看,绝大部分学校的做法是依照高考语文试卷试题先后顺序组织实施复习,从语言知识到阅读再到写作,稍有变化的是写作穿插进行。关于复习内容顺序的安排,我们希望遵循语文学习的规律,夯实阅读写作的基础,最先进行阅读专题的复习,写作教学穿插进行,然后再进行语言基础知识的复习。这样安排,可能会使学生在语言基础知识复习前无法做对这类试题,但这只是暂时的。

二是复习内容的确定。从目前高考命题规律来看,呈现出"稳中有变、稳字当头"的特点,在一个阶段(一般为三至五年的时间)中保持相对的稳定。因此,复习内容的确定首先要研究的是考点取舍与复习用时多寡的问题。如果为了保险,当然要全面复习考试大纲所列的所有考点,但根据考点轮换的原则,有些考点则未必需要复习,或者可以简单复习。具体的依据,一是本省市最近几年高考命题的研究,主要是研究考点设置的规律性;二是命题人对试题的相关分析文章;三是学生学情的准确分析与把握,对于那些高考必考而学生知识掌握不牢、能力不强的考点,则需要多花时间进行复习,采取多种多样的方式加以巩固和提高,直至大部分学生能够正确解答。

这里,特别提出,要将语法知识纳入复习系统之中。纵观当下的各种高考语文复习资料,几乎没有谁将语法知识纳入复习内容之中,因而复习教学中也基本不讲语法知识。其实,语法知识对语文学习、语文应考的重要性是非常明显的,这是一种基础性的知识,语病题、现代文阅读题直至作文题中的审题,都需要语法知识的参与。高三语文复习的第一部分内容即应该是语法知识的基础性学习。什么是"基础性学习"? 即是不作专业化的知识传授,而是系统地讲解语法知识中的带有基础性的内容,如实词、虚词、短语、句子(单句、复句)等知识,讲解中要结合具体的高考试题,以加强针对性,并强化语法知识的内化。高三年级的语法知识基础性学习,要特别强调知识的复习与高考试题的实战训练相结合。

三是复习课教学设计的开展。高三语文复习课需要教学设计吗? 这似乎是一个不成问题的问题。诚然,每一位任教高三的语文老师都可以做到对考试大纲所列考点了然于胸,对高考试题所涉考点及其题型了如指掌,对高中阶段所学篇目及语文基础知识倒背如流,对高中语文复习安排做到井然有序,对复习阶段所做的每一道题都精挑细选,对学生的每一份答卷都详细批阅,但是,具体到一堂堂复习课,我们是否认真想过该怎样安排才是科学合理的,才符合心理学规律,符合知识接受规律呢? 具体到考点复习顺序的安排,我们是否想过,除了按照高考试卷试题呈现的顺序来安排之外,是否还有更科学合理的安排? 具体到考点与考点之间内在通连的关系上,我们是否想过前后考点之间的铺垫照应呢?诸如此类的问题,都关系到语文高考复习的成效问题,都应成为我们教学设计时该考虑的重要问题。笔者提出高中语文复习课是否需要教学设计的问题,并非否定广大一线高三语文教师在备课中所作的努力,而是提醒我们的高三语文教师,沉静下来,从教学的最初一关思考开去,去努力寻求一种更加科学合理因而更加有效的教学安排。

四是一轮、二轮复习的研究。显然,一轮与二轮复习是有区别的,二轮是必要的。但实际的情况是,一轮与二轮复习往往被混为一谈,或者说,二轮复习没有鲜明地体现出来,其重要性及应有的作用没有得到发挥。一轮复习强调全面性,只要考试大纲中规定有的考点,一般都会花时间去复习。应该说,既然猜题押题靠不住,那么全面复习就应该是必要的,但正如前文"复习内容的确定"一小节中所说,全面性并不意味着所有考点平均使力,全面性中也应有所侧重。系统性是除全面性之外的一轮复习中的又一个特点,老师们一般在全面性方面做得还不错,但系统性则有所欠缺。系统性要求的是考试大纲与本省市命题的综合落实,既要确保考试大纲得到落实,又要紧扣本省市命题特点有所侧重。二轮复习因时间少、紧连着高考,特别要老师们用心去研究。首先是对本省市命题进行分类研究,看看在同一考点上多年来命题呈现出的特点或者说是规律,如病句题一般哪些类型出现频率高、现代文阅读经常考查哪几个考点、作文命题类型有哪些,等等。这种对考点的分类解析越具体越好,越有利于探寻其内在规律性。其次是研究学生能力现状。经过一轮复习后,学生在哪些考点方面能力还不够、得分率低,这是进行二轮复习的重要依据。同样的,对学情的了解要做到实处,了解越细越有利于进行针对性的强化训练,了解的方法可以是进行专题检测,也可以从一个时间段内总结出问题所在。二轮复习中对有关信息的分析筛选也比较重要,但并不主张唯信息是从,扎扎实实"查缺补漏"才是二轮复习中最重要的。关键是要查得准、补得牢。如何补?当然要在实战训练中补。精选高考原题和最时鲜的各地市二模三模试题是关键的一环,"精选"使考点与学生能力情况高度吻合,针对性越强,补得越牢。

二、实际操作层面的系统化研究与建设

高三语文复习教学中，理论问题要解决，操作问题要抓实。这里包括以下几个方面的内容。

(一) 写作教学的系统化问题

写作在高三一年的复习中穿插进行，这是最基本的。要想在写作复习中获得更大的收益，系统化依然是一个必须要认真思考并解决的问题。写作复习的系统化应该包括文体、主题、命题形式、讲评、素材、范文等方面的系统化。

先说文体。根据各省市作文命题特点，如果明确规定文体，自然依此进行训练；如果不限文体，也应该进行记叙文、议论文、散文这三种文体的系统化训练。这里，特别希望老师们不要被"文体自选"蒙蔽了双眼，每次作文训练不提具体的文体要求。一定要强调写一种文体就要像一种文体，记叙文、议论文应该是首选的文体，过于偏爱散文，往往容易写成"四不像"的文章。为了强化学生的文体意识，高三一年的作文训练（主要是月考命题）要在记叙文、议论文文体中进行系统化的命题，以规范文体。

再说主题。具体的高考作文题我们自然无法猜到，但作文主题类型却是有规律可循的。如果我们将近几年所有高考作文主题进行归纳，那么，无外乎是"对待自我""对待他人""对待社会""对待自然""对待民族"及"对待全人类"六大类型，各类型还可以提炼出相应的关键词。学生如果对六大类型的作文主题了然于胸，高考考场自然更能应对自如。因此，高三作文训练中也要建立起主题的系统，有计划地进行主题系列训练，切不可随意定主题。

再说命题形式。自2012年开始，高考作文命题形式基本为新材料作文。新材料作文的审题难度要比命题作文的大，一旦审读材料偏离了材料的主要含意，则会被判偏离题意。虽说个别省市的高考作文命题形式在目前几年内保持相对稳定，但"稳中有变"的命题指导思想蕴含变化的可能。如果高三一年（有的学校甚至从高一开始就根据本省近几年高考作文命题形式进行单一形式的作文训练，

那就是高中三年了!)都采取单一的命题形式进行训练,一旦高考发生了变化,必然会影响到考生的发挥。因此,应以目前高考作文命题的主要形式为主,穿插进行其他形式的训练。如果再深入研究下去的话,即使是命题作文,也包括全命题、半命题的形式;全命题中又可以分为词语型、短语型、句子型,短语型中又可以分为主谓短语、动宾短语、偏正短语;即使新材料作文,材料又可以分为寓言式、故事式、漫画式、图表式等。不同的形式,审题方法上也会有所不同。当然,这里并不是说,每种命题形式都放在月考命题中进行训练,时间上是显然不允许的,重点也不突出,我们可以将那种"非主流"的命题形式在一般作业中加以呈现进行简单的审题训练,以消除学生面对考场中一旦出现新命题形式而产生的"陌生化"。

再说讲评。训练一次讲评一次,这是最基本的要求,但我们还是有大量的工作可做。作文讲评也应建立起系统化的讲评内容。审题是讲评环节中最重要的,一旦审错了题,那就是"下笔千言,离题万里"。审题是有技巧的,要针对不同的命题形式进行专门的指导。然后是点题的讲评,考场作文要善于点题。然后是谋篇布局的讲评,然后是选材的讲评。上述几点没有一定的先后关系,而是作文讲评应该具备的基本内容。当然,并不主张每次讲评都面面俱到,平均用力往往导致重点不突出,学生毫无收获;依然主张讲评的系统化,即一段时间的多次讲评形成一个系统,每次讲评抓住学生作文中一两个最突出的问题加以突破,只有这样的讲评才能真正起到实效。

再说素材。怎样解决素材的问题,关涉到作文内容是否充实、适宜的问题。我们要给学生具体的时鲜的素材,"具体"是指真实可信的,"时鲜"是指当下发生的热点事件。我们可以依照主题的系统性组织好系统化的作文素材。精选时评文章是一个非常实际有效的办法,优秀的时评文章既可以给学生时鲜的素材,更可以给学生分析问题、表述观点、进行阐述的绝佳范例,还可以给学生语言运用、谋篇布局的启示,可谓一箭多雕。同时,我们还要教给学生寻找素材、造就素材、挖掘素材的能力,要教给学生善于从各学科课本中寻找素材,善于从常见的"过时"的材料中挖掘出新意,当然,这已经不是单纯的方法问题,而关涉到思维能力训练的问题了。

最后说范文。范文的力量是巨大的。一般的做法是精选高考优秀作文作为范文,这当然可以,如能结合主题系列组织范文,效果会更好。我们千万不能忽略了学生身边的范文。每次作文训练都可能产生优秀作文,这是更示范作用的范文,如果不采用打印稿而是直接印刷给学生"原汁原味"的考场作文,效果自然更好。当然,我们也可以偶尔遮去分数,让学生在对范文的打分训练中感悟到好作文是怎样的,这样效果更佳。

(二) 阅读复习教学的系统化问题

阅读复习应该包括文言文阅读、诗歌鉴赏、现代文阅读三大板块的内容。

文言文阅读复习中知识讲解要有系统性,包括虚词、句式、活用等,翻译是一种相对独立的能力,但依然需要文言文知识作为基础。文言文阅读试题中翻译题得分率一般都比较低,其中文言阅读理解能力低是一个重要原因,训练太少也是一个重要原因,学生一般只在考试中才会进行翻译训练,训练量显然不够。高考文言文翻译要求的是"直译为主、意译为辅",文言语境对翻译作用并不太大,因此,可以将翻译训练进行系统的安排,作为一般性的作业,长期进行训练,以增强文言语感能力。所需要注意的是,高考试题应是首选,如果涉及人名、地名等内容的,则要加以说明。每次文言文翻译训练花时不多,贵在坚持,长期坚持,必将水滴石穿,收获不小。

诗歌鉴赏虽曰"鉴赏",实则重在读懂,如果连诗句内容都无法理解,答题自然无从下手。据了解,学生答题的障碍往往在无法读懂诗歌方面。因此,诗歌鉴赏的复习应采取"集中复习,分散训练"的方法,平时安排课前三分钟介绍古诗词,学生轮流介绍,重在理解诗句基本内容、主旨、情感,简要介绍表现手法、语言特色等。长期接触古诗词,语感强了,答题自然就容易多了。

现代文阅读复习的一般思路是依考试大纲所列考点进行,这样安排的合理性在于以考纲复习,针对性有了保证。但解答现代文阅读试题所需的知识显然不止这几个考点所包含的内容。现代文阅读理解是一项综合性很强的活动,它需要语法知识、修辞知识、文章学知识、艺术手法知识等知识的综合运用;现代文阅读理解能力的构成要素也是多方面的,它绝不仅仅是考试大纲所列的若干考点所涵盖的能力,因此,我们依然要对现代文阅读专题复习进行系统化的研究和建设。

首先是阅读活动的系统化。许多学校在高一高二年级都安排有阅读课,学生可以广泛阅读文学著作及相关期刊,但到了高三,也许是由于复习时间紧,阅读课往往被取消。实际上,这种做法是不合理的,阅读能力的形成是需要时间与阅读量的保证的,缺少广泛的阅读实践的保证,阅读能力的提高就会受到影响,与其大量地做题,不如匀出些时间回到真正的、不带任何功利色彩的本真阅读中去,让身心在纯粹的阅读中得到熏陶,得到放松和调节。当然,高三时间毕竟有限,我们无法像高一高二那样"贪婪"地享受阅读,但我们绝不应让真正的阅读从高三一年中消逝,哪怕少许多,也要不时地让身心沉浸在阅读中。

其次是高考现代文阅读试题中所选文章的系统化阅读。高考现代文阅读选文是有讲究的,文章主旨情感和艺术手法等都会有一定的规律性,我们可以将历年高考现代文阅读试题中的文章提供给学生进行阅读,这时的阅读也应是真正的阅读,删去试题,只读文章。这样的阅读安排,可以让学生接触到各种各样的好文章,特别是有利于形成对这类文章的阅读语感,在专题阅读中进行着专题复习。

第三是现代文阅读能力点的系统化训练。高考现代文阅读所需的理解、分析综合、鉴赏评价、探究等能力与一般意义上的阅读能力是有所区别的,平时的广泛阅读在于打好阅读能力的底子,到了高三复习中则需进行专门的教学与训练了。我们要依照阅读能力形成的内在规律性,建构起高考现代文阅读能力点的系统,依着系统的能力点进行系统的复习。这种系统的能力点可能与"考试大纲"所列的考点顺序不同,但应包含"考试大纲"中所列的所有考点。我们应该梳理出形成这些能力点所需的相应知识,将知识教学与能力训练有机结合起来。

(三) 试题命制的系统化问题

高考复习自然少不了高强度的考试,关键的问题是用什么样的试题来进行考试训练。一般的做法是选用历年的高考真题和各地市模拟题,这种做法是正确的,这里探讨的是在不同的复习阶段该如何选用试题的系统化问题。

在一轮复习中,自然是随着考点复习进行相应专题的考试训练。这里有两个问题需要注意,一个是与考点相对应的高考试题选择问题,一定要选有代表性的高考试题,如果是本省市自主命题,则首选本省市高考原题。另一个是暂时不在复习的考点是否要安排相应的考试训练以及怎样安排的问题。应该要安排，并且可以采用客观题与主观题（作文除外）交错进行的模式，以目前正在复习的考点训练为主。对于本省市自主命题的省市高考复习来说，让学生充分熟悉本省市命题特点及试题特点是非常有必要的，至少应该熟悉近三五年的试题，可以是整套试题的熟悉，也可以是分类型的熟悉，也可以是重组式的熟悉，采用本省市试题进行训练，效果应该是最好的。在一轮复习中，除了要抓好各个考点的训练外，月考试题的命制也是非常关键的。月考作文命题要体现主题、文体的系统化，其他试题则按照综合性训练的要求进行选用。这里并不主张在月考试题中选择高考原题，特别是近一两年的高考原题，因为月考毕竟带有检测与提高性质，如果学生之前已经主动做了相应的高考原题，再在月考考场上重做一遍，效果显然不好。较好的做法是精选外省市的模拟题，让学生在陌生化与新鲜感中尽可能地进行高考模拟训练。

在二轮复习中，精选试题则显得尤为重要。二轮复习的一个重要任务是"查缺补漏"。只有用高度针对性的高考原题或各省市最新模拟试题才能做到事半功倍。充分研究高考试题与充分了解学情同样重要。我们不能仅满足于选用高考原题，还应该深入分析高考试题中的具体考点。如病句题，仅搭配不当就可以分为主谓、动宾、主宾、状中、介宾、一面两面的搭配问题；诗歌鉴赏中对形象的考查可以分为概括形象特点、把握形象含义、探讨形象作用等类型；现代文阅读中的探究题可以分为个性化解读、深入挖掘深刻含意、探讨民族心理和人文精神等类型。二轮复习中，要针对高考热门考点及学生情况进行逐点过关，确保不留下能力点死角。

在精选高考原题及各地市模拟题的基础上，如果本校老师中有足够的师资，就可以原创试题，这可以增强命题的针对性，从而提高二轮复习的效率。

（四）试卷讲评的系统化问题

试卷讲评是高三复习中非常重要的一个环节，试卷讲评得怎样，直接关涉到学生应考答题的能力。目前的中学语文研究界还鲜有对试题讲评进行系统研究的成果，这也是制约着语文教学质量提升的一个重要原因。从系统化视角着眼分析,试卷讲评的系统化问题应该至少包括以下几个方面的内容。

首先是试卷讲评的起点和基础。试卷讲评的目的是解决问题、提高答题能力,因此,学生答题中暴露出来的知识、能力、技巧及心理等方面的问题,就是试卷讲评的起点和基础。我们应该采取科学有效的方法,全面而准确地掌握学生答题中存在的问题。客观题答题情况可以通过划"正"字的方法统计错误率,主观题则需要认真分析学生答案,从中找出错误的原因。这里,我们有必要考虑集中流水阅卷的利弊问题。集中阅卷是必要的,特别是参照高考评卷标准进行的模拟阅卷,有利于客观地评分。集中阅卷之后的答题情况分析更是必要的,这是了解情况从而夯实试卷讲评基础的重要一环。情况分析可以是集体式的,即每个题目的阅卷老师谈谈从阅卷中发现的问题以及问题分析及讲评建议;更需要个别式的,及任课教师仔细分析本班学生的答题情况。分析情况主要包括三方面的内容:问题类型及特点、错误原因推断及分析、讲评重点及方法。

其次是试卷讲评重点的系列化。每次考试学生出现的问题都会不少,或者说,每次考试每道题都会有学生做错,讲评中如果面面俱到、题题都讲,一则时间不允许,二则效果并不一定好。较为有效的做法应该是讲评重点系列化,即每次讲评突出若干个重点(重点往往是学生错误最多的题,但并不总是,否则就不利于讲评重点系列化的形成了),一个时间段内、几次讲评综合形成一个系列。

再次是讲评课到底应该怎么上。语文试卷讲评课既然是课,自然应该遵循课的一般性要求,即目标明确、重点突出、难点突破、方法得当、效果好等,但试卷讲评课必须有自己的个性,特别是语文学科的试卷讲评课。

我们应该正确认识语文试卷参考答案的利弊。其他学科可以发放详细的参考答案,让学生仔细订正,但语文学科无法达到这种效果。其他学科的答题过程有着明确的步骤,一步一步环环相扣,每一步都可以在参考答案中体现出来;但语文学科做不到,语文学科的参考答案只有一个可以称之为答案的答案,实际上从问题到答案中间还有漫长的分析、思考、组织文字、形成答案的过程,学生即使能够通过简单的参考答案回溯、重放这个过程,也往往无法确定问题出在哪里,而上述过程对于语文答题来说却又是极其重要的。因此,语文试卷讲评课不能过分依赖参考答案,不能简单一发了事。

我们应该确定,语文试卷讲评课的重点在于对问题的分析过程,而不是简单呈现参考答案。面对"白纸黑字",学生往往知其然而不知其所以然,这时候,需要语文教师带领学生对问题进行分析,共同探寻问题的切入点及解答走向,直至得到适宜的答案(可能与原参考答案有不小的差别)。分析试题的过程其实是训练学生思维能力的过程,只有思维能力提高了,语文答题能力才能真正提高。

我们应该善于总结答题技巧。能力大于技巧,但适宜的科学的解题技巧显然有助于学生准确迅速地答题。技巧的得出应以归纳为主,宜于学生理解,针对性强。

我们应该遵循着学生解题的心理过程去讲解试题。学生的错误是怎样形成的?其原因特别是答题的心理过程应该是讲解针对性的有效保证。如果不能准确地探寻到学生的答题心理过程,那就按照老师自身答题的心理过程去讲解,特别是讲解答错的题目,效果会更好。

研究高三语文复习教学的问题,应该成为语文教育研究界的一项常规工作,但遗憾的是,目前的高三复习教学研究还基本停留在就题讲题的低层次水平上,无法真正从根本上解决好高三语文复习教学低效的问题。笔者期待以系统化研究为视角,找到真正提高复习教学训练的方法,为扭转语文教学"少慢差费"的局面出一份力。

| 第五节 | 从观课评教的视角看语文复习课：以褚树荣老师的语文复习课《笔落惊风雨》为例 |

    浙江宁波市语文教研员、特级教师褚树荣老师在复习教学的研究与实践上做了许多有价值的探讨，取得了丰硕的成果，他执教的《笔落惊风雨》复习课在教学理念、教学环节、课堂生态建设、思维训练等方面均有可圈可点之处。这里从复习教学理念、教学环节设计的内在逻辑性、思维训练、知识教学、课堂教学生态建设等五个方面加以评议，深入探讨该课例所蕴含的复习教学的内在规律性。本节虽然以观课评教为研究切入视角，但评议内容中包含着语文复习课教学逻辑的具体内涵。从这个角度来说，本节的意义一方面是提供语文复习课观课评教的常用方法，另一面的意义是从评议中获得语文复习课教学逻辑的启示，因此将本节纳入本章。

一、评议复习教学理念

    复习课教学首先是学科教学的一个组成部分，自然应该符合学科教学的一般要求，本堂课在符合语文教学的一般要求上是极为出色的，读者只需读完课堂实录，即可获得这一认识，因此，这一点不作更多评议。教师要对学生答题能力的构成要素了然于胸，在课堂教学中则需通过具体的教学内容将这些要素的培养变为具体可见的能力，这是复习课教学的共性要求。在这一方面，褚树荣老师的课例给我们作出了很好的榜样。本堂课教学的主要目标是提高学生解答鉴赏古诗情感试题的能力，要形成这种能力，需要对古诗抒情方式知识有直观的了解，需要掌握分析古诗抒情的具体方法，需要在实际的训练中检测学生能力的实际形成情况。因此，课堂上，褚树荣老师从分析《声声慢》一词入手，引出古诗直接抒情与间接抒情的基本知识,并通过八道练习题加以巩固;随后进入主体教学环节:1.把握情感基调:抒什么情?2.寻找抒情词句:在哪里抒情?3.了解抒情原因:为什么抒发这样的情感?4.明确情感寄托:主要借哪些物象(景象)来抒情?5.体会抒情效果:有何好处?6.表达情感体验:形成一个鉴赏的模式;最后两题是针对性练习。这些教学内容与教学环节的安排,正体现了褚老师对学生鉴赏古诗情感试题这一答题能力要素的全面了解与有效落实。

褚老师的这一课例启示我们,语文复习教学在突出提高学生答题能力这个主要目标的基本前提下,要充分地研究具体的答题能力构成要素,确立培养这些要素所需的知识,并采取与之相匹配的针对性训练,在训练中实现培养答题能力的教学目标。

二、评议教学环节设计的内在逻辑性

课堂教学环节设计是达成教学目标的主要手段,在教学内容基本确定的前提下,不同的教学环节设计会影响到教学目标的达成。从观课角度看,我们须回答"是什么"的问题,即找出课堂教学环节有哪些,各环节是怎样安排的,如何一步步呈现;从评议的角度看,我们就需要思考"为什么"的问题了,即深入思考施教者为什么这样安排这些教学环节?这样安排科学吗?效果如何?施教者这样安排给了我们怎样的启示?不科学的教学环节安排给我们的往往是教训,科学的教学环节安排则可以给我们正面启示。从教学环节设计的内在逻辑性展开评议,就是在"为什么"这个问题上多加思考,重点是揭示出教学设计所蕴含的复习教学的内在逻辑性,以发挥举一反三的作用,启示我们科学地开展其他的复习教学。

褚老师这堂课的教学环节可以概括为课文分析、课堂训练、古诗抒情鉴赏专题教学(这是前文所述的主体教学环节)、巩固训练,属于"是什么"的问题,这是一个很容易回答的问题。接下来重点从"为什么"的角度加以评议,即褚老师安排教学环节的内在逻辑是什么?可以给我们怎样的启示?依循课堂实际呈现的教学环节逐步分析。

首先,为什么要先分析《声声慢》的抒情特点?其科学性是什么?换言之,这个环节能省去吗？本堂课属于高中语文学业水平考试的复习课，高中学业考试的特点是基于课内，因此，褚老师首先安排分析苏教版教材必修四《声声慢》一课，符合学业水平考试的特点及要求，从这一角度来看，这样的安排是科学的。如果我们作更为细致的分析，就可以追问，必修四中有《蜀道难》《登高》《琵琶行》《锦瑟》《虞美人·春江花月何时了》《蝶恋花·槛菊愁烟兰泣露》《雨霖铃·寒蝉凄切》以及《声声慢·寻寻觅觅》共八首古诗，褚老师为什么选择《声声慢》一词作为分析的对象？从课堂褚老师组织学生分析的结果中，我们大致可以倒推褚老师选择该词的原因：这首词属于教学的重点篇目，在体现古诗抒情方式的特点方面尤其突出。在这一点上，其他七首则稍稍逊色。既然学业水平考试基于课内，因此复习教学中紧扣教材就显得必要了，这是这一环节不能省去的原因之一。

若从复习教学更为广阔的学理要求及内在规律性来看，从适宜复习教学内容的课文入手，一则拉近了与学生的心理距离，二则有利于从旧知中引出新知，更易于学生理解接受；如果暂时没有找到适宜的课文，则须从具体的、易于学生理解的内容入手，这是符合复习教学内在规律性要求的。

其次，为什么要紧接着进行课堂训练，"做几道课堂练习题"？复习课教学要讲授答题知识与方法，只有经过学生的答题实践才能将知识与方法转化为实际的答题能力，我们要努力避免只讲知识与方法而忽视训练的做法。本堂课在这一方面的处理是科学的，除了"做几道课堂练习题"以巩固从分析《声声慢》中所学习到的关于直接抒情与间接抒情的知识与方法，在课堂主体教学环节中，褚老师还组织学生分析教材"笔落惊风雨"专题的其他课文的抒情手法，既复习了教材内容（这是学业水平考试复习的必要内容），又进一步加深了对古诗文抒情方式的理解与掌握。在明确了抒情手法的四个鉴赏角度并从鉴赏模式角度归纳出了相应的方法之后，褚老师再次进行了课堂练习，并请四位学生在黑板上写出答案，在对四个答案的分析中，有效地巩固了课堂所学知识与方法。

从褚老师的这一课例中，我们可以获得这样的启示：复习教学切不可忽视当堂训练！训练的方式有不同，但训练的环节是必不可少的，强调相应的训练，是符合复习教学的内在逻辑性要求的。

三、评议思维训练

复习教学中的答题训练属于学生的学习实践，训练不仅仅是简单的答题、讲题，而应该在答题、讲题的过程中强化学生的思维训练，只有思维能力提高了，答题能力包括相应的理解、分析、综合、评价、探究等能力才能真正提高。我们主张，复习教学中的训练要突出学生的思维训练。复习教学中的思维训练与阅读教学、写作教学及口语交际教学中的思维训练有共同之处，如思维的准确性、严密性、清晰性等，不过复习教学中的思维训练还须突出切合答题要求的思维品质，具体包括答题思路的清晰与规范、答题要点的完整与答题语言的准确与简洁。

在教学中，褚老师很注重复习教学思维训练的特点。这里，从概括能力训练的角度加以评议。概括是阅读能力、答题能力中很重要的一项专项能力，只有准确、完整地概括出所需信息，才有可能在答题中不丢分。概括能力不仅仅在内容上要做到不遗漏，还需在语言运用上做到准确、简洁，思维是语言的内核，语言是思维的外显，语言运用上的严格训练，本质上是训练思维的具体体现。褚老师对学生概括能力的训练贯穿整个课堂教学。如在分析《声声慢》内容时，要求学生概括"这样的情形"包括哪几种情形，当学生用"守窗"这个表达不够规范、表意不够明晰的词概括"这次第"的一种情形时，褚老师说："'守窗'？这个词好像不大好，改一改好不好？'枯坐'，百无聊赖，无事可做。"

这里，我们选择其中一个极具代表性的教学片段加以评议。

师：把握情感基调，刚才说过可以用两种方式，一种是整体感悟，还有一种是局部的概括，即找出句子中的一个字词，有时候照用，有时候改写，诗歌的基调就概括出来了。比如《蜀道难》，"危乎高哉！蜀道之难，难于上青天"。我们抓住"危"和"难"，概括成"蜀道之危，人生之难"。比如《登高》，抒发的是人生的"艰难苦恨"。那么剩下来的诗词我们也可以这样来概括。下面请同学们依次概括。

生：《琵琶行》抒发的是对琵琶女身世的凄切伤怀，还有作者被贬后的孤寂悲寥。

师："孤寂悲寥"？说法有点拗口。把它概括为"贬谪之恨"好不好？这是琵琶女的身世引起作者的共鸣。他在贬谪，琵琶女在飘零，再加上"飘零之怨"，是不是更好？第二个同学说说《锦瑟》。

生：对人生的惘然之情。

师：惘然之情是在什么情况下产生的？

生：在"追忆"的情况下产生的。

师：对，追忆之惘然，惘然之追忆。这样概括更精练。第三个同学说说《虞美人》？

生：我认为是"惆怅忧愁"。

师：因什么而惆怅忧愁？

生：因亡国而惆怅忧愁。

师：好，亡国之惆怅忧愁。第四个同学说说《蝶恋花》。

……

师：讲得对，《秋声赋》呢？

生：我认为更多是通过对秋声的理解去感悟一种对于人生的艰辛磨难的体验。

师：呵呵，你的句子比较长，但很严密。我们就在你讲的基础上概括一下，它讲的就是秋声之悲，人生之苦。我们再来回顾一下作者的情感基调。

（PPT显示教师事先概括的情感基调）

在这一片段中，思维训练从之前的"寻找情感句子"这个较低层级转为概括感情基调这个较高层级的训练上，为使学生的概括训练针对性更强，褚老师先行示范，"我们抓住'危'和'难'，概括成'蜀道之危，人生之难'"，在接下来的分析过程中，师生朝着语言运用的准确、简洁、明晰方向步步推进，如将"孤寂悲寥"概括为"贬谪之恨"，将《锦瑟》一诗的情感概括为"追忆之惘然，惘然之追忆""这样概括更精练"的语言。语言的训练本质上是思维的训练，褚老师给语文复习教学中的思维训练做出了榜样。

四、评议知识教学

褚树荣老师认为:"与其整堂课滔滔不绝地讲应试技巧,不如切切实实地做几道题。应试方法化为应试技能必需的环节就是学生实践,没有或者削弱实践,讲一百堂应试方法课也是白搭。"这道出了语文复习教学知识教学的基本要求。解题技巧这类的应试技巧的确是复习教学的重要内容,其价值是不可忽视的,但如何发挥它们在帮助学生准确答题上的价值是一个值得探讨的问题。从知识教学的一般规律来看,讲授是必要的,帮助学生理解并掌握知识也是必要的,但这不是知识教学的主要目标,知识只有转化为能力才有其存在的必要,特别是语文学科的考试,哪怕是识记内容的考查,也不是考查对知识的简单记忆。如何在教学中促进知识向能力转化,这是复习教学中知识教学要着力解决的问题。

复习教学中的知识教学要解答好三个问题:"教怎样的知识""知识从何而来""知识的作用如何发挥"。知识从教材中来,从教师的研究、思考中来,还可以从已有的各类复习资料中来。知识的作用需借助训练促进知识向能力转化,这是一个科学的、有效的教学方法。上文已对本堂课的训练进行了评议,这里,选取答题模式这个解题技巧类知识的角度加以评议。

"模式"一词似乎并不被看好,人们容易联想到僵化、缺乏个性、低效等方面的内容,其实,模式本身并没有错。从理论上来看,模式可以指引人们更好地适应环境甚至解决问题。在语文复习教学中,答题模式其实是可以帮助学生掌握答题的切入点、答题的思路与答案的要点。从现有的高考语文试题参考答案来看,答案的模式化是客观存在的,基于答题所需,教师教给学生答题的模式,是必要的。我们不可视复习教学中的答题模式为洪水猛兽,相反,我们应该总结出科学的、有效的一类题型的答题模式,以帮助学生切实提高答题的准确率与得分率。

在本堂课的教学中,褚老师科学地处理了答题模式这个问题。在主体教学环节的最后一个知识教学中,褚老师通过播放PPT的形式明确提出"形成鉴赏模式:有什么好处",并向学生具体阐明的实际操作的要点:"简单地说,谁在抒情?抒发一种怎样的情感?因为什么抒情?借助哪些东西抒情?能起到什么效果?这不就是一个很完整很完美的答题模式吗？按照这个思路写出来的答案比一般的参考答案肯定还要好"，在这样明确而具体的表述中，学生完全可以更好地理解并掌握古诗情感鉴赏题的答题模式，这对于即将参加学业水平考试的学生来说，无异于雪中送炭。紧接着褚老师进行了本堂课的最后一个教学环节：再次当堂训练，并"先示范一下"。

对于语文复习教学而言，不仅要辩证地思考答题模式的问题，还需要深入思考诸如知识如何教、试题如何选择与使用、试题如何讲评等问题，并有效地解决。

五、评议课堂教学生态建设

课堂教学生态是建立起和谐的师生关系、激发学生的学习热情以获得强大的学习动力、确保课堂教学的科学性与有效性、促进教师与学生的共同发展的重要条件，语文课堂教学生态具有和谐、民主、理性、发展等基本特点。一般来说，在基础年级的课堂教学中，教师们更会注重营造良好的课堂生态，而在毕业年级的课堂教学中，则将精力更多地放在了教学内容本身的落实上。提高复习课的教学效率，方法有很多，如精心选择教学内容、设计教学环节、改进教学方法等，如果能够营造良好的课堂教学生态，则有助于激发学生的学习热情，促进学生以饱满的热情投入到课堂学习中。因此，复习课堂仍需建设良好的课堂生态氛围。

我们看看褚树荣老师采取了怎样的方法，让课堂处于积极、活跃、良性发展的课堂生态中。表面上可直接感受到的是竞赛激励法，分析《声声慢》之后的课堂练习中，小组竞赛这种基础年级常用的方法带来了课堂的活跃气氛，高三学生的心理特点并非教师们想象中的那般"老成"，仍需要老师们去激发。课堂师生互动是非常积极的，学生的思考、回答很积极。更深一层的原因是褚老师注重激发学生探究的意愿，从较为简单的古诗文抒情方式的学习内容中，引申出更有深度的探究内容——导致古诗文情感常以艰难苦恨、悲怨哀伤的背后的原因、"为什么古人抒情如此钟情于秋天？为什么秋景能引起人的感怀呢？""作者拐弯抹角借助其他东西来抒情，它的好处有哪些"。这些问题的提出，既激发了学生当堂学习探究的热情，也完全有可能点燃学生课后进一步探究的火花，退一步讲，即使课后因为时间等原因,学生没有继续探究,但至少在课堂上学生体验到了深入探究的过程与乐趣,这就丰富了复习课堂教学的价值。

综合起来看,褚树荣老师的这堂《笔落惊风雨》复习课体现了"科学施教,务实高效"的特点,课堂的诸多方面均体现了褚老师对语文复习课教学的深入思考与科学研究成果。科学施教是条件,务实高效是必然的结果。

后　记

2014年9月，一次偶然的机会，我接触到"教学逻辑"这个词。现在还清晰地记得当时看到这个词时的内心感受：有一种豁然开朗的感觉，觉得这个词把我之前一直坚持思考、实践的内容，高度地概括出来了。但是"教学逻辑"的具体内涵是什么一时还不是很清晰。在接下来的一段时间里，我从中国知网把与"教学逻辑"有关的论文下载、打印出来，细细研读。

记得黑格尔《小逻辑》一书的导言中有这样一句话："所以假如有一个意思，要叫人用概念去把握，他每每不知道如何用概念去思维。"这是否启发我们，要善于用概念去思维？

"教学逻辑"这个概念，据目前我所能收集到的资料来看，研究的成果还不是很多；在具体的学科教学研究中，借助教学逻辑的理论展开研究的，也不太常见。

从概念内涵的角度来说，从"教学逻辑"到"语文科教学逻辑"，思维经过了一个不断明晰的过程。我之所以认为"教学逻辑"这个概念能够高度概括我二十多年的思考与实践，就在于它为我的思维提供了一个明确的抓手，我努力使用"教学逻辑"这个概念更为清晰地思考语文教学的诸多问题。

回顾二十三年的高中语文教学经历，我认为最值得自己高兴的一点是，始终坚持教学理论的学习与运用，我一直坚信并追求语文教学的科学性，一直努力探索着语文教与学的内在规律性。我主张"理性语文观"，主张运用理性去思考并努力解决语文教学中的各种问题，以教师自身的理性，培养理性的学生与学生的理性。

当我运用"教学逻辑"这个概念去反思、总结我过去的语文教学实践与理论思考，并对语文教学本身作出新的思考时，我发现，我所有的思考、实践、主张，基本上都可以用"教学逻辑"来统领：对教学规律的探索、遵循与运用，对语文教学科学性的探索与实践。我用"教学逻辑"这个概念去思考的这种做法，是否符合"用概念去思维"的思维方法呢？我想，至少在思维的实践层面，我深切地体会到思考不断走向清晰、不断走向深入。

关于书名，我想应该包括两个要素：教学逻辑与探索。之所以使用"探索"一词，在于一方面是对我之前二十多年语文教学与研究历程的一个小结，显然，这个历程正是一个语文教师不断探索的、成长的历程；另一方面，对于语文科教学逻辑，于我个人而言，也正是一个不断探索的过程，对语文科教学逻辑的内涵、外延、具体实施策略等问题，对语文教师的教学逻辑如何建构的问题，对如何从教学逻辑角度理解语文课程、实施语文课程及语文教学的问题，特别是对学的逻辑的研究的问题，等等，正需要我不断地探索下去。"探索"，既小结过去，也指向未来，而后者，更为重要。

华东师范大学闵行基础教育园区成立于2011年，华东师范大学第二附属中学(紫竹校区)成立于2012年，在园庆十周年与校庆十周年之际，学校提出教师学术成果出版支持计划。非常感谢学校将拙著列入出版计划，使我得以进一步地小结过去，思考未来。

探索，如有更多的同人为伴，既不寂寞，也更有成效。

语文科教学逻辑探索，一直在路上！

成龙

2021年7月